中国社会科学院大学文库·高研院成果系列

中国青少年
健康行为研究

——基于 13 个省份的调查数据分析

周华珍　张树辉　著

社会科学文献出版社
SOCIAL SCIENCES ACADEMIC PRESS (CHINA)

教育部课题"我国学龄儿童健康公平的社会决定因素指标体系及可行能力建设"（编号：16YJAZH079）研究成果

中国社会科学院大学思想政治教育高等研究院课题
"新型冠状病毒流行期间大学生心理危机识别与干预机制模型建构"研究成果

长江设计研究中心、中国青年政治学院委托研究课题
"青年组织及个体的教育培训、成长创业、服务社会综合机制研究"研究成果

出版获得中国社会科学院大学中央高校基本科研业务费资助支持

"中国社会科学院大学文库"
总　序

　　恩格斯说："一个民族要想站在科学的最高峰，就一刻也不能没有理论思维。"人类社会每一次重大跃进，人类文明每一次重大发展，都离不开哲学社会科学的知识变革和思想先导。中国特色社会主义进入新时代，党中央提出"加快构建中国特色哲学社会科学学科体系、学术体系、话语体系"的重大论断与战略任务。可以说，新时代对哲学社会科学知识和优秀人才的需要比以往任何时候都更为迫切，建设中国特色社会主义一流文科大学的愿望也比以往任何时候都更为强烈。身处这样一个伟大时代，因应这样一种战略机遇，2017年5月，中国社会科学院大学以中国社会科学院研究生院为基础正式创建。学校依托中国社会科学院建设发展，基础雄厚、实力斐然。中国社会科学院是党中央直接领导、国务院直属的中国哲学社会科学研究的最高学术机构和综合研究中心，新时期党中央对其定位是马克思主义的坚强阵地、党中央国务院重要的思想库和智囊团、中国哲学社会科学研究的最高殿堂。使命召唤担当，方向引领未来。建校以来，中国社会科学院大学聚焦"为党育人、为国育才"这一党之大计、国之大计，坚持党对高校的全面领导，坚持社会主义办学方向，坚持扎根中国大地办大学，依托中国社会科学院强大的学科优势和学术队伍优势，以大院制改革为抓手，实施研究所全面支持大学建设发展的融合战略，优进优出、一池活水，优势互补、使命共担，形成中国社会科学院办学优势与特色。学校始终把立德树人作为立身之本，把思想政治工作摆在突出位置，坚持科教融合、强化内涵发展，在人才培养、科学研究、社会服务、文化传承创新、国际交流合作等方面不断开拓创新，为争创"双一流"大学打下坚实基础，积淀了先进的发展经验，呈现出蓬勃的发展态势，成就了今天享誉国内的"社科大"品牌。"中国社会科学院大学文库"就是学校倾力打造的学术品牌，如果将学校之前的学术研究、学术出版比作一道道清澈的溪流，"中国社会科学院大学文库"的推出可谓厚积薄发、百川归海，恰逢其时、意义深远。为其作序，我深感荣幸和骄傲。

高校处于科技第一生产力、人才第一资源、创新第一动力的结合点，是新时代繁荣发展哲学社会科学、建设中国特色哲学社会科学创新体系的重要组成部分。我校建校基础中国社会科学院研究生院是我国第一所人文社会科学研究生院，是我国最高层次的哲学社会科学人才培养基地。周扬、温济泽、胡绳、江流、浦山、方克立、李铁映等一大批曾经在研究生院任职任教的名家大师，坚持运用马克思主义开展哲学社会科学的教学与研究，产出了一大批对文化积累和学科建设具有重大意义、在国内外产生重大影响、能够代表国家水准的重大研究成果，培养了一大批政治可靠、作风过硬、理论深厚、学术精湛的哲学社会科学高端人才，为我国哲学社会科学发展进行了开拓性努力。秉承这一传统，依托中国社会科学院哲学社会科学人才资源丰富、学科门类齐全、基础研究优势明显、国际学术交流活跃的优势，我校把积极推进哲学社会科学基础理论研究和创新，努力建设既体现时代精神又具有鲜明中国特色的哲学社会科学学科体系、学术体系、话语体系作为矢志不渝的追求和义不容辞的责任。以"双一流"和"新文科"建设为抓手，启动实施重大学术创新平台支持计划、创新研究项目支持计划、教育管理科学研究支持计划、科研奖励支持计划等一系列教学科研战略支持计划，全力抓好"大平台、大团队、大项目、大成果"等"四大"建设，坚持正确的政治方向、学术导向和价值取向，把政治要求、意识形态纪律作为首要标准，贯穿选题设计、科研立项、项目研究、成果运用全过程，以高度的文化自觉和坚定的文化自信，围绕重大理论和实践问题展开深入研究，不断推进知识创新、理论创新、方法创新，不断推出有思想含量、理论分量和话语质量的学术、教材和思政研究成果。"中国社会科学院大学文库"正是对这种历史底蕴和学术精神的传承与发展，更是新时代我校"双一流"建设、科学研究、教育教学改革和思政工作创新发展的集中展示与推介，是学校打造学术精品、彰显中国气派的生动实践。

"中国社会科学院大学文库"按照成果性质分为"学术研究系列""教材系列""思政研究系列"三大系列，并在此分类下根据学科建设和人才培养的需求建立相应的引导主题。"学术研究系列"旨在以理论研究创新为基础，在学术命题、学术思想、学术观点、学术话语上聚焦聚力，推出集大成的引领性、时代性和原创性的高层次成果。"教材系列"旨在服务国家教材建设重大战略，推出适应中国特色社会主义发展要求、立足学术和教学前沿、体现社科院和社科大优势与特色、辐射本硕博各个层次、涵盖纸质和数字化等多种载体的系列课程教材。"思政研究系列"旨在聚焦重大理论问题、工作探索、实践经验等领域，推出一批思想政治教育领域具有影响力的理论和实践研究成果。文库将借助与社会科学文献出版社的战略合作，加大高层次成果的产出与传播。既突出学术研究的理论性、学术性和创新性，推出新时代哲学社会科学研究、教材编写和思政研究的最新理论成果；又注重引导围绕国家重大战略需求开展前瞻性、针对性、储备性政策研究，推出既通"天线"又接"地气"，能有效发挥思想库、智囊团作用的智库研究成果。文库坚持"方向性、开放式、高水平"的建设理念，以马克思主义为领航，严把学术出版的政治方向关、价值取向关、学术安全关和学术质量关。入选文库的作者，既有德高望重的学部委员、著名学者，又有成果丰硕、担当中坚的学术带头人，更有崭露头角的"青椒"新秀；既以我校专职教师为主体，也包括受聘学校特聘教授、岗位教师的社科院研究人员。我们力争通过文库的分批、分类持续推出，打通全方位、全领域、全要素的高水平哲学社会科学创新成果的转化与输出渠道，集中展示、持续推广、广泛传播学校科学研究、教材建设和思政工作创新发展的最新成果与精品力作，力争高原之上起高峰，以高水平的科研成果支撑高质量人才培养，服务新时代中国特色哲学社会科学"三大体系"建设。

历史表明，社会大变革的时代，一定是哲学社会科学大发展的时代。当代中国正经历着我国历史上最为广泛而深刻的社会变革，也正在进行着人类历史上最为宏大而独特的实践创新。这种前无古人的伟大实践，必将给理论创造、学术繁荣提供强大动力和广阔空间。我们深知，科学研究是永无止境的事业，学科建设与发展、理论探索和创新、人才培养及教育绝非朝夕之事，需要在接续奋斗中担当新作为、创造新辉煌。未来已来，将至已至。我校将以"中国社会科学院大学文库"建设为契机，充分发挥中国特色社会主义教育的育人优势，实施以育人育才为中心的哲学社会科学教学与研究整体发展战略，传承中国社会科学院深厚的哲学社会科学研究底蕴和40多年的研究生高端人才培养经验，秉承"笃学慎思明辨尚行"的校训精神，积极推动社科大教育与社科院科研深度融合，坚持以马克思主义为指导，坚持把论文写在大地上，坚持不忘本来、吸收外来、面向未来，深入研究和回答新时代面临的重大理论问题、重大现实问题和重大实践问题，立志做大学问、做真学问，以清醒的理论自觉、坚定的学术自信、科学的思维方法，积极为党和人民述学立论、育人育才，致力于产出高显示度、集大成的引领性、标志性原创成果，倾心于培养又红又专、德才兼备、全面发展的哲学社会科学高精尖人才，自觉担负起历史赋予的光荣使命，为推进新时代哲学社会科学教学与研究，创新中国特色、中国风骨、中国气派的哲学社会科学学科体系、学术体系、话语体系贡献社科大的一份力量。

（张政文　中国社会科学院大学党委常务副书记、校长，中国社会科学院研究生院副院长、教授、博士生导师）

鸣 谢

《中国青少年健康行为研究——基于 13 个省份的调查数据分析》初稿在2010 年 12 月底完成。虽然已经完成初稿，但我们的研究团队认为有些青少年健康行为问题还需持续观察才能解释清楚，希望在公开出版之前对这些问题尽可能解释清楚一些；同时由于全球青少年健康行为数据公开发布成员国享用数据年限的规定，进行全球青少年健康行为跨文化研究必须等"世界卫生组织—学龄儿童健康行为"公开发行之后，才能申请使用国际青少年健康行为调查数据，因此，本书的初稿完成之后经过了持续修订和更新，今年方得以出版，以飨读者。

将中国青少年健康行为调查数据与全球青少年健康行为调查数据进行比较研究的目的，一是想了解中国青少年健康行为与全球相比处于一个什么样的位置和状态；二是了解全球青少年健康流行趋势，预测我国青少年健康未来发展趋势；三是了解中国青少年与全球青少年健康行为的共同特征和流行趋势有哪些，国际青少年健康促进有哪些成功经验可资借鉴。尽管中间历经波折，但最终我们还是较好地完成了该研究报告。回首该项目合作研究过程，内心怀有深深的忐忑和不安，唯恐研究报告辜负了大家的期待，唯有认真努力工作，尽力修改完善研究报告以报答关心和支持过我们研究工作的领导、合作单位和青少年朋友，我们在此表示衷心的感谢，特此将致谢信写在书的最前面，以表达我们诚挚的谢意！

感谢中国青年政治学院和中国社会科学院大学领导和同事们的关心和支持。自 2006 年中国青年政治学院与以色列巴依兰大学开始商量该项目合作研究，2007 年（2007～2010）、2010 年（2010～2015）、2016 年（2016～2021）先后三次与巴依兰大学教育学院签订合作协议，其不仅给予该项目政策支持，同时也给予相应的经费支持。2018 年，中国社会科学院大学邀请巴依兰大学

YossiHarel – Fisch 教授访问，继续开展青少年健康领域的学术交流与合作，中国社会科学院大学与巴依兰大学保持良好的合作关系。中青院和社科大都十分关心青少年健康行为研究工作，先后成立了"中国青年政治学院青少年健康研究中心""中国社会科学院大学全球健康研究中心""中国社会科学院大学思想政治教育高等研究院大学生心理与发展研究中心""中国社会科学院大学价值观与健康教育研究中心"，积极组建青少年健康研究团队，并先后支持科研立项和给予出版资助；研究团队先后获得国家社会科学基金项目、教育部规划基金项目、北京哲学社会科学基金项目、团中央委托课题青少年健康专题等，同时也获得过联合国儿童基金会与青少年健康行为研究相关的合作项目资助。一路走来，非常感谢两所学校领导和老师们给予我们的大力支持和真诚帮助，使得该合作项目持续发展到今天，希望将来有更好的发展前景。

感谢"中国青少年健康行为跨文化调查"合作项目的合作方——以色列巴依兰大学教育学院以 YossiHarel – Fisch 教授为代表的国际青少年健康行为跨文化研究团队（包括 Shanel 博士、Sandra 研究生、Gabel 博士、Ranna 等）的支持和帮助。他们给我校提供了学龄儿童健康行为标准的国际调查问卷工具包、问卷使用指南、国际调研报告以及全球青少年健康数据，并对我校教师使用该国际研究模型和调查工具包、国际调查问卷的本土化工作以及全国青少年健康行为问卷调查数据分析等方面提供了技术支持和帮助。同时，感谢香港中文大学谭伟明教授参与了中国青年政治学院与巴伊兰大学的合作，分享了香港地区的青少年健康行为问卷调查数据，并对该研究报告提出了宝贵的修改意见。

感谢长江设计研究中心给予课题研究支持和经费支持，对项目设计、策划提出宝贵的建议和意见！

感谢社会科学文献出版社陈颖编辑非常耐心仔细的指导和编校，陈编辑的专业素养和精细的文字功力，体现了编辑的专业水平和深厚学养，给我留下了难忘深刻的印象。

感谢青少年健康行为研究小组研究人员多年来围绕调查问卷本土化开展了大量研究工作，翻译、校对问卷，学习研究国际调查工具包、国际研究报告、使用指南等，2007～2009 年前后四次进行问卷预调查测试、修改等工作。2010 年 3～5 月在全国 13 个省份开展全国问卷调查。中国健康教育研究中心原主任田本淳教授、中国疾病预防控制中心肖林主任、中国青少年研究中心方奕编审、北京疾病预防控制中心刘秀荣所长和郭欣所长、华中理工大学同济公共卫生学院张静教授、北京大学儿童青少年卫生研究所星一副教授在调查问卷的本土化研究中付出了艰辛的工作，在此表示深深的谢意。

感谢青少年健康行为项目组的 13 个省份的研究员，他们是北京市的张雷、徐玲、杨澜，黑龙江的邹秀娟、刘丽娜和宋天琪，内蒙古鄂尔多斯的李光明，湖北省武汉市洪山区的高作旭、彭发健、张友志及荆州地区的蔡思燕，湖南省的李雄、田先辉，重庆市的胡直元，江苏省扬州市的徐国英及南通市海门区的黄桂珍、李海国，广东省的王福山、杜敏霞，海南省的何爱群、黄少红，福建省的沈超，四川省的黄明森、唐爱民，甘肃省的李晓恒，以及陕西省的陈湖霞。感谢他们在本次问卷调查中所做的协调及亲临现场调研工作。非常感谢每个参与省份和地区中那些愿意与我们分享经验的青少年朋友、学校和教育专家，是他们的积极参与使得问卷调查工作顺利完成。

感谢所有关心、支持和参与过该项目的同学们，没有他们为项目付出的心血和汗水，中国青少年健康行为跨文化研究项目很难顺利完成，该书的出版也离不开他们的贡献，他们也在与中国青少年健康行为研究一起成长。

真诚感谢所有关心和支持我们项目的同行和朋友们！

中国社会科学院大学青少年健康行为研究课题组
2022 年 7 月

　　"青少年健康行为跨文化研究"早先为中国青年政治学院与以色列巴伊兰大学联合实施的合作研究项目，该项目自 2007 年开始持续至今已有 15 年了，两校先后签订了三轮合作协议。2017 年，中国青年政治学院部分教育资源划转至新组建的中国社会科学院大学（下称我校）。我校于 2017 年成立了全球健康研究中心，继续开展该项目的国内外合作研究工作。为了更好地将青少年健康教育与中国社会科学院大学人才培养目标结合起来，贯彻教育部关于高校思想政治教育与心理健康教育融合的精神，我校于 2019 年成立了大学生心理与健康发展研究中心、价值观与健康教育研究中心，将青少年健康行为跨文化研究推向深入，将大学生心理与发展作为我校关注的重点，同时将价值观与健康教育结合起来，加大力度研究价值观对青少年健康行为的影响和作用，形成具有中国特色的青少年健康行为研究模型，进一步丰富和发展了"世界卫生组织—学龄儿童健康行为"（World Health Organization – Health Behavior of School – aged Children，WHO – HBSC）模型的跨文化研究特色。

　　"世界卫生组织—学龄儿童健康行为"项目是在世界卫生组织欧洲地区办公室协调下，运用"学龄儿童健康行为"模型在全球 51 个国家合作开展在校中小学生健康行为跨文化研究。自 1982 年开始至今已经有 40 年的发展历史，目前已经有欧洲、北美、地中海等 51 个国家和地区参与了该项目的国际研究网络，参与国运用"学龄儿童健康行为"国际统一标准的调查问卷，每 4 年为一个周期对在校 11 岁、13 岁和 15 岁学生进行问卷调查，了解青少年健康现状，分析各国青少年健康行为现状及流行趋势，并开展跨文化比较研究工作。该项目的研究成果为世界卫生组织和参与国政府制定青少年健康促进政策提供科学循证依据，为促进各国青少年健康发展做出了卓越贡献。

2006 年，周华珍老师受教育部公派到以色列巴伊兰大学社会学系从事博士后研究工作，参加了 YossiHarel－Fisch 教授主持的以色列"青少年健康行为跨文化研究"国际合作项目；2007 年 5 月，YossiHarel－Fisch 教授应中国青年政治学院邀请进行访问，开启了两校合作进行青少年健康行为研究工作。自两校开展该项目国际合作以来，得到历任领导的关心和支持。

周华珍老师应 YossiHarel－Fisch 教授邀请于 2010 年 6～8 月在巴伊兰大学进行访问，分享中国青少年健康行为研究成果，合作完成了中国青少年健康行为跨文化研究英文报告、合作发表学术论文，多次参加相关国际学术交流会议。中国社会科学院大学成立后，学校高度重视青少年健康行为研究，积极整合全校资源，借势社会力量特别是中国社科院研究力量，成立思想政治教育高等研究院，并把青少年健康作为该高研院重要研究领域，为研究推向深入创造了良好的条件，继续推动与以色列巴伊兰大学的深度合作。2017 年 12 月，YossiHarel－Fisch 为我们研究团队提供了最新的 2017～2018 年"世界卫生组组织—学龄儿童健康行为"国际研究模型，我们根据最近 8 年的青少年健康行为发展变化情况，研发了最新的中国青少年健康行为网络调查问卷，2018 年在北京市、武汉市、大连市、岫岩县开展了青少年健康行为网络问卷调查，2020 年在全国 10 个省市开展青少年健康行为追踪调查，进一步比较研究 2009/2010 年和 2018/2019 年两轮问卷调查结果，并对国际数据进行跨文化比较研究，了解近 10 年的青少年健康行为发展趋势。

在过去 15 年的合作过程中，我们经历了许多困难和坎坷，回望这段经历，我们研究团队逐渐成长，获得了研究经验的积累、研究水平的提升、研究团队的建设和发展。该研究项目不仅得到了中国青年政治学院、长江设计研究中心以及国际合作者的支持和帮助，也得到校内外合作者的支持和帮助，多届学生参与了青少年健康行为研究项目。这些宝贵的经历，使我们看到了人性中的真诚、友善、温暖和感动，没有这些鼓励、支持和帮助，很难有这本书的出版，青少年健康行为跨文化研究合作项目能坚持到今天实属不易。我们在此认真分析前期在合作过程中出现的困难，一是团队研究人员流动性较大，研究团队无法持续发展，这是最大的困难；二是跨文化研究过程中由于经费不足，仅在有限的几次国际会议上发布我们的研究成果，在此期间更多得助于 YossiHarel‒Fisch 教授在不同时间和不同会议上积极发布我们研究团队的研究成果，2018 年我们研究团队进入了"世界卫生组织—学龄儿童健康行为"国际研究网络官方网站，但在推进该合作过程中也出现沟通困难，使本书延迟出版；三是全球学龄儿童健康行为调查数据不易获得，致使我国青少年健康行为研究数据与全球调查数据进行比较研究推迟，也使本书出版延迟。几经周折，好事多磨，本书终于将在 2022 年 12 月出版。

该项目自启动以来，得到了中国人民大学、北京大学医学部、北京师范大学、中国疾病预防控制中心、联合国儿童基金会、北京疾病预防控制中心等院校和研究机构的支持，逐渐形成一个比较稳定的研究小组，本小组主要成员由周华珍、张树辉、YossiHarel‒Fisch、钟德寿、韩辉、谭伟明、周若曦、孟静静组成。相对稳定的研究团队使该项目顺利进行，并取得了一系列研究成果。发表了 30 余篇学术论文，其中多篇为核心期刊论文，出版了 3 本译著，2016 年中共中央国务院颁布的《中长期青年发展规划（2016—2025）》"（三）青年健康"部分采纳了该项目研究调研报告的部分成果。

本书为全面系统地介绍"青少年健康行为跨文化研究"的项目来源、研究目的、研究方法、研究内容、研究结果以及未来发展方向提供一个全面展现的机会，也为总结该项目合作成果提供一个难得的机遇。该调查数据有些许遗憾，比如说由于观念的问题，2008 年、2009 年在部分地区做预调查时，部分学校接受青少年健康行为问卷调查时，建议不要将关于"青少年性行为""自杀意念"问题放入调查问卷中。后来，随着电子烟的流行，有些青少年尝试吸食电子烟，网络欺负行为也逐渐突出，性行为发生客观存在。鉴于此，2016 年，在多次专家研讨会确定新一轮问卷调查优先考虑的问题时，建议在开展新一轮的青少年健康行为问卷调查时，应该把上述问题放进问卷调查中，尤其要增加困境儿童健康问题——"留守儿童""流动儿童"的健康问题调查。2020 年全国青少年健康行为网络调查问卷已经增加上述问题，经过预调查，得到参与问卷调查学校的肯定和支持，同时我们在总结近 10 年青少年健康行为问卷调查的基础上，结合大学生优先需要解决的健康问题，研发了大学生心理与健康发展调查问卷，并于 2019 年春季在北京良乡大学城高校进行了问卷调查，结果显示，该调查问卷的信度和效度达到科学标准，并于 2020 年 9～11 月在全国 10 个省市开展了网络问卷调查，以更好地研究我国青少年健康问题。

　　与国际上开展青少年健康行为跨文化研究相比，我们开始研究青少年健康行为跨文化研究时间较短，该项目研究成果为将来进一步开展专题研究提供了良好基础。由于青少年健康行为研究比较新、国内可供借鉴的资料有限、青少年健康行为研究小组研究能力和水平有限，不足疏漏之处难免，欢迎同行和各界朋友批评指正！

中国社会科学院大学

张树辉

2022 年 7 月

摘　要

为了配合正在开展的健康教育和健康宣传政策，促进青少年健康发展各项措施的顺利实施，对青少年健康行为以及健康的社会决定因素展开研究具有非常重要的价值和意义。众所周知，青少年健康的含义是广泛而敏感的，包含了身体健康、社会健康、心理健康、道德健康，这与世界卫生组织（World Health Organization，WHO）的观点相一致，健康是我们日常生活的一种资源，而健康不只是没有疾病的观点非常重要。因此，对青少年健康行为的研究，不仅需要调查积极健康的情况，还需要研究那些不健康和疾病的状况。很多构成青少年生活习惯的行为方式，可能直接或间接地损害他们近期或将来的健康。因此，需要测量一系列与青少年健康行为相关的变量，包括积极的或有利于健康的行为方式和损坏健康的危险行为方式，其中部分成为青少年时期的生活方式，而有些行为方式，比如吃饭方式，则形成于早期儿童的生活方式。这不仅仅是生物学观点，而且意味着要研究社会环境对青少年健康行为的影响。因此，如果我们真正理解青少年的健康状况和健康行为方式，我们就不仅要研究青少年生活的社会经济环境，还需要研究个体的特征、家庭氛围、学校环境以及青少年的同辈关系。

1. 目的

运用"世界卫生组织—学龄儿童健康行为"模型，研究健康问题的社会决定因素对我国青少年健康行为的影响，并研究家庭氛围、学校环境、同伴关系、近邻社区资本、国家政策、教育政策以及青少年社会特征（年龄、性别）等维度对青少年健康的影响。研究发现家庭富裕程度、家庭支持、学校类型、同伴关系、城市类型以及性别、年龄都与青少年健康行为及结果呈相关性，并对不同青少年群体（留守儿童与非留守儿童、流动儿童与非流动儿童、独生子女与非独生子女等）产生不同程度的影响。该研究结果为我国制

1

定保护和促进青少年健康政策提供科学的理论实证依据和实践参考，为今后进一步监测和评估青少年健康发展趋势提供实证依据，为促进青少年健康教育、增强干预效果提供实证依据和参考作用。

2. 研究内容

研究内容包括四个部分：一是"世界卫生组织—学龄儿童健康行为"调查问卷本土化研究。该调查问卷既包括 WHO - HBSC 国际标准问卷中的必答题，也包括相关行为的选答题，还增加了独具我国特色的流动儿童、留守儿童、独生子女健康行为问题以及我国基础学校的分类和城市类型划分等内容；二是研究健康问题的社会决定因素——青少年生活的社会环境即家庭氛围、学校环境、同伴关系、近邻社区资本，以及社会、经济、文化发展水平和国家政策对青少年健康及健康行为的影响；三是了解青少年健康相关行为以及心理健康及幸福感的现状；四是比较中国大陆与全球青少年健康行为调查结果，分析我国青少年健康行为研究结果与全球调查数据的差异。

3. 研究方法

根据 WHO - HBSC 国际标准问卷抽样方法协定书规定，采取多阶段分层系统随机抽样方法。第一步，根据经济发展水平和地理位置等因素综合考虑在全国东、西、南、北、中五个区域中抽取黑龙江、内蒙古、北京、江苏、福建、湖南、湖北、广东、海南、陕西、甘肃、四川、重庆 13 个省份。第二步，用系统抽样方法在每个省份抽取 2 个行政区样本框。第三步，在每个行政区随机抽取学校样本框，1 所小学、1 所初中、1 所高中。第四步，在样本学校框里，随机抽取小学六年级、初二和高一，在所抽取的年级中再随机抽取 2 个班，整班抽取，如果两个班人数不足，小学六年级可以向下一年级（五年级中随机整班抽取补充）或上一年（初二不足可以在初三年级中随机整班抽取补充，高一不足可以在高二年级中随机整班抽取补充），每个年级抽取 200～300 名学生，共抽取样本 15000 名小学六年级、初二和高一在校中学生，有效样本 14727 个，其中男生 7207 名，女生 7356 名，另有 164 人因数据清理时无效而未算入；平均年龄为 11.5 岁、13.5 岁和 15.5 岁。样本涵盖了在校学生的 95% 范围，符合国际 HBSC 的抽样方法标准，具有典型性和代表性，问卷的信度和效度得以保障，该问卷数据分析科学性和准确性较高。

4. 主要结果

对本次调查数据研究发现，健康问题的社会决定因素对青少年健康行为及其结果产生重要的影响和作用，具体体现在以下几个方面。

（1）从性别来看，男生和女生健康相关行为，如饮食种类、体育锻炼方式、物质滥用频率、校园欺负方式、心理健康和健康抱怨等方面都存在明显差异。该研究发现提示我们应该将男生和女生健康行为视为两类不同的群体问题对待，在进行健康干预时应该考虑性别因素，有针对性地设计适合男生和女生的相关活动，以开展健康促进活动。

（2）从年龄来看，不同年级的学生在就餐方式、就餐地点、体育锻炼时间、物质滥用、校园欺负、心理健康和健康抱怨等方面存在差异。该研究发现使我们能够清晰地认识到青少年健康危险行为与年龄之间的关系，并提示我们需要根据不同年级存在的不同健康行为问题设计相应的干预方案，开展健康促进活动。

（3）从不同城市类型来看，不同地域的青少年受经济发展水平、文化传统习惯的影响，在饮食、体育锻炼方式、物质滥用、校园欺负、伤害、心理健康、健康抱怨等方面存在城乡差异和地域差异，说明青少年健康行为及健康结果与社会经济发展水平和文化发展程度紧密相关，提示我们在进行健康教育和开展健康活动时要结合地方实际情况和经济发展水平以及文化等因素有针对性地开展活动，提高有效性。

（4）从家庭富裕程度来看，家庭富裕程度与青少年健康行为和健康结果有相关性，尤其是在饮食、体育锻炼、物质滥用、校园欺负、伤害、心理健康、健康抱怨方面差异显著。说明家庭富裕程度直接影响青少年健康行为和健康结果，提示增加家庭收入、增强购买力、增加健康卫生资源、丰富娱乐活动等，尤其是缩小贫富差距是改善不同富裕程度家庭青少年健康的关键。

（5）从学校类型来看，示范学校与非示范学校青少年在健康方面存在差异，尤其是一些积极行为如口腔卫生保健、体育锻炼、吃蔬菜水果等，和危险行为如物质滥用、校园欺负等在两类不同学校的比例差异比较明显。这提示我们要缩小两种类型的学校在管理、经费、师资、生源等方面的差距，充分运用示范学校的优质资源，整合非示范学校，提升其能力建设水平，共享优质资源，促进健康公平。

（6）从儿童群体来看，留守儿童与非留守儿童、流动儿童与非流动儿童、

3

独生子女与非独生子女在健康行为方面存在较大差异。由于生活在不同地域、不同的家庭环境和学校环境里，不同儿童群体在不同生活条件下接受的教育差异较大，尤其是文化差异和生活方式不同，导致不同类型儿童出现不同的健康行为问题。因此，建议在政府提供相关政策支持的基础上，动员社会力量改善儿童生活环境，提升困境儿童获取健康资源的可及性，缩小不同类型儿童之间的健康差距和不平等，促进健康公平。

5. 措施建议

（1）负责青少年健康的教育与卫生部门建立合作关系，以该项目研究发现为实证依据，结合当地实际情况，因地制宜地研制开展青少年健康教育和健康促进的工作方案，要求学校积极开展青少年健康教育和健康促进活动，广泛深入地传播健康信息，树立科学的健康观念，倡导健康的生活方式。

（2）以学校和社区为基础，开展健康专业师资培训。对青少年健康成长和发展有重要影响力的成年人进行健康教育培训，尤其是对负责青少年健康教育工作的管理者、教育者以及家长等相关人员提供健康专业素养培训，使他们具有掌握教育青少年健康发展的专业知识和技能、掌握一套科学的健康教育方法以提高健康管理能力和水平。

（3）在学校已开设的健康教育课基础上，增加传授健康素养方面的知识，增强获取健康的生活技能，交给学生识别科学与伪科学健康知识的方法，为其提供多种获取健康信息服务的路径和方法。

（4）针对青少年存在的健康行为问题，制作更多针对不同人群的健康教育服务包，为开展健康促进社会实践活动提供改变健康行为的科学资料、改善健康行为的服务工具。

（5）建立青少年健康大数据库，比较研究国内外青少年健康发展差异和共同之处，研究我国青少年健康发展趋势，并对已经开展的健康教育进行评估，提出改善健康状况的措施，动态监测我国青少年健康发展趋势。

（6）构建促进青少年健康服务平台，成立青少年健康教育服务机构，专门为增强和提升青少年健康服务，针对不同群体提供不同的健康监测、健康咨询、健康干预和康复治疗服务。

目　录

第二部分
健康相关行为的模型研究

第三部分
心理健康与幸福感

第四部分
讨论与启示

绪论
青少年健康行为研究概述

对青少年健康和健康行为及其影响因素的研究，对于有效的健康教育和健康促进政策、针对青少年的项目和实践发展而言至关重要。从最广义的角度考量青少年健康是非常重要的，它包含了生理、社会和情感健康。世界卫生组织认为健康是指身体的、心理的和社会适应能力的整体良好状态，而不仅仅是指没有疾病或体弱。它包括身体健康、心理健康、社会适应和道德健康四个层面。按照世界卫生组织（WHO）的定义，健康应该被认作日常生活的一项资源。① 一些构成青少年生活习惯的行为方式，可能直接或间接地威胁他们近期或未来的健康，所以需要测量青少年一系列的行为变量，既要研究积极的、有利于青少年健康的行为方式，同时也要研究有损健康或危险的行为方式。我们不仅需要从生物学视角，而且要从社会环境视角研究生活方式对儿童和青少年心理的影响。如果我们希望真正地了解青少年的健康状况和健康行为方式，就不仅需要研究青少年生活的社会、经济、文化环境，同时还需要研究个体的心理特征、家庭氛围、学校环境以及同侪之间的交往关系。因此，对青少年健康的研究不仅需要调查与健康相关的、改变的危险因素，也需要发掘促进青少年健康的因素。②

学龄儿童健康行为（Health Behavior of School – aged Children，HBSC）③

---

① WHO. Constitution of the World Health Organization. Basic Documents. Geneva: World Health Organization, 45th edn. 2006.

② World Health Organization. The Ottawa Charter for Health Promotion. First International Conference on Health Promotion, Ottawa, November 1986.

③ 世界卫生组织—学龄儿童健康行为（WHO – HBSC）：WHO 协作进行的跨部门学龄儿童健康行为（HBSC）研究每4年采集在校的11岁、13岁、15岁青少年的健康和幸福感、社会环境和与健康行为相关的数据。HBSC 通过在国内和国际的调查结果可以理解新提出的儿童的健康和幸福；理解健康的社会决定因素；为政策和实践提供信息以改善儿童的生活。

研究在行为社会科学领域有其独特的起因。当初这项研究从生活方式开始，其目的是从社会心理和生态学的视角分析人与环境之间的关系，同时考虑社会宏观 HBSC 背景[①]。我们采用 HBSC 模型考察青少年不同的生活方式对健康行为的影响，发现健康及健康行为与社会环境之间存在复杂的关系，于是试图描述和分析这些因素与健康之间可能存在的关联。

HBSC 创始人研究青少年健康问题时使用了一种相对稳定模型来对青少年生活方式进行研究。这种模型是关于行为、习惯、态度和个体希望属于某一组织的典型价值。尤其重要的是该项研究与青少年生活方式有关，特别是与青少年的健康行为有关。该模型主要研究青少年生活的社会环境即家庭结构、校园环境、同侪关系、人口状况与健康行为之间的关系。人们认为健康行为受家庭结构、文化背景、社会心理因素的影响，从宏观层面来说，国家政策、教育政策以及传媒信息也是构成该模型的重要组成部分。

HBSC 作为一项问卷调查研究，它研究的主要目的是为了解青少年健康情况及发展趋势提供基本的监测作用，增进人们对决定青少年健康成长的综合因素及其发展过程的了解和分析。HBSC 可以提供一些有深度的有关青少年健康及健康行为的信息，而这些信息是在大部分检测研究中经常被忽略的。HBSC 有一个很成熟的理论基础，我们将在各章中分别进行论述。我们引进该项目的目的是希望借鉴该项目国际上已有的成熟研究模型和基础理论，解释和分析中国青少年健康及健康行为现状，监测青少年健康潜在的危险因素。

该报告主要是对全国部分省份问卷调查所收集的数据进行描述，该报告涉及的主要变量或重要问题分类如下：（1）行为和生活习惯中有利于健康和不利于健康的方面；（2）个体社会特征；（3）主观感受到的环境条件（包括身体和社会方面的）；（4）自我感觉到的健康状况；（5）人口统计变量。

本调研数据结果显示了自我感觉到的健康状况与健康行为、健康行为和个体特性与环境之间的关系，这些研究结果主要表明了各省份、地区之间经济、文化差异对青少年健康的影响。

---

① Aarø LE, Wold B., Kannas, L., Rimpelä M. Health Behaviour in School – children. A WHO Cross – national Survey. Health Promotion International, 1986, 1(1), pp. 17 – 33.

一 中国青少年健康行为研究（C – YHBS）的介绍

（一）报告目标

这是目前国内首份关于青少年健康行为的跨文化调查研究报告，是中国社会科学院大学大学生心理与健康发展研究中心和价值观与健康教育研究中心，持续 10 多年与以色列巴伊兰大学合作的研究成果。在该项目开展研究过程中，中国社会科学院大学提供了政策支持和经费支持，以色列巴伊兰大学提供了 HBSC 项目的技术支持，并在全球青少年健康行为国际研究大会上多次介绍中国开展 HBSC 项目的研究成果，宣传中国开展青少年健康行为研究最新进展。中方研究机构和科研团队承担了该项目的国际标准问卷的本土化研究工作，研制了《中国青少年健康行为调查问卷》和测评指标，并在中国 13 个省份进行问卷调查，根据地域（东部、西部、南部、北部、中部五个区域）和经济发展水平进行了问卷抽样和问卷调查。该研究报告由周华珍老师执笔撰写，同时该研究小组成员做相关协助工作，阐述了中国 13 个省份青少年健康及健康结果的关键发现，分析了中国 2010 年社会背景下青少年健康及健康行为的现状，发现了中国社会转型时期青少年幸福感的最新依据。

这是中国社会科学院大学第一份有关青少年健康行为研究的政策性研究报告。该报告除了呈现青少年健康方面的统计数字之外，还有一个主题即中国城乡青少年健康不平等现象。由于中国长期以来实行城乡二元结构，特别是中国目前正处于社会转型时期，社会经济、文化飞速发展，城市与农村地域性差别越来越明显，大量农村人口流向城市，城市出现了大量的流动儿童，农村也出现了大量的留守儿童。《中国流动儿童教育发展报告（2016）》（流动儿童蓝皮书）统计显示，2000～2015 年，全国流动儿童数量从 1982 万增至 3426 万，流动儿童占总儿童数量的比重达 13%。全国流动人口总量已达 2.47 亿，全国每 6 个人中就有 1 个处于"流动"之中，作为流动人口子女的流动儿童和留守儿童，这两个群体总数约 1 亿人。自 20 世纪 80 年代中国实行计划生育政策以来，大多数家庭只有一个孩子，家庭和社会对孩子期待较高；加上各领域面临激烈的社会竞争，青少年的负担比较重，他们很少有空闲时间参加有组织的社会活动，休闲娱乐时间较少；随着互联网的普及，各种文化、价值、观念对青少年的思想观念、消费观念、生活方式以及行为方式产生影响，进而对中国青少年健康产生直接和间接的影响，这些突出的现实问题需要研究和解决。

HBSC 的国际报告使用性别、年龄、地域、社会经济维度描述健康及健康行为与社会环境之间的关系。[①] 本报告在吸收、借鉴国际上既有研究成果的基础上，新增加了具有中国特色的流动儿童、留守儿童问题，分析独生子女、教育政策对青少年健康的影响，分析中国青少年健康差异和不平等现象，并用系统的方法对其不平等进行量化。

该报告的主要目的是论述青少年在健康和幸福感各方面存在的不平等现象，这些不平等将会影响中国青少年健康相关政策的制定和执行，我们希望该报告能为中国青少年健康状况制定政策提供科学实证依据。这与全球青少年健康行为的合作伙伴——世界卫生组织的工作议程，特别是与青少年儿童健康行为—世界卫生组织论坛的宗旨相符，该论坛的设计旨在明确青少年健康的社会经济决定因素，拓展儿童和青少年健康平等导向的政策。[②]

（二）目标与宗旨

中国青少年健康行为的研究目标是在青少年所处的社会环境中采用一个新的视角对有利于他们的健康行为和生活方式进行考察，并加深青少年对这些健康问题的认识和理解。该项研究是对在校中、小学生进行青少年健康行为跨文化调查，监测他们的健康和健康行为。该项目是运用一个崭新的视角描述中国青少年健康状况以及存在的现实问题，运用相关理论模型来分析和解释中国青少年健康的状况，努力探求一些解决青少年健康问题的方案和措施。

中国青少年健康行为研究的目标有：（1）对中国在校青少年开始并将持续地对各地区、各省份关于健康行为与社会环境之间关系进行研究；（2）对中国在校青少年健康行为和社会健康领域问题进行研究，这将有利于我们关

[①] 世界卫生组织欧洲办事处编《青少年健康不平等：学龄儿童健康行为研究－2005/2006 年国际研究调查报告》，周华珍译，中国青年出版社，2010。

[②] World Health Organization. Regional Office for Europe. WHO European Strategy for Child and Adolescent Health and Development. Copenhagen: WHO Regional Office for Europe, 2005.

于健康理论、概念和方法的发展；（3）搜集有关中国在校青少年健康及健康行为的数据，监测各省份、各地区中小学生健康及健康行为的状况及发展趋势；（4）致力于中国在校中小学生关于健康行为与社会环境及健康基础知识库的构建；（5）在相关科研人员、健康教育政策制定者、健康宣传人员、教师、父母、青少年中传播我们的研究成果；（6）与全球 HBSC 参与国以及 WHO 建立合作关系；（7）促使中国在校中小学生健康宣传教育工作的发展；（8）为中国青少年健康方面专职人员制定相关规划和制度提供科学依据；（9）在该领域建立一个国内和国际专家网络。

（三）报告主题

1. 为什么存在健康不平等

当前人们健康状况不平等问题与国际政治政策发展背景有密切的关系。过去 40 年国际上有关青少年健康行为研究的相关文献表明，与生活在发达环境中的人相比，在不发达的社会环境中生活的人更容易生病、穷困、残疾，甚至更容易早逝。① 全球的相关证据表明，在健康状况和健康保健方面，由社会经济地位、地域位置、性别、种族和年龄引起的健康不平等正在不断增加。

有人可能认为青春期健康是平等的。② 但是，科尔（Call）等人③认为，在这个关键时期健康行为对个体和社会都会有短期或长期的影响。格雷厄姆（Graham）和柏欧尔（Power）关于人生健康干预的研究④表明，青春期在决定成年人行为上起着重要的作用，比如在抽烟、饮食行为、运动和饮酒方面。成年人健康的不平等有些是由早年环境决定的，该报告中青春期不同年龄阶段的数据，可以帮助青少年找到从青春期过渡到成年期最为有效的干预措施。

---

① Black JM, Smith C., Townsend P. Inequalities in Health: the Black Report. Harmondsworth: Penguin, 1982.

② Dahlgren G., Whitehead M. Policies and Strategies to Promote Equity in Health. Copenhagen: WHO Regional Office for Europe, 1992.

③ Call K. et al. Adolescent Health and Well – being in the Twenty First Century: A Global Perspective. Journal of Research on Adolescence, 2002, 12(1): 69 – 98.

④ Graham H., Power C. Childhood Disadvantage and Adult Health: A Lifecourse Framework. London, Health Development Agency, 2004.

2. 不平等定义

国际上对"健康不平等"和"健康不公平"术语有不同的表达方式。例如，怀特黑德（Whitehead）和达尔格伦（Dahlgren）[①] 根据社会经济状况、地域、年龄、残疾、性别和种族，把不平等定义为不同人群之间可衡量的健康经历和健康结果的差异，这种情况下不平等在群体和个体之间用可衡量的死亡率和发病率来显示客观区别。他们把健康不公平定义为不同人群中机会差异，这些差异导致了人生机会的不平等，不能得到充分的公共医疗健康服务、营养食物和合适的住房，他们把这些可衡量的差异理解为不公平、不公正。[②]

中国青少年健康行为研究报告在借鉴国际上关于青少年健康不平等概念和原有性别、年龄、地域和家庭富裕程度四个维度的基础上，增加了五个新的维度，包括城市类型（直辖市、省会城市、中等城市和乡镇）、留守儿童与非留守儿童、流动儿童与非流动儿童、非示范学校与示范学校、独生子女与非独生子女来考察和分析，以期得到真实反映中国青少年健康及健康行为的现状，监测青少年健康方面存在的潜在危险，在此基础上提出一些有针对性的建议和措施。

3. 青少年健康不平等的维度

传统衡量健康不平等的方法是通过社会经济地位、个体在劳动力市场的地位（对于青少年来说看他们父母的状况）来界定的。也有一些研究者认为性别、种族、年龄、居住地、残疾与否是社会不平等的重要维度，但与健康不平等系统相关的维度目前还在探索研究中。本研究是在借鉴国际上已有对青少年健康不平等在性别、年龄、居住地和社会经济条件是衡量社会差异重要维度研究的基础上，增加了反映中国改革开放 40 年中国社会经济、文化发生巨大变化，特别是全国区域间的差距加大，农村与城市发展不平衡、东西部发展不平衡，各种不同类型城市经济发展出现了巨大差距的维度；目前中国正处于社会转型时期，跨地域人口频繁流动，出现了大量留守儿童、流动儿童的现象；中国在经济改革开放之后，文化领域逐渐开放，各种外来文化

---

① Whitehead M., Dahlgren G. Levelling up(part 1): A Discussion Paper on Concepts and Principles for Tackling Social Inequities in Health. Copenhagen, WHO Regional Office for Europe, 2006.

② Braveman P., Tarimo E., Creese A., et al. Equity in Health and Health Care: a WHO/SIDA Initiative. Geneva: World Health Organization, 1996.

纷纷涌入中国，中西方文化、价值观念的差异与冲突使青少年人生观、价值
观、消费观发生了巨大的变化，这些直接或间接地影响了青少年的生活模式
和行为方式；中国改革开放后中国政府实施计划生育政策，倡导每个家庭只
生一个孩子，于是这些家庭对子女的期望过高，直接导致了青少年学习压力
过大、过重，上述因素直接或间接地影响着青少年身心健康。

世界卫生组织社会健康委员会关于决定健康的社会环境因素网上测量和
证据①表明，对这些维度需要单独地研究才能全面解释出现的健康不平等问
题。这对制定政策非常有价值和意义，因为从证据中可以清晰地看到，不同
人群对同一公共健康干预措施的反应会截然不同。因此，研究者在深入理解
健康不平等每个维度的影响，以及每个维度之间的相互作用对健康产生的影
响具有非常重要的价值和意义。

该报告通过揭示 2010 年中国青少年健康行为在社会经济地位、性别、年
龄和地域、城市类型、学校类型、留守儿童与非留守儿童、流动儿童与非流
动儿童健康差异的数据，促使人们更好地了解青少年的健康状况。

（1）性别

1998 年青少年健康行为国际研究报告中已经特别关注青少年健康行为的
性别差异问题。② 在 2005/2006 年、2009/2010 年、2013/2014 年以及最新的
2017/2018 年的青少年健康行为国际研究报告中使用了性别、年龄、地域和社
会经济条件四个维度考察全球青少年健康不平等问题。③ 该报告更新并扩大了
对地区性别差异的调查，系统地研究了其他方面的不平等，就引起社会各界
对性平等的关注、加深对青少年两性健康不平等的了解，并引导各级政府
实行有性别差异的政策和实践非常重要。

（2）年龄

随着青少年的成长和发育，他们的行为、生活方式和社会环境将发生显
著的变化，这都反映在不同年龄层次青少年的健康行为、健康结果、社会背
景方面。

----

①　WHO European Strategy for Child and Adolescent Health and Development. Copenhagen, WHO Region-
al Office for Europe, 2005.

②　Kolip P. , Schmidt B. Gender and Health in Adolescence. WHO Policy Series: Health Policy for Children
and Adolescents. Copenhagen, WHO Regional Offce, for Europe, 1999.

③　世界卫生组织欧洲办事处编《青少年健康不平等：学龄儿童健康行为研究－2005/2006 年国
际研究调查报告》，周华珍译，中国青年出版社，2010。

过去青少年健康行为报告已经报告过与年龄有关的一些模型，如2013～2014年青少年健康行为调查的47个国家和地区中与年龄相关的调查结果再次表明了年龄差异的影响力。本次的青少年健康行为问卷调查结果显示，不同年级的青少年在健康行为、健康结果和社会背景方面存在比较明显的差异。这一信息可以帮助中国政府制定出依据青少年年龄，促使家庭、学校、社区、乡村选择积极的社会环境、健康行为的计划和政策。

（3）地域差异不平等

2010年中国青少年健康行为问卷调查在中国东、西、南、北、中五个区域中选取了13个省份。由于中国幅员辽阔、经济发展水平不平衡，经济发达的东部地区与经济发展相对落后的西部地区，干燥寒冷的北部地区与比较温暖潮湿的南部地区，四季分明的中部地区，这13个省份包括了多种文化、气候和地形类型。这些参与调查的省份在经济、文化和风俗、习惯上也有很多差异，所有这些都可能对青少年健康产生潜在的影响。

该报告是第一次根据地域背景系统地调查中国青少年健康不平等问题的国内报告。这些分析将为我们考察青少年健康以及可能影响到他们健康模型的地缘政治学因素提供了新的视角。图表的数据显示了中国青少年健康在年龄、性别不平等的主要模型之外，还有因地域背景不同而导致健康不平等的新模型。

（4）社会经济

除了性别、年龄和地域上的差异，社会经济差异造成的健康不平等是青少年健康行为国内研究报告的又一个重点。在儿童的生理、心理和社会发展方面，社会经济因素起到了至关重要的作用。在人生发展过程中针对健康的社会不利因素是值得关注的，青春期是健康不平等现象出现并持续到成年期的一个关键发展期。2001/2002年至2013/2014年青少年健康行为研究国际报告显示了社会经济差异与一些具体健康问题的联系、家庭富裕程度与其他所有健康变量的联系，我们这份研究报告在吸收以前国际研究报告的特点基础上，进一步研究了性别、年龄与地域、城市类型、学校类型、家庭富裕程度、社会经济文化以及国家计划生育政策、教育政策与所有健康变量的联系，并通过留守儿童、流动儿童、独生子女等将这些联系表现出来。

许多不健康行为如吸烟、饮酒及其他药物使用等都是从青少年时期开始出现的。这些行为会成为习惯，由此而引发健康滑坡。因此，儿童和青少年是实现健康促进和健康保护最重要的目标群体。由于大部分青少年不太可能拥有或控制很多社会财富和权力，所以他们可能特别容易受到健康不平等的伤害，这是我们集中分析中国青少年健康不平等现象的原因。2007 年，中国社会科学院大学青少年健康研究团队首次引进了 WHO - HBSC（世界卫生组织—学龄儿童健康行为）模型并第一次运用该模型做全国部分省份的问卷调查，初次揭示了指标量化和监测这种不平等①，今后我们揭示青少年健康不平等的指标和检测作为中国青少年健康行为研究项目的一个重要研究目标，这与全球 HBSC 研究的重要目标相一致。

二　中国青少年健康行为研究概述

中国青少年健康行为研究（以下简称 C - YHBS）是由世界卫生组织—青少年健康行为研究（以下简称 WHO - HBSC）模型发展而来的。由于青少年健康行为研究是一项与 HBSC 合作的跨文化调查项目，它是一种以跨文化、跨地域对青少年健康状况和健康行为进行调查的国际合作方式。HBSC 是在与 WHO 欧洲区域组织的合作下进行的，它最初开始于 1982 年，此项研究每隔四年要间断一次以便进行一次大型的国际研讨，从 1985/1986 年至今已有 47 个国家参加该项目的跨国研究。我国研究团队首次引进了 HBSC 模型并于 2010 年 5 月完成了中国五个区域中 13 个省份的问卷调查工作，具体调查结果如表 0 - 1 所示。

表 0 - 1　2010 年，参加中国青少年健康行为研究的省份一览

序号	省　份
1	北　京
2	福　建
3	甘　肃
4	广　东

---

① Sacker A. , Schoon Bartley, Social Inequality and Psychosocial Adjustment Throughout Childhood: Magnitude and Mechanisms. *Social Science and Medicine*, 2002, pp. 55, 863 - 880.

序号	省 份
5	海 南
6	黑龙江
7	湖 北
8	湖 南
9	江 苏
10	内蒙古
11	陕 西
12	四 川
13	重 庆

（一）研究目的

该报告主要是阐述本次调查问卷的重要发现及其结果，这些调查问卷分发给参与该调查的四个不同类型城市的小学六年级、初二、高一在校学生群体。该报告基于这些数据分析了中国青少年受社会环境影响的健康行为，报告没有假设地给出数据来进行分析，而仅仅是将所收集的材料做了一些简要评论和分析。概括的目的是帮助其他研究者、教育者和政府机构将来对这些数据做进一步的分析、研究和对比，通过再次研究也能得到一些深刻的启示。本报告将数据分为不同的组，这样使用者就能够通过标题来分类。对报告感兴趣的机构可群策群力来寻找能够帮助改变健康有害行为和鼓励健康有益行为的方法和计划，我们也将在分析现有数据之后发表相关的论文。我们希望通过该项研究，提出一些使青少年能选择一种压力较小而收获较多的生活方式建议和措施，帮助中国青少年成为崇尚和平、健康和适应能力较强的社会成员。

（二）调查中的核心问题

①社会人口学特征（年龄、性别、家庭结构、父母职业、城市类型、户籍制度、计划生育政策）；②与健康相关的行为（饮食、锻炼、休闲活动、牙

齿健康、吸烟、饮酒、药物使用、网络使用、校园欺负、伤害）；③个体健康与幸福以及身体问题的普通观念；④心理调整，其中包括心理健康、自我概念、体形、家庭关系和支持；⑤同侪关系及支持，其中包含欺负问题；⑥关于学校环境及其对学生健康影响的观点；⑦物质成瘾性问题；⑧学习压力问题；⑨校园安全问题；⑩独生子女健康问题；⑪留守儿童健康问题；⑫流动儿童健康问题。

我们选取这些问题进行调查，一方面可以对国内青少年健康行为方面的数据进行分析，同时也能够与参加该项目研究的其他国家青少年健康行为的数据进行对比分析。特别重要的是这次问卷调查还选取了反映中国青少年健康行为方面的独特问题，如学习压力、独生子女健康问题、留守儿童健康问题、流动儿童健康问题，这些问题的研究对中国来说具有非常重要的理论意义和现实意义。

该问卷调查在全国不同的五个区域内，随机抽取 13 个省份四个群体，部分直辖市、省会城市、中等城市以及县城、乡镇、农村的中小学生参与了调研，数据结果反映了社会因素对青少年健康行为发展的影响。为了适应区域文化和实现健康促进首要任务的需要，我们根据不同地区的预调查研究结果作了一些微调。尽管特征方面存在一些差异，但是该研究应用了 HBSC 的核心国际模型。

（三）研究方法

该问卷调查所采用的研究工具是参与 HBSC 所有国家使用的一份标准化通用国际调查问卷，主要包括基本信息；青少年生活的社会环境包括家庭氛围、学校环境、同侪关系对青少年健康行为的影响，同时还包括社会经济背景、心理变量/特征；促进和损害青少年健康的相关行为。该调查为研究促进青少年健康行为和损害青少年健康危险行为及其相关因素提供了一个深入探究的机会，可通过该调查问卷获得量化数据，并用这些数据来研究这些健康行为、健康指标和其他社会变量。

如前所述，我们在 2010 年 3 ~ 5 月进行全国部分省份正式问卷调查之前，经过 3 年的反复分析、研究、论证、预测试、修改和第四次测试，在此基础上我们再根据国际标准问卷必选数据包和可选数据包，结合目前中国青少年存在的健康问题，同时吸收了先后四次测试的结果以及被测试学生的反馈意见和专家论证结果，新增加一些反映中国青少年健康及健康行为方面存在的实际问题，编制了《中国青少年健康行为调查问卷》（包括问卷 A 和问卷 B）。通过问卷调查，我们全面系统地搜集类似的健康行为、健康指标以及有关情况的变化趋势的信息，一方面我们可以分析中国青少年健康及健康行为现状及存在的健康问题，并预测未来可能影响青少年健康的潜在危险，另一方面我们将用这些数据与国际数据进行对比研究。此外，国际上已经有了连续的调查，我们也可以运用其研究方法与成果检测中国及国际上有关青少年健康及健康行为的发展趋势。作为一项调查和监测研究，HBSC 也可以告知和影响有利于健康与健康教育政策计划的制定[①]。

中国参与 HBSC 国际合作，一方面我们希望能比较全面系统地研究中国青少年健康及健康行为的现状及发展趋势，另一方面也希望能够与世界各国青少年健康及健康行为进行比较，寻找解决中国青少年健康方面存在的问题方法和措施，全面提升中国青少年健康素质，提高他们的生活质量，增强他们的幸福感。

（四）抽样

本次问卷调查研究的数据使我们确信在参与研究的直辖市、省会城市、中等城市、乡镇四个目标群体之中有可比性。下文将简述本次问卷的抽样参数、编制问卷、数据管理和分析。

2010 年中国调查数据是从 14920 名青少年调查中得来的（见表 0 - 2）。人口群体中包括不同区域中 13 个省份不同类型在校的小学六年级、初二和高一的学生。根据教育部和地方教育局提供的学校名称、学校类型清单，按年级和班级进行抽样。研究中按照 35 人及 40 人的花名册群体进行抽样，根据学校规模每个省份抽取 1200～1500 人，每个省份抽取两个区，每个区抽取 600～700 人，每个年级 200～300 人。在北京抽取了 1484 个样本，在重庆、四川各抽取 600 个样本，重庆与四川合起来共抽取 1200 份。由于同样的学生编号共享相同的教室，这一措施防止了任何集聚效应的发生。调查员到

---

① Currie C. , Watson J. , eds. Translating Research Findings into Health Promotion Action: Lessons from the HBSC Study. Edinburgh: Health Education Board for Scotland, 1998.

学校与不同年级的学生进行一次谈话，运用每个学校不同年级学生抽样来缩减实地调查的成本。这一方法没有改变样本在每一群体中的代表性，也没有改变每位学生被选取的可能性概率，所用的抽样方法也符合 WHO - HBSC 的要求。

目标群体的设计考虑了以下的目标。

①为了挑选一个学生进入目标群体，该学生与研究内总人口中的另外一个学生来讲拥有相同被选取的可能性。②所有主要分群体（规模大的学校与规模小的学校、不同区域的示范学校和非示范学校）拥有相同的代表性。③抽样协议具有与 WHO - HBSC 可比性。④对四个不同城市类别目标群体进行比较衡量不仅仅是考虑当前的这次研究，也为将来的研究发展设想。⑤能够在同一个区域内对每一个单独人群和数据库中总体人群进行兼容计算和交叉、对比评估，也能够提供精确的区域性评估。班级的随机选择确保了样本选择中地域区域、学校类型（小规模、大规模、示范学校和非示范学校）以及大班或小班学生被选的相同可能性。

作为样本一部分的班级中所有学生都参与了研究，数据库中总量由 14920 位回答者构成，其中每个样本规模因样本清理而均不相同，具体样本情况如表 0 - 2 ~ 表 0 - 7 所示。

表 0 - 2　按照省份、性别和年龄分类的样本规模

单位：人

地　区	男生	女生	小学六年级	初二	高一	总计
北　京	211	221	158	134	142	434
内蒙古	269	305	282	107	192	581
黑龙江	427	489	316	327	277	920
江　苏	844	910	591	595	585	1771
福　建	444	439	369	226	297	892
湖　北	753	718	511	415	557	1483
湖　南	813	785	551	500	581	1632
广　东	1153	1208	767	931	686	2384
海　南	93	100	31	82	82	195
重　庆	370	396	236	236	302	774
四　川	1056	1022	1028	524	558	2110

地　区	男生	女生	小学六年级	初二	高一	总计
陕　西	453	445	246	191	464	901
甘　肃	321	318	212	217	221	650
总　计	7207	7356	5298	4485	4944	14727

表 0－2 显示受调查地区中，直辖市被试数量北京少于重庆，其他省份被试数量中以江苏、湖北、湖南、广东、四川人数居多，其中以广东和四川的人数尤其多；调查中，男生和女生数量大体相当，女生数量略大于男生数量；在受调查的三个年级中，小学六年级人数最多，高一其次，初二最少。

表 0－3　按照性别和城市类型分类的样本规模

单位：人

地　区	男生	女生	总计
直辖市	544	556	1100
省会城市	1338	1225	2563
中等城市	3373	3527	6900
乡　镇	1952	2047	3999
总　计	7207	7355	14562

表 0－3 显示本调查中的样本容量，直辖市、中等城市、乡镇的被试数量，男生均稍少于女生。省会城市的被试样本容量中男生稍多于女生。直辖市的样本规模小于其他三种地区的样本规模。中等城市的样本规模最大，其次是乡镇、省会城市和直辖市。

表 0－4　按照性别和学校类型分类的样本规模

单位：人

类　型	男生	女生	总计
示范学校	2038	2160	4198
非示范学校	5168	5196	10364
总　计	7206	7356	14562

表0-4显示调查中示范学校和非示范学校的样本规模，女生数量均大于男生的数量。而非示范学校的样本规模远远大于示范学校的样本规模，是其2倍以上。

表0-5 按照人口群体和性别分析独生子女与非独生子女儿童

单位：人

类 型	男生	女生	总 计
独生子女	4243	3869	8112
非独生子女	2909	3452	6361
总 计	7152	7321	14473

表0-5显示调查中独生子女中男生数量略大于女生数量，非独生子女中的男生比女生少。而样本容量中的独生子女数量大于非独生子女数量。

表0-6 按照人口群体和性别分析留守青少年与非留守青少年

单位：人

类 型	男生	女生	总 计
留守青少年	1119	1045	2164
非留守青少年	5847	6167	12014
总 计	6966	7212	14178

表0-6显示调查中留守青少年中男生数量稍大于女生数量，非留守青少年中女生数量大于男生数量。而非留守青少年的样本规模远远大于留守青少年的样本规模，大约是其规模的6倍。

表0-7 按照人口群体和性别分析流动青少年与非流动青少年

单位：人

类 型	男生	女生	总 计
流动青少年	815	631	1446
非流动青少年	6236	6593	12829
总 计	7051	7224	14275

表0-7显示调查中流动青少年中男生数量大于女生数量，非流动青少年中男生数量小于女生数量。而非流动青少年的样本规模远远大于流动青少年的样本规模，是其规模的8倍以上。11岁、13岁和15岁青少年是国际青少

年健康行为研究中的目标样本。中国青少年健康行为研究样本取样也是按照这个目标样本的年龄进行取样。这些年龄组代表了青春期的初期、生理和心理变化的挑战开始、人生和事业选择伊始的重要时期。我们集中在 2010 年 3～5 月调查收集中国青少年健康行为资料，其样本平均年龄分别为 11.5 岁、13.5 岁和 15.5 岁。从所有样本来看，已获得的平均年龄分别为 11.6 岁、13.6 岁和 15.6 岁。但是，偏差仍旧存在，最小年龄组从 11.2～12.0 岁，13 岁、15 岁组的情况相同。各年龄组的样本容量均要求为 1200～1500 名，以确保正负 3% 的可信区间的比例占到 50% 左右，同时学校和地区的样本要求样本框内年龄组至少包含 95% 的儿童。

（五）调查问卷

如上所述，在 2010 年 3 月开始正式问卷调查之前，研究小组曾在全国五个区域 13 个省份中进行了四次预测试。在 2008 年 1～2 月第一次预调查测试和 2008 年 7～8 月第二次预调查测试之前，小组成员先与接受调查的学生交谈，了解他们的个体基本情况、家庭、学校、社区、生活环境、个体生活状况以及感兴趣和感觉困惑的问题，然后让被试填写问卷。这些调查都是在学校教室里集中进行的，采取匿名填写方式完成调查问卷。调查完之后，研究小组结合他们访谈的内容和问卷测试的结果进行分析，了解 HBSC 国际问卷哪些题目适合中国学生实际情况、哪些题目不太适合中国学生实际情况，全国各地学生中有哪些是带有共性的问题、哪些是代表地方特色的问题。经过反复的测试分析，在保留国际健康行为调查核心问题的基础上，再增加一些新的题目。在预测试过程中我们召开过四次专家研讨会，探讨中国青少年发展与健康及健康行为问题，总结了中国在社会转型时期出现的留守儿童、流动儿童、独生子女、学习压力、物质成瘾和精神成瘾问题。结合专家提出的修改意见，研究小组重新修改了《中国青少年健康行为调查问卷》。从 2010 年 3 月 10 日至 5 月 30 日，在全国 13 个省份调查员的共同努力下，中国青少年健康行为问卷调查工作在 2 个月内顺利完成。

这次调查问卷题目主要由三部分构成，一是 HBSC 全部必答数据包的问题；二是根据预调查的结果和中国学生的实际情况，挑选了部分 HBSC 可选数据包中的问题；三是结合中国有关部门的健康政策制定者、从事健康促进教育研究的专家所提出的一些重要问题，自编了一些反映中国青少年健康的问题，并将这些问卷发给学生们再次进行测试，最终形成了有利于研究者能够进入共享数据库的调查研究工具。

（六）质量控制

1. 问卷保密

调查工具是匿名的。在班级中执行调查的第一天，所有学生都参加进来，学生们在教室中规定的某一段时间内填完问卷。地方调查员以口头形式将调查问卷的书面要求读给大家听以确保学生能够清楚地了解填写问卷的一些要求。学生不用将自己的名字写在问卷上（这是书面指示的一部分，也是口头面谈者指示的一部分），最后学生们将完成的问卷投进纸箱内。整个调查过程中没有人能够通过跟踪问卷而找到具体参加调查的学生个体。在进行调查的地区，被调查的学校和老师既不能接触数据也不能获得问卷。

研究小组对所有能够辨明身份的信息保密，诸如包括每一个回复者的地区编号、学校编号以及在一个班级内连续的个体编号等身份。除了对回答者做跨班级水平集中分析的时候用，其他时候这些身份号码在数据文件中毫无意义。

2. 合作者的责任

所有参与调查研究的团队齐心协力地合作制作调查问卷工具。调查问卷统一打印、登记、分配、邮寄全国 13 个省份，再由各省份的调查员负责布置对问卷的管理，确保地区和区域背景下的兼容性。

首席调查员会收到描述如何将数据输入数据库的国际编码书。每一个参与研究的团队分别进行自己的研究。每一团队承担以下的责任：①录入和打印最后地区版本调查工具，②进行抽样，③培训面谈者，④收集数据，⑤输入数据，⑥编辑和清理数据，⑦为了传送到区域的协调中心而汇编和准备数据。

通过完成上述任务，全国各区域不同省份就有了标准化的调查工具和专业调查人员。这一过程中对团队成员做了整个问卷调查技能的培训。这两次预测试使得团队之间在数据收集过程中的合作评估成为可能。此外，预测试也使得关注的参与者能够在全国规模的研究中改善和提高实地工作经验。所有问卷由中国青年政治学院青少年健康促进研究所集中管理，负责打印、登记、分发、问卷回收、问卷整理、数据集中录入、分析、撰写研究报告。

3. 调查员统一培训

青少年健康研究团队负责对全国五个区域中13个省份的调查员进行培训，使这些调查员了解和掌握该次问卷调查的操作方法和注意事项。调查员接收来自该研究团队统一分发的调查问卷、登记收到问卷的分数、填写地区调查表格、统一指导语、注意事项、分发和回收问卷的顺序、问卷主要内容、问卷主要问题、答题时间、答题地点、答题方式和方法、保密问题、调查结束后清点完毕，废卷清理出来和完整卷一起打包于调查问卷结束当天统一邮寄回中国青年政治学院，并汇报所寄问卷的相关情况，核实收到问卷的份数与实际返回问卷的份数和废卷份数，以确保每份问卷的来龙去脉，确保问卷的有效性和真实性。

所有问卷由该研究团队负责人将问卷整理、核实、登记、打包，统一送到北京市鸿业数据录入公司，录入公司接到问卷后，核对问卷数量，登记、编号，分类管理。所有问卷采用双录入的方式，以确保数据准确、精确、正确，误差控制在万分之一以内。

4. 数据分析

条形图用降序把每个年龄段的男生、女生进行比较，不过最重要的是要避免过度诠释全国各省份的排序。通常比例指数不能区分临近省份。这种差异可能与可信区间有关。为了方便阅读图表，比例划到最近似的整数。青少年健康行为研究每个表格中的平均数是以每个地区相同比重为基础，并不考虑样本大小的差异。用在条形图上的星号" * "表明该地区统计出的性别差异很大。

报告中按性别、年龄、家庭富裕程度和地域、城市类型、学校类型、流动青少年、留守青少年、独生子女等进行统计分析健康指标和社会指标的重大差异，其目的是要提供一个严密的、系统化的统计基数，以描述有关小组数量和方向差异的跨国模型。年龄和性别的分析要考虑到调查方案（包括分级、集中和额外情况）对所做估算的精确性影响，显著水平定为5%，SPSS25.0版本设计了分析对象复杂的调查包。

11～15岁重大统计差异的评估需通过设计调节卡方测试来完成。卡方趋势是用来评估家庭富裕程度差别，而 Jonkhere – Terpstre 检验是用来评估统计地区区域差异。统计意义是用来指导帮助诠释，特别是为了避免过度解释个别项目中的细微差异。由于这里仅仅评估了个体变量与家庭富裕程度之间一致稳定的模型，大量测试统计意义的标准调节也就不会改变客观结果。

为了分析各个省份的差异，研究组将各个省份做了粗略划分。为了达到这一目的，研究组采用了中国行政区域统计学分类的方法。这种分类方法综合运用地域学分区、中国行政区划、经济发展水平和其他分区方法把这些地区分为：直辖市、省会城市、中等城市和乡镇四种类型。

第一阶段根据建立起来的测试衡量工具对一个范围内每个条目确定含义（比如关于自尊和学校意见）的数据进行分析。研究者既根据每一群体进行数据分析，也对汇总的数据进行分析，这个分析的目标是在每一群体分析心理特征量表。

在中国实施 C – YHBS 研究时也应当考虑到中国处于社会转型时期，出现了大量的流动儿童和留守儿童；经过 40 多年的改革开放，中国的经济、文化发展都受到外来文化的影响和冲击，特别是西方文化对青少年身心健康成长的影响；中国实施计划生育政策，独生子女与非独生子女之间产生了一些差异；中国学生的学习压力和网络成瘾问题比较突出，中国青少年体育锻炼时间较少，休闲娱乐时间较少，这些都明显地影响青少年的体质和幸福感。因此，这次调查的问卷包含了这些内容，这个部分直接分析了留守青少年、流动青少年、外来文化影响、独生子女、学习压力和网络成瘾、校园安全等问题。这次调查致力于探索这些政策对调查中的青少年行为和社会心理健康带来的影响，这些都是中国独有的情况。

（1）人口学

除了关于年龄、性别和父母职业等必答的社会人口学问题外，C – YHBS 研究也包含了城市类型、户籍制度等引起的留守青少年、流动青少年、独生子女问题，中国的调查问卷中包含学习压力、留守青少年、流动青少年、独生子女问题。

（2）调查管理部门

在 2010 年 3 ~ 5 月大多数的情形下调查表是由学校管理的。表 0 – 8 为每个省份数据收集的日期。

表 0 – 8　2010 年青少年健康行为研究在不同省份收集数据的日期

省　份	调查时间
北　京	2010 年 3 月
福　建	2010 年 4 月
甘　肃	2010 年 4 月
广　东	2010 年 4 月
海　南	2010 年 4 月
黑龙江	2010 年 4 月
湖　北	2010 年 5 月
湖　南	2010 年 3 月
江　苏	2010 年 4 月
内蒙古	2010 年 4 月
陕　西	2010 年 4 月
四　川	2010 年 4 月
重　庆	2010 年 4 月

　　学校的调查问卷管理工作，是按照调查协议书的准则进行的。有的地区是由学校教师做的，有的则是由课题组专业人员和课题组成员来做的。国内数据的编码和录入过程是按照商定程序完成的，各个地区的数据与完整的应用程序文件一起，将呈交到国际数据库（标注误差）。

　　（3）家庭富裕程度

　　青少年健康行为研究衡量了青少年社会经济状况的各个方面，其中包括家长的职业地位、家庭富裕程度和家庭贫困情况；在该报告中研究者们选择了以家庭富裕程度来划分青少年的社会经济状况。

　　青少年健康行为家庭富裕程度（FAS）的测量是以青少年的家庭物质生活条件的一系列问题为基础的，这些问题对儿童和青少年来说很容易回答，比如问是否拥有汽车、拥有卧室、假日旅行和家用电脑等项目。

　　该衡量工具有若干优势，青少年的缺失回答比例较低，便于进行国际比较。相反，家长工作问题衡量很容易遇到数据缺失和地区间分类体系的差异。家庭贫困因素仅仅影响少数青少年（虽然各个省份情况有所不同），但每一位青少年都能根据家庭富裕情况将其归类。为此，青少年在每一个省份都按该地区项目总评得分进行分类，在这一总体评分记录中给予低、中、高三个等级的家庭富裕程度评分。

FAS 计算：

FAS 中包含以下 4 个问题：

你家拥有汽车、货车或卡车吗？

回应种类是：没有（=0）；有，一辆（=1）；有，两辆或更多（=2）

你有属于自己的卧室吗？

回应种类是：没有（=0）；有（=1）

在过去 12 个月里，你与家人几次外出旅行度假？

回答类别有：没有（=0）；一次（=1）；两次（=2）；两次以上（=3）。

你家拥有几台电脑？

回应种类是：没有（=0），一台（=1），两台（=2），超过两台（=3）

基于他或她对上述 4 个问题的回答，我们计算其复合 FAS 分数。在完成学龄儿童健康行为调查后，我们将最后两个题目（假日旅行和拥有电脑）选择频率最高的两个选项（"2"和"3 或者更多"）合在一起。然后将 4 道题目的得分加总，并使用如下 3 点定序尺度来分析。

FAS1（得分 =0~3）表明富裕程度较低；

FAS2（得分 =4~5）指中等富裕程度；

FAS3（得分 =6~7）表明富裕程度较高。

家庭富裕程度和环境、健康或行为变量之间的统计数据的分析要求分别在男生和女生的所有年龄组中进行。

FAS 与变量盛行度的正面联系（用图表中的"＋"表示），比如刷牙，表明在较富裕家庭中更多青少年出现较多这些行为。

FAS 和变量盛行度的负面联系（用图表中的"1"表示），比如抽烟表明在不富裕家庭中更多青少年出现这些行为。

图 0-1 展示了根据 FAS 结果，不同省份之间家庭富裕程度的差异。很明显省份之间较低富裕、中等富裕和高度富裕的不同比例会影响青少年。

图 0-1 显示，富裕程度的比例在不同等级的城市中呈现梯级差异。直辖市＞省会城市＞中等城市＞乡镇。其中乡镇与直辖市间的富裕程度比例存在较大的差距，达到了 8.1 个百分点。在很大程度上，这种差距是由中国长久

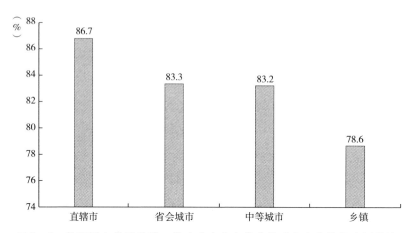

图 0-1　按照城市类型分类，学生家庭为中等富裕或高度富裕的比例统计

以来的城乡二元结构决定的。城市尤其是直辖市和省会城市经济发达，家庭的平均富裕程度高，有条件满足孩子的各种需求，生活方式和消费内容多样化，对孩子普遍经济投入基数较大。而乡镇经济则相对来说贫穷和落后，购买力和消费水平较低。图 0-1 反映了发展中国家普遍存在的经济结构的突出矛盾对于不同地域间青少年的家庭富裕程度产生了直接的影响，通过这种梯级的差异体现了出来。

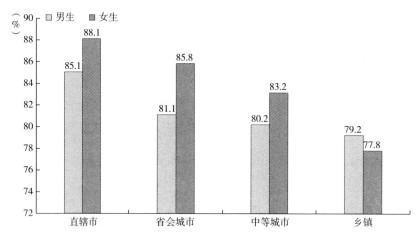

图 0-2　按照性别和城市类型分类，学生家庭为中等富裕或高度富裕的比例统计

图 0-2 显示调查中，直辖市、省会城市和中等城市的富裕比例，女生高于男生，而乡镇的女生比例低于男生；总的来看，无论是男生还是女生，富裕程度随着城市等级的不同而呈现梯级差异。值得注意的是，乡镇地区的女

生家庭富裕程度比例相当低，比直辖市落后超过 10 个百分点。这既是由乡镇地区经济不发达的现状直接决定的，又同中国农村地区长期重男轻女的传统观念息息相关。由于乡镇地区的女生富裕程度非常低，普遍缺少受重视的家庭氛围、良好的生活学习设施和优质的教育资源，因此她们的身体和心理方面的健康状况都令人担忧。

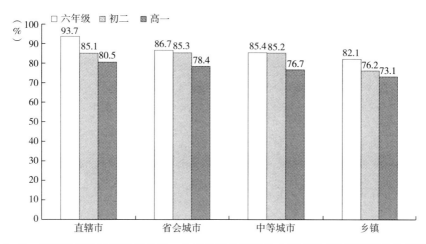

图 0 - 3　按照年级和城市类型分类，分年级学生家庭为中等富裕或高度富裕的比例统计

　　图 0 - 3 显示调查中，三个年级的富裕比例，小学六年级均高于初二及高一；除了初二中省会城市和中等城市比例稍高于直辖市，其他两个年级的直辖市富裕比例均高于省会城市、中等城市、乡镇。三个年级的富裕程度比例，随着年级的升高呈现下降的趋势，其中小学六年级和初二的乡镇富裕程度比例与直辖市间存在 10 个百分点左右的差距。图 0 - 3 突出反映了随着年级的升高，富裕程度普遍呈下降趋势，说明了越往上的教育层面，留下的较为优秀的学生中的贫困程度在上升，这迫切地让我们意识到，伴随着进一步的学习，不富裕的家庭条件可能会在未来对学生的升学产生影响和威胁。

　　图 0 - 4 显示，家庭富裕程度为一般占很大的比例（超过 60%），非常富裕和一点也不富裕占极小的比例；在一般以上和以下部分所占比例均相差不大。从总体上来看，我们可以发现，家庭富裕程度比例并不是很高，远远低于发达国家的正常水平。这体现了大部分青少年对现状不满意和整体富裕程度不高。

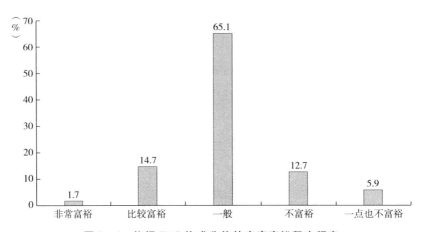

图 0 - 4　依据 FAS 构成分值的家庭富裕程度频率

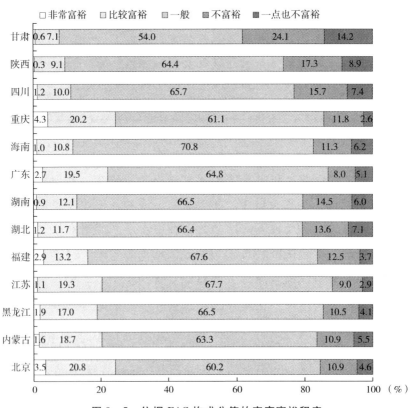

图 0 - 5　依据 FAS 构成分值的家庭富裕程度

图 0 - 5 显示，在受调查的所有地区中，家庭富裕程度为一般都占大多数，非常富裕和一点也不富裕所占比例均较小。其中直辖市的北京和重庆，

其他省份的广东、福建的非常富裕的比例较高，甘肃的一点也不富裕的比例最高。北京的非常富裕比例之所以低于重庆，是因为北京的外来人口较多，其中流动儿童占被试的比例大于重庆，所以产生了低于重庆的比例；总体看来，直辖市中的北京和重庆和其他省份中的广东、江苏、黑龙江、内蒙古的比较富裕及以上部分所占比例较高，甘肃、陕西的一般以下程度的比例比较高。说明直辖市和东部沿海地区的经济发展水平较高，这既是历史的原因，也和政策的导向性以及人口构成的结构存在较大的关系。甘肃和陕西由于地理位置及自然资源的先天条件不足，政策向东部沿海地区倾斜，两者都决定了两省先天条件的水平低下和富裕程度的比例较低。

综合图0-1、图0-2和图0-3的数据，我们可以发现，整体来说不同等级的城市，其富裕程度所占比例呈梯级差异，表现为直辖市高于省会城市高于中等城市高于乡镇；从性别的维度来看，无论是男生还是女生，在同一性别中的富裕程度所占比例仍与整体的情况相同，呈梯级差异，即直辖市高于省会城市高于中等城市高于乡镇。女生的差异尤其明显，乡镇和直辖市间存在10个以上百分点的差距，不同等级城市中男生间的差距则小于不同等级城市中女生间的差距；将男生和女生相比时我们发现，除了乡镇的男生富裕程度比例大于女生，直辖市、省会城市和中等城市的富裕程度所占比例，女生均高于男生至少3个百分点；从年级的维度来看，除了初二中省会城市和中等城市的富裕程度比例稍高于直辖市，其他两个年级的富裕程度比例均为直辖市高于省会城市高于中等城市高于乡镇。而三个年级的富裕程度比例，随着年级的升高呈下降趋势，即小学六年级均高于初二高于高一。其中小学六年级和初二的乡镇富裕程度比例与直辖市间存在10个百分点左右的差距；从图0-4中我们可以对家庭富裕程度的整体情况有一个大致的了解，家庭富裕程度为一般占到所有五个程度中最大的比例（超过60%），而非常富裕和一点也不富裕的比例只占极小一部分（两端比例相加也不超过10%），比较富裕和不富裕的比例均在10%~15%，所占比例不大。由此可见，大部分被试属于家庭富裕程度一般的类别，富裕和不富裕都只占小部分且比例相差不大。图0-5显示，在所有调查的地区中，家庭富裕程度为一般的比例占大多数（60%以上，甘肃例外为54%），非常富裕和一点也不富裕所占比例均极小（分别小于5%和10%，甘肃例外一点也不富裕为14.2%）。不同省份间也存在程度的差异，其中直辖市的北京和重庆及其他省份的广东、福建的非常富裕所占比例比较高（相比其他省份而言，超过 2.5%）。总体看来，直辖市中的北京和重庆及其他省份中的广东、江苏、内蒙古的比较富裕及以上部分所占比例较高（超过 20%），甘肃、陕西的一般以下程度的比例比较高（超过 25%）。

　　由以上几个表格可以发现，影响家庭富裕程度比例和对青少年健康状况造成影响的因素是多方面的。首先，中国长久以来的城乡二元结构决定了不同等级城市和地区间的经济发展水平的差距，直辖市和省会城市经济发达、基础设施完备、工业化程度高、教育资源丰富、居民总体财富拥有量大、消费内容多样且水平较高、家庭的平均富裕程度高，有条件满足孩子的各种需求，生活方式和消费内容多样化，对孩子普遍经济投入基数较大。而乡镇经济则相对购买力和消费水平较低，落后于前者，尤其是乡镇与直辖市间的富裕程度比例存在较大的差距。在很大程度上，这种差距是由发展中国家普遍存在的经济结构突出矛盾决定的，而对不同地区间青少年的家庭富裕程度和健康状况产生了直接的影响。青少年女性作为弱势群体，应该得到保护，然而乡镇地区的女生家庭富裕程度比例相当低，比直辖市落后超过 10 个百分点。这既是由乡镇地区经济不发达的现状直接决定的，又和中国农村地区长期重男轻女的传统观念息息相关。由于乡镇地区的女生富裕程度非常低，普遍缺少受重视的家庭氛围、良好的生活学习设施和优质的教育资源，因此她们的身体和心理方面的健康状况都令人担忧。除此之外，先天的地理位置偏远和自然资源匮乏导致的相对不富裕也是重要影响因素。受到历史上经济发展不均衡的影响和政策的倾向性，直辖市和东部沿海地区的经济发展水平与家庭富裕程度较西部地区高。从全球角度来看，我们可以发现，本调查中家庭富裕程度比例的数值并不是很高，远远低于发达国家的正常水平，这体现了大部分青少年对现状的不满意和中国青少年家庭整体富裕程度不高。

第一部分

家庭、学校、同侪、社区
对青少年健康行为的影响

本章主要依据课题组于 2010 年 3～5 月在中国 13 个省份所收集的 15000 名中小学生参与《中国青少年健康行为问卷调查》的主要调查结果，分析了我国青少年健康行为主要测评指标体系和相关调查数据情况，按照性别和年龄组来介绍这些研究结果，并以此作为我们全面系统地研究和分析中国青少年健康行为的新视角。我们按照城市类型、学校类型、家庭富裕程度、是否为留守儿童、是否为流动儿童、是否为独生子女等八个维度来分析不同性别、不同年级青少年的健康状况，并在这些研究中呈现课题组关于青少年健康不平等的研究模型和理论体系。

　　该调研结果包括青少年健康行为概念所考察的测评指标，指出青少年健康与幸福感状况是由中国社会发展环境所决定的。我们首先将介绍影响青少年健康行为的社会背景，特别是与家庭、学校、同侪相关的社会背景资料。其次，我们介绍与青少年相关的健康行为和健康危险行为的变量，最后描述健康与幸福感程度的健康结果变量。

　　我们采用一套逻辑清晰、体系严谨的方法来评估每一种变量，其中包括：①简要的文献概述，简要阐述在青少年健康中该主题的重要性，以及与该主题相关的既有文献内容；②简要地描述数据概要，用以总结中国独特的社会背景变量、健康或危险行为变量和健康结果变量；③关于中国各省份的解说性图表和简述，用以描述六年级、初二和高一男生与女生健康现状；④呈现各省份、城市类型、学校类型、家庭富裕程度、留守儿童、流动儿童、独生子女与每个变量之间关系的图表。

　　本部分所引用的数据资料是采用"世界卫生组织—学龄儿童健康行为调查问卷"国际标准问卷中各国必须回答的必答题、反映中国青少年健康问题的选答题和新增体现中国特色的题目。

第一章 家庭对青少年健康
行为的影响

一 研究概述

从理论上来说，家庭在儿童和青少年的发展过程中扮演了重要的角色，这是它最显著的贡献之一。这样的观点得到目前大量已有实验性文献的支持①。家庭成员是促进儿童完成社会化最重要的代理人，儿童能够在家庭中养成为社会所接受的行为习惯，也学会将与之相关的规范和价值内化为自己社会认知的一部分②。此外，家庭也是对儿童和青少年有关健康行为态度和健康观念产生影响的最重要因素③。

有证据表明家庭结构和高危险程度的心理问题之间存在直接相关关系，这样的心理问题包括抑郁症、焦虑症和精神幸福感降低④、不良行为（例如性行为和酒精消费）以及社会适应性较低。除此之外，既有研究还发现了家庭结构与健康的心理信念和态度之间存在直接相关关系。此外，还有研究发现

---

① Tollestrup K., Frost F. J., Harter L. C., et al. Mortality among Children Residing near the American Smelting and Refining Company(ASARCO) Copper Smelter in Ruston, Washington. Archives of Environmental Health: An International Journal, 2003, 58(11), pp. 683 – 691.

② Wellings K., Parker R. Sexuality Education in Europe: A Reference Guide to Policies and Practices. Brussels, IPPF European Network, 2006.

③ Settertobulte W., Matos M. Peers and Health. In: Currie C et al., eds. Young People's Health in Context. Health Behaviour in School – aged Children Study: International Report from the 2001/2002 survey. Copenhagen, WHO Regional Ofce for Europe, 2004.

④ Amato PR, Gilbreth JG. Non – resident Fathers and Children's Well – being: A Meta Analysis. Journal of Marriage and the Family, 1999, pp. 61, 557 – 574.

家庭结构与诸如暴力、饮酒[1]、吸烟和使用精神药物[2][3]等不同危险行为倾向的健康信念和态度之间也直接相关。

家庭的持续支持能够引导健康的行为方式，帮助青少年健康发展，使其更加自信[4]。大量研究显示，与父母之间有坦诚、开放式交流[5]，并在生理及心理上获得父母支持与指导的儿童和青少年能够更好地进行自我调整。我们发现与家庭和学校之间无关联的学生相比，与学校有关联的家庭中成长的孩子更能够意识到自己和学校之间有联系（学校关联感），并且能够对学校产生一系列积极的应对策略[6]。家庭是个体进行社会化的首要场所，个体在家庭中习得行为规范，得到最直接的关心和支持。家庭中的情感联结是个体成长的宝贵资源，家庭情感资本对青少年的健康和生活满意度改善具有重要意义。

（一）社会经济地位

家庭规模和结构与贫穷相关。社会经济地位是任何群体中初始社会不平等的基础，它由不同的指标组成，如收入水平、教育和服务[7]。在一系列像死亡率、患病率、疾病症状和健康心理观念这样的指标范围内，与经济和社会地位相关的社会不平等是影响儿童和青少年健康的关键因素。即使贫穷是偶发的，也能在青春期敏感的生命发展阶段对青少年的健康产生显著的影响。

---

[1] Kuntsche E. et al. Television Viewing and forms of Bullying among Adolescents from Eight Countries. Journal of Adolescent Health, 2006, 39(6), pp. 908 – 915.

[2] Del Carmen Granado Alcon M. , Pedersen JM, Carrasco Gonzalez AM. Greenlandic Family Structure and Communication with Parents: Influence on Schoolchildren's Drinking Behaviour. International Journal of Circumpolar Health, 2002, 61, pp. 319 – 331.

[3] Kuntsche EN, Silbereisen RK. Parental Closeness and Adolescent Substance Use in Single and Two – parent Families in Switzerland. Swiss Journal of Psychology, 2004, 63(2), pp. 85 – 92.

[4] Pedersen M. et al. Family and Health. In: Currie C et al. , eds. Young People's Health in Context. Health Behaviour in School – aged Children Study: International Report from the 2001/2002 survey. *Copenhagen, WHO Regional Ofce for Europe*, 2004.

[5] Stattin H. , Kerr M. Parental Monitoring: A Reinterpretation. Child Development, 2000, 71(4), pp. 1072 – 1085.

[6] Thompson D. et al. School Connectedness in the Health Behaviour in School – aged Children Study: the Role of Students, School and School Neighborhood Characteristics. *Journal of School Health*, 2006, 76 (7), pp. 379 – 386.

[7] Boyce W. , Dallago L. Socioeconomic Inequality. In: Currie C et al. , eds. Young People's Health in Context: International Report from the HBSC 2001/2002 survey. WHO Policy Series: Health Policy for Children and Adolescents. Issue 4. Copenhagen, *WHO Regional Office for Europe*, 2004.

（二）居住环境

研究表明居住环境对青少年健康、危险行为、健康促进、接触健康保健组织以及大众健康观念产生影响。各种居住环境能够鼓励健康行为或阻止青少年接触到暴力、犯罪和吸毒等行为。居住环境能够通过以下几个途径影响个体的健康：街坊四邻的信息网络、街坊四邻的规范和行为、街坊的社会资本以及邻里的健康组织。有证据表明邻近社区资本对预测个体健康行为有重要作用。其中一项研究发现，当公寓20%以上被租赁出去或者很大比例的街坊四邻不是本地居民，居住在这样公寓的学生与学校之间的关联（学校关联性）会更高[①]。

二　研究方法及研究指标

问卷调查法。问卷包含2项必答问题、3个关于来自父母社会支持的选答题、关于学校参与和家长帮助的问题、3个关于家庭社会经济状况的问题以及6个关于家庭结构的问题，具体研究指标如下。

（一）来自父母支持的五项测量指标

①学生自称与父亲讨论困扰的问题难易程度，②学生自称与母亲讨论困扰的问题难易程度，③学生自称至少与双亲中的一位讨论困扰的问题难易程度，④学生自称与父母之间关系密切程度，⑤学生自称家人会帮助自己。

（二）家长参与学校活动的五项测量指标

①学生表示同意当在学校遇到问题时家庭能够给予帮助，②学生表示同意家长愿意与老师交谈，③学生表示同意家长鼓励在学校中取得成功，④学生表示同意父母对学校发生的事情感兴趣，⑤学生表示同意父母愿意帮助完成家庭作业，以上五项的同意程度。

---

① Thompson D. et al. School Connectedness in the Health Behavior in School – aged Children Study: the Role of Students, School and School Neighbourhood Characteristics. *Journal of School Health*, 2006, 76 (7), pp. 379 – 386.

（三）家庭社会经济状况的三项指标

①学生自称家庭处于良好经济状态的主观指数；②社会经济地位—社会富裕程度（FAS）：学生称家中拥有一辆或者更多的汽车，学生称有单独的卧室，学生称与家人度过一天以上假期时间，学生称房间至少有一台电脑；③学生称饿着肚子睡觉。

（四）衡量家庭结构的六项测量指标

①学生自称是农民工子弟，②学生自称是留守儿童，③学生自称是家中独生子女，④学生自称生活在双亲家庭，⑤学生自称生活在单亲家庭，⑥学生自称生活在收养家庭或孤儿院。

三　研究数据分析

（一）来自父母的社会支持的研究结果

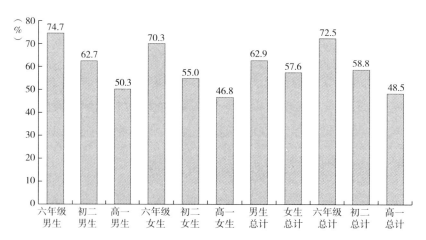

图1-1　按照性别和年级，认为可以轻易地同自己的父亲讨论困扰自己问题的学生比例

图1-1显示，从年级的角度看，随着年级的升高，男生和女生可以轻易地同自己的父亲讨论困扰自己问题的比例在大幅下降（比例下降的幅度超过20个百分点）。在低年级的时候（小学），学生受家庭的影响较大，可

以轻易同自己的父亲讨论困扰自身的问题（表现为超过70％的比例），而由小学进入中学以后，随着学生社会化程度的加深，与父亲讨论困扰自身问题的比例大幅下降，最后降低到50％左右，尤其是高一女生与父亲交流问题的比例下降到50％以下。从性别的角度看，三个年级的男生与同年级的女生相比，都能更轻易地与自己的父亲讨论困扰自身的问题。这可能与女生进入青春期后因为与父亲的性别差异共同话题减少有关。总体上看，男生比女生与父亲沟通的情况要好，年级与青少年和父亲的沟通频率成反比。

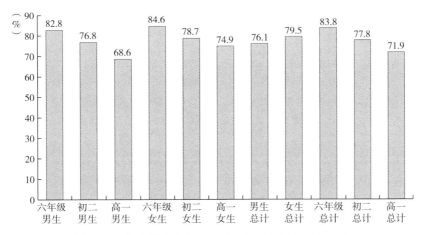

图 1 - 2　按照性别和年级，认为可以轻易地同自己的
母亲讨论切实困扰自己问题的学生比例

图 1 - 2 显示，从性别角度看，三个年级的女生与同年级的男生相比，都能更轻易地与自己的母亲讨论困扰自身的问题，这可能和男生进入青春期后因为与母亲的性别差异共同话题减少有关；从年级的角度看，随着年级的升高，男生和女生可以轻易地同自己的母亲讨论困扰自己问题的比例在下降，但相比于图 1 -1，这种下降的比例较小。从中可以发现，在低年级的时候（小学），学生受家庭的影响较大，可以轻易地同自己的母亲讨论困扰自身的问题（表现为超过80％的比例），而由小学进入中学以后，随着学生社会化程度的加深，与母亲讨论困扰自身问题的比例在下降，最后降低到70％左右。与同父亲交流的比例相比，与母亲讨论自身问题的比例的初始点较高，即使下降，但仍维持在较高的水平。说明小时候孩子与母亲关系及交流程度和亲切感比父亲更深，随着年级的升高和社会化程度的加深，对母亲疏离的程度

比与跟父亲疏离的程度小些。总体上看，女生比男生和母亲的沟通要多，随着年级的升高整体上与母亲的沟通减少。

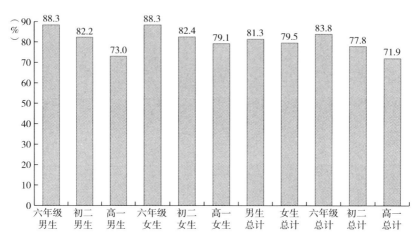

图1-3　按照性别和年级，认为可以轻易地同双亲中的
至少一位讨论切实困扰自己问题的学生比例

图1-3显示，从性别角度看，六年级和初二认为可以轻易地同双亲中至少一位讨论切实困扰自己问题的男生和女生的比例相等，高一认为可以轻易地同双亲中至少一位讨论切实困扰自己问题的女生比例则高于男生6.1个百分点。从年级角度看，随着年级升高，男生和女生认为可以轻易地与双亲中至少一位讨论切实困扰自己问题的比例逐步下降，但整体都维持在一个较高的水平，说明不管是男生还是女生，即使随着年级的上升、社会化程度的提高，家庭成员中父亲或母亲也仍是他们的主要依靠。可见在青少年成长和发展过程中家庭对于他们的支持都至关重要，且具有长期而深远的影响。总体上，男生和女生与家人沟通状况的差别不大，都有随着年级升高而减少的趋势。

图1-4显示，认为可以轻易地同双亲中至少一位讨论切实困扰自己的问题的学生比例中，内蒙古、黑龙江、广东、江苏、陕西的比例较高，福建、湖北、四川的比例较低。认为可以轻易地与双亲中至少一位讨论切实困扰自己问题的男生与女生比例各省区市各有差异，其中男生比例内蒙古最高（89.5%），四川最低（72.3%）；女生比例黑龙江最高（87.2%），四川最低（78.5%）。因为在内蒙古、黑龙江，传统产业较为发达，区域间人员流动性

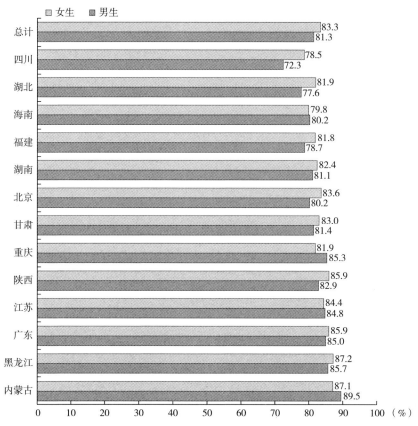

图 1-4　各地按性别，认为可以轻易地与双亲中的至少
一位讨论切实困扰自己的问题的学生比例

　　较小，而广东和江苏属于外来务工人员集中的省份，经过多年的集聚，外省家庭慢慢在本地扎根，所以家庭结构相对稳定。湖北和四川因为有大量劳动力到沿海地区务工，相比之下，家庭结构完整的比例较低，导致孩子与父母交流程度偏低。总体上，不同地区女生与家人沟通的状况差别不大，不同省份男生与家人沟通状况差异则较为明显。

　　图 1-5 显示了受调查的 41 个国家中，认为可以轻易地同双亲中的至少一位讨论切实困扰自己问题的学生比例情况。比例最高的是斯洛文尼亚（93.9%），最低的是比利时法语区（74.6%），有 10 个国家的比例超过90%，4 个国家的比例低于 80%，其他大部分国家的比例在 80% ~ 90%，中位数比例为 86.2%。就中国来看，认为可以轻易地同双亲中至少一位讨论切实困扰自己问题的学生比例列全球参与学龄儿童健康行为问卷调查国家中的

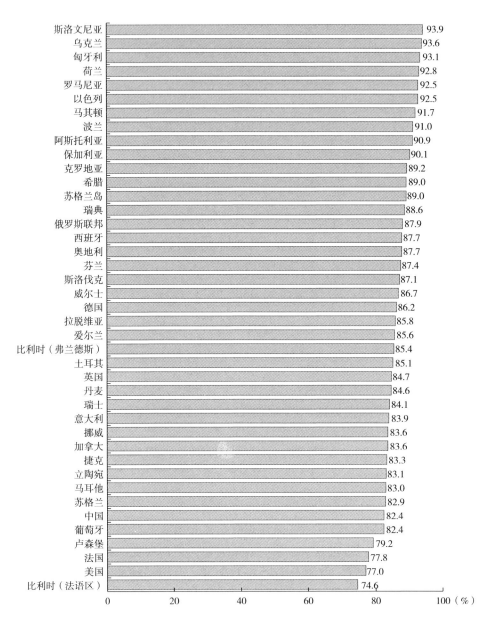

图 1 - 5　国际 HBSC 研究中，按照性别和年级，认为可以轻易地同双亲中的
至少一位讨论切实困扰自己问题的学生比例

资料来源：全球 HBSC 调查数据，由以色列巴伊兰大学提供。

倒数第 6 位，低于世界平均水平。从图 1 - 5 来看，认为可以轻易地同双亲中的至少一位讨论切实困扰自己问题学生比例较高的国家基本上是欧洲传统主义色彩浓厚的国家，而欧美资本主义工业强国的比例较低，处在中间段或者平均水平以下。说明越是传统的国家，家庭成员之间的关系越紧密，孩子和父母沟通程度较高，而正处在经济快速发展阶段中的国家，例如中国，或是已经完成了工业化的发达国家，例如英法德美意，这种比例则较低。中国处于倒数第 6 位，说明中国传统的社会结构和家庭关系正在受到巨大的冲击和发生改变，这对于青少年的成长有着重要的影响。

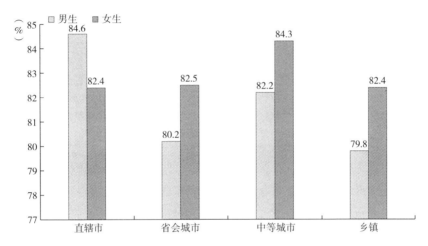

图 1-6　按照性别和城市类型，认为可以轻易地同双亲中的
至少一位讨论切实困扰自己问题的学生比例

图 1-6 显示，直辖市的青少年认为可以轻易地同双亲中的至少一位讨论切实困扰自己问题的男生比例高于女生，而省会城市、中等城市和乡镇的认为可以轻易地同双亲中的至少一位讨论切实困扰自己问题的学生比例则女生高于男生；总体而言，同等级城市的男生和女生的差异并不大（3 个百分点以内）。其中乡镇的青少年认为可以轻易地同双亲中的至少一位讨论切实困扰自己问题的男生和女生的比例都要低于其他等级的城市，这是因为乡镇家庭父母或者是父母中一人外出务工的比例比其他等级城市要多，因此此类家庭的孩子缺乏父母陪伴的比例较高。总体上来看，不同类型城市的青少年与家人的沟通情况差异显著。

图 1-7 显示，认为可以轻易地同双亲中至少一位讨论切实困扰自己问题的学生比例随着家庭富裕程度降低而下降，家庭不富裕的认为可以轻易地同双亲中至少一位讨论切实困扰自己问题的学生比例无论是男生还是女生，都比家庭富裕和家庭一般富裕的要低 10 个百分点左右。总体呈现男生认为可

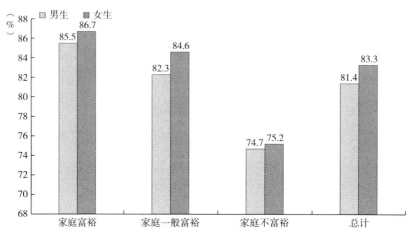

图 1-7　按照性别和家庭富裕程度，认为可以轻易地同双亲中的
至少一位讨论切实困扰自己问题的学生比例

以轻易地同双亲中至少一位讨论切实困扰自己问题的学生比例比女生要低些。说明儿童与父母交流的程度与家庭富裕程度即社会经济地位存在很大的关联，家庭富裕程度越高，则孩子与父母联系越紧密，家庭对孩子成长和发展的早期过程影响越大。男生与父母交流程度比女生比例低则是男生与女生个性差异的反映。男生比女生外倾性强，因此在家庭内女生更倾向也更容易与父母进行交流。总体上，家庭经济状况与青少年和家人沟通情况呈现显著正相关。

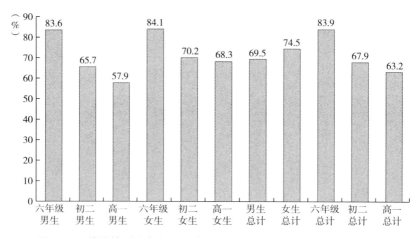

图 1-8　按照性别和年级，称自己与父母之间关系密切的学生比例

图 1-8 显示，在六年级时，称自己与父母之间关系密切的学生比例较高（80% 以上）。但随着年级的升高，男生和女生称自己与父母之间关系密切的学

生比例逐步下降，但整体维持在一个中等以上的水平（60%左右）。三个年级中称自己与父母之间关系密切女生比例高于男生，随着年级的升高，男生和女生的差异越来越大，反映在男生与父母关系密切的比例下降的幅度高于女生下降的幅度。说明不管是男生还是女生，在小学时与父母关系均很密切。随着年级的上升、社会化程度的提高，这种密切程度在下降。总体上，女生比男生与父母的关系更为密切，且随着年级升高他们（含女生）与父母关系的密切程度下降。

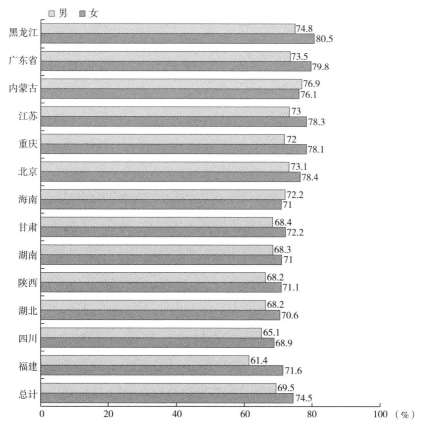

图1-9 按照性别和省份，称自己与父母之间关系密切的学生比例

图1-9显示，称自己与父母之间关系密切的学生比例中，黑龙江、广东、内蒙古、江苏、重庆、北京的比例较高，陕西、湖北、四川、福建的比例较低。称自己与父母之间关系密切的男生与女生比例各省区市各有差异，其中男生比例内蒙古最高（76.9%），福建最低（61.4%）；黑龙江省女生比例最高（80.5%），四川省女生比例最低（68.9%）。

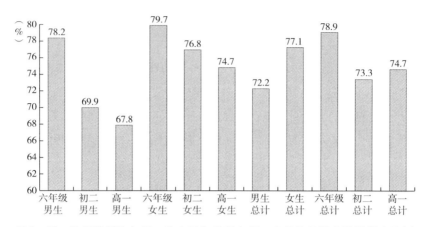

图1-10 按照性别和年级，称自己和父母之间一直保持长期交谈的学生比例

图1-10显示，在六年级时，称自己与父母之间保持长期交谈的学生比例较高（78.9%）。但随着年级的升高，男生和女生称自己与父母之间保持长期交谈的比例逐步下降，其中女生整体都维持在一个中等以上的水平（74.7%及以上）。三个年级中称自己与父母之间保持长期交谈学生的比例中女生比例高于男生。说明不管是男生还是女生，在小学时与父母保持长期交谈的程度较高。随着年级的上升、社会化程度的提高，这种交谈的程度和频率都在下降。总体上，女生比男生与父母交谈的频率高，交谈频率与年级呈负相关。

图1-11显示，称自己和父母之间一直保持长期交谈的学生比例，广东、江苏、重庆、北京、黑龙江、内蒙古的比例较高，福建、陕西、甘肃、四川的比例较低。称自己和父母之间一直保持长期交谈的学生中男生与女生的比例各省区市各有差异，其中男生比例广东最高（79.8%），四川最低（61.4%）；女生比例重庆最高（85.1%），四川最低（67%）。因为在内蒙古、黑龙江，人们受传统经济形式和生活方式的影响较大，区域间人员流动性较小，而广东和江苏是经济大省，经过多年的人员集聚，外省家庭慢慢在本地扎根，所以家庭结构相对稳定。北京和重庆是直辖市，经济发达，社会完善发展程度高，家庭较稳定，因此这些地区的孩子和父母保持长期交谈的比例较高。甘肃和四川因为有大量本地劳动力流失到沿海地区务工，而福建做生意的人多，文化氛围相对不足，人员流动性大。所以相比之下，这些地区家庭完整程度较低，导致孩子和父母关系保持长期交谈的学生比例较低。

以上研究主要反映父母对于青少年情感支持状况，调查结果反映了以下五点衍生出的指数：分别是学生在报告中自称与父亲讨论困扰的问题并不困

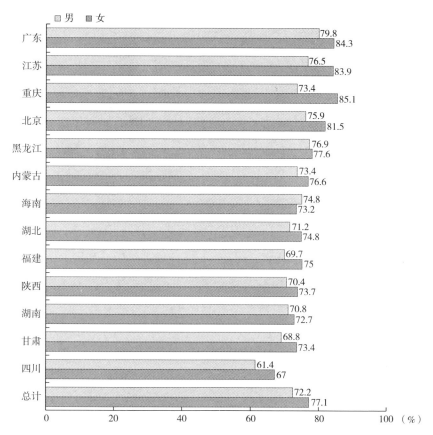

图 1-11　按照性别和省份，称自己和父母之间一直保持长期交谈的学生比例

难的比例；学生在报告中自称与母亲讨论困扰的问题并不困难的比例；学生在报告中自称至少与双亲中的一位讨论困扰的问题并不困难的比例；学生在报告中自称与父母之间关系密切的比例和学生在报告中自称一直与父母保持长期谈话的比例。

（二）家长参与学校活动

图 1-12 显示，随着年级的升高，女生称父母愿意帮助自己解决学校中出现问题的比例逐步上升；男生初二时比例下降，而高一时比例上升；六年级称父母愿意帮助自己解决学校中出现问题的比例男生与女生相同；初二和高一学生称父母愿意帮助自己解决学校中出现问题的比例男生低于女生。从中可以发现，在低年级的时候（小学），学生在学校里碰到的问题和困难较少，而由小学进入中学以后，随着学生社会化程度的加深，在学校中出现的

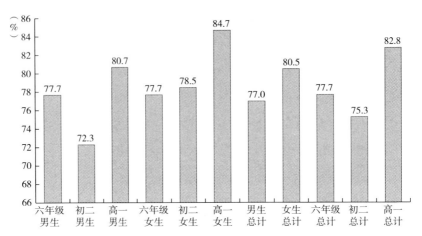

图1-12　按照性别和年级，称父母愿意帮助自己解决学校中出现问题的学生比例

问题逐渐增多，因此随着年级的升高，总体上来看，称父母愿意帮助自己解决学校中出现问题的学生比例在上升。由于男生与女生存在性格和发展过程上的差异，男生在遇到问题时通常更倾向于自己解决问题，女生比男生更容易向父母寻求帮助。

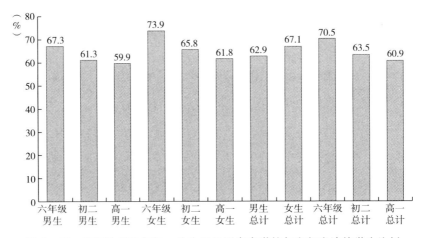

图1-13　按照性别和年级，认为父母愿意来学校与老师交谈的学生比例

图1-13显示，随着年级的升高，认为父母愿意来学校与老师交谈的比例逐渐降低；三个年级的男生认为父母愿意来学校与老师交谈的比例都比女生低；女生认为父母愿意来学校与老师交谈下降幅度比男生大。观察图1-13发现，在小学生时，父母愿意来学校与老师交谈的比例较高，由小学进入中学以后，父母愿意来学校与老师交谈的比例逐渐下降。这既与家长本身有关，

也和学生与老师之间关系及地位发生变化有关，但父母与老师沟通的比例都维持在中等以上的水平（65%）。

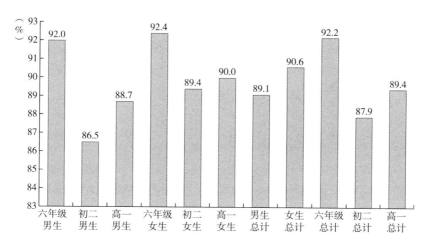

图 1 - 14　按照性别和年级，称父母鼓励自己在学校好好表现的学生比例

　　图 1 - 14 显示，随着年级的升高，称父母鼓励自己在学校好好表现的比例，男生在初二时比例下降，在高一时比例回升；女生在初二时比例下降，在高一时上升；三个年级中称父母鼓励自己在学校好好表现比例男生都低于女生，但差别不大，相差 5% 以内，说明进入初中以后，孩子会有一段叛逆期，随着年龄增长，孩子会发现父母对自己的关心和希望，故有一个先下降再回升的趋势。进入高一以后，大部分孩子（90% 左右）还是会认为父母鼓励自己在学校好好表现，意识到父母对自己有较大的期望。

　　图 1 - 15 显示，随着年级的升高，女生称父母对学校发生的事情感兴趣的学生所占比例在逐步提升；男生在初二时比例下降，在高一时比例上升；高一学生称父母对学校发生的事情感兴趣的所占比例男生和女生几乎相同（只相差 0.1 个百分点）；初二和高一学生称父母对学校发生的事情感兴趣的所占比例男生低于女生。从中可以发现，在低年级的时候（小学），男生与女生相比，更容易参加各种活动和"出现一些状况"，比女生活泼好动。因此有男生的家庭，父母对孩子在学校发生的事情更感兴趣。由小学进入中学以后，随着学生学业负担的加重和学习内容的增多，社会化程度加深，家长对孩子问题的担心程度也会提升，因此父母对学校发生事情感兴趣的比例随着年级的升高而上升。

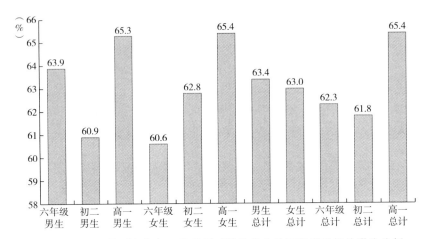

图 1-15 按照性别和年级，称父母对学校发生的事情感兴趣的学生比例

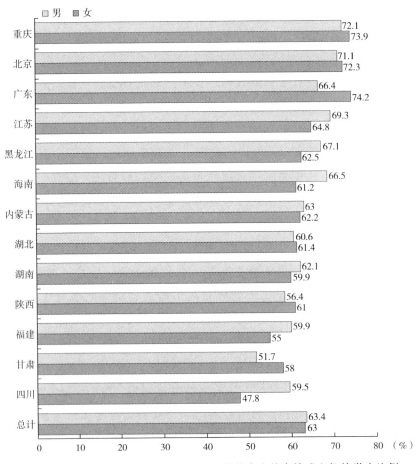

图 1-16 按照性别和省份，称父母对学校发生的事情感兴趣的学生比例

图 1-16 显示，称父母对学校发生事情感兴趣的比例，重庆、北京、广东所占的比例较高，四川、甘肃、福建所占的比例较低。称父母对学校发生事情感兴趣的男生与女生的比例各省区市有差异，其中重庆男生比例最高（72.1%），甘肃最低（51.7%）；女生比例广东最高（74.2%），四川最低（47.8%）。因为广东是经济大省，北京和重庆是直辖市，这些地区的经济发达，家庭收入比较高，教育资源投入大，教育体制较为完备且家庭结构相对稳定，社会完善发展程度高。家长有空闲时间关注孩子的课业和生活，因此这些地区的孩子称父母对学校发生的事情感兴趣的比例较高。四川和甘肃因为有大量本地劳动力流失到沿海地区务工，父母务工流动到外地，无法关心孩子在学校的表现，而福建做生意的人多，对教育重视程度较低，人员流动性较大，家长很难有空闲时间了解孩子在学校的具体情况。所以相比之下，孩子和父母关系密切程度的比例较低。

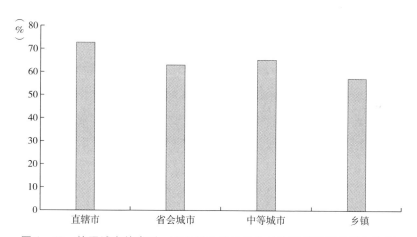

图 1-17　按照城市的类型，称父母对学校发生的事情感兴趣的学生比例

图 1-17 显示，称父母对学校发生的事情感兴趣的比例在不同等级的城市中呈现梯级差异。省会城市低于中等城市，直辖市高于中等城市、高于省会城市和乡镇。直辖市经济发达，家庭的平均富裕程度高，有条件满足孩子的发展需求，生活方式和消费内容多样化，普遍对孩子经济投入多，教育体制较为完备且家庭结构稳定，社会发展程度高，家长有空闲时间关注孩子的课业和生活，因此，这些地区的父母对孩子学校发生的事情感兴趣的比例较高。省会城市父母对孩子学校事情关注度低于中等城市，是因为中等城市大部分家庭属于本地从业者，父母通常就在本地工作，生活压力比省会城市小

些，有时间和精力关心孩子的学校情况，因此称父母对学校发生的事情感兴趣的学生所占比例的中等城市略高于省会城市。

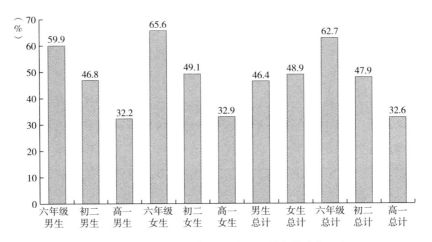

图 1 - 18　按照性别和年级，称父母愿意帮助自己完成家庭作业的学生所占比例

图 1 - 18 显示，随着年级的升高，男生和女生称父母愿意帮助自己完成家庭作业的比例在大幅下降（下降的幅度超过 20%）。三个年级的男生与同年级的女生相比，称父母愿意帮助自己完成家庭作业的比例均较低；可以发现，在小学时，家长年轻有能力和精力帮助孩子完成家庭作业，因此孩子的作业能得到父母的帮助比例较高（60% 左右）。而由小学进入中学以后，随着作业难度的加大和父母精力的不足，称父母愿意帮助自己完成家庭作业的比例就出现大幅下降，在高一时下降到一个较低的水平（30% 左右）。

图 1 - 19 显示，总体上，称父母愿意帮助自己完成家庭作业的比例男生为内蒙古和北京较高，女生为江苏和重庆最低；称父母愿意帮助自己完成家庭作业的比例中，男生比例内蒙古最高（60.1%），湖北最低（39.1%）；女生比例甘肃最高（56.3%），重庆最低（39.3%）。

总体上看，不同省份的父母对青少年学习的帮助情况差异较大，有些省份的父母对于不同性别的青少年学习帮助差异也较大。这可能与父母的文化程度、家庭教育条件、职业、工作繁忙程度、父母受教育水平以及不同性别的青少年学习自主性有关。

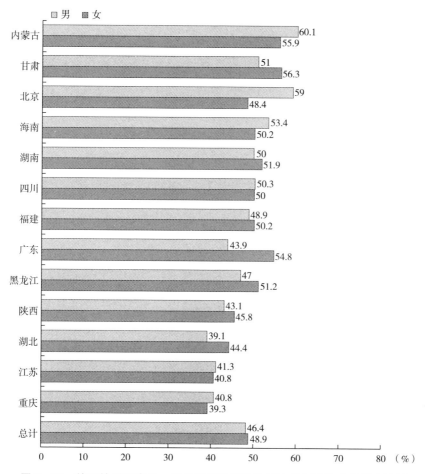

图 1-19　按照性别和省份，称父母愿意帮助自己完成家庭作业的学生比例

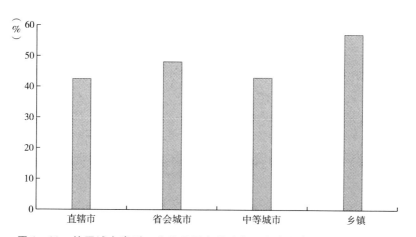

图 1-20　按照城市类型，称父母愿意帮助自己完成家庭作业的学生比例

图 1-20 显示，被试称父母愿意帮助自己完成家庭作业的比例中，除了中等城市低于省会城市外，直辖市低于省会城市也低于乡镇。其中直辖市、省会城市和中等城市的被试称父母愿意帮助自己完成家庭作业的比例较乡镇低，因为以上城市常态化的辅导作业频率较高，教育体系完备，学生接受系统的教育和课程后，独立完成家庭作业的能力较强，因此被试称父母愿意帮助自己完成家庭作业的比例较低。乡镇地区孩子接受父母帮助完成家庭作业的比例较低，但是父母一旦有空会与孩子团聚，也会陪伴孩子学习，因此被试都认为父母愿意帮助自己完成家庭作业，这种情况下所占的比例较高。

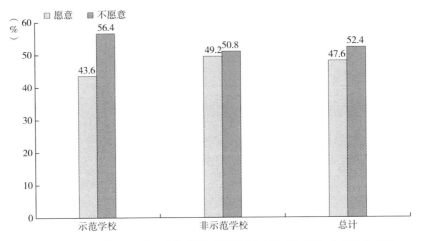

图 1-21 按照学校类型，称父母愿意帮助自己完成家庭作业的学生比例

图 1-21 显示，被试称父母愿意帮助自己完成家庭作业的比例情况，示范学校学生比例为 43.6%，低于非示范学校学生的 49.2%。被试称父母不愿意帮助自己完成家庭作业的情况，示范学校学生比例为 56.4%，高于非示范学校的 50.8%。说明示范学校的学生在家庭作业上对父母的依赖程度较非示范学校的学生低，独立自主的学习能力较强，这与示范学校生源的质量高和优质教育资源有关。

四　研究发现

本研究指标为家长参与学校活动，调查结果反映了以下五点衍生出的指数，分别是学生表示同意当自己在学校遇到问题时家庭能够给予帮助的比例；

学生表示同意家长愿意与老师交谈的比例；学生表示同意家长鼓励自己在学校中取得成功的比例；学生表示同意父母对学校发生的事情感兴趣的比例和学生表示同意父母愿意帮助自己完成家庭作业来自父母的社会支持的比例。对上述调查结果和数据进行分析，我们可以得出以下发现。

(一) 来自父母的社会支持

1. 从年级来看

在低年级的时候（小学），学生受家庭的影响较大，可以轻易地同自己的父亲或母亲讨论困扰自身的问题（表现为分别超过70%和80%的比例），而由小学进入中学以后，随着学生社会化程度的加深，他们对自己面临的问题逐渐有了自己的想法和判断，希望自己能独自解决，当与父母讨论时会出现与父母意见不一致的情况，因此会出现与父亲讨论困扰自身问题的比例大幅下降，降低到50%左右，尤其是高一女生与父亲交流问题的比例下降到50%以下。与母亲讨论困扰自身问题的比例也在下降，最后降低到70%左右。不过同与父亲交流的比例相比，与母亲讨论自身问题的比例初始点较高，即使下降也维持在较高的水平。这或许与母亲照料孩子较多，日常生活中长期密切接触、交流的程度和亲切感都比父亲深些有关，因此，随着年级的升高和社会化程度加深，与跟母亲交流的疏离程度比与父亲交流的疏离程度小些。随着年级的升高，男生和女生认为可以轻易地同双亲中至少一位讨论切实困扰自己问题的比例逐步下降，但整体都维持在一个较高的水平，说明无论是男生还是女生，随着年级上升、社会化程度提高，父亲或母亲仍然是青少年成长过程中的主要依靠和支持，对其一生都具有长久和深远的影响。在不同等级城市的比较中，乡镇的男生和女生认为可以轻易地与双亲中至少一位讨论切实困扰自己问题的比例都要低于其他等级的城市，这是因为乡镇家庭的父母或父或母中一人外出务工的比例比其他等级城市要高，因此家庭中孩子缺乏父母陪伴的比例较高。

2. 从地域来看

在认为可以轻易地与双亲中至少一位讨论切实困扰自己问题的学生中，称自己与父母之间关系密切的学生比例较高的是内蒙古、黑龙江、广东、江苏、重庆和北京，而比例较低是福建、湖北、四川。出现这种情况或许与家庭结构、子女与父母交流方式、文化习俗、经济发展水平有关，尤其是与家庭结构的完整性和稳定性有很大关系，如果父母长期外出务工与子女分离，很容易造成父母与子女之间交流不畅，影响青春期身心健康。

3. 与国际数据对比来看

中国青少年认为可以轻易地与双亲中至少一位讨论困扰自己问题的学生比例位于倒数第 6 名，低于世界平均水平。认为可以轻易地同双亲中至少一位讨论切实困扰自己问题的比例较高的国家基本上是欧洲传统主义色彩浓厚的国家，而欧美资本主义工业强国的比例较低，处于中间或平均水平以下。这说明越是传统的国家，家庭成员之间的关系越紧密，孩子与父母沟通程度较高，而正处在经济快速发展阶段中的国家，或是已经完成了工业化的发达国家例如英法德美意，这种比例则较低。中国处于倒数第 6 位，说明中国传统的社会结构和家庭关系正在受到巨大的冲击和改变，尤其是随着社会经济飞速发展，人们的思想观念发生巨大变化，中国人的婚恋观发生很大变化，生活压力大、竞争激烈、房价飞涨，人们的结婚和生育欲望降低，出现了逐年结婚率下降、离婚率上升的现象，家庭的稳定性受到冲击，这对青少年的健康成长产生重要影响。

（二）父母参与学校的活动

1. 从年级和性别来看

低年级的时候（小学），学生在学校里碰到的问题和困难较少，而由小学进入中学以后，随着学生社会化程度的加深，在学校中出现的问题逐渐增多，因此随着年级的升高，总体上称父母愿意帮助自己解决学校中出现的问题的学生比例在上升。其中男生与女生存在性格和发展过程上的差异，男生在遇到问题时通常更倾向于自己解决问题，女生比男生更容易向父母寻求帮助。随着年级的升高，认为父母愿意来学校与老师交谈的学生比例在逐步降低；在小学，父母愿意来学校与老师交谈的比例较高，而由小学进入中学以后，父母愿意来学校与老师交谈的比例在下降。这既与家长本身有关，也同学生与老师之间关系和地位发生的变化有关，但都维持在中等以上的水平（60%左右）。随着年级的升高，称父母鼓励自己在学校好好表现的学生比例，男生在初二时比例下降，在高一时比例回升；女生在初二时比例下降，在高一时回升；说明进入初中以后，孩子会有一段叛逆期，随着年龄增长孩子会发现父母对自己的关心和希望，故有一个先下降再回升的趋势。进入高一以后，大部分孩子有体谅父母的想法，明白父母对自己的关心，还是会认为父母鼓励自己在学校好好表现，意识到父母对自己有较大的期望（90%左右）。儿童时期的男生与女生相比，更容易参加各种活动和制造一些事情，比女生调皮好动。因此男生的父母对于孩子在学校发生的事情更感兴趣。由小学进入中学以后，随着学生学业负担的加重和学习内容的增多，社会化程度加深，家长对孩子的各种问题的担心程度也会提升，因此称父母对学校发生的事情感兴趣的学生所占比例随着年级的升高而上升。男生和女生称父母愿意帮助自己完成家庭作业的学生所占的比例随着年级的升高而大幅下降（比例下降的幅度超过 10 个百分点/每次）。说明在低年级的时候（小学），家长有能力和精力帮助孩子完成家庭作业，因此孩子的作业能得到父母的帮助，比例较高（60%左右）。而由小学进入中学以后，随着作业难度的加大和父母精力的减少，称父母愿意帮助自己完成家庭作业的学生所占比例就出现大幅下降，在高一时程度下降到一个很低的水平（30%左右）。

2. 从地域上来看

称父母对学校发生的事情感兴趣的学生所占比例中，重庆、北京、广东所占的比例较高，四川、甘肃、福建所占的比例较低。因为广东是经济大省，北京和重庆是直辖市，这些地区经济发达，教育资源投入大，教育体制较为完备且家庭结构稳定，社会完善发展程度高。家长不用日夜为生计奔波而有空闲时间关注孩子的课业和生活，因此这些地区的孩子称父母对学校发生的事情感兴趣的比例较高。四川和甘肃因为有大量本地劳动力流失到沿海地区务工，从整体上拉低了比例，而福建做生意的人多，对教育重视程度较低，加之人员流动性大，家长很难有空闲时间了解孩子在学校的具体情况。所以相比之下，这些省份孩子和父母关系密切程度的比例较低。

3. 从城市类型来看

称父母对学校发生的事情感兴趣的学生所占比例在不同等级的城市中呈现梯级差异。除了省会城市低于中等城市外，直辖市高于中等城市高于省会城市高于乡镇。直辖市经济发达，家庭的平均富裕程度高，生活方式和消费内容多样化，对孩子普遍经济投入多，教育体制较为完备且家庭结构稳定，社会完善发展程度高，因此这些地区的孩子称父母对学校发生的事情感兴趣的比例较高。省会城市低于中等城市是因为中等城市大部分的家庭属于本地产业从业者，父母通常就在本地工作，生活压力比省会城市小，有时间和精力关心孩子的学校情况，因此称父母对学校发生的事情感兴趣的学生所占比例中等城市略高于省会城市。称父母愿意帮助自己完成家庭作业的学生所占的比例中，除了中等城市低于省会城市外，直辖市低于省会城市低于乡镇。其中直辖市、省会城市和中等城市，称父母愿意帮助自己完成家庭作业的学生所占的比例较乡镇低，因为常态化的辅导作业频率较高，教育体系完备，学生接受系统的教育和课程后，独立完成家庭作业的能力较强，因此称父母愿意帮助自己完成家庭作业的学生所占的比例低。乡镇地区孩子接受父母的家庭作业的帮助频率低，但是父母一旦有空和孩子团聚就会陪伴孩子学习，因此被试都会认为父母愿意帮助自己完成家庭作业，这种情况下所占的比例较高。

4. 从学校类型来看

称父母愿意帮助自己完成家庭作业的学生所占比例中，示范学校学生比例为 43.6%，低于非示范学校学生的 49.2%。称父母不愿意帮助自己完成家庭作业的学生所占比例中，示范学校学生比例为 56.4%，低于非示范学校的 50.8%。说明示范学校的学生在家庭作业上对父母的依赖程度较非示范学校的学生低，独立自主的学习能力较强，这和示范学校生源的质量高和优质的教育资源是分不开的。父母是否愿意帮助完成家庭作业这一指标反映了示范学校和非示范学校在资源分配方面的差异和对学生的影响。

第二章　校园环境对青少年
健康行为的影响

一　研究概述

　　人们所处的社会经济条件决定了人们的健康状况。拥有良好的健康意味着个体能做出恰当的决定并能控制自己的生活。目前，青少年所处的社会环境总体来说与《渥太华宪章》①自称的健康生活方式有些相违背。除了特定领域外，青少年通常没有能够做出与他们生活息息相关的直接决定的权利，也不能控制自己的生活状况，更没有能力或条件去照顾自己或他人。例如，到目前为止，未成年人还不具有表决权；青少年作为消费者，通常被排除在从事物质生产的经济体制之外。唯一能完全将他们囊括在内的社会体系是他们的家庭，但是青少年未来会离开家庭。学校与青少年的生活密切相关，但是青少年所处的学校环境也不容乐观。在校青少年更像是学校干预的对象，而不是合作伙伴或是共同学习和创造的主体。因此，从促进健康的角度来看，调查青少年所处的社会环境，尤其是校园环境，对于促进青少年形成、强化抗逆力，以提高应对学校挑战的能力具有非常重要的意义。

　　一个有利于促进健康的学校环境，我们可以视其为一种发展和促进青少年健康行为和主观幸福感的资源，然而一个不利的学校环境则可能对青少年健康造成潜在的风险。既有研究文献大多聚焦于校园环境对青少年学习成绩的影响，很少关注校园环境对青少年健康行为和幸福感的影响。有学者研究了成年人的工作环境对其工作绩效和工作满意度的影响，发现高度自治和控制、适当地满足员工需求以及同事和管理者的支持是影响工作绩效与工作满

---

① WHO. Ottawa Charter for Health Promotion, Copenhagen. Denmark：World Health Organization, Eur. Reg. Off, 1986.

意度的关键因素。这些调查结果支持了《渥太华宪章》关于健康生活构成的定义，因此学校可考虑将其应用到青少年的校园环境中。本研究运用对成年人工作环境关系研究中的概念，来探讨青少年对学校环境的心理感受及其对学校的满意程度、健康行为、健康和主观幸福感之间的关系。

校园环境对于儿童的生活来讲极其重要。事实上，除去睡觉的时间外，他们每天 2/3 的时间都在学校里度过。粗略计算一下，每一个个体的儿童阶段中有 10 年左右的时间是在学校中度过的。因此，研究者们认为学校所起的作用以及儿童对学校环境喜欢或讨厌的程度对青少年的健康发展和幸福状态有重要影响（例如，直接影响压力程度、自尊）。本部分将讨论关于学校和老师的不同观念、学习成绩、青少年之间的互动以及逃学问题，尽管不同学校体系方面存在差异，但我们还是相信所有这些问题都能够产生有价值的启示。

该研究的关键在于明确学生是如何看待作为社会心理环境的学校及其对学校的满意度、个体学业成绩、来自学校的相关压力及健康结果（包括自评健康行为、主观健康、健康投诉以及生活满意度）之间的联系。此外，个体和社会资源也很有可能在这些联系中起到作用。图 2 - 1 展示了该项研究计划的重点和脉络。该部分将重点关注学校环境以及学校调节相关的概念，而健康结果和个体、社会资源将在其他章节里研究。

（一）学校环境学校研究模型

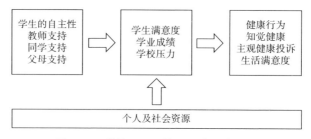

图 2 - 1　学校心理环境项目的概念模型

资料来源：www. HBSC. org。

这些操作化概念将在下文阐述。选做学校项目分为两个分项——O1 和 O2。其中选做项目 O2 是对 O1 的补充。衡量健康结果和个体、社会资源的方法将在"心理健康和幸福感"一章中提出。

（二）学校的心理环境

基于上述考虑，我们将从下述五个方面研究学生的心理环境：

①学生的自主性；②教师支持；③同学支持；④父母的相关支持；⑤适当要求或期望。

二　研究方法

针对老师、同学和父母的三种社会支持中的每一种，国际问卷制定了一套包括三个项目的研究方案作为必答问题。问卷也设置了一个选做部分，这部分的结果表明相互关联的三因素模型与数据相当吻合，这也表明了将支持从来源上分为教师、同学和父母这样一个有效的模型。这些分析是基于 4 ~5 个项目的研究规模做出的，可靠性研究表明这样的规模比起三项规模可以提供更好的测量方法。

三　研究指标

（一）学生对学校的感受

1. 学生自称非常喜欢学校
2. 学生自称赞同学校是一个好去处
3. 学生自称在学校拥有归属感
4. 学生自称在学校中拥有安全感

（二）学校压力

学生声称感到课外作业的压力

（三）教师支持

1. 学生声称非常喜欢自己老师
2. 学生声称完全不喜欢学校的老师
3. 学生声称赞同受到老师的公平对待

4. 学生声称在课堂上得到鼓励表达自己观点

5. 学生赞同在他们有需要的时候，自己能够从老师那里得到额外帮助

（四）家长支持

1. 学生声称当自己在学校遇到问题时家庭能够给予帮助

2. 学生声称家长愿意同老师交谈

3. 学生声称家长鼓励自己在学校中取得成功

4. 学生声称父母对学校发生的事情感兴趣

5. 学生声称父母愿意帮助自己完成家庭作业

（五）同伴支持

1. 学生声称赞同班上大多数的青少年都很友好和乐于助人

2. 学生声称赞同同学们愿意在一起相处

3. 学生声称赞同相信同学愿意接纳自己

（六）学生的自主性

1. 学生赞同"在学校中，青少年参与规章制定"这一说法

2. 学生赞同声称学校中的规章是公平的

3. 学生赞同声称青少们在学校中受到严厉的/严格的对待

（七）学习成绩

1. 学生声称相信与其他同学相比，老师认为自己是优秀的

四　研究结果

（一）中国学校类型简介

图2-2显示，在全部接受调查的青少年中，示范学校与非示范学校的被试数量及比例情况，示范学校被试共有4199人，非示范学校被试共有10365人。示范学校被试少于非示范学校。其中，示范学校男生的比例为48.6%，女生为51.4%。非示范学校男生的比例为49.9%，女生为50.1%，总体看来

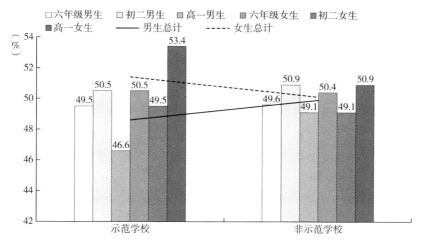

图 2 - 2　按照性别和年级，示范学校与非示范学校的青少年比例

女生数量稍多于男生。调查的示范学校年级被试情况随年级升高有增有减，高一人数最多，初二人数最少；非示范学校的被试人数随着年级升高而增多。

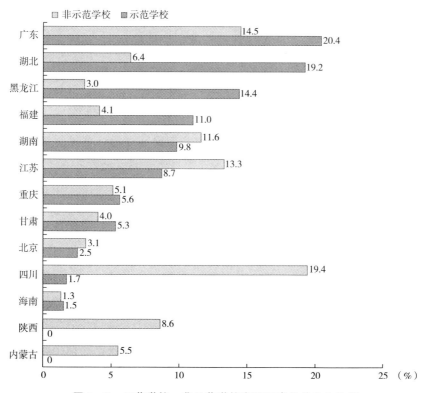

图 2 - 3　示范学校、非示范学校在不同省份的分布比例

图 2-3 显示了示范学校、非示范学校在不同省份的分布比例情况。受调查的四川非示范学校在全国受调查学校中所占的比例最高（19.4%），而广东示范学校在全国所占的比例（20.4%）最高，其次为湖北（19.2%）。同一个省份，非示范学校和示范学校之间所占的比例差别也相对较大，例如四川非示范学校占绝大多数，示范学校的数量相对较少，样本中陕西、内蒙古甚至没有示范学校，北京的示范学校和非示范学校的比例较为均匀。总体上，不同省份的非示范学校和示范学校的比例差别较大，表现了不同省份的教育资源的差别，沿海省份资源比较丰富，而内陆地区资源相对匮乏。

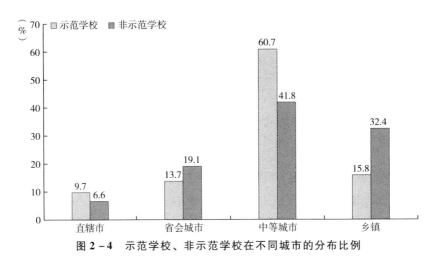

图 2-4　示范学校、非示范学校在不同城市的分布比例

图 2-4 显示了示范学校、非示范学校在不同城市的分布比例情况。根据不同城市类型，直辖市的示范学校占 9.7%，高于非示范学校的青少年比例（6.6%）。最多接受调查的示范学校位于中等城市（60.7%），高于同级别非示范学校被试的比例（41.8%）。而 13.7% 的示范学校被试分布在省会城市，低于非示范学校的被试比例（19.1%）。15.8% 的示范学校被试分布在乡镇，低于非示范学校的被试比例（32.4%）。总体来说，示范学校被试与非示范学校被试都在中等城市呈现最高的分布比例，乡镇的示范学校低于非示范学校的比例，并且从总量上讲中等城市的学校数量也相对较多。

图 2-5 显示了示范学校、非示范学校中独生子女与非独生子女的分布比例情况。在示范学校和非示范学校中，独生子女的比例均高于非独生子女，在示范学校中，有 64.4% 的被试为独生子女，35.6% 的被试为非独生子女。而非示范学校中 52.6% 的被试为独生子女，47.4% 的被试为非独生子女。示范学校

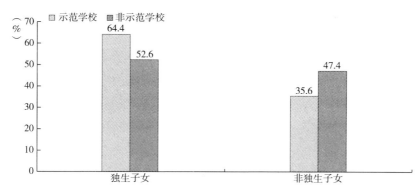

图 2 - 5　示范学校、非示范学校中独生子女与非独生子女的分布比例

的独生子女比例（64.4%）高于非示范学校的独生子女比例（52.6%），且示范学校独生子女高于非独生子女的比例远大于非示范学校。总体上看，示范学校中独生子女比例较高，而非示范学校独生子女与非独生子女差别不大。

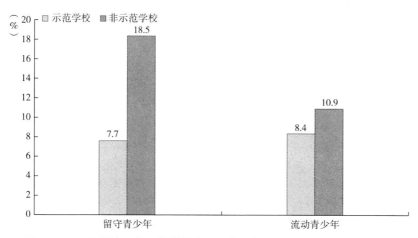

图 2 - 6　示范学校、非示范学校中留守青少年与流动青少年的分布比例

图 2 - 6 显示了示范学校、非示范学校中留守青少年与流动青少年的分布比例情况。从留守青少年的角度看，示范学校中留守青少年的比例为 7.7%，远低于非示范学校中留守青少年的比例（18.5%）。从流动青少年的角度看，示范学校中流动青少年的比例为 8.4%，稍低于非示范学校中流动青少年的比例（10.9%）。留守青少年与流动青少年在非示范学校的分布比例均高于示范学校。总体上，非示范学校的留守青少年和流动青少年比例较高。

图 2 - 7 显示了富裕家庭与非富裕家庭青少年在示范学校、非示范学校的分布比例情况。富裕家庭中 29.0% 的青少年在示范学校，71.0% 的青少年在

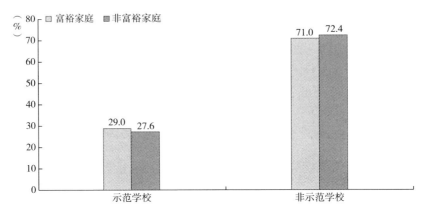

图 2-7　富裕家庭与非富裕家庭青少年在示范学校、非示范学校的分布比例

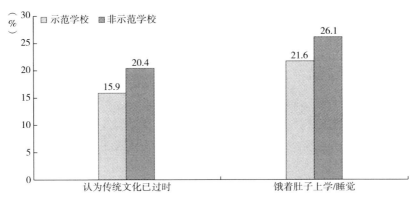

图 2-8　示范学校、非示范学校中认为传统文化已过时、
饿着肚子上学/睡觉的青少年比例

非示范学校。非富裕家庭中 27.6% 的青少年在示范学校，72.4% 的青少年在
非示范学校。两者比较，富裕家庭中的青少年在示范学校中的比例略高，但
两者的结果相近。

　　图 2-8 显示了示范学校和非示范学校中认为传统文化已过时、饿着肚子
上学/睡觉的青少年比例情况。从对待传统文化的态度上看，非示范学校中
20.4% 的青少年认为提倡艰苦奋斗、勤劳节俭等传统文化是过时的，高于示
范学校的比例（15.9%）。从饿着肚子上学/睡觉这个现象上看，26.1% 的非示
范学校青少年有饿着肚子上学/睡觉等情况，高于示范学校的比例（21.6%）。
总体上，非示范学校青少年对传统文化的态度更消极，更倾向于饿着肚子上学/
睡觉，这或许与青少年控制体重保持体形有关，并非都是因贫穷吃不起饭。

（二）青少年关于学校的一般观念

1. 关于学校和老师的积极评价

（1）青少年关于学校的普遍观念

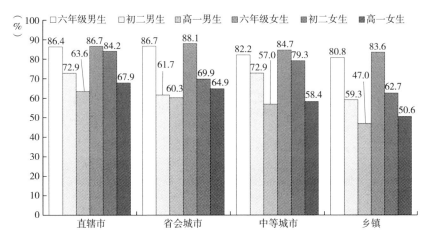

图 2-9 按照性别、年级和城市类型，非常喜欢学校的青少年所占的比例

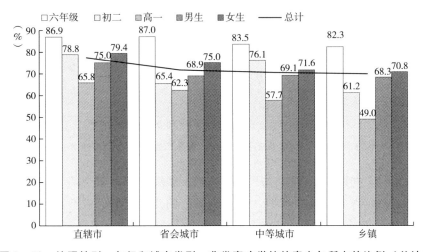

图 2-10 按照性别、年级和城市类型，非常喜欢学校的青少年所占的比例（总计）

图 2-9 和图 2-10 显示了不同性别、年级和城市类型的青少年非常喜欢学校所占比例的情况。

从城市类型的角度看，直辖市的青少年喜欢学校的比例最高，为 77.3%，其次是省会城市（71.6%）、中等城市（70.4%），乡镇青少年喜欢学校的比例最低，为 69.8%。直辖市的青少年相对于其他城市类型的青少年对于学校有更高的认同感，这可能与直辖市的教育资源和教育理念相对较优质有关。

从性别的角度看，四类城市类型中，女生喜欢学校的比例都高于男生，其中直辖市的女生喜欢学校的比例最高（79.4%），乡镇男生喜欢学校的比例最低（68.3%）。女生比男生表现出对于学校更高的认同感和归属感，无论是何种城市和何种年级。

从年级的角度看，无论是属于何种城市类型，随着年级的不断升高，喜欢学校的青少年的比例呈现不断下降的趋势，其中高一的乡镇青少年喜欢学校的比例最低，为 49.0%。这可能和青少年随着年级增大对于学校的熟悉度、期望值增加以及现实学业压力较大有关。

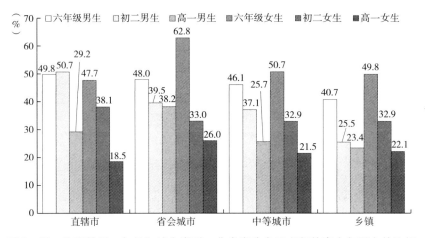

图 2 - 11　按照性别、年级和城市类型，非常喜欢自己老师的青少年所占的比例

图 2 - 11 和图 2 - 12 显示了不同性别、年级和城市类型的青少年非常喜欢自己老师所占的比例的情况。从城市类型的角度上看，省会城市青少年称非常喜欢自己老师的比例最高，为 41.7%，其次是直辖市（38.8%）、乡镇（36.4%），中等城市青少年非常喜欢自己老师的比例最低，为 33.8%。

从性别的角度看，除了省会城市、乡镇以外，男生都比女生对老师的认可度更高些。根据不同性别比较，在直辖市、中等城市中，男生非常喜欢自己老师的比例高于女生。而在省会城市、乡镇中，女生非常喜欢老师的比例高于男生，其中非常喜欢自己老师比例最高的是直辖市的男生（42.9%），最低的是中等城市的女生（32.7%）。

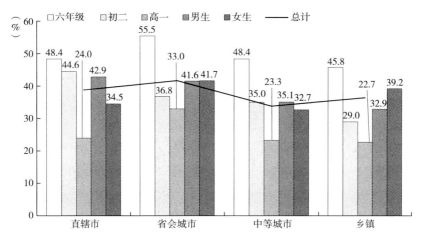

图 2 – 12　按照性别、年级和城市类型，非常喜欢自己老师的青少年所占的比例（总计）

从年级的角度看，四类城市类型中，随着年级的不断升高，非常喜欢自己老师的青少年比例都呈现不断下降的趋势，其中高一的乡镇青少年非常喜欢自己老师的比例最低，为 22.7%。

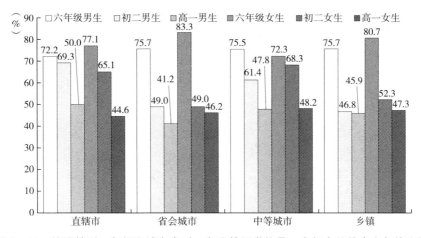

图 2 – 13　按照性别、年级和城市类型，自称赞同学校是一个好去处的青少年的比例

图 2 – 13 和图 2 – 14 显示了不同性别、年级和城市类型的青少年赞同学校是一个好去处所占的比例的情况。

从城市类型的角度看，乡镇青少年认为学校是一个好去处的比例最高，为 62.4%，其次是直辖市（62.3%）、中等城市（60.2%），省会城市青少年认为学校是一个好去处的比例最低，为 57.1%。

从性别角度看，除了直辖市以外，女生普遍比男生认为学校是一个好去

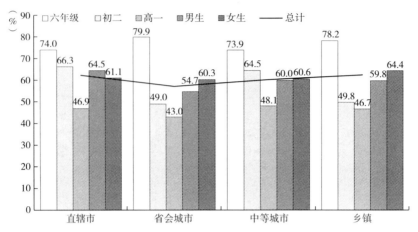

图 2 - 14 按照性别、年级和城市类型，自称赞同学校
是一个好去处的青少年的比例（总计）

处，可见女生比男生对于学校的认可度更高。根据不同性别比较，直辖市的男生认为学校是一个好去处的比例（64.5%）高于女生（61.1%），而省会城市、中等城市以及乡镇的女生认为学校是一个好去处的比例都高于男生。四类城市的全部男生、女生中，直辖市的男生认为学校是一个好去处的比例最高（64.5%），省会城市的男生认为学校是一个好去处的比例最低（54.7%）。

从年级的角度看，四类城市类型中，随着年级的不断升高，认为学校是个好去处的比例都呈不断下降的趋势，其中，高一的省会城市青少年认为学校是个好去处的比例最低，为43.0%。这和学生学业压力增大有关。

2. **关于学校和老师的消极观念**

图 2 - 15 和图 2 - 16 显示了不同性别、年级和城市类型的青少年完全不喜欢学校所占的比例的情况。

从城市类型角度看，乡镇青少年自称完全不喜欢学校的比例最高，为6.3%，这可能和乡镇相对落后的教育水平和教育理念有关，其次是中等城市（6.2%）、省会城市（5.9%），直辖市青少年完全不喜欢学校的比例最低，为3.2%。

从性别的角度看，四类城市类型中，男生完全不喜欢学校的比例都高于女生，其中中等城市的男生完全不喜欢学校的比例最高（7.1%），直辖市女生完全不喜欢学校的比例最低（2.0%）。男生比女生更有可能完全不喜欢学校，可见男生对于学校的不满情绪更高、叛逆性更强。

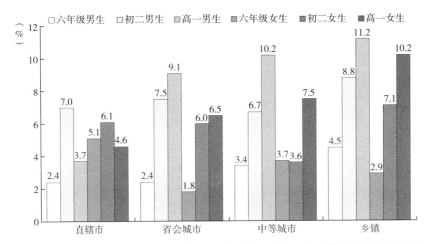

图2-15 按照性别、年级和城市类型,自称自己完全不喜欢学校的青少年比例

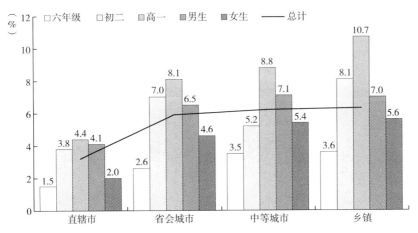

**图2-16 按照性别、年级和城市类型,自称自己完全
不喜欢学校的青少年比例(总计)**

从年级的角度看,随着年级的不断升高,完全不喜欢学校的青少年的比例呈现不断上升的趋势,其中高一的乡镇青少年完全不喜欢学校的比例最高,为10.7%。这可能和随着青少年年龄增大学校老师管理较严格而产生的叛逆心理更强有关。

图2-17和图2-18显示了不同性别、年级和城市类型的青少年一点也不喜欢老师所占的比例。

从城市类型角度看,乡镇青少年、直辖市青少年自称一点儿也不喜欢老师的比例最高,为4.5%,这可能与乡镇较为落后的教育水平有关,直辖市或

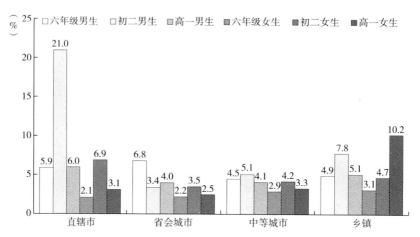

图 2－17 按照性别、年级和城市类型，自称一点儿也不喜欢老师的青少年所占比例

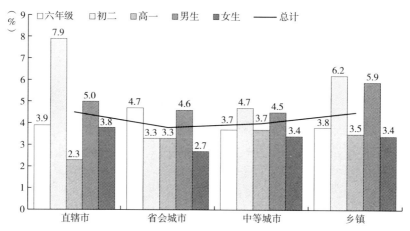

图 2－18 按照性别、年级和城市类型，自称一点儿
也不喜欢老师的青少年所占比例（总计）

许由于生活压力大、学校竞争激烈而出现师生关系紧张，其次是中等城市
（4.0%），省会城市青少年一点儿也不喜欢老师的比例最低，为 3.8%。

从性别角度看，四类城市类型中，一点儿也不喜欢老师的比例男生高于
女生，其中乡镇的男生一点儿也不喜欢老师的比例最高（5.9%），省会城市
的女生一点儿也不喜欢老师的比例最低（2.7%）。男生比女生更有可能一点
儿也不喜欢学校老师，可见男生对老师的不满情绪更高、叛逆性更强。

从年级角度看，在直辖市、中等城市以及乡镇的数据中，显示了初二的青
少年一点儿也不喜欢老师的比例最高（分别是 7.9%、4.7%、6.2%），其次是

六年级（分别是 3.9%、3.7%、3.8%），高———点儿也不喜欢老师的比例最低（分别是 2.3%、3.7%、3.5%）。而在省会城市中，六年级一点儿也不喜欢老师的比例最高，为 4.7%，初二、高一一点儿也不喜欢老师的青少年比例较低，都为 3.3%。

3. 青少年的归属感

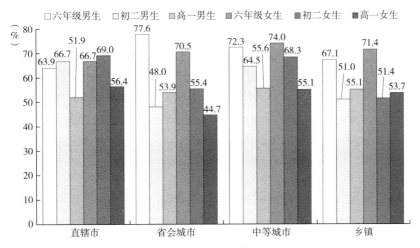

图 2 - 19　按照性别、年级和城市类型，自称在学校中拥有归属感的青少年所占比例

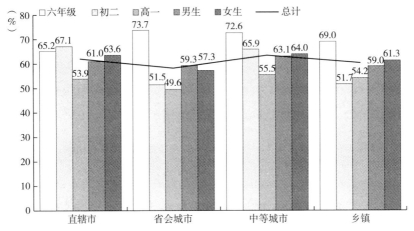

图 2 - 20　按照性别、年级和城市类型，自称在学校中拥有归属感的青少年所占比例（总计）

图 2 - 19 和图 2 - 20 显示了自称在学校中拥有归属感的青少年所占比例。从城市类型角度看，中等城市青少年自称在学校中拥有归属感的比例最

高，为 63.4%，其次是直辖市（62.0%）、乡镇（60.3%），省会城市青少年拥有归属感的比例最低，为 58.2%。这可能和城市规模越大，学校内部差异性更明显、竞争更为激烈有关。

从性别角度看，除省会城市外，女生比男生表达出对于学校更高的归属感。四类城市类型中，直辖市、中等城市以及乡镇的女生拥有归属感的比例都高于男生，其中中等城市的女生拥有归属感的比例最高（64.0%）。而省会城市中男生拥有归属感的比例（59.3%）略高于女生（57.3%），这反映了青春期男女对于环境适应能力的差异。

从年级的角度看，在省会城市及中等城市的数据中，随着年级不断升高，在学校拥有归属感的青少年比例呈下降趋势。在直辖市中，初二拥有归属感的比例最高，其次是六年级，高一在学校拥有归属感的比例最低。而在乡镇中，六年级拥有归属感的比例最高，其次是高一，初二在学校拥有归属感的青少年比例最低。

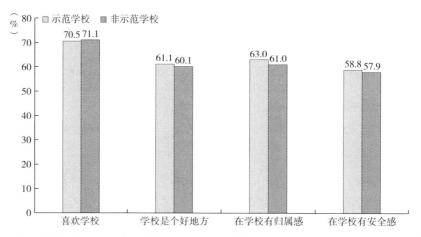

图 2-21　按照示范学校与非示范学校，青少年对学校的满意度、归属感、安全感的情况

图 2-21 显示了示范学校与非示范学校青少年对学校的满意度、归属感、安全感的情况。在青少年对学校生活感受的这一组评价中，喜欢学校的比例是最高的，其中 70.5% 的示范学校青少年及 71.1% 的非示范学校青少年喜欢学校。而在学校感到安全的青少年的比例是最低的，其中 58.8% 的示范学校青少年及 57.9% 的普通学校青少年在学校感到安全。此外，61.1% 的示范学校青少年以及 60.1% 的非示范学校青少年认为学校是个好地方，63.0% 的示范学校青少年及 61.0% 的非示范学校青少年认为在学校有归属感，两

类学校的调查结果相似。总体上，不同学校类型之间学生的归属感、满意度差别不明显。

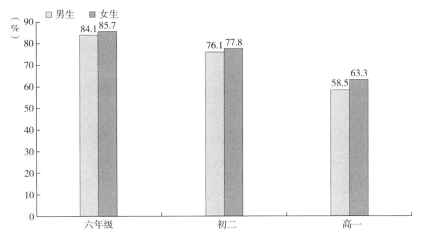

图 2-22 按照性别和年级，青少年对学校的满意度的情况

图 2-22 显示了不同性别、年级的青少年对学校的满意情况。在不同的三个年级中，女生对学校满意的比例普遍略高于男生。随着年级的升高，对学校的满意度呈下降趋势，其中六年级男生和女生对学校的满意度最高，分别为 84.1% 与 85.7%。初二男生、女生对学校满意度较高，分别为 76.1% 与 77.8%。而高一男生、女生对学校的满意度最低，分别为 58.5% 与 63.3%。总体上，女生比男生对于学校有更高的满意度，且年级与学生满意度成反比。

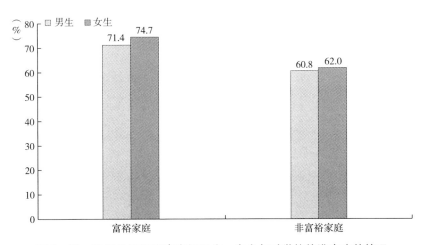

图 2-23 按照性别和家庭富裕程度，青少年对学校的满意度的情况

图 2-23 显示了不同性别、不同家庭富裕程度的青少年对于学校的满意情况。富裕家庭中对学校满意的男生比例是 71.4%，略低于女生的比例（74.7%）。而非富裕家庭中对学校满意的男生、女生的比例分别是 60.8% 和 62.0%，其中男生的比例也略低于女生。将富裕家庭和非富裕家庭相比较，富裕家庭中对学校满意的男生和女生的比例均高于非富裕家庭。总体上，富裕家庭表现出比非富裕家庭更高的学校满意度，这或许与富裕家庭所在的学校条件本身较好、孩子接受到学校更多优质教育有关。

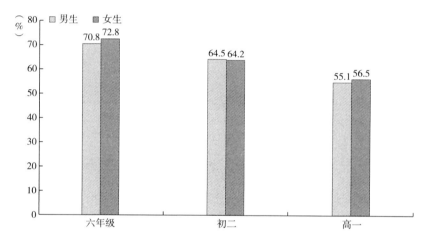

图 2-24 按照性别和年级，青少年对学校有归属感的情况

图 2-24 显示了不同性别和年级的青少年对学校有归属感的情况。随着年级的升高，对学校的归属感呈下降趋势，其中六年级男生、女生对学校的归属感最高，分别为 70.8% 与 72.8%。初二男生、女生对学校的归属感较高，分别为 64.5% 与 64.2%。而高一的男生与女生对学校的归属感最低，分别为 55.1% 与 56.5%，随着年级升高，学校课业压力增大，占据学生大量文化活动时间，甚至影响学生之间的交流，因此难以形成归属感。总体上，不同性别之间的调查结果差别不大，年级与青少年对学校的归属感成反比。

图 2-25 显示了不同性别、家庭富裕程度的青少年对学校有归属感的情况。富裕家庭的男生对学校有归属感的比例是 63.1%，略低于女生的比例（63.6%）。而非富裕家庭中对学校有归属感的男生比例是 53.0%，也略低于女生的比例（55.3%）。将两类家庭相比较，富裕家庭对学校有归属感的男生

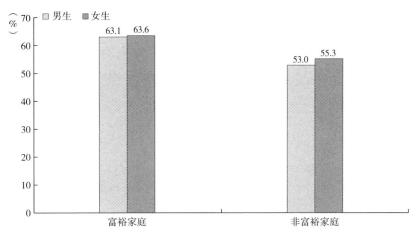

图 2 - 25　按照性别和家庭富裕程度，青少年对学校有归属感的情况

和女生的比例均高于非富裕家庭。总体上，富裕家庭比非富裕家庭的青少年对于学校的归属感更强，这可能与学校给他们提供的优质教育条件有关。

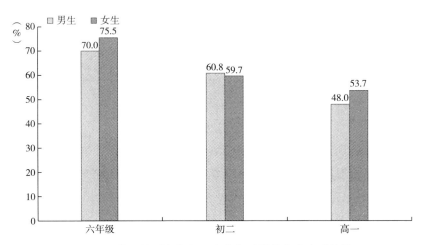

图 2 - 26　按照性别和年级，青少年对学校有安全感的情况

图 2 - 26 显示了不同性别和年级的青少年对学校有安全感的情况。其中六年级男生（70.0%）与高一男生（48.0%）对学校有安全感的比例低于六年级女生（75.5%）及高一女生（53.7%）。并且随着年级的升高，对学校的安全感呈下降趋势，其中六年级男生、女生对学校的安全感最高，分别为70.0%与75.5%。初二男生、女生对学校的安全感较高，分别为60.8%与59.7%。而高一男生、女生对学校的安全感最低，分别为48.0%与53.7%。

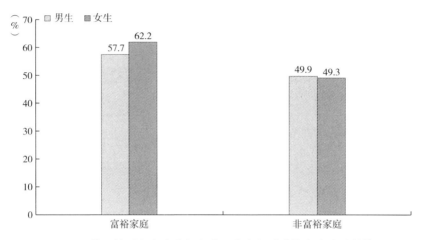

图 2-27 按照性别和家庭富裕程度，青少年对学校有安全感的情况

总体上，男生比女生有更低的安全感，随着年级增高安全感降低。

图 2-27 显示了不同性别和家庭富裕程度的青少年对学校有安全感的情况。其中富裕家庭对学校有安全感的男生的比例是 57.7%，略低于女生的比例（62.2%）。而非富裕家庭对学校有安全感的男生的比例是 49.9%，略高于女生的比例（49.3%）。两类家庭相比较，富裕家庭中对学校有安全感的男生、女生的比例都高于非富裕家庭。总体上，家庭富裕的青少年比家庭非富裕的青少年对学校有更高的安全感。

4. 青少年关于学校中公平的观念

这一部分强调青少年能够参与和影响学校机构的程度的重要性。其原因在于，我们相信促进健康和支持性的学校环境事实上是青少年健康强化行为发展的资源之一。

（1）关于公平的积极观念

图 2-28 和图 2-29 显示了赞同"在学校中，青少年参与规章制定"这一说法的青少年所占的比例情况。

从城市类型的角度看，乡镇青少年自称能够参与规章制定的比例最高（56.1%），其次是直辖市（44.3%）、省会城市（41.9%），中等城市青少年能够参与规章制定的比例最低，为 39.3%。乡镇青少年反映出比其他城市类型更高的自主性和权利意识。

从性别角度看，男生比女生更有意识要求在学校参与规章制定，可见男生比女生表现出更高的维权意识。根据不同性别比较，直辖市、省会城市以

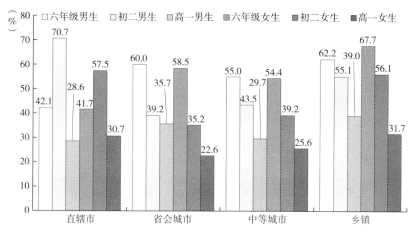

图 2-28　按照性别、年级和城市类型，赞同"在学校中，
青少年参与规章制定"这一说法的比例

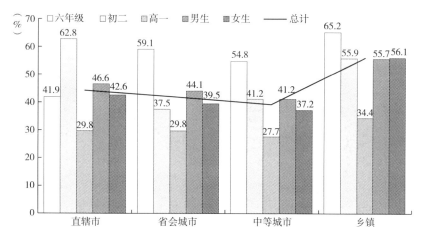

图 2-29　按照性别、年级和城市类型，赞同"在学校中，
青少年参与规章制定"这一说法的比例（总计）

及中等城市中男生能够参与规章制定的比例都高于女生，其中直辖市的男生
能够参与规章制定的比例最高（46.6%），中等城市的女生能够参与规章制
定的比例最低（37.2%）。而在乡镇中，能够参与规章制定的女生的比例
（56.1%）略高于男生（55.7%）。

　　从年级的角度看，在省会城市、中等城市以及乡镇的数据中，随着年级
的不断升高，能够参与规章制定的青少年的比例都呈现下降趋势，其中高一
的中等城市能够参与规章制定的青少年的比例最低（27.7%）。而在直辖市

中，初二能够参与规章制定的比例最高（62.8%），其次是六年级（41.9%），最后是高一（29.8%）。

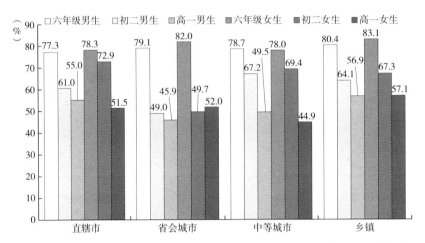

图 2-30 按照性别、年级和城市类型，自称赞同学校中的规章是公平的比例

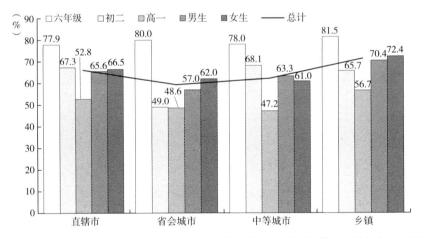

图 2-31 按照性别、年级和城市类型，自称赞同学校中的规章是公平的比例（总计）

图 2-30 和图 2-31 显示了不同性别、年级和城市类型自称赞同学校中的规章是公平的青少年所占比例情况。

从城市类型角度看，乡镇的青少年自称赞同学校中规章制度是公平的比例最高（71.3%），其次是直辖市（66.0%）、中等城市（62.1%），省会城市青少年赞同学校中规章制度是公平的比例最低（59.2%）。

从性别角度看，四类城市类型中，直辖市、省会城市、乡镇的女生赞同学校中规章制度是公平的比例都高于男生，其中乡镇女生赞同学校中规章制度是公平的比例最高（72.4%）。而在中等城市中，男生赞同学校中规章制度是公平的比例（63.3%）高于女生的比例（61.0%）。总体上男女性别差别不明显，对于规章制度都较为满意。

从年级的角度看，随着年级的不断升高，四类城市中赞同学校规章制度是公平的青少年的比例呈现不断下降的趋势，其中高一的中等城市的青少年赞同学校中规章制度是公平的比例最低（47.2%）。这反映了高年级学生的自主性、独立批判和反思的能力更强。

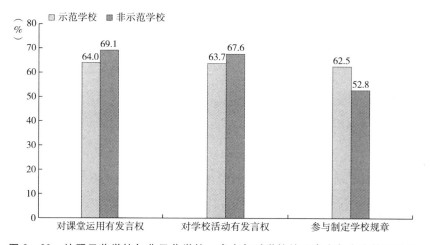

图 2-32　按照示范学校与非示范学校，青少年对学校给予青少年自主性的评价

图 2-32 显示了示范学校与非示范学校对学校给予青少年自主性的评价的情况。64.0% 的示范学校青少年对课堂运用有发言权，低于非示范学校的比例（69.1%）。63.7% 的示范学校青少年对决定做什么活动有发言权，低于非示范学校的比例（67.6%）。而 62.5% 的示范学校青少年能够参与制定校规，高于非示范学校的比例（52.8%）。总体来说，两类青少年都在对课堂如何运用方面有更高的自主性，而在参与制定校规方面有较低的自主性。

图 2-33 显示了不同性别和家庭富裕程度对学校给予青少年自主性的评价，富裕家庭中 69.8% 的男生和 69.4% 的女生认为学校给予青少年的自主性较高，而非富裕家庭中 58.6% 的男生和 59.1% 的女生认为学校给予青少年的自主性较高。两者相比较，富裕家庭的青少年对学校给予青少年的自主性有更高的评价。这可能与富裕家庭本身资源相对丰富、能够和学校有更多谈判的实力有关，非富裕家庭本身处于弱势地位，无权感更强。

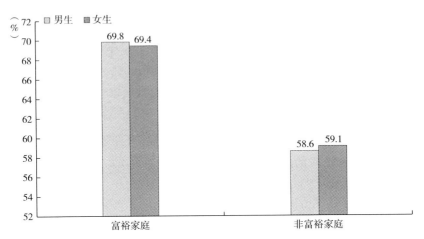

图 2-33 按照性别和家庭富裕程度，青少年对学校给予青少年自主性的评价

（2）关于公平性的消极观念

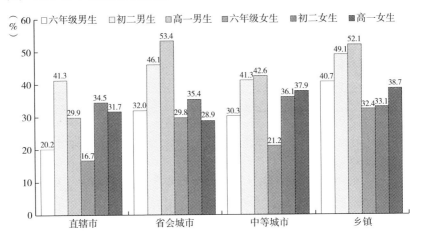

图 2-34 按照性别、年级和城市类型，对该问题的陈述为"他们赞同青少年
在学校中受到严厉的/严格的对待"的青少年所占的比例

图 2-34 和图 2-35 显示了不同性别、年级和城市类型对该问题的陈述
为"他们赞同青少年在学校中受到严厉的/严格的对待"的比例情况。

从城市类型角度看，乡镇青少年自称赞同青少年在学校受到严格对待的比
例最高（39.8%），其次是省会城市（38.3%）、中等城市（35.8%），直辖市赞
同青少年在学校受到严格对待的比例最低（28.7%）。

从性别角度看，四类城市类型中，男生赞同在学校受到严格对待的比例都
高于女生，其中乡镇的男生赞同在学校受到严格对待的比例最高（45.8%），直

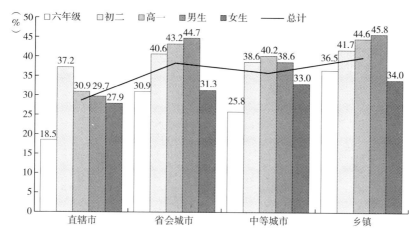

图2-35 按照性别、年级和城市类型，对该问题的陈述为"他们赞同青少年
在学校中受到严厉的/严格的对待"的青少年所占的比例（总计）

辖市的女生赞同在学校受到严格对待的比例最低（27.9%）。这和男女生本身
的自律能力和对于规则的遵守状况有关。

从年级角度看，在省会城市、中等城市以及乡镇的数据中，随着年级的
不断升高，赞同在学校受到严格对待的比例呈上升趋势。而在直辖市中，初
二赞同在学校受到严格对待的比例最高（37.2%），其次是高一（30.9%），
最后是六年级（18.5%）。这反映了高年级学生更高的自律意识。

5.关于老师对待青少年的观念

（1）总体上的积极观念

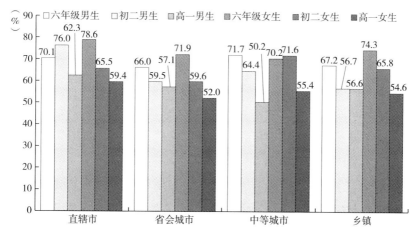

图2-36 按照性别、年级和城市类型，在课堂上得到鼓励表达自己的看法，
自称赞同这一观点的青少年所占比例

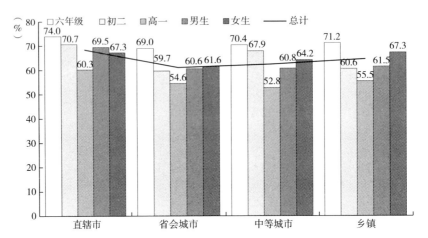

图 2 - 37 按照性别、年级和城市类型，在课堂上得到鼓励表达自己的看法，自称赞同这一观点的青少年所占比例（总计）

图 2 - 36 和图 2 - 37 显示了不同性别、年级和城市类型青少年在课堂上得到鼓励表达自己的看法，自称赞同这一观点的青少年所占比例情况。

从城市类型的角度看，直辖市的青少年自称认为在课堂上得到鼓励表达自己看法的比例最高（68.3%），其次是乡镇（64.5%）、中等城市（62.3%），省会城市青少年认为在课堂上得到鼓励表达自己看法的比例最低，为 61.0%。

从性别角度看，四类城市类型中，省会城市、中等城市、乡镇的女生认为在课堂上得到鼓励表达自己看法的比例都高于男生，其中乡镇女生认为在课堂上得到鼓励表达自己看法的比例最高（67.3%）。而在直辖市中，男生认为在课堂上得到鼓励表达自己看法的比例（69.5%）高于女生的比例（67.3%）。

从年级角度看，随着年级的不断升高，四类城市中认为在课堂上得到鼓励表达自己看法的青少年的比例呈现不断下降的趋势，其中高一的中等城市的青少年认为在课堂上得到鼓励表达自己看法的比例最低（52.8%）。

图 2 - 38 显示了示范学校与非示范学校青少年对学校中教师的评价情况。两类学校青少年的调查结果呈现相似状态，其中认为大多数老师是友善的青少年占比最大（74.9% 和 76.5%），而认为和老师的关系是亲密的占比较低（33.8% 和 37.3%）。总体上，示范学校和非示范学校青少年对于老师的评价差别不大，且偏积极，这反映了不同学校类型的老师对于学生的教学态度和对待方式差别不明显。

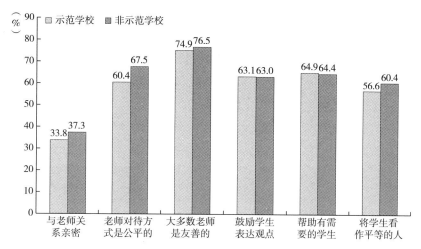

图 2 – 38　按照示范学校与非示范学校，青少年对学校中教师的评价

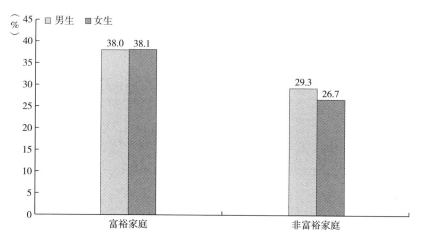

图 2 – 39　按照性别和家庭富裕程度，青少年对学校中教师是友善的评价

图 2 – 39 显示出不同性别和家庭富裕程度的青少年对学校中教师的评价情况。数据显示，富裕家庭的男生和女生认为教师是友善的比例较高（38.0% 和 38.1%），非富裕家庭的男生和女生认为教师是友善的比例较低（29.3% 和 26.7%）。总体上，不同性别间的调查结果差别不大，富裕家庭比非富裕家庭中的积极评价要多。这可能和富裕家庭青少年父母的教育和引导有关。非富裕家庭家长与学校老师沟通不足，就容易误导青少年对于老师的评价。

图 2 – 40 和图 2 – 41 显示按照性别、年级和城市类型赞同受到老师的公平对待的青少年所占的比例情况。

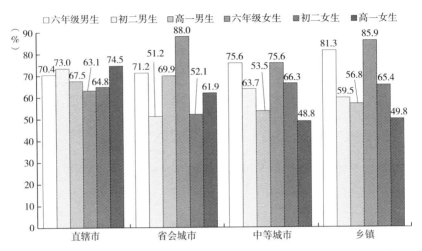

图 2 - 40　按照性别、年级和城市类型，赞同受到老师的公平对待的比例

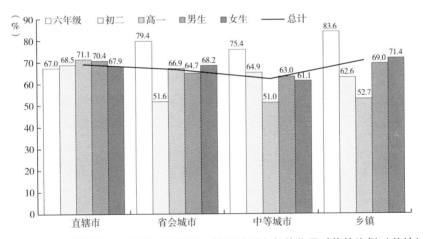

图 2 - 41　按照性别、年级和城市类型，赞同受到老师的公平对待的比例（总计）

从城市类型角度看，乡镇的青少年自称赞同受到老师公平对待的比例最高（70.4%），其次是直辖市（68.9%）、省会城市（66.4%），中等城市青少年赞同受到老师公平对待的比例最低（62.0%）。

从性别角度看，四类城市类型中，直辖市、中等城市的男生赞同受到老师公平对待的比例高于女生。而省会城市、乡镇的女生赞同受到老师公平对待的比例高于男生。这反映了不同城市类型男女生对于公平的认知差异。

从年级角度看，随着年级的不断升高，直辖市中赞同受到老师公平对待的青少年的比例呈上升趋势。而中等城市、乡镇中赞同受到老师公平对待的比例呈现不断下降的趋势。省会城市中，六年级赞同受到老师公平对待的青少年的比例最高（79.4%），其次是高一（66.9%），最后是初二（51.6%）。

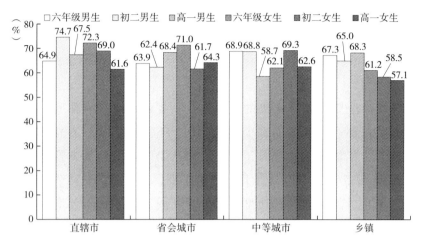

图 2 - 42　按照性别、年级和城市类型，赞同有需要的时候，自己能够从老师那里得到额外帮助的青少年所占比例

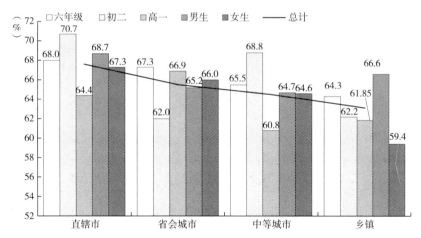

图 2 - 43　按照性别、年级和城市类型，赞同有需要的时候，自己能够从老师那里得到额外帮助的青少年所占比例（总计）

图 2 - 42 和图 2 - 43 显示了按照性别、年级和城市类型赞同有需要的时候，自己能够从老师那里得到额外帮助的青少年所占比例情况。

从城市类型角度看，直辖市的青少年自称赞同有需要时，自己能够从老师处得到额外帮助的比例最高（67.6%），其次是省会城市（65.5%）、中等城市（64.5%），乡镇青少年赞同有需要时，自己能够从老师处得到额外帮助的比例最低（63.1%）。这体现了乡镇教育师资、教育投入的缺乏。

从性别角度看，四类城市类型中，直辖市、中等城市、乡镇的男生赞同有需要时，自己能够从老师处得到额外帮助的比例高于女生。而省会城市的女生赞同有需要时，自己能够从老师处得到额外帮助的比例高于男生。这反映了不同城市类型对于男女生的偏爱以及男女生之间不同的求助能力和求助意愿。

从年级角度看，随着年级的不断升高，乡镇中赞同有需要时，自己能够从老师处得到额外帮助的青少年的比例呈下降趋势。而直辖市、中等城市中初二青少年赞同有需要时，自己能够从老师处得到额外帮助的比例最高，分别为70.7%和68.8%，其次是六年级，最后是高一。省会城市赞同有需要时，自己能够从老师处得到额外帮助的青少年比例与直辖市、中等城市不同，初二青少年的比例最低（62.0%），其次是六年级，最后是高一。

（2）情感需要的积极观念

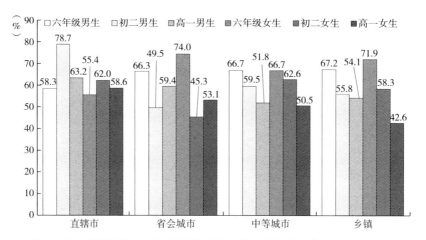

图 2-44　按照性别、年级和城市类型，赞同"作为个体，老师对自己感兴趣"这一说法的青少年所占比例

图 2-44 和图 2-45 显示了赞同"作为个体，老师对自己感兴趣"这一说法的青少年所比例情况。

从城市类型角度看，直辖市的青少年自称赞同这一说法的比例最高（61.9%），其次是乡镇（61.2%）、省会城市（58.4%），中等城市青少年赞同这一说法的比例最低（58.3%）。

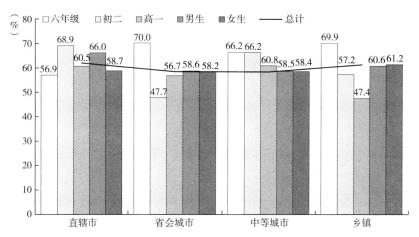

图 2－45 按照性别、年级和城市类型，赞同"作为个体，老师对自己
感兴趣"这一说法的青少年所占比例（总计）

从性别角度看，四类城市类型中，直辖市的男生赞同这一说法的比例高于女生。而乡镇的女生赞同这一说法的比例高于男生。在省会城市与中等城市中，不同性别间的调查结果相似。这反映了不同城市类型男女生自信心以及对老师期待状况的看法。

从年级角度看，随着年级的不断升高，中等城市、乡镇中赞同这一说法的比例呈下降趋势。直辖市中初二青少年赞同这一说法的比例最高（68.9%），其次是高一（60.5%），六年级赞同这一说法的比例最低（56.9%）。而省会城市与直辖市相反，其中六年级青少年赞同这一说法的比例最高（70.0%），其次是高一（56.7%），初二青少年赞同这一说法的比例最低（47.7%）。

6. 学习成绩

由于取得最好的学习成绩依旧被视为青少年最主要的目标，所以将学习成绩这一变量包含其中。但是，它也可能因为青少年过重的学习压力，反而有害于青少年的健康。

（1）老师对青少年兴趣方面的情感积极观念

图 2－46 和图 2－47 显示了相信和其他同学相比，老师认为自己是班上最好的青少年之一的比例。

从城市类型角度看，直辖市的青少年自称赞同这一说法的比例最高（9.8%），其次是省会城市（5.2%）、中等城市（5.1%），乡镇青少年赞同这一说法的比例最低（5.0%）。

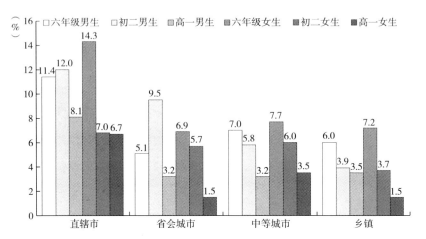

图 2 - 46　按照性别、年级和城市类型，相信与其他同学相比，老师认为自己是班上最好的青少年之一的比例

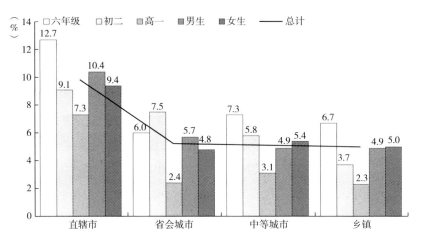

图 2 - 47　按照性别、年级和城市类型，相信与其他同学相比，老师认为自己是班上最好的青少年之一的比例（总计）

从性别角度看，四类城市类型中，直辖市、省会城市的男生赞同这一说法的比例高于女生。而中等城市、乡镇的女生赞同这一说法的比例高于男生，这可能侧面反映了不同城市类型男女生的学习状况以及老师对于学生学习期待的状况。

从年级角度看，随着年级的不断升高，直辖市、中等城市、乡镇中赞同这一说法的比例都呈下降趋势。而省会城市中初二青少年赞同这一说法的比例最高（7.5%），其次是六年级，最后是高一。总体来说，不同类型、不同年级、不同性别赞同这一说法的比例都处于较低水平。

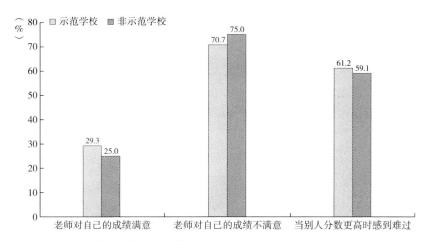

图 2 - 48　按照示范学校与非示范学校，青少年认为老师对自身学业成绩的看法及感受

图 2 - 48 显示了示范学校与非示范学校青少年认为老师对自身学业成绩的看法及感受的情况。29.3% 的示范学校青少年认为老师对自身学业成绩满意，高于非示范学校认为老师对自身学业成绩满意的青少年的比例（25.0%）。而 61.2% 的示范学校青少年在当其他同学得到更高分数时感到难过，略高于非示范学校中在当其他同学得到更高分数时感到难过的青少年的比例（59.1%）。总体上，示范学校比非示范学校的青少年关于老师对自己的评价更积极。

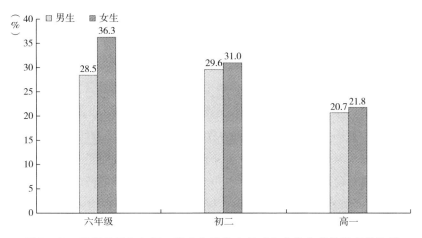

图 2 - 49　按照性别和年级，青少年认为老师对自身学业成绩满意的比例

图 2 - 49 显示了不同性别、不同年级的青少年认为老师对自身学业成绩满意的比例情况。在不同的三个年级中，认为老师对自身学业成绩满意的男生比例普遍低于女生。随着年级的升高，认为老师对自身学业成绩满意的女

生比例呈下降趋势，其中六年级女生的比例最高，初二女生的比例有所下降（31.0%），高一女生的比例最低（21.8%）。而六年级男生及初二男生认为老师对自身学业成绩满意的比例相似（分别为28.5%、29.6%）。高一男生认为老师对自身学业成绩满意的比例最低（20.7%）。总体上，年级与青少年认为老师对自己学业成绩满意的看法成反比。

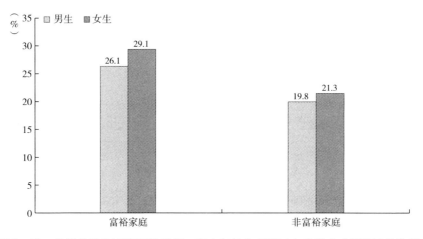

图 2 – 50　按照性别和家庭富裕程度，青少年认为老师对自身学业成绩满意的比例

　　图 2 – 50 显示了不同家庭富裕程度的青少年认为老师对自身学业成绩的看法情况。富裕家庭认为老师对自身学业成绩满意的男生比例是 26.1%，略低于女生的比例（29.1%）。而非富裕家庭认为老师对自身学业成绩满意的男生比例是 19.8%，同样略低于女生的比例（21.3%）。总体上，两类家庭相比较，富裕家庭认为老师对自身学业成绩满意的男生、女生的比例都高于非富裕家庭。

　　（2）关于作业的消极情绪

　　图 2 – 51 和图 2 – 52 显示了认为受到来自作业的压力的青少年所占的比例情况。

　　从城市类型角度分析，乡镇青少年自称认为受到来自作业压力的比例最高（14.6%），其次是省会城市（12.9%）、直辖市（12.4%），中等城市的青少年认为受到来自作业的压力的比例最低，为 11.3%，这反映了不同城市类型学生受到的作业压力的差异。

　　从性别角度分析，四类城市类型中，男生认为受到来自作业压力的比例都高于女生，其中直辖市男生认为受到来自作业压力的比例最高（15.8%），直辖市女生认为受到来自作业压力的比例最低（9.3%）。这反映了男女生不

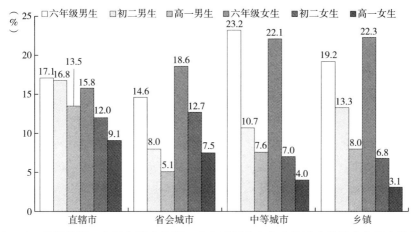

图 2－51　按照性别、年级和城市类型，认为受到来自作业的压力的青少年所占的比例

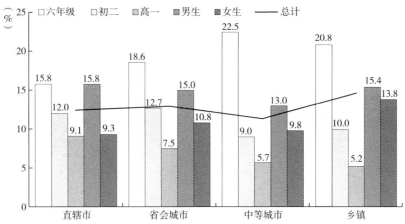

图 2－52　按照性别、年级和城市类型，认为受到来自作业的
压力的青少年所占的比例（总计）

同的抗压能力。

　　从年级角度分析，随着年级的不断升高，认为受到来自作业压力的比例呈现不断下降的趋势，其中高一乡镇青少年认为受到来自作业压力的比例最低（5.2%），这可能与学生抗压能力不断提升有关。

　　图 2－53 显示了示范学校与非示范学校青少年对学业压力的看法情况。有 88.2% 的示范学校青少年认为完成学校作业有压力，略高于非示范学校认为完成学校作业有压力的青少年的比例（87.1%）。总体上，认为学校作业有压力的学生比例要高于认为没有压力的学生。两类学校在课业压力这一变量上都呈现较高的比例，可见学生作业压力问题比较严重。

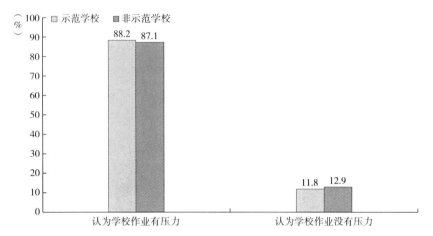

图 2 - 53　按照示范学校与非示范学校，青少年对学业压力的看法

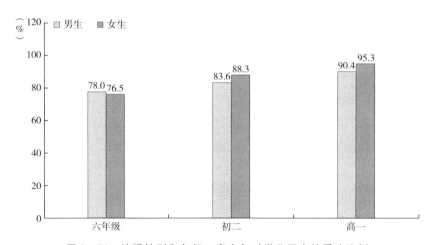

图 2 - 54　按照性别和年级，青少年对学业压力的看法比例

图 2 - 54 显示了不同性别、不同年级青少年对学业压力的看法情况。其中认为学校课业有压力的六年级男生比例（78.0%）略高于女生（76.5%），而认为学校课业有压力的初二男生（83.6%）与高一男生（90.4%）的比例低于初二女生（88.3%）及高一女生（95.3%）。并且随着年级的升高，认为学校课业有压力的比例呈上升趋势，其中高一男生、女生认为学校课业有压力的比例最高，分别为 90.4% 与 95.3%。初二男生、女生认为学校课业有压力的比例较高，分别为 83.6% 与 88.3%。而六年级男生和女生认为学校课业有压力的比例最低，分别为 78.0% 与 76.5%。总体上，随着年级升高，学生对于学业压力的感知更为强烈，这与现实的课业负担相吻合。

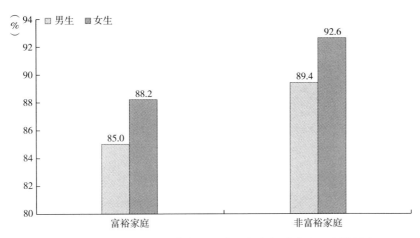

图 2-55　按照性别和家庭富裕程度，青少年对学业压力的看法

图 2-55 显示了不同家庭富裕程度青少年对学业压力的情况。富裕家庭男生认为学校课业有压力的比例是 85.0%，略低于女生的比例（88.2%）。而非富裕家庭男生认为学校课业有压力的比例是 89.4%，同样低于女生的比例（92.6%）。两类家庭相比较，富裕家庭认为学校课业有压力的男生、女生的比例都低于非富裕家庭。总体上，非富裕家庭比富裕家庭的压力要大，这可能与不同经济状况的青少年对学业的重视程度有关。

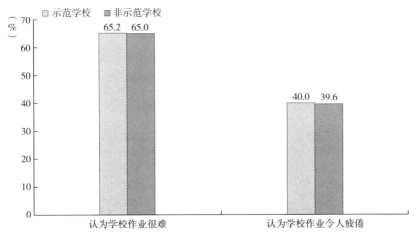

图 2-56　按照示范学校与非示范学校，青少年对学校给予任务的评价

图 2-56 显示了示范学校与非示范学校对学校给予青少年任务的评价情况。在青少年对学习任务的评价这一组中，65.2% 的示范学校以及 65.0% 的

非示范学校青少年都认为学校的作业很困难。而40.0%的示范学校和39.6%的非示范学校青少年认为学校的作业令自己疲倦。总体上，两类学校的调查结果相似，对于学校作业的负面情绪较高。

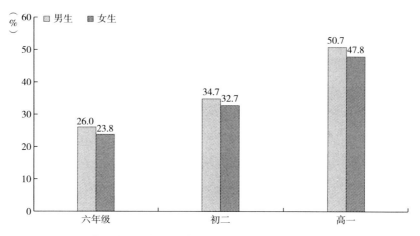

图2-57 按照性别和年级，青少年对学校给予青少年的任务的评价

图2-57显示了不同性别、年级青少年对学校给予任务的评价情况。三个年级中，认为学校任务繁重的男生比例普遍高于女生。而随着年级的不断升高，认为学校任务繁重的男生、女生的比例都在不断上升。其中，六年级的比例最低，分别为男生26.0%、女生23.8%。高一的比例最高，分别为男生50.7%、女生47.8%。总体上，随着年级增高，学生认为课业压力也越高，该比例与学生学习难度层次递增的实际课程设计相符合。

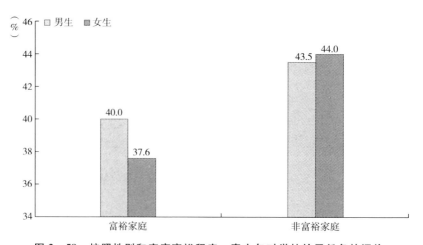

图2-58 按照性别和家庭富裕程度，青少年对学校给予任务的评价

图 2-58 显示了不同家庭富裕程度青少年对学校给予任务的评价情况。富裕家庭中认为学校任务繁重的男生的比例是 40.0%，女生的比例是 37.6%，其中男生的比例高于女生。而非富裕家庭中认为学校任务繁重的男生、女生的比例分别是 43.5%、44.0%，其中男生的比例略低于女生。两类家庭相比较，富裕家庭认为父母支持学校生活的男生、女生的比例都高于非富裕家庭。总体上，非富裕家庭要比富裕家庭的青少年对于学校给予的任务更消极评价。

7. 青少年互动

因为同学伙伴能够提供社会互动、情感支持的机会以及学习上和社会状况上的帮助，因此这一变量十分重要。

（1）积极观念

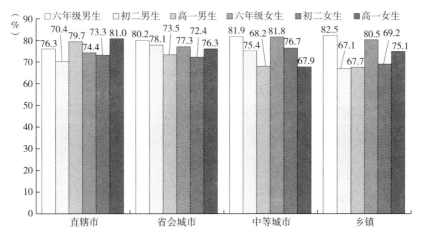

图 2-59 按照性别、年级和城市类型，赞同同学们愿意在一起相处的青少年所占比例

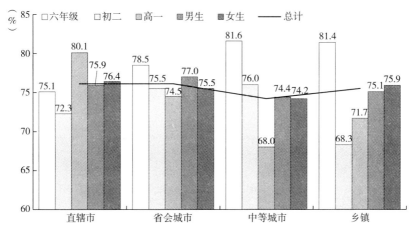

图 2-60 按照性别、年级和城市类型，赞同同学们愿意在一起相处的青少年所占比例（总计）

图 2 - 59 和图 2 - 60 显示了赞同同学们愿意在一起相处的青少年所占比例情况。

从城市类型角度看，直辖市、省会城市的青少年赞同这一说法的比例最高（76.1%），其次是乡镇（75.5%），中等城市青少年赞同这一说法的比例最低（74.2%）。

从性别角度看，四类城市类型中，直辖市、乡镇的女生赞同这一说法的比例高于男生。而省会城市、中等城市男生赞同这一说法的比例高于女生。这反映了不同城市类型男女生的交往状况差异。

从年级角度看，随着年级的不断升高，省会城市、中等城市中赞同这一说法的比例呈下降趋势。而直辖市中高一青少年赞同这一说法的比例最高（80.1%），其次是六年级，最后是初二，乡镇六年级青少年赞同这一说法的比例最高（81.4%），其次是高一，初二赞同这一说法的比例最低。

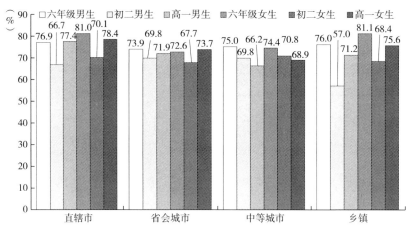

图 2 - 61　按照性别、年级和城市类型，自称赞同班上大多数的青少年都很友好和乐于助人的比例

图 2 - 61 和图 2 - 62 显示了不同性别、年级和城市类型青少年自称赞同班上大多数都很友好和乐于助人的所占比例情况。

从城市类型角度看，直辖市的青少年自称赞同这一说法的比例最高（75.7%），其次是乡镇（72.7%）、省会城市（71.5%），中等城市青少年赞同这一说法的比例最低（70.5%）。这体现不同城市类型的学生对于同学之间相处状况的认知。

从性别角度看，四类城市类型中直辖市、中等城市、乡镇的女生赞同这

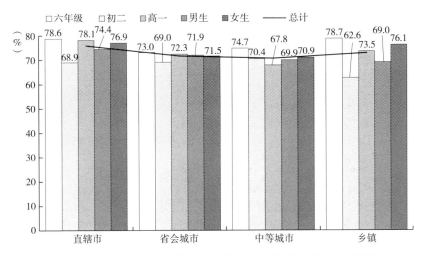

图 2 - 62　按照性别、年级和城市类型，自称赞同班上大多数的
青少年都很友好和乐于助人的比例（总计）

一说法的比例高于男生。而省会城市的男生赞同这一说法的比例高于女生，
体现不同性别的学生对于同学之间相处状况的认知。

从年级角度看，随着年级的不断升高，中等城市中赞同这一说法的比例
呈下降趋势。而直辖市、省会城市以及乡镇中六年级青少年赞同这一说法的
比例最高，其次是高一，初二青少年赞同这一说法的比例最低。

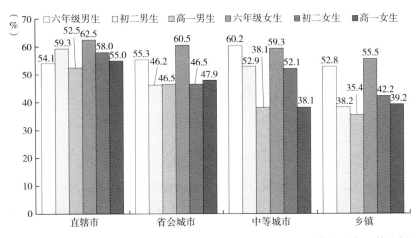

图 2 - 63　按照性别、年级和城市类型，青少年相信同学愿意接受自己的比例

图 2 - 63 和图 2 - 64 显示了相信同学愿意接受自己的青少年所占比例
情况。

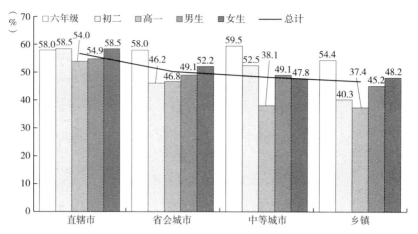

图 2 - 64　按照性别、年级和城市类型，青少年相信同学愿意接受自己的比例（总计）

从城市类型角度来看，直辖市的青少年自称赞同这一说法的比例最高（56.8%），其次是省会城市（50.4%）、中等城市（48.4%），乡镇青少年赞同这一说法的比例最低（46.9%），反映了不同城市类型青少年对于自我形象的接纳程度和自信心状况。

从性别角度来看，四种城市类型中，直辖市、省会城市、乡镇女生赞同这一说法的比例高于男生。而中等城市的男生赞同这一说法的比例高于女生，反映了不同性别青少年对于自我形象的接纳程度和自信心状况。

从年级角度来看，随着年级的不断升高，中等城市、乡镇青少年赞同这一说法的比例呈下降趋势。直辖市不同年级青少年的调查结果相近，六年级58.0%、初二58.5%、高一54.0%。而省会城市六年级青少年赞同这一说法的比例最高（58.0%），初二、高一青少年赞同这一说法的比例相近，分别为46.2%、46.8%。

8. 父母对孩子的支持

图 2 - 65 显示了示范学校与非示范学校青少年对父母支持的评价情况。在家长支持这一组评价中，两类学校中认同父母鼓励青少年在学校表现好些的比例是最高的，示范学校为 89.5%，非示范学校为 89.9%。而两类学校对于父母愿意辅导家庭作业这一项的认同比例最低，分别为 43.6% 和 49.2%。其中，示范学校在父母愿意帮助解决在学校的困难、父母对学校发生的事情感兴趣两个变量上略高于非示范学校。而在父母愿意与老师谈话、鼓励青少年在校表现以及辅导作业三个变量上示范学校略低于非示范学校。总体上，示范学校与非示范学

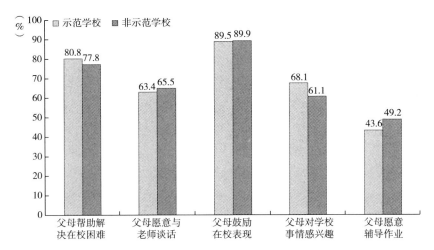

图 2-65　按照示范学校与非示范学校，青少年对父母支持的评价

校里除了父母对学校事情感兴趣以及辅导作业以外，两类学校中家庭对于学校的态度差别不大。

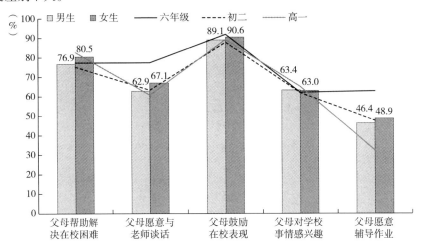

图 2-66　按照性别和年级，青少年对父母支持的评价

图 2-66 显示了不同性别、年级青少年对父母支持的评价情况。

从性别来看，父母鼓励青少年在学校表现较好的比例最高，男生为 89.1%，女生为 90.6%。而男生、女生对于父母愿意辅导家庭作业这一项的认同比例最低，分别为 46.4% 和 48.9%。其中，男生在父母对学校发生的事情感兴趣这一变量上的比例略高于女生，而在父母愿意帮助解决在学校的困难、父母愿意与老师谈话、鼓励青少年在校表现以及辅导作业这四个变量上略低于女生。

从年级来看，认同父母鼓励青少年在学校表现较好的比例最高，六年级为 92.0%，初二为 87.9%，高一为 89.4%。而对于父母愿意辅导家庭作业这一项的认同比例是最低的，分别为 62.9%、47.7% 及 32.5%。其中，在父母愿意与老师谈话、辅导作业这两个变量上，随着年级的升高，数据呈现明显的下降。而在父母帮助解决在学校发生的困难、对学校发生的事情感兴趣这两个变量上无明显变化。

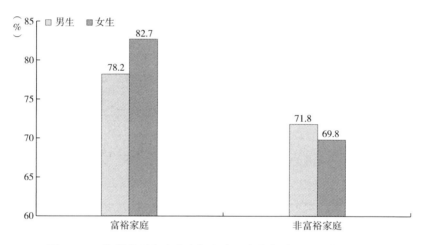

图 2-67　按照性别和家庭富裕程度，青少年对父母支持的评价

图 2-67 显示了不同家庭富裕程度青少年对父母支持的评价情况。富裕家庭中认为父母支持学校生活的男生比例是 78.2%，女生的比例是 82.7%，女生的比例高于男生。而非富裕家庭中认为父母支持学校生活的男生、女生的比例分别是 71.8%、69.8%，男生的比例略高于女生。两类家庭相比较，富裕家庭中认为父母支持学校生活的男生、女生的比例都高于非富裕家庭。

9. 出勤和缺勤

图 2-68 和图 2-69 显示了承认逃过课的青少年的比例情况。

从城市类型来看，乡镇青少年在报告中承认逃过课的比例最高（30.6%），其次是省会城市（27.5%）、直辖市（24.2%），中等城市青少年承认逃过课的比例最低（23.9%）。这反映了不同城市类型的学校对于学生课业要求以及学校纪律的执行状况。

从性别来看，四类城市中男生承认逃过课的比例都高于女生，其中乡镇

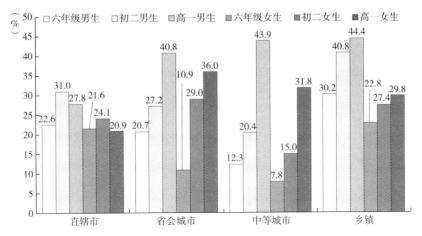

图 2 - 68　按照性别、年级和城市类型，承认逃过课的青少年比例

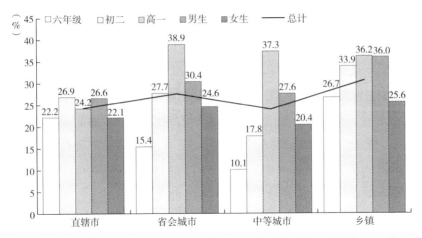

图 2 - 69　按照性别、年级和城市类型，承认逃过课的青少年比例（总计）

男生承认逃过课的比例最高（36.0%）。这体现了男女生在自我控制、自我管理能力上的差异性。

从年级来看，随着年级不断上升，省会城市、中等城市、乡镇青少年承认逃过课的比例都呈上升趋势，其中省会城市高一青少年承认逃过课的比例最高（38.9%）。而直辖市中初二青少年承认逃过课的比例最高，六年级青少年承认逃过课的比例最低。

10. 青少年对学校生活的感受以及与危险行为的关系

图 2 - 70 显示了吸烟、饮酒、吸食大麻、欺负、伤害、逃课与青少年对学校满意度的关系情况。其中对学校不满意的青少年在吸烟（14.0%）、饮酒

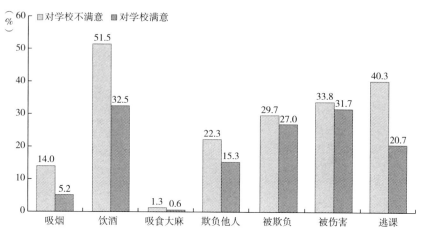

图 2-70 吸烟、饮酒、吸食大麻、欺负、伤害、逃课与青少年对学校满意度的关系

（51.5%）、吸食大麻（1.3%）、欺负他人（22.3%）、被欺负（29.7%）、被伤害（33.8%）以及逃课行为（40.3%）七个变量上的比例都高于对学校满意的青少年在吸烟（5.2%）、饮酒（32.5%）、吸食大麻（0.6%）、欺负他人（15.3%）、被欺负（27.0%）、被伤害（31.7%）以及逃课行为（20.7%）七个变量的比例。其中对学校满意的青少年与对学校不满意的青少年在饮酒、欺负他人、被欺负、被伤害以及逃课行为五个变量的比例都较高，而吸烟、吸食大麻的比例较低。总体上，有以上行为的青少年更有可能不喜欢学校，特别是有吸烟、饮酒、逃课行为的青少年更为突出。

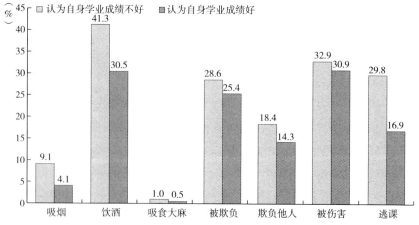

图 2-71 吸烟、饮酒、吸食大麻、欺负、伤害、逃课与青少年
对自身学业成绩看法的关系

　　图 2 - 71 显示了吸烟、饮酒、吸食大麻、欺负、伤害、逃课与青少年对自身学业成绩看法的关系。其中认为自身学业成绩不好的青少年在吸烟（9.1%）、饮酒（41.3%）、吸食大麻（1.0%）、欺负他人（18.4%）、被欺负（28.6%）、被伤害（32.9%）以及逃课行为（29.8%）七个变量上的比例都高于认为自身学业成绩好的青少年在吸烟（4.1%）、饮酒（30.5%）、吸食大麻（0.5%）、欺负他人（14.3%）、被欺负（25.4%）、被伤害（30.9%）以及逃课行为（16.9%）七个变量上的比例。其中认为自身学业成绩不好的青少年在饮酒、欺负他人、被欺负、被伤害以及逃课行为五个变量的比例都较高，而吸烟、吸食大麻的比例较低。总体上，有以上行为的学生更倾向对自己学习成绩有更消极的认知。

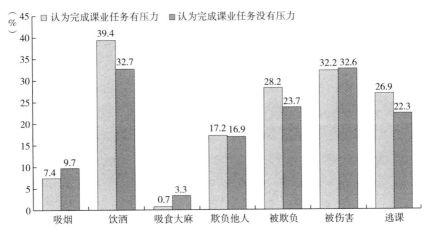

**图 2 - 72　吸烟、饮酒、吸食大麻、欺负、伤害、逃课
与青少年对学业压力的看法的关系**

　　图 2 - 72 显示了吸烟、饮酒、吸食大麻、欺负、伤害、逃课与青少年对学业压力的看法的关系情况。其中认为完成课业任务有压力的青少年在饮酒（39.4%）、欺负他人（17.2%）、被欺负（28.2%）以及逃课行为（26.9%）四个变量上的比例都高于认为完成课业任务没有压力的青少年在饮酒（32.7%）、欺负他人（16.9%）、被欺负（23.7%）以及逃课行为（22.3%）四个变量上的比例。认为完成课业任务没有压力的青少年在吸烟（9.7%）、吸食大麻（3.3%）、被伤害（32.6%）三个变量上的比例都高于认为完成课业任务在吸烟（7.4%）、吸食大麻（0.7%）、被伤害（32.2%）三个变量上的比例。其中认为完成课业任务有压力和没有压力的青少年在饮酒、欺负他

人、被欺负、被伤害以及逃课行为五个变量的比例都较高，而吸烟、吸食大麻的比例较低。总体上，除了有吸烟、吸食大麻行为以外，青少年都倾向于认为学校作业有压力。

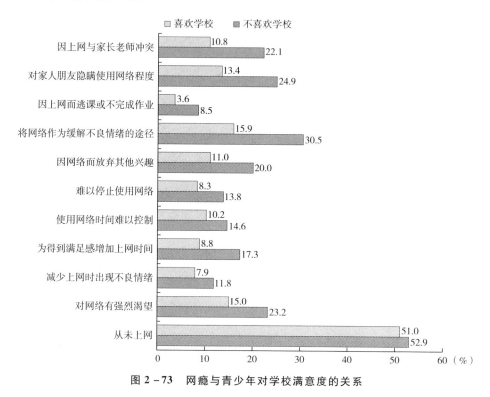

图 2-73　网瘾与青少年对学校满意度的关系

　　图 2-73 显示了网瘾与青少年对学校满意度的关系情况。在是否上网、是否对上网有强烈的渴望或冲动感、是否会因减少上网而不适、是否为达到满足感而不断增加使用网络时间、是否对使用网络的时间难以控制、是否不顾危害坚持使用网络、是否因为使用网络而放弃其他兴趣、是否将网络作为一种发泄渠道、是否因为上网而不完成作业或逃课、是否向家人朋友隐瞒使用网络的程度以及是否因为上网而与家长、老师产生冲突等变量上，对学校不满意的青少年的比例都比对学校满意的青少年的比例高。总体上，有以上行为表现的青少年更倾向于不喜欢学校。

　　图 2-74 显示了网瘾与青少年对自身学业成绩的看法的关系情况。在是否上网、是否对上网有强烈的渴望或冲动感、是否会因减少上网而不适、是否为达到满足感而不断增加使用网络时间、是否对使用网络的时间难以控制、

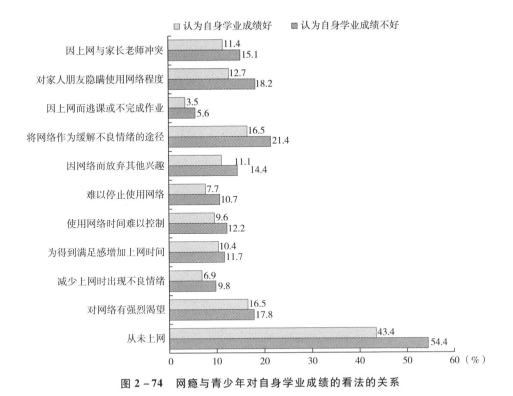

图 2-74 网瘾与青少年对自身学业成绩的看法的关系

是否不顾危害坚持使用网络、是否因为使用网络而放弃其他兴趣、是否将网络作为一种发泄渠道、是否因为上网而不完成作业或逃课、是否向家人朋友隐瞒使用网络的程度以及是否因为上网而与家长、老师产生冲突这11个变量上，认为自身学业成绩不好的青少年比例都较对自身学业成绩满意的青少年的比例更高。总体上，有以上行为的青少年更倾向于认为自身学业成绩不好。

图 2-75 显示了网瘾与青少年对学业压力的看法的关系情况。在是否上网、是否对上网有强烈的渴望或冲动感、是否将网络作为一种发泄渠道、是否向家人朋友隐瞒使用网络的程度以及是否因为上网而与家长、老师产生冲突这五个变量上，青少年认为完成学业任务有压力的比例都比认为完成学业任务没有压力的比例更高。而在是否会因减少上网而不适、是否为达到满足感而不断增加使用网络时间、是否对使用网络的时间难以控制、是否不顾危害坚持使用网络、是否因为使用网络而放弃其他兴趣、是否因为上网而不完成作业或逃课这六个变量上，青少年认为完成学业任务有压力的比例都较认为完成学业任务没有压力的比例低些。

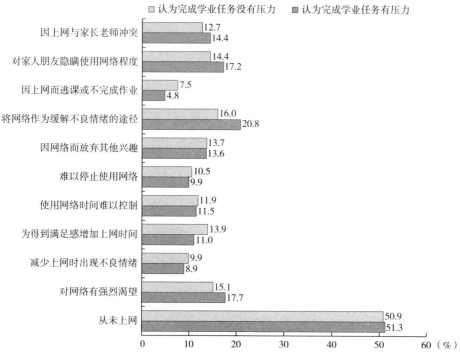

图 2-75 网瘾与青少年对学业压力的看法的关系

11. 学校类型与危险行为的关系

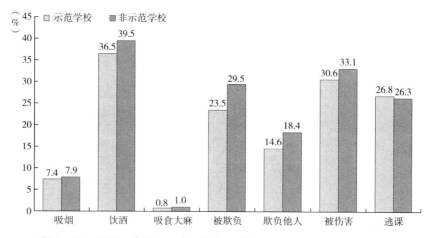

图 2-76 吸烟、饮酒、吸毒、欺负、伤害、逃课与学校类型的关系

图 2-76 显示了不同学校类型的青少年吸烟、饮酒、吸食大麻、欺负、伤害、逃课情况。非示范学校的青少年在吸烟（7.9%）、饮酒（39.5%）、吸

食大麻（1.0%）、被欺负（29.5%）、欺负他人（18.4%）、被伤害（33.1%）六个变量上的比例都高于示范学校的青少年在吸烟（7.4%）、饮酒（36.5%）、吸食大麻（0.8%）、被欺负（23.5%）、欺负他人（14.6%）、被伤害（30.6%）六个变量上的比例，而非示范学校青少年在逃课行为上略低于示范学校青少年的比例（26.3%和26.8%）。其中示范学校与非示范学校青少年在饮酒、欺负他人、被欺负、被伤害以及逃课行为五个变量的比例都较高，而吸烟、吸食大麻的比例较低。总体上，非示范学校比示范学校更有可能出现以上问题。

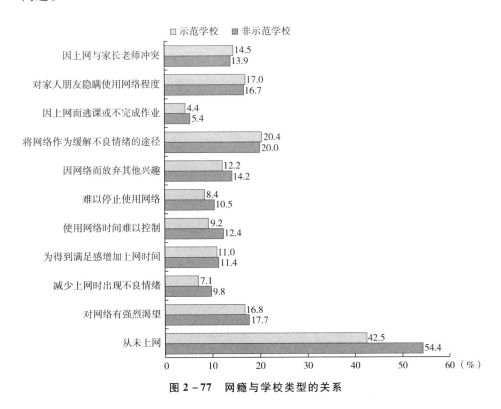

图 2-77 网瘾与学校类型的关系

图 2-77 显示了网瘾与学校类型的关系情况。在是否上网、是否对上网有强烈的渴望或冲动感、是否因减少上网而不适、是否为达到满足感而不断增加使用网络时间、是否对使用网络时间难以控制、是否不顾危害坚持使用网络、是否因为使用网络而放弃其他兴趣、是否因为上网而不完成作业或逃课这八个变量上，非示范学校青少年的比例都较示范学校青少年的比例更高。而在是否将网络作为一种发泄渠道、是否向家人朋友隐瞒使用网络的程度以

及是否因为上网而与家长、老师产生冲突这三个变量上，非示范学校青少年的比例都比示范学校比例低些。总体上，非示范学校比示范学校更有可能出现以上问题。

12. 学校类型与积极行为的关系

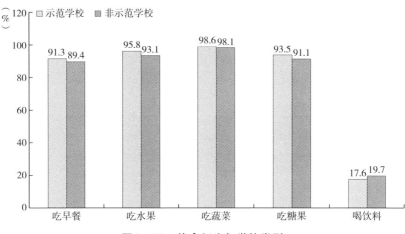

图 2 - 78 饮食行为与学校类型

图 2 - 78 显示了不同学校类型的饮食行为的情况。示范学校青少年与非示范学校青少年在每天吃早餐（91.3%和89.4%）、吃水果（95.8%和93.1%）、吃蔬菜（98.6%和98.1%）、吃糖果（93.5%和91.1%）以及喝饮料（17.6%和19.7%）上的比例相似。在吃早餐、水果、蔬菜以及糖果这四个变量上，示范学校青少年略高于非示范学校青少年。而在喝饮料这一变量上，示范学校青少年的比例略低于非示范学校青少年。此外，示范学校青少年与非示范学校青少年在吃早餐、水果、蔬菜以及糖果这四个变量的比例都很高，而在喝饮料这一变量上的比例都较低。总体上，示范学校比非示范学校更倾向于倡导学生形成良好的饮食行为，但是差别不是特别明显。

图 2 - 79 显示了不同学校类型的休闲活动情况。在周末使用电脑、周一至周五使用电脑、周末玩电脑游戏以及周一至周五玩电脑游戏这四个变量上，示范学校青少年略高于非示范学校青少年。而在周末看电视以及周一至周五看电视这两个变量上，示范学校的比例略低于非示范学校。此外，示范学校青少年与非示范学校青少年在周末使用电脑、周末玩电脑游戏、周末看电视以及周一至周五看电视这四个变量的比例都较高，而在周一至

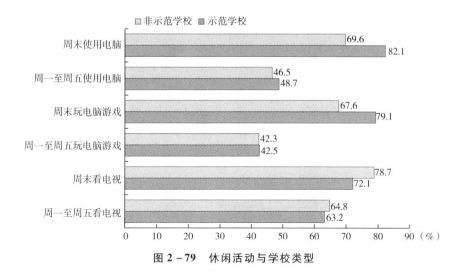

图 2 - 79　休闲活动与学校类型

周五使用电脑及周一至周五玩电脑游戏这两个变量上的比例都较低。总体上，示范学校比非示范学校青少年休闲时使用电脑的比例更高。

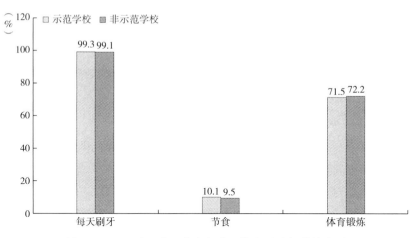

图 2 - 80　口腔卫生、节食行为、体育活动与学校类型

图 2 - 80 显示了不同学校类型的青少年口腔卫生、节食行为、体育活动的情况。示范学校青少年与非示范学校青少年在每天刷牙上的比例相似（99.3% 和 99.1%）。其中，在节食这个变量上，示范学校青少年略高于非示范学校青少年（10.1% 和 9.5%）。而在体育锻炼这一变量上，示范学校青少年的比例略低于非示范学校青少年（71.5% 和 72.2%）。此外，示范学校青少年与非示范学校青少年在刷牙、体育活动这两个变量的比例都很高（99.3% 和

99.1%、71.5% 和 72.2%），而在节食这一变量上的比例都较低（10.1% 和 9.5%）。总体上，两类学校在以上行为上差别不大。

13. 青少年心理感受与学校类型

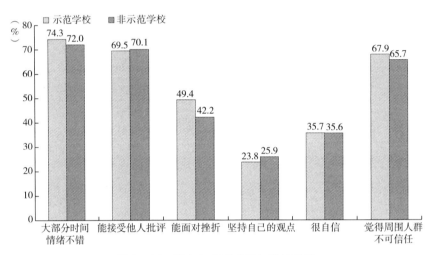

图 2 - 81　青少年心理感受与学校类型

图 2 - 81 显示了不同学校类型的青少年心理感受情况。示范学校青少年与非示范学校青少年的心理感受差别不大。其中青少年认为自己的情绪不错的比例最高（示范学校为 74.3%，非示范学校为 72.0%）。而青少年坚持自己观点为最少的比例（示范学校为 23.8%，非示范学校为 25.9%）。大部分青少年能够保持不错的情绪，能接受他人的批评、对周围人保持警惕，在坚持自己的观点和自信方面则稍微欠缺一些。总体上，两类学校青少年在心理承受力上存在差异。

14. 青少年对学校生活的感受与生活满意度的关系

图 2 - 82 显示了青少年对学校生活的感受与生活满意度的关系。其中喜欢学校的青少年中有 7.9% 的认为自己的生活状态是好的，49.8% 的青少年认为自己的生活满意度为一般，42.2% 的青少年认为自己的生活状态是糟糕的。关于学校的归属感，9.6% 的青少年认为自己的生活状态是好的，50.6% 的青少年认为自己的生活满意度为一般，39.8% 的青少年认为自己的生活状态是糟糕的。在学校有安全感的青少年中，9.5% 的青少年认为自己的生活状态是好的，50.7% 的青少年认为自己的生活满意度一般，39.8% 的青少年认为自己的生活状态是糟糕的。认为自身学业成绩好的青少年中，6.7% 的青少年认为自己的生活状态是好的，42.6% 的青少年认为自己的生活满意度为一般，50.8% 的青少

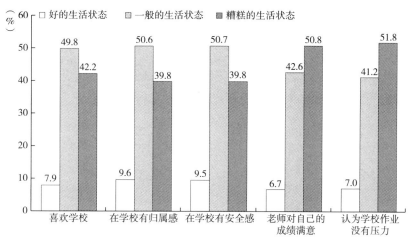

图 2 - 82　青少年对学校生活的感受与生活满意度的关系

年认为自己的生活状态是糟糕的。认为完成课业没有压力的青少年中，7.0%的青少年认为自己的生活状态是好的，41.2%的青少年认为自己的生活满意度为一般，51.8%的青少年认为自己的生活状态是糟糕的。在全部五个变量中，大多数青少年对自己的生活满意度评价在平均水平或平均水平以下。

15. 青少年对学校生活的感受与健康水平的关系

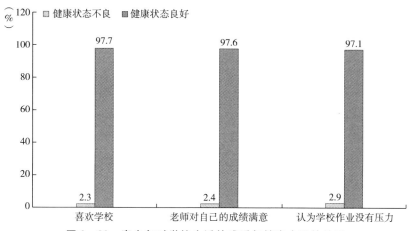

图 2 - 83　青少年对学校生活的感受与健康水平的关系

图 2 - 83 显示了青少年对学校生活的感受与健康水平的关系情况。其中喜欢学校的青少年中，2.3%的青少年认为自己的身体是不健康的，97.7%的青少年认为自己的身体是健康的。认为自身学业成绩好的青少年中，2.4%的青少年认为自己的身体是不健康的，97.6%的青少年认为自己的身体是健康的。认为

完成课业没有压力的青少年中，2.9%的青少年认为自己的身体是不健康的，97.1%的青少年认为自己的身体是健康的。在全部五个变量中，大多数青少年认为自己是健康的。总体上，对于学校有积极评价的学生大多数健康状况良好。

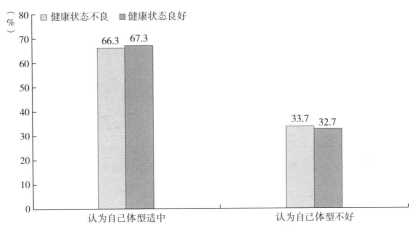

图2-84 青少年对体形的感受与健康水平的关系

图2-84显示了青少年对体形的感受与健康水平的关系情况。认为自己身体不健康与认为自己身体健康的青少年在对自己体形看法上的比例差别不大。认为自己身体不健康的青少年66.3%对自己的体形满意，略低于认为自己身体健康的青少年对于体形满意的比例（67.3%）。总体上，大部分青少年对于自己的体形较为满意，且与健康状况关系不大。

16. 青少年健康水平与学校类型的关系

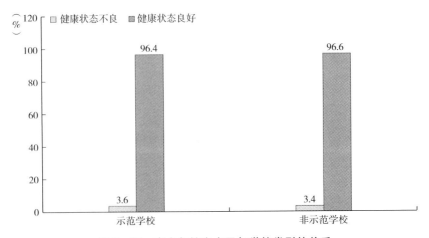

图2-85 青少年健康水平与学校类型的关系

图 2 - 85 显示了青少年健康水平与学校类型的关系情况。其中示范学校青少年与非示范学校青少年在身体健康水平上的比例相似。示范学校中96.4%的青少年认为自己身体健康,略低于非示范学校(96.6%)。总体上,健康状况与学校类型关系不大,学生健康状况总体良好。

五　研究发现

本章展示了校园环境对青少年健康行为的影响。首先,阐述了目前青少年所处学校环境的总体状况。总体看来,示范学校女生数量稍大于男生,示范学校年级人数情况随年级升高有增有减,高一人数最多,初二人数最少;非示范学校的被试人数随着年级升高而增多。总体上来看,不同省份的非示范学校和示范学校的比例差别较大。示范学校青少年与非示范学校青少年都在中等城市呈现最高的分布比例,乡镇示范学校高于非示范学校的比例最大。示范学校里独生子女比例较高,非示范学校独生子女和非独生子女差别不大。非示范学校留守儿童和流动儿童比例较高,富裕家庭中的儿童在示范学校中的比例略高,但两者的结果相近。非示范学校对于传统文化的态度更消极,更有可能有饿着肚子上学、饿着肚子睡觉等。其次,以年级、性别、家庭富裕程度、学校类型、城市类型为变量描述了青少年所在学校的环境状况,并将学校环境操作化为:学生对于学校的主观评价、教师的支持状况、家庭与学校的互动状况、同学的支持状况、学生的主动性、学校的整体压力状况以及自己的学习成绩 7 个维度的指标,将这 7 个指标和以上 5 个变量交叉比较发现以下情况。

1. 从年级角度来看

随着年级的不断升高,青少年自称喜欢学校、非常喜欢自己老师,认为学校是一个好去处、在学校拥有归属感、对学校的满意度、对学校有安全感,能够参与规章制定、赞同学校规章制度是公平的,认为在课堂上得到鼓励表达自己看法,老师认为自己是班上最好的青少年之一,认为老师对自身成绩满意,赞同班上大多数的青少年都很友好和乐于助人的比例呈现不断下降的趋势;完全不喜欢学校,赞同青少年在学校受到严格对待,认为完成学校课业有压力、学校任务繁重的比例呈现不断上升的趋势。这些变化反映出了伴随青少年成长和社会化过程中出现的一系列问题。由于青少年处在青春期,是产生叛逆心理、产生想法的集中时期，加之课业压力增加，导致心态等健康状况的变化，这是需要引起重视并正确引导的。

2. 从性别角度看

在对学校的感受方面，女生整体上对学校的主观评价更为积极正向，更倾向于喜欢学校、认为学校是一个好去处，在学校能够获得归属感和安全感。在教师支持方面，女生对于教师的评价也更加正面，认为非常喜欢自己的老师、认为受到老师的公平对待，在课堂上受到鼓励表达自己的观点，在他们有需要的时候，自己能够从老师那里得到额外帮助，得到老师的公平对待。在家长支持方面上，女生也比男生更加能够得到家长的支持，比如，在学校遇到问题时家庭能够给予帮助、家长愿意与老师交谈、父母对学校发生的事情感兴趣、父母愿意帮助自己完成家庭作业等。在同伴支持上，女生比男生更加积极反馈。认为班上大多数的青少年都很友好和乐于助人、愿意和同学在一起相处，相信同学愿意接纳自己，课堂上得到鼓励表达自己。然而在学生自主性上，女生却比男生反应得更差一些，在学校中，青少年参与规章制定，相反，她们更倾向于认为青少在学校中受到严厉的/严格的对待，赞同学校中的规章是公平的。她们对于学习成绩的评价更加正面，相信与其他同学相比，老师认为自己是优秀的。

3. 从家庭富裕程度来看

与家庭富裕程度较低的学生相比，家庭富裕程度较高的学生自称非常喜欢学校，赞同学校是一个好去处，在学校拥有归属感，在学校中拥有安全感，自称非常喜欢自己老师，赞同受到老师的公平对待，在课堂上得到鼓励表达自己观点，在他们有需要的时候，自己能够从老师那里得到额外帮助，赞同得到老师的公平对待，自称当自己在学校遇到问题时家庭能够给予帮助，家长愿意同老师交谈，家长鼓励自己在学校中取得成功，父母对于学校发生的事情感兴趣，父母愿意帮助自己完成家庭作业，认为学生赞同班上大多数的青少年都很友好和乐于助人，赞同同学们愿意在一起相处，赞同相信同学愿意接纳自己，赞同父母对于学校发生的事情感兴趣，赞同父母愿意帮助自己完成家庭作业，赞同受到老师的公平对待，赞同在课堂上得到鼓励表达自己，赞同"在学校中，青少年参与规章制定"这一说法，赞同学校中的规章是公平的，自称相信与其他同学相比，老师认为自己是优秀的等方面，均显示出较高的比例。这与现实生活中家庭富裕程度和经济条件环境是密不可分的，相对家庭富裕程度高的青少年，获取优质教育资源，扩展眼界，参与活动等机会和环境都与家庭富裕程度较低的青少年大不相同。因此在成长过程中从心智发育、交流沟通、认识观点的吸收和接纳程度上来看，都还是存在一定差距的。

4. 从学校类型来看

喜欢学校，非常喜欢老师，认为学校是一个好去处，在学校拥有归属感，对学校的满意度，对学校有安全感，能够参与规章制定，赞同学校规章制度是公平的，认为在课堂上得到鼓励表达自己看法，相信和其他同学相比，老师认为自己是班上最好的青少年之一，认为老师对自身成绩满意等方面示范学校比非示范学校青少年比例大。而从健康状况上看，非示范学校的青少年在吸烟（7.9%）、饮酒（39.5%）、吸食大麻（1.0%）、被欺负（29.5%）、欺负他人（18.4%）、受伤害（33.1%）六个变量上的比例都高于示范学校的青少年在吸烟（7.4%）、饮酒（36.5%）、吸食大麻（0.8%）、被欺负（23.5%）、欺负他人（14.6%）、受伤害（30.6%）六个变量上的比例，而非示范学校青少年在逃课行为上略低于示范学校青少年的比例（26.3%和26.8%）。在是否上网，是否对上网有强烈的渴望或冲动感，是否会因减少上网而不适，是否为达到满足感而不断增加使用网络时间，是否对使用网络的时间难以控制，是否不顾危害坚持使用网络，是否因为使用网络而放弃其他兴趣，是否因为上网而不完成作业或逃课这八个变量上，非示范学校青少年的比例都较示范学校青少年的比例更高。在生活感受和体验方面，认为自己健康的比例较相似，比例差别不大。示范学校相比于非示范学校，有着更优质的教育资源，包括硬件设施和配套服务各方面，课程设计和管理规范等各方面也比非示范学校要优越一些，导致以上各项指标的差异。

5. 从城市类型角度看

在对学校的感受方面，规模大、发展较好的城市类型，比如直辖市对于学校的主观评价更为积极正向，更倾向于喜欢学校。除了省会城市外，大多数城市类型认为学校是一个好去处，在学校能够获得归属感和安全感。在教师支持方面，直辖市以及乡镇的青少年对于教师的评价也更加正面，认为老师对自己感兴趣并且非常喜欢自己的老师、认为受到老师的公平对待，在课堂上受到鼓励表达自己的观点，但是在他们有需要的时候，自己能够从老师那里得到额外帮助这一问题上，却因为城市规模较小而获得更少的比例，得到老师的公平对待。在同伴支持上，除了中等城市以外，各类城市差别不大，认为班上大多数的青少年都很友好和乐于助人、愿意和同学在一起相处。无论何种城市类型的青少年都相信同学愿意接纳自己，课堂上得到鼓励表达自己。然而在学生自主性上，乡镇的青少年表现得更加主动，认为在学校中，青少年应该参与规章制定，更倾向于认为青少年在学校中受到严厉的/严格的对待，赞同学校中的规章是公平的。在对于学习成绩的评价上，直辖市的青少年更加正面，相信与其他同学相比，老师认为自己是优秀的。在作业压力上，相反乡镇的青少年学业压力更大，且逃课现象更多。

最后，本研究重点讨论了学校类型和青少年积极行为、消极行为、青少年心理感受、学校生活的感受等，从整体上把握不同学校环境、学习氛围对于青少年心理、生理、社会的影响。并试图进行相关关系的探讨和分析，对于《渥太华宪章》的对于健康方式的理论进行现实对比与回应，理论和现实相结合，以求更好地反映青少年健康的现实状况，为更有针对性地在学校开展健康促进活动提供科学实证依据。

第三章　同侪文化对青少年
健康行为的影响

一　介绍

HBSC 的调查旨在测量和报道青少年成长关键时期的健康状况。青少年不断地调整自己，适应生理上的变化、探索他们的性别、建立他们的个体认知、寻求更多的独立以及不断地依赖同伴之间的群体友谊。其他 HBSC 的一些条目处理解决了其中的一些话题问题。我们可以从这些不断变化的情况中窥探出有关学生社群网络、社会活动与社会支持的信息。同时，它们也将帮助我们理解学生和朋友之间的准则与价值观，而这些准则与价值观影响了他们的健康行为、社会交往以及心理健康。在青少年逐渐独立、不再依赖他们父母的过程中，对同龄人在他们社会发展过程中所扮演的角色进行调查研究十分重要。①

本章主要由两个部分构成。第一部分阐述了同侪文化研究的目的以及概述，包括一整套的强制性与选择性条目、相关的背景研究、概念架构以及关于"同侪文化中的各个变量作为青少年健康行为的预测因素"的文献。第二部分阐述了研究重点、研究问题以及对强制性与选择性的一整套条目的建议性措施。

（一）研究目的及概述

引入同侪文化是为了通过同龄群体中朋友们的个性特点、行为准则与价值观念，对社会支持和健康行为所形成的社群网络进行描述。同侪文化强调

---

① Berndt T. Friendship and Friends' Infuence in Adolescence. Current Directions in Psycbological sci-ence, 1992, 1 (5): 156–159.

了以下内容。

亲密的男性和女性朋友的数量、与朋友在一起的闲暇时间、吸引力、同龄人的支持与活动,以及学生的健康行为与学生大部分时间所在一起的同龄人健康行为之间的关系,对同龄人性格与友情质量的分析能够预测其影响的途径。[1]

(二)相关的背景研究

年轻人喜欢和与他们有相同价值观、相同志趣的人成为朋友,也喜欢和能够倾诉的人成为朋友。研究表明友谊群体的作用随年龄和性别而变化,青少年时期女性比男性认为同伴关系更重要。如果不考虑性别,在"朋友"这一背景下,同伴关系是社会支持的一个重要来源,这种社会支持是对青少年社会关系网络中家庭支持的补充;在青少年亚文化环境下,同伴的社会支持甚至可以取代家庭支持。[2]

我们认为朋友是社会关系网络的重要组成部分,因此,同伴支持也是社会支持的基本组成部分。在学生对朋友中同龄人群体的自我报告中,体现了学生属于这个群体所拥有的社会归属感,这也对其他人或事的框架作出了一定程度上的阐释。

Hopkins[3]指出个体不仅是"存在于"群体之中,他们的自我观念导致他们所形成的群体和社会身份也"存在于"个体中。根据 Tajfel[4],属于一个同龄人群体不仅促使个体自我观念和自我价值的形成,同时也是行为形成的一个有力的决定性因素。

一些研究结果指出,同龄人群体能够维持和加强青少年的消极和积极健康行为。例如,那些不容易融入社会的人更有可能会把困难投射到身体和情感的健康上。然而,与朋友进行互动更有可能提高社交技巧与处理压力的能

---

① Engels RCME, Ter Bogt T. Influences of Risk Behaviors on the Quality of Peer Relations in Adolescence. Journal of Youth and Adolescence, 2001, 30: 675 – 695.

② Berndt T Friendship and Friends Infuence in Adolescence. In: Muuss R, Porton H, eds. Adolescent Bebaviour and Society. Boston, MacGraw – Hill, 1999.

③ Hopkins N. Peer Proup Processes and Adolescent Health Related Behaviour: More than Peer Group Presses Journal of Community Applied Social Psychology 1994, 4: 329 – 345.

④ Tajfel H. Differentiation Between Social Groups: Studies in the Social Psychology of Intergroup Relations. Chapters 1 – 3. London: Academic Press, 1978.

力。同样地，朋友也是青少年冒险性健康危险行为与性别特征的一个重要信息来源。

目前很少有考察朋友对青少年行为影响的纵向研究，也很少有观点认为对青少年行为与态度的影响方向取决于这些朋友的个性特征。他们引用了"朋友不关心是否在学校有良好的表现"以及"青少年对于在学校要取得成就这一动力的不断下降"的例子来佐证这一点。

20 世纪 70 年代和 80 年代的社会学研究把亚文化描述为有特别的态度模型、生活定位以及对特定的活动与自我描述的偏爱。鉴于亚文化类型学，Cohen 发现青少年的行为与其对成人世界的看法密切相关。[①] 通过使用影响因素与自我描述的分析，他发现两者对男生和女生都是十分相似的因素，这两个因素描述了高中学生的亚文化身份。这两个因素用不同的亚文化身份和个性标出了 4 个极，预示了特定的态度与行为模型。第一个因素积极的一极（方面）与对学习的兴趣、待在家里的时间、对同龄人不感兴趣以及不大可能去约会联系起来。这一群体被称为"学院派"。与这个因素相反的一极与相反的个性相联系，如频繁的约会对同龄人具有极大的兴趣，饮酒、抽烟、在外玩乐，拒绝学习以及对汽车时尚的追求。这一群体被研究者认为具有"犯法"的含义。第二个因素的积极的一极与受欢迎程度、想成为他人朋友的渴望以及对体育活动的兴趣、参与和能力相联系起来。女生尤其喜欢参与到学校活动中。这一群体被称为"活力运动类型"。相反的一极被称为所谓的"不重要的人"或那些"被所有的亚文化定位所边缘化的人"。作者认为这个群体经常在亚文化类型学中被忽略，尽管具有这样个性的人数可能会非常多（我们可以推测这些被边缘化的年轻人包括那些只有几个或者没有亲密朋友，与同龄人几乎没有交集的"孤独者"。比如说，在 2007 年 HBSC 关于加拿大和挪威 15 岁的男性和女性调查中，有很大一部分只有几个甚至没有亲密的朋友。加拿大分别是 13% 和 11%，挪威是 11% 和 16%）。

所有这些亚文化个性与对将来成为成年人的期望有关，但与背景的多样性，如社会经济地位或者是宗教信仰没有显著相关[②]。因此，青年的亚文化行

---

① Cohen SW. Stress, Social Support, and the Buffering Hypothesis. Psychological Bulletin, 1985, 98: 310 – 357.

② Cohen J et al. School Climate: Research, Policy, Practice, and Teacher Education. Teachers College Record, 2009, 111: 180 – 213.

为可以被看作对成人行为的参与。青少年与群体聚集在一起，分享相似的态度与问题，并在特定的社会背景下发展对亚文化的定位。对于一些亚文化来说，以明显的时尚特质（如外貌、服装、音乐）作为标准是建立群体的一种途径。尽管一些群体展现出"奇异"的外貌，但这并不会起到决定性的作用，因为在任何一个特定的时间里，在不改变群体总的个性与文化的同时，也能改变自己。

Hopkins① 就如近来社会学分析进行深入了解，讨论了社会身份的发展，其中一些探索了父母与青年人文化之间的可持续性。他们把青少年看作其父母文化的参与者。在不断社会化的过程中，青少年健康行为是进入成年的象征。这种象征性的互动理论增加了对年轻人行为的理解。对大多数青少年而言，成为一个独立的成人是一个重要的目标。对该目标的具体描述受到了父母或其他文化背景的影响，而这些是由不同成人时期不同的属性与情况所组成的（如学术的成就、事业、独立、性吸引、力量/坚韧度、感恩、个体主义）。因此，青少年是否会选择冒险性健康行为很有可能依赖于对一个成年人身份典型象征的看法。

在对同侪文化对青少年与健康相关行为影响的评论中，Hopkins② 揭露了"同侪压力" 文献观念上的不足。现在有两种有效的方法对健康推广与教育项目的理论性基础有一定影响。一种方法是从个体角度定位的，阐明了一个个体在心理上对处于问题当中个体的影响。另一种方法是从社会角度定位的，这种方法较少关注对个体的分析，而是强调了群体文化以它的集体形式和健康行为的社会决定因素的过程影响。Hopkins 团队解释同侪压力几乎没有给社会文化过程影响的暗示提供了深入了解传统的观念。

（三）概念模型

以社会学理论为指导，研究在群体文化中同伴依恋的调查，加拿大 HB-SC 队伍进行了青少年采取健康冒险行为，尤其是吸烟的研究。这项研究揭露了会采取这种健康冒险行为的年轻人更有可能与家庭和学校脱离，有对

---

① Hopkins N. Peer Group Processes and Adolescent Health Related Behaviour: More than Peer Group Presses Journal of Community o Applied Social Psychology 1994, 4: 329 – 345.

② Hopkins N. Peer Group Processes and Adolescent Health Related Behaviour: More than Peer Group Presses Journal of Community o Applied Social Psychology 1994, 4: 329 – 345.

好友关系和情感关怀的需要。他们被吸引到亚文化群体中来满足其情感关怀的需要，在满足情感需求的过程中，他们更有可能会采取冒险性健康行为。

表 3 - 1 同侪文化和亚文化的发展模型

家 庭	学 校
信任/缺乏信任（H）	学业成绩与家长或老师期望一致/不一致（H）
家长认可/否定（H）	参与/不参与与学校有关的活动（H）
听话/叛逆与交流	对学校的积极/消极态度（H）
能够/不能够满足家长的期望（H）	

资料来源：www. HBSC. org。

表 3 - 1 显示了同侪文化的概念模型。模型中既包括同侪文化发展的积极方面，也包括其消极（亚文化）方面。概念模型中的消极要素来源于 Con-nop[1] 等人于 1999 年发表的定性研究中的结论。我们所建议的大多数要素在 1997 年的 HBSC 调查中已使用过，并且是对 Due 等人[2]于 1999 年发展的社会关系模型的补充。一些要素也包括在现在的 HBSC 调查中，但是大多数这些要素只能在定性研究中使用。无论如何调查中的多样化会给模型提供更多的信息。

家庭给孩子提供了基础支持。信任、爱、支持、持续的期望、有效的交流、一个有效的框架以及认可是形成父母与孩子健康关系的必要构成要素。外界的疲劳、压力和不幸事情都能在家中得到安抚，显示出这些要素的重要性。Decovic & Meeus[3] 在调查父母与青少年关系和青少年同辈关系之间的联系时提出，前面所述的要素会影响青少年的自我认知，进一步影响他们在所属同龄人世界的融合度。与父母亲的亲密关系与从同龄人相处中得到的满足感有很大的联系。

[1] Connop H, King A, Boyce W. Youth Smoking and the Role of the Peer Group. Toronto, Ontario Tobacco Research Unit, 1999 (Working Paper Series, No. 47).

[2] Due P et al. Socioeconomic Health Iinequalities among a Nationally Representative Sample of Danish Adolescents: the Role of Different Type Soscial Relations. Journal of Epidemiology and Community Health, 2003, 57 (9): 692 - 698.

[3] Decovic M, Meeus W. Peer Relations in Adolescence: Effects of Parenting and Adolescents' Self Concept. Jourmnal of Adolescence, 1997, 20 (2): 163 - 176.

表 3-1 中的模型认为那些在家庭生活中感到压力、不能满足家长期望的青少年会被有相同经历的同龄人所吸引，以获得支持和认同。家庭中的压力主要表现在与父母在以下几方面的冲突：与学校有关的问题、与朋友一起度过的时间、缺乏信任、叛逆和交流，以及不能满足家长的期望。通过学术上的成功和课外活动的参与，不能提供必要支持的学校环境会进一步导致学生的疏远感，学校里的消极经历反过来会对学生与家长间的关系起决定性的作用。

这个概念模型中的构成要素与 Hermann 等的社会生态和弹性模型中要素很相似。基于对 8000 多份使用结构等式模型来进行跨区域问卷调查中数据的分析，他们的模型扩展了 Hawkins & Weis 和 Kumpfer & Turner 的工作。先前的研究主张家庭、学校、社会、自我控制以及同龄人等外界因素塑造青年人抵制不健康行为（例如：物质滥用）的抗逆力。

对社会不满对于形成强烈寻求认可的需求有协同作用。有选择性地参与到同侪文化中的行为正是源于这种需求。但是必须注意这种形式的参与并不意味着一个离散的过程，或是从一个群体转到另一群体。高度参与活动有可能使同龄人出现极端倾向，如远离父母的倾向，并不会因积极的同辈关系而有所改善。但是，这些同龄人群体的主要功能基本相同。作为家庭的替代品，亚文化群体能够提供一种归属感和共同的价值观念。对健康有害的行为，尤其是吸烟，已成为一些青年群体所认可的不遵循社会常规的方式之一。通过提供一种共同的行为方式，这些危害健康的行为在维持团体凝聚力中起到重要作用，这个概念模型提出危害健康的行为是一种群体行为，由社会归属需求和团体特点演变而来，是某些团体所持有的标准和价值。随着青少年年龄的增长，这些标准和价值观念会发生变化，这些行为也会减少。

（四）同侪文化：青少年健康行为的预言者

从积极的角度来说，同龄范围内的社会交际可能对个体获得丰富经历和交流技巧、发现和提高自我价值、分享物质和情感支持是有帮助的。这些同龄群体的社会交流是有好处的，强调了同龄人对促进青少年健康有积极的辅助作用。1997/1998 加拿大 HBSC 关于该群体社会交流作了一项调查，对该交际圈内在社会综合层面上有影响的五项因素做了因子分析。调查显示，在该层面上获得分数越高的人越不会感到压抑、无助、心情糟糕或易被欺负,他们更易享受学校生活,也更容易与父母融洽相处。[①]

从消极的角度来说,正如在同侪文化中可获得正面的社会功效,它也通常会导致健康风险和有害的健康影响。因为他们体现出来一些特殊形象,人们给一些亚文化群体起了特定的名称,如朋克客、哥特人、嬉皮士、平头人等,这些名称实际上是污名化的。在现实生活中,这些定义仅仅适用于部分青少年。其他类似的同侪文化群体也有相同的健康危险行为,但是他们表现得不那么明显。在一项纵向分析中,Huebner 等[②]发现参与"另类文化"是一种反叛行为,但不是导致青少年吸毒的根本原因,并且反叛的同侪文化也并没有导致这种行为的增加。另外,拥有毒品来源与同伴支持也确实导致了青少年吸食毒品。该结果表明不应该绝对地把吸食毒品及其他危险行为看成青少年对父母和社会的一种反抗,而似乎更应该看到这是由普遍的反叛心理和负面的亲子关系补偿性需要所导致的。

Hurrelmann 等[③]表明社会规范(父母和同龄人对物质使用的态度以及同龄人中物质使用的环境氛围)和物质使用的变量因素之间有着强有力的直接相关。之前的 HBSC 数据显示了与同龄人在一起的自由时间和由此产生的健康风险之间的联系。而加拿大 HBSC 的发现则显示那些采取物质使用风险的人报告说他们同龄人也采取了相同的危险行为。用通信理论来解释危险行为强调了压力在团体交流过程中的重要性,它会导致在同龄群体交流过程中风险的增加。

一些研究人员认为同龄人交流对青少年物质使用有重要影响。他们认为难以接近的青少年受到同侪文化的巨大影响,并且易参与多种物质滥用方式。比如说,社会价值和人际预言的变量对青少年开始吸烟是最为重要的影响因素。再比如说,开始吸烟的女生拥有更高的社交能力,同时也拥有更多吸烟的朋友。那些赞成同龄人影响理论的人认为,在个体转变的过程中,其在某些方面的态度可能是缺乏包括同龄群体在内的社会认同及成员的住所条件所

---

① Engels RCME, ter Bogt T. Influences of Risk Behaviours on the Quality of Peer Relations in Adolescence. Journal of Youth and Adolescence, 2001, 30 (6): 675 - 695.

② Huebner ES et al. Life Satisfaction in Children and Youth: Empirical Foundations and Implications for School Psychologists. Psychology in the Schools, 2004, 41: 81 - 93.

③ Hurrelmann K, Richter M. Risk Behaviour in Adolescence: the Relationship between Developmental and Health Problems. Journal of Public Health, 2006, 14: 20 - 28.

导致的。此外，这些研究人员还认为冒险的青少年会更倾向于违反社会常规，而不是对可选择社会体系的普遍认同。

二 研究重点

因为同龄人群体代表了一种能够影响青少年健康的力量，所以 HSBC 研究将同侪文化这一要素包含进去非常重要。在 Hermann 以及其他学者先前有关研究中，社会准则是物质使用的一个预测因素，同伴关系对青少年危险行为的影响已经被证实。但是，在对这些同伴关系的性质如何，以及其通过何种社会机制提高了青少年危害健康行为发生的风险，尚无统一的定论。HBSC 研究提供了一个机会来检视同龄人群体在青少年发展及对健康行为和准则影响这两方面上的价值。通过这个研究重点，我们可以对危险行为的社会功能有更为详细的了解，将来有可能可以修正风险，建立一个预防危险行为的模型，以对帮助青少年健康行为发展提出可行性建议。

先前对 HBSC 研究结果的分析揭示了同侪群体间的接触与不少健康相关行为存在中高强度的相关性，譬如物质使用以及体力活动。而其与其他危险行为（如暴力）、营养、生长环境等的关系则没有公开的研究分析。与其他可能对健康有影响的因素相比，同伴接触占据重要位置。关于同龄人文化的信息越准确，那么这些信息就越能用来建立描述性的具有内在因果联系的健康行为模型。总而言之，一个全面的研究同龄人在健康行为上的影响的方法应当关注功能性与目的性，包括同龄人之间的接触、同龄人团体的特征、这些特征与个体目标之间的相似性（可比较性）以及团体的吸引力。

（一）对同龄人影响（必答题）

必答题侧重于同龄人接触的强度，即对同龄人影响的"暴露性"。因为核心问卷的空间有限，因而必答项的数量应当最小化。如同在先前的 HBSC 调查中这些参数大部分用来作为独立参数揭示多种影响健康的行为，对同龄人影响的暴露性可以通过以下几方面进行测量：朋友的数量、与同龄人接触的频率（包括下午放学后、晚上及周末），以及补充性的新项目，同龄人之间通过电话、短信与网络接触的频率。与同龄人在下午放学后的接触即指课余活动，包括有组织的、无组织的体育类活动，与同龄人在晚上或者周末一起则指那些不那么活跃的活动，但有可能更具消费特征。

（二）同龄人团体特征

提议的 9 个选答项被用来提取有关同龄人团体特征的细节信息。它们涵盖了同龄人团体更多的结构与功能性特征，即团体的密度、团体成员的相似性与不同性、团体吸引力以及情感支撑力。同时它们指出了团体成员的友谊可能是在某一特定团体之外的。与这些项目相关的发现对于国际之间的比较并不重要，但是它们对于国家内的分析是有帮助的，同时也可以用以改善青年行为的科学研究模型。

在做选答项时建议使用这些方法。在 2001 年以及 2002 年的调查中建议这些项目适用于 13 ~ 15 岁的群体（其中与性行为有关的项目只适用于 15 岁群体）。

前两项是对同龄人群体规模的调查，回答者在下文的问题中会涉及该主题，这两项主要提供有关群体成员数量和性别的信息，同时也为该调查中的其他回答给出背景条件。

（三）衡量指标

（1）朋友的数量

报告自己没有亲密的男性或者女性朋友的学生

（2）和朋友的活动

①报告自己没有在放学后和朋友一起的学生

②报告自己没有在晚上和朋友在一起的学生

③报告自己放学后五天或者更多时间和朋友在一起的学生

④报告自己五个晚上或者更多个晚上和朋友在一起的学生

（3）休闲活动

①休闲时间：每周至少五天跟同学或好朋友通过电话或短信或互联网进行联系

②看电视的时间

③花费在电脑上的时间

（4）网瘾

①网瘾与性别

②网瘾与年级

③网瘾与城市类别

④网瘾与学校类型

⑤网瘾与家庭富裕程度

⑥网瘾与留守、非留守儿童

⑦网瘾与流动、非流动儿童

⑧网瘾与独生、非独生子女

（5）同伴支持

①青少年向好朋友倾诉烦恼

a. 性别

b. 年级

c. 城市类别

d. 学校类型

e. 家庭富裕程度

f. 留守、非留守儿童

g. 流动、非流动儿童

h. 独生、非独生子女

②青少年向同性好朋友倾诉烦恼

③青少年向异性好朋友倾诉烦恼

三　研究结果

（一）朋友的数量

作为发展自我个性的一部分，青少年倾向于在年龄相仿的一群人当中增加家庭以外的接触。

图3-1显示了青少年自称有亲密男性朋友的青少年的比例分析。其中没有亲密男性朋友的占15.0%，有一个亲密男性朋友的占7.3%，有两个男性朋友的占10.8%，有三个男性朋友的占10.0%，有四个亲密男性朋友的占

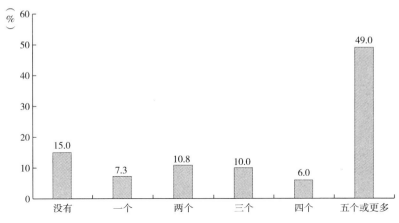

图 3 - 1　自称有亲密男性朋友的青少年的比例

注：每个研究方向因数据清理时出现无效问卷而未算入，因此百分比加总出现不等 100% 现象。
下同。

6.0% ，有五个或者更多亲密男性朋友的占 49.0% 。由此我们可以看出，青
少年中拥有五个或更多亲密男性朋友的人数占到了差不多一半，说明青少
年对于同伴的需求比较高，朋友的数量普遍比较多。有 85% 的青少年都有
一个或者更多的亲密男性朋友，但是也有 15% 的青少年没有亲密男性朋友，
这部分青少年性格上比较内向甚至孤僻，其身心发展的过程中缺少同伴的
帮助和影响。

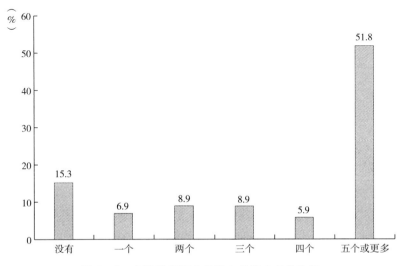

图 3 - 2　自称有亲密女性朋友的青少年的比例

图 3-2 显示了青少年自称有亲密女性朋友的青少年的比例分析。其中没有亲密女性朋友的占 15.3%，有一个亲密女性朋友的占 6.9%，有两个女性朋友的占 8.9%，有三个女性朋友的占 8.9%，有四个亲密女性朋友的占 5.9%，有五个或者更多亲密女性朋友的占 51.8%。我们可以看到青少年中拥有五个或更多亲密女性朋友的人数占到了一半以上，说明青少年对于同伴的需求比较高，朋友的数量普遍比较多。有 85% 的青少年都有一个或者更多的亲密女性朋友，但是也有 15.3% 的青少年没有亲密女性朋友，这部分青少年性格上比较内向甚至孤僻，其身心发展的过程中缺少同伴的帮助和影响。

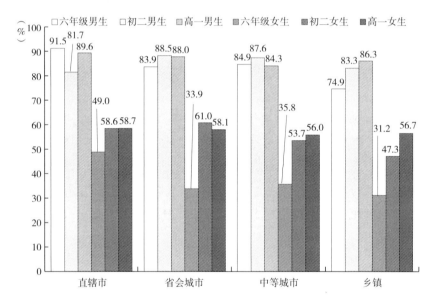

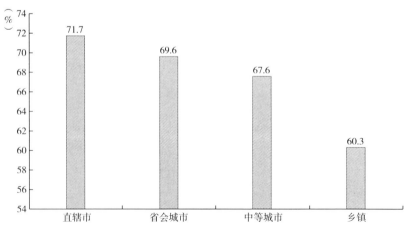

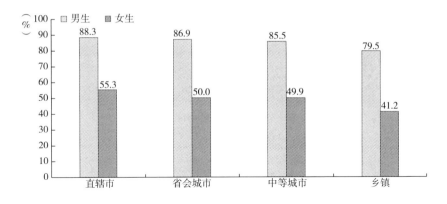

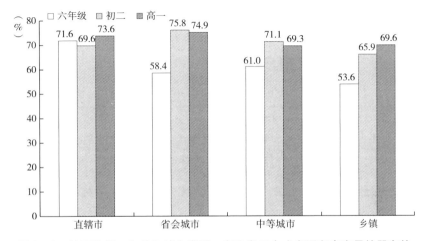

图 3 - 3　按照性别、年级和城市类型，自称有三个或者更多亲密男性朋友的
青少年所占的比例

图 3 - 1、图 3 - 2 显示出青少年拥有朋友数量所占比例的情况。从中可以发现，自称有亲密男性朋友和女性朋友的青少年的比例中，有五个或更多的比例在 50% 左右；图 3 - 3 显示出有三个或更多亲密男性朋友的青少年所占的比例。直辖市的青少年中有三个或更多亲密男性朋友的比例最高（71.7%），其次是省会城市（69.6%）、中等城市（67.6%），乡镇青少年中有三个及以上亲密男性朋友的比例最低（60.3%）。四种类型城市中，男生有三个及以上亲密男性朋友的比例都高于女生。其中直辖市中男生拥有三个或以上亲密男性朋友的比例最高（88.3%）。乡镇女生有三个或以上亲密男性朋友的比例最低（41.2%）。而随着年级的变化，拥有三个或以上亲密男性朋友的同学的比例也有着不同的变化。初二的同学拥有三个或以上亲密男性朋友的比例最高，

省会城市初二的青少年中有三个或以上亲密男性朋友的比例为75.8%。而小学六年级的同学的比例相对较低，乡镇的小学六年级同学有三个或以上亲密男性朋友的比例为53.6%。

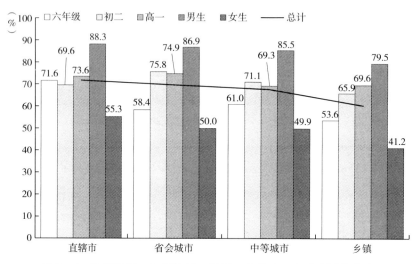

图3-4 按照性别、年级和城市类型，自称有三个或者更多亲密男性朋友的青少年所占的比例（总计）

图3-4显示，按照性别、年级和城市类型，青少年自称有三个或者更多亲密男性朋友的青少年所占的比例。

首先，从性别上来说，男生中拥有三个或者更多亲密男性朋友所占的比例普遍高于女生，这也和相同性别认同度和接受度更高有一定的关系。

其次，从年级上来说，总体上随着年级的升高拥有三个或更多亲密男性朋友所占的比例逐渐升高，这和青少年社会化程度的不断加深有关系。

从城市类型上来说，青少年中拥有三个或者更多亲密男性朋友的比例从高到低依次是直辖市、省会城市、中等城市和乡镇，这说明青少年的交友和地区的经济发展水平的不同有关。经济越发达的地区青少年交友更加频繁。

图3-5显示出有三个或更多亲密女性朋友的青少年所占的比例。从中可以发现，直辖市青少年中有三个或更多亲密女性朋友的比例最高（71.7%），其次是省会城市（70.2%）、中等城市（69.8%），乡镇青少年中有3个或以上亲密女性朋友的比例最低（62.8%）。四种类型城市中，女生有三个或以上亲密女性朋友的比例都高于男生。其中，省会城市中的女生拥有三个或以上亲

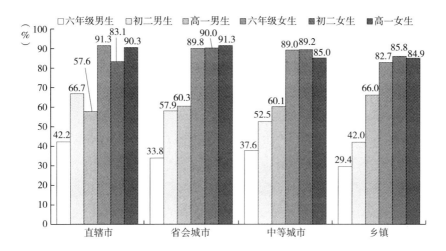

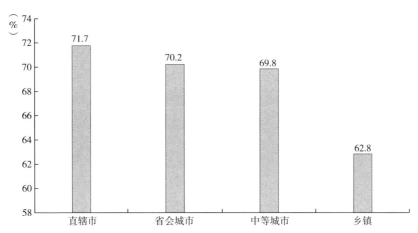

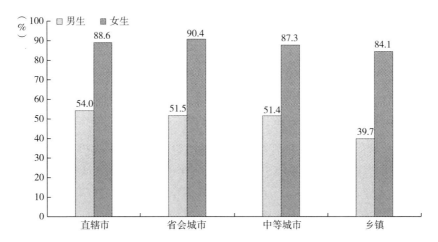

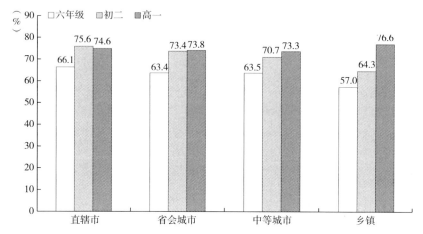

图 3-5　按照性别、年级和城市类型，自称有三个或者更多
亲密女性朋友的青少年所占的比例

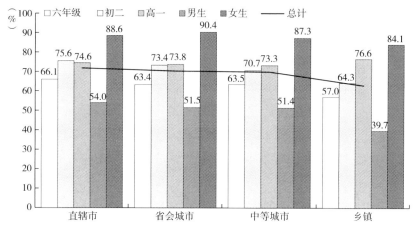

图 3-6　按照性别、年级和城市类型，自称有三个或者更多亲密
女性朋友的青少年所占的比例（总计）

密女性朋友的比例最高（90.4%），乡镇男生有三个或以上亲密女性朋友的比例最低（39.7%）。而随着年级的变化，拥有三个或以上亲密女性朋友的同学的比例也有不断提高。乡镇小学六年级的同学有三个以上女性亲密朋友的比例为57%，而高一的同学比例为76.6%，其他城市类型的同学除直辖市外也随着年级的上升，有三个或以上女性亲密朋友的比例不断上升。

图 3-6 显示，按照性别、年级和城市类型，青少年自称有三个或者更多亲密女性朋友的青少年所占的比例。

首先，从性别上来说，女生中拥有三个或者更多亲密女性朋友所占的比例普遍高于男生，这也和相同性别认同度和接受度更高有一定的关系。

其次，从年级上来说，除直辖市外，其他三类城市青少年都随着年级的升高拥有三个或更多亲密女性朋友所占的比例逐渐升高，这和青少年社会化程度的不断加深有关系。

从城市类型上来说，青少年中拥有三个或者更多亲密女性朋友的比例从高到低依次是直辖市、省会城市、中等城市和乡镇，这说明青少年的交友和地区的经济发展水平的不同有关。经济越发达的地区青少年交友更加频繁。

从以上问题以及数据中我们可以看出：首先青少年中拥有五个或以上亲密的男性或女性朋友的比例一半左右，以及85%的青少年都拥有一个或者一个以上的亲密朋友，这说明青少年对于同伴的需求量普遍比较多，但是也需要注意有15%左右的青少年没有一个亲密的朋友，这一部分的青少年在其成长过程中缺少同伴的支持，其身心发展以及性格方面会有一定的问题。

其次，我们可以看到青少年的交友和性别、年级以及城市类型有一定的关系：总体上来说，同学同行之间成为亲密朋友的可能性更大；同时随着年级的升高，拥有三个或者以上亲密朋友的比例也越高，这和青少年社会化程度不断加深有关；同时青少年的交往行为也和地区的经济发展水平有关，经济越发达的地区，其青少年交往越频繁。

（二）和朋友一起活动

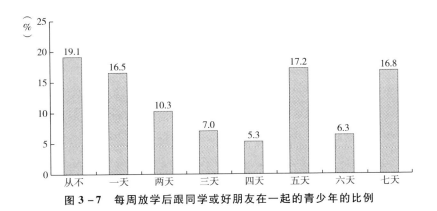

图3-7　每周放学后跟同学或好朋友在一起的青少年的比例

图3-7显示了每周放学后跟同学或好朋友在一起的青少年的比例分析。其中比例最大的天数依次为从不（19.1%）、五天（17.2%）以及七天（16.8%），比例最小的天数依次为四天（5.3%）、六天（6.3%）以及三天（7.0%）。

每周放学后跟同学或者好朋友在一起三天及以下的比例为 52.9%，三天以上的比例为 45.6%，有超过 80% 的青少年每周至少有一天跟同学或者好朋友在一起，这也反映出青少年更倾向于和自己的同伴在一起，这和同伴之间相似的年龄以及价值观有关。但同时也有 19.1% 的青少年从来没有放学后跟同学或者好朋友在一起，这部分的青少年一方面可能自己的性格比较内向甚至孤僻，另一方面也有可能和父母的教育方式有关，有部分家长会在放学后负责接孩子回家，有的家长会限制孩子和同学或者好朋友在一起的时间和机会。

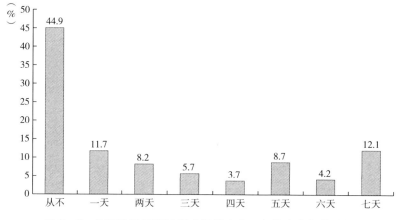

图 3-8　每周晚饭后跟同学或好朋友在一起的青少年的比例

图 3-8 显示了每周晚饭后跟同学或好朋友在一起的青少年的比例情况。其中有 44.9% 的青少年从来不会晚饭后跟同学或好朋友在一起，其次是每周七天（12.1%）以及每周一天（11.7%），有将近一半的青少年从来不在晚饭后和自己的同学或者好朋友在一起，这和家庭的作息习惯有一定的关系，一半家庭晚饭之后都会在家中休息，父母也会限制孩子在晚上的外出。但是有 12.1% 的青少年几乎每天晚饭之后都会和同学或者好朋友在一起，这部分的青少年可能和自己的同学居住得比较近，另外也可能是父母的管教比较松懈。

图 3-9、图 3-10 显示了每周至少五次在家里以外的地方和朋友在一起的青少年比例，按照性别、年级和城市类型进行分类。

从性别角度来看，男女生之间的差异并不是很大，基本上持平。

从年级角度来看，初二普遍是青少年在家以外的地方和朋友在一起最为频繁的年龄段，这个年龄段青少年处在青春期开始的阶段，其身心变化比较快，在对于独立和同伴支持的追求上也是如此，这个年龄段的青少年值得注意。

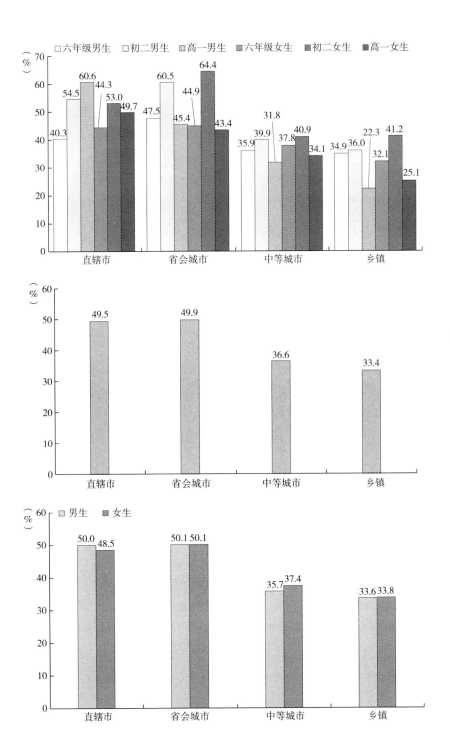

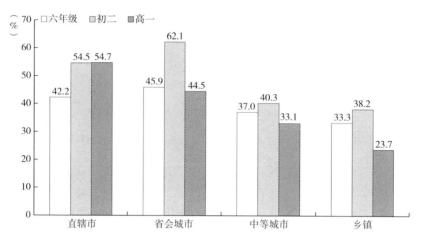

图 3 - 9　按照性别、年级和城市类型，每周至少五次在家里以外的地方和朋友
在一起的青少年比例

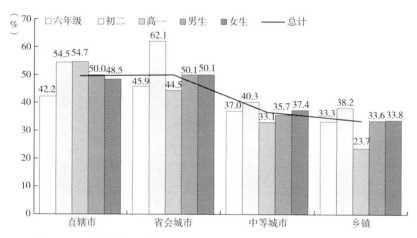

图 3 - 10　按照性别、年级和城市类型，每周至少五次在家里以外的
地方和朋友在一起的青少年比例（总计）

从城市类型来说，每周至少五次在家以外的地方和好朋友在一起的比例
从高到低依次是省会城市、直辖市、中等城市以及乡镇，这和地区经济发展
水平的不同有关，经济越发达的地区，青少年和好朋友在家以外的地区在一
起的比例越高。

从以上问题和数据我们可以看出：每周放学后跟同学或者好朋友在一起三
天及以下的比例为 52.9%，有超过 80% 的青少年每周至少有一天跟同学或者好
朋友在一起，这也反映出青少年更倾向于和自己的同伴在一起；有 44.9% 的青
少年从来不会晚饭后跟同学或好朋友在一起，其次是每周七天（12.1%）以及每

周一天（11.7%），有将近一半的青少年从来不在晚饭后和自己的同学或者好朋友在一起，这和家庭的作息习惯有一定的关系。

同时，青少年和朋友在一起的频率和性别无关，男女生之间的差异不是很大，基本上持平。

此外，初二是青少年和朋友在一起最为频繁的年龄段；青少年和朋友在一起的频率也和地区经济水平的不同有关，经济越发达的地区，青少年和朋友在一起频率越高。

（三）和朋友之间的活动

1. 休闲时间

与第五章探讨的体育活动水平相比较，我们必须抑制青少年极有可能利用自己的时间去做的主要消极活动。两项主要的消极活动——看电视和使用电脑——涵盖在以下部分之中。关于这样的休闲时间内从事消极活动对于青少年健康行为的影响在学术文献中得到了很高程度的关注。例如，与饮食习惯相关，可能产生喜欢学校或者危险行为。

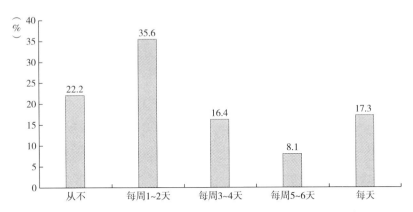

图 3 – 11　每周至少五天跟同学或好朋友通过电话或短信或
互联网进行联系的青少年的比例分析

图 3 – 11 显示了每周至少五天跟同学或好朋友通过电话或短信或互联网进行联系的青少年的比例分析。从中我们可以看出，每周跟同学或好朋友通过电话或短信或互联网进行联系的青少年的比例频率依次是每周 1 ~ 2 天（35.6%）、从不（22.2%）、每天（17.3%）、每周 3 ~ 4 天（16.4%）以及每周 5 ~ 6 天（8.1%）。有近 3/4 的青少年每周至少有一天跟同学或者好朋友

通过电话或短信或互联网进行联系，这说明了青少年对于同伴支持以及交友的需求普遍很高。另外也有 22.2% 的青少年从来不通过电话或短信或互联网和同学或者好朋友联系，这和父母的管教以及个体的性格有一定的关系。

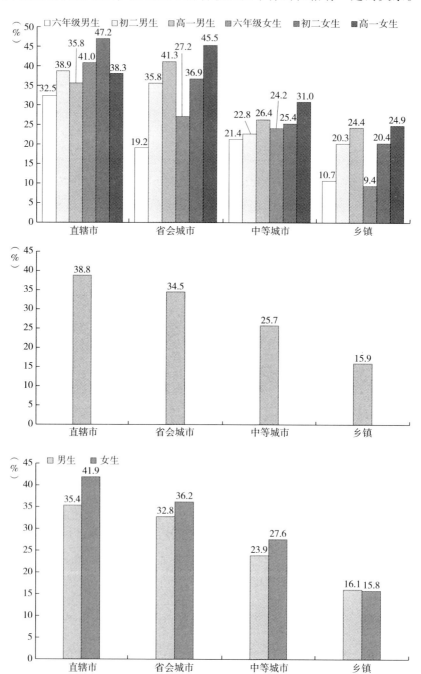

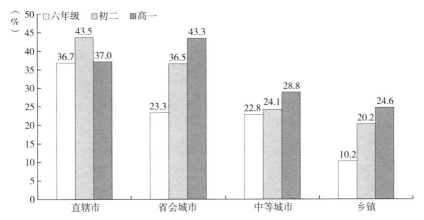

图 3 - 12　按照性别、年级和城市类型，每周至少五天跟同学或好朋友通过电话或
短信或互联网进行联系的青少年所占比例

　　图 3 - 12 显示每周至少五天跟同学或好朋友通过电话或短信或互联网进行联系的青少年的比例。从中可以发现，比例最高的是直辖市的青少年同学（38.8%），其余依次为省会城市（34.5%）、中等城市（25.7%）、乡镇（15.9%）。并且按照性别来比较，除乡镇外，女生每周至少五天跟同学或好朋友通过电话或短信或互联网进行联系的青少年比例比男生要高，以直辖市为例，男生比例为35.4%，女生为 41.9%。而通过比较年级来看，除直辖市外，随着年级的上升每周至少五天跟同学或好朋友通过电话或短信或互联网进行联系的青少年增加。以省会城市为例，小学六年级的比例为 23.3%、初二为 36.5%、高一为 43.3%。

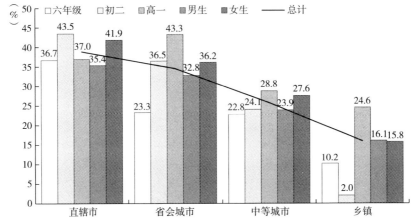

图 3 - 13　按照性别、年级和城市类型，每周至少五天跟同学或好朋友通过电话或
短信或互联网进行联系的青少年所占比例（总计）

图 3-13 显示，按照性别、年级和城市类型，每周至少五天跟同学或好朋友通过电话或短信或互联网进行联系的青少年所占比例。

在性别角度上，女生每周至少五天跟同学或好朋友通过电话或短信或互联网进行联系所占比例普遍高于男生，乡镇例外，这和乡镇相对而言比较落后的经济条件以及较为保守的思想观念有一定的关系。

在年级角度上，总体上随着年龄的升高增长，除直辖市外，每周至少五天跟同学或好朋友通过电话或短信或互联网进行联系的青少年所占比例逐渐升高，这和青少年社会化程度的加深以及对于同伴支持和交往的需求更多有一定的关系。

在城市类型角度上，每周至少五天跟同学或好朋友通过电话或短信或互联网进行联系的青少年所占比例从高到低依次是直辖市、省会城市、中等城市以及乡镇。这说明青少年跟同学或者好朋友通过电话或短信或互联网进行联系的频率与地区的经济发展水平有关，经济越发达的地区，青少年和同学或好朋友进行联系的频率越高。

从以上问题和数据我们可以看出：有近 3/4 的青少年每周至少有一天跟同学或者好朋友通过电话或短信或互联网进行联系，这说明青少年对于同伴支持以及交友的需求普遍很高。另外也有 22.2% 的青少年从来不通过电话或短信或互联网和同学或者好朋友联系，这和父母的管教以及个体的性格有一定的关系；同时青少年和朋友在一起的频率和性别、年级和城市类型有一定的关系：从性别上来看，女生每周至少五天跟同学或好朋友通过电话或短信或互联网进行联系所占比例普遍高于男生，乡镇例外，这和乡镇相对而言比较落后的经济条件以及较为保守的思想观念有一定的关系；从年级上来看，除直辖市外，每周至少五天跟同学或好朋友通过电话或短信或互联网进行联系的青少年所占比例随着年级的升高而逐渐升高；从城市类型上来说，青少年跟同学或者好朋友通过电话或短信或互联网进行联系的频率与地区的经济发展水平有关，经济越发达的地区，青少年和同学或好朋友进行联系的频率越高。

2. **看电视的时间**

图 3-14 显示了周一到周五期间看电视时间的青少年比例，其中周一到周五期间看电视时间最高的依次是从不（35.5%）、每天半小时（22.9%）以及每天一小时（15.9%），其中有将近 3/4 的青少年在周一到周五期间每天看电视

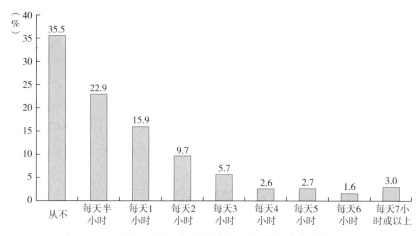

图 3 - 14　周一到周五期间看电视时间的青少年比例分析

的时间少于等于一个小时，这说明青少年在周一到周五看电视的时间总体上比较少，这和青少年的学业压力以及父母的管教有一定的关系。但是也可以看到，有 15.6% 的青少年周一到周五每天看电视的时间至少为 3 个小时，这部分青少年很有可能轻视学业甚至看电视成瘾，同时父母的管教也不是很到位，这对青少年的身心健康发展很不好，除了对青少年的视力有很大的伤害之外，还有可能造成青少年与现实世界脱节的心理问题。

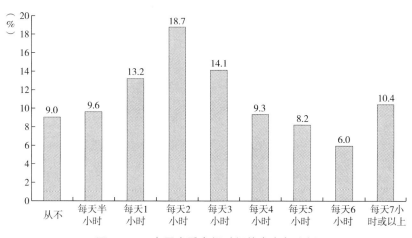

图 3 - 15　在周末看电视时间的青少年比例

图 3 - 15 显示了在周末看电视时间的青少年比例分析。其中青少年周末看电视时间最多的为每天 2 小时（18.7%）、每天 3 小时（14.1%）、每天 1 小时（13.2%）。其中有 48% 的青少年在周末的时间内每天看电视的时间等

于或超过 3 小时，这说明青少年在周末看电视的时间普遍比较多。周末是青少年用来放松的时间，但是有 10.4% 的青少年在周末每天看电视 7 小时或以上，这部分的青少年可能对电视成瘾，或者家长的管教不到位，其对于青少年的身心健康都有很大的危害。

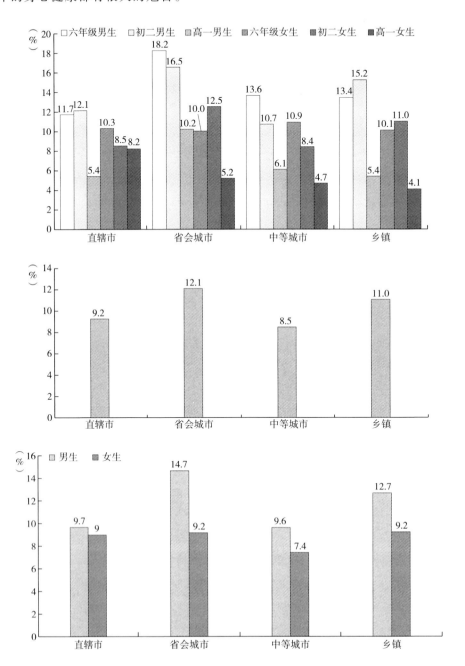

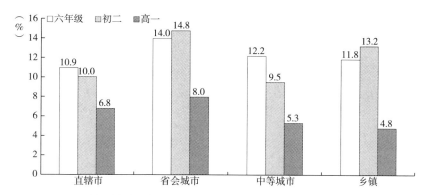

图 3 - 16　按照性别、年级和城市类型，周一到周五期间看电视每天达
四个小时或者更多时间的青少年所占比例

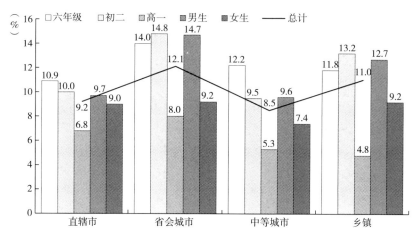

图 3 - 17　按照性别、年级和城市类型，周一到周五期间看电视每天达
四个小时或者更多时间的青少年所占比例（总计）

　　图 3 - 16 显示了周一到周五期间看电视每天达四个小时或者更多时间的
青少年所占的比例。而周一到周五期间看电视每天达四个小时或者更多时间
的青少年中，省会城市的学生的比例最高（12.1%），其次为乡镇（11%）、
直辖市（9.2%）、中等城市（8.5%），这说明青少年在周一到周五看电视的
时间同经济发展水平以及家庭环境有一定的关系。并且按照性别来比较，男
生周一到周五期间看电视达四个小时或者更多时间的比例比女生要高，以省
会城市为例，男生比例为 14.7% ，女生为 9.2% 。而通过比较年级来看，随
着年级的上升，周一到周五期间看电视达四个小时或者更多时间的青少年的
比例总体是下降的，其中省会城市初二青少年周一到周五期间看电视达四个

小时或者更多时间的比例为14.8%，而高一同学的比例为8%。

图3-17显示了周一到周五期间看电视每天达四个小时或者更多时间的青少年所占比例，按照性别、年级和城市类型进行分类。

从性别角度来看，男生周一到周五期间看电视每天达四个小时或者更多时间所占比例普遍高于女生，这和男生更为调皮以及其自控力较差有一定的关系。

从年级角度来看，高一的青少年周一到周五期间看电视每天达四个小时或者更多时间所占比例普遍最低，这和青少年心理的成熟以及自控力的增强有一定的关系。

从城市类型角度来看，周一到周五期间看电视每天达四个小时或者更多时间的青少年所占比例由高到低依次是省会城市、乡镇、直辖市、中等城市。其中省会城市最高和经济发展较高有一定的关系，乡镇的比例较高和父母的管教比较不到位有一定的关系。这说明青少年在周一到周五看电视的时间和经济发展水平以及家庭环境有一定的关系。

图3-18显示了青少年在周末看电视每天达四个小时或者更多时间的比例。从图3-15中可以发现，在周末看电视每天达四个小时或者更多时间的青少年比例较高，而看电视两个小时的同学最多，比例为18.7%。周末看电视每天达四个小时或者更多时间的青少年中，乡镇同学的比例最高（38.5%），其次依次为直辖市37.4%、省会城市35.6%、中等城市31.1%。并且此外，按照性别来比较，女生在周末看电视每天达四个小时或者更多时间的比例比男生要略高，乡镇除外，以省会城市为例，男生比例为34.8%，

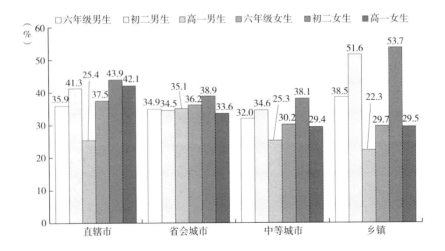

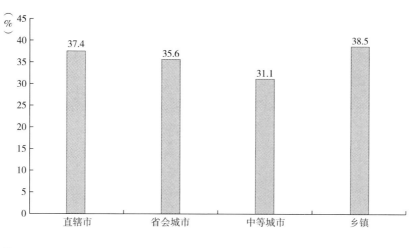

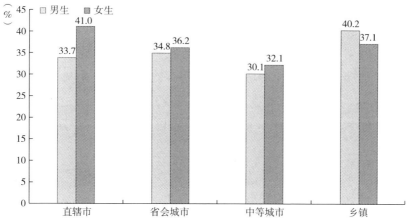

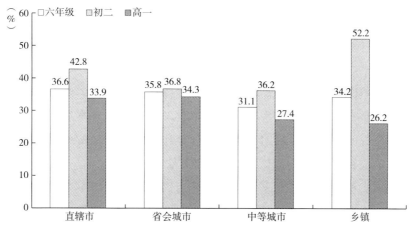

图 3 - 18　按照性别、年级和城市类型，在周末看电视每天达
四个小时或者更多时间的青少年所占比例

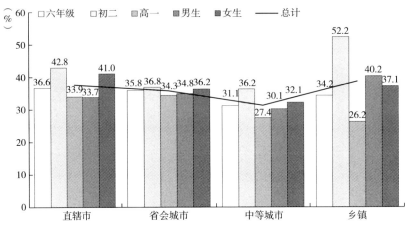

**图 3 - 19 按照性别、年级和城市类型，周末看电视每天达
四个小时或者更多时间的青少年所占比例（总计）**

女生为 36.2% 。而通过比较年级来看，随着年级的上升在周末看电视每天达四个小时或者更多时间的青少年的比例是波动的，其中初二同学在周末看电视每天达四个小时或者更多时间的比例最高，在乡镇达到了 52.2% ，而小学六年级和高一同学的比例相对较低，在乡镇分别为 34.2% 和 26.2% 。

图 3 - 19 显示了在周末看电视每天达四个小时或者更多时间的青少年所占比例，按照性别、年级和城市类型进行分类。

从性别角度来看，女生在周末看电视每天达四个小时或者更多时间所占比例普遍高于男生，这和男女生之间心理需求的不同有关，从电视中女生可以得到更多符合自己心理需求的内容；乡镇是特例，这和乡镇比较落后的经济以及思维观念有一定的关系。

从年级角度来看，初二普遍是在周末看电视每天达四个小时或者更多时间的青少年所占比例最高的年龄段，这和青少年刚进入青春期的内心心理变化以及好奇心的发展有一定的关系；高一是比例普遍最低的年龄段，这和青少年心理的成熟以及自控力增强有一定的关系。

从城市类型来看，在周末看电视每天达四个小时或者更多时间的青少年所占比例从高到低依次是乡镇、直辖市、省会城市和中等城市。乡镇的比例最高和经济水平较为落后和父母的管教不到位有关，直辖市的比例第二高和当地的经济发展水平较高有关。这说明青少年在周末看电视的时间同地区的经济发展水平以及家庭的环境有关。

从以上问题和数据我们可以看出：周一到周五期间看电视时间最高的依次是从不（35.5%）、每天半小时（22.9%）以及每天1小时（15.9%），其中有将近3/4的青少年在周一到周五期间每天看电视的时间少于等于1个小时，这说明青少年在周一到周五看电视的时间总体上比较少；青少年周末看电视时间最多的为每天2小时（18.7%）、每天3小时（14.1%）、每天1小时（13.2%）。其中有48%的青少年在周末的时间内每天看电视的时间等于或超过3小时，这说明青少年在周末看电视的时间普遍比较多。

青少年周一到周五期间看电视每天达四个小时或者更多时间的比例和性别、年级以及城市类型有关。

从性别角度来看，男生周一到周五期间看电视每天达四个小时或者更多时间所占比例普遍高于女生，这和男生更为调皮以及其自控力较差有一定的关系。

从年级角度来看，高一的青少年周一到周五期间看电视每天达四个小时或者更多时间所占比例普遍最低，这和青少年心理的成熟以及自控力的增强有一定的关系。

从城市类型角度来看，周一到周五期间看电视每天达四个小时或者更多时间的青少年所占比例由高到低依次是省会城市、乡镇、直辖市、中等城市。其中省会城市的比例最高同经济发展水平较高有一定的关系，乡镇的比例较高和父母的管教比较不到位有一定的关系。这说明青少年在周一到周五看电视的时间同经济发展水平以及家庭环境有一定的关系。

青少年周末期间看电视每天达四个小时或者更多时间的比例和性别、年级以及城市类型有关。

从性别角度来看，女生在周末看电视每天达四个小时或者更多时间所占比例普遍高于男生，这和男女生之间心理需求的不同有关，从电视中女生可以得到更多符合自己心理需求的内容；乡镇是特例，这和乡镇比较落后的经济以及思维观念有一定的关系。

从年级角度来看，初二普遍是在周末看电视每天达四个小时或者更多时间的青少年所占比例最高的年龄段，这和青少年刚进入青春期的内心心理变化以及好奇心的发展有一定的关系；高一是比例普遍最低的年龄段，这和青少年心理的成熟以及自控力增强有一定的关系。

从城市类型来看，在周末看电视每天达四个小时或者更多时间的青少年所占比例从高到低依次是乡镇、直辖市、省会城市和中等城市。乡镇的比例最高和经济水平较为落后和父母的管教不到位有关，直辖市的比例第二高和当地的经济发展水平较高有关。这说明青少年在周末看电视的时间和地区的经济发展水平以及家庭的环境有关。

3. 花费在电脑上的时间

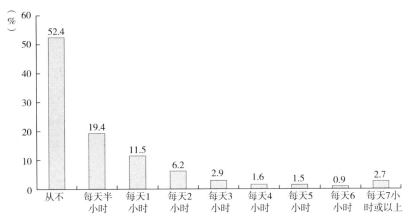

图 3-20　周一到周五期间使用电脑时间的青少年比例

图 3-20 显示了周一到周五期间使用电脑时间的青少年比例。其中使用电脑时间频率最高的时间依次为从不（52.4%）、每天半小时（19.4%）以及每天 1 小时（11.5%），有 83.3% 的青少年在周一到周五每天使用电脑的时间在 1 小时及以下，这和青少年在周一到周五期间都有学业压力以及父母管教比较严格有一定的关系。但是依然有 9.6% 的青少年在周一到周五期间每天使用电脑时间在 3 个小时及以上，这部分的青少年一方面对学业比较忽视，另一方面家长的管教不到位，这部分的青少年有很大的网瘾倾向，对于青少年的身心健康危害很大。

图 3-21 显示了周末使用电脑时间的青少年比例。其中几乎所有的青少年在周末都会使用电脑，其中最多的为每天半小时（26.5%），有 35.5% 的青少年在周末使用电脑的时间等于或超过 3 小时，这说明青少年在周末使用电脑的时间比较多，这和青少年在周末比较放松有一定的关系。有 12.3% 的青少年在周末每天使用电脑的时间在 5 个小时及以上，这部分青少年有网瘾倾向，这和父母的管教不到位以及青少年自控能力比较差有一定的关系。这对青少年的身心健康成长是有很大危害的。

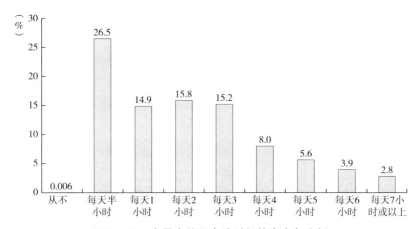

图 3 - 21　在周末使用电脑时间的青少年比例

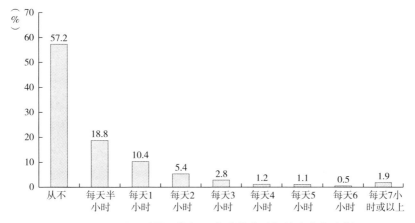

图 3 - 22　周一到周五期间玩电脑游戏时间的青少年比例

图 3 - 22 显示了周一到周五期间玩电脑游戏时间的青少年比例。其中有 3/4 的青少年在周一到周五期间每天玩电脑游戏的时间在半小时以内，这和青少年在周一到周五的学业压力和父母管教比较严格有一定的关系。但是依然可以看到有 7.5% 的青少年在周一到周五期间每天玩电脑游戏的时间在 3 小时及以上，这部分青少年有网瘾倾向，也说明对于学业的忽视以及父母管教不到位。

图 3 - 23 显示了在周末玩电脑游戏时间的青少年比例。有 70% 左右的青少年会在周末期间玩电脑游戏，其中玩游戏时间所占比例最多的依次是从不（28.7%）、每天 2 小时（15.4%）以及每天 1 小时（13.3%）。青少年在周末期间玩电脑游戏的时间普遍比较多，有将近 30% 的青少年在周末期间玩电

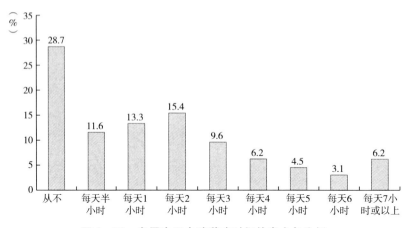

图 3 – 23   在周末玩电脑游戏时间的青少年比例

脑游戏的时间等于或超过每天 3 小时，这部分青少年具有网瘾倾向，对于青少年的身心健康有很大的危害。

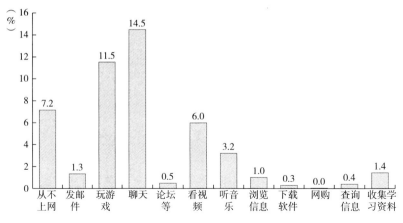

图 3 – 24   青少年使用电脑做什么的比例

图 3 – 24 显示了青少年使用电脑做什么的比例。其中排名最高的前三项依次是聊天（14.5%）、玩游戏（11.5%）以及看视频（6.0%），排名后三项依次是查询信息（0.4%）、下载软件（0.3%）以及网购（0.0%）。这说明青少年上网主要是为了娱乐，查询信息的比例很少，收集学习资料的比例甚至只有 1.4%。这和青少年强烈的交友愿望以及好奇心强有一定的关系。

图 3 – 25 显示了青少年使用电脑的地点的比例。排名依次是在自己家（26.6%）、网吧（7.8%）、在朋友或亲属家（5.0%）、在同学家（1.9%）。说明青少年更倾向于在家中上网，这也和随着经济条件的发展，电脑逐渐普及

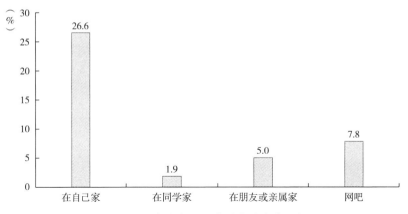

图 3 - 25　青少年使用电脑的地点的比例

有一定的关系。同时值得关注的有 7.8% 的青少年选择在网吧上网，网吧适合成年人进行消费，且环境参差不齐，青少年进入这样的场所很有可能接触到不良人群以及不良信息，对于青少年的身心健康有很大的危害。

图 3 - 26 显示出周一到周五期间使用电脑每天达两个小时或者更多时间的青少年的比例。从中可以发现，在周一到周五期间使用电脑每天达两个小时或者更多时间的青少年中省会城市的同学的比例最高（20.5%），其次依次为直辖市（17.7%）、中等城市（15%）、乡镇（14%）。并且按照性别来比较，除直辖市外，男生周一到周五期间使用电脑每天达两个小时或者更多时间的比例比女生要高，以省会城市为例，男生比例为 22.3%，女生为 18.5%。通过比较年级来看，随着年级的上升在周末使用电脑达两个小时或更多时间的青少年的比例是波动的，一般来说，随着年级的上升周一

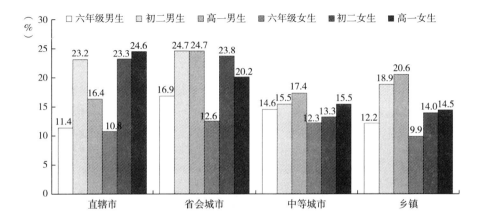

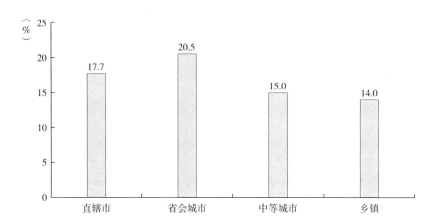

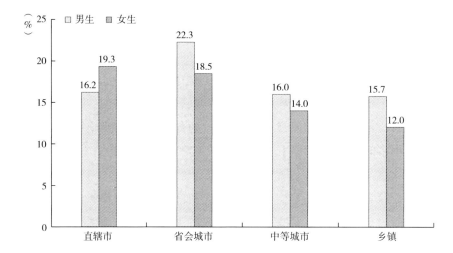

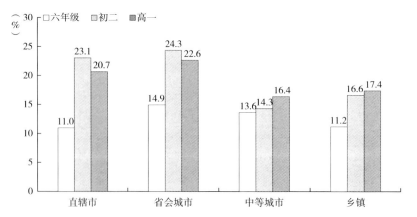

图 3 – 26　按照性别、年级和城市类型，周一到周五期间使用电脑每天达两个小时或者更多时间的青少年所占比例

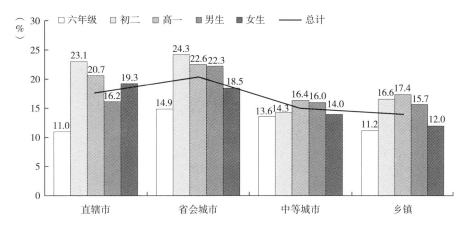

图 3 - 27 按照性别、年级和城市类型，周一到周五期间使用电脑每天达
两个小时或者更多时间的青少年所占比例（总计）

到周五期间使用电脑每天达两个小时或者更多时间的青少年的比例逐渐提高。
而在直辖市和省会城市，初二的周一到周五期间使用电脑每天达两个小时或
者更多时间的青少年比例要高于小学六年级和高一同学的比例。

图 3 - 27 显示，按照性别、年级和城市类型，周一到周五期间使用电脑
每天达两个小时或者更多时间的青少年所占比例。

从性别角度来看，男生周一到周五期间使用电脑每天达两个小时或者更
多时间的所占比例普遍高于女生，直辖市是例外；这和男生自控力较差有一
定的关系。

从年级来看，周一到周五期间使用电脑每天达两个小时或者更多时间的
青少年所占比例随着年级的升高而总体升高，这和青少年对于社交的需求更
多以及独立性更强有一定的关系。

从城市类型来看，周一到周五期间使用电脑每天达两个小时或者更多时
间的青少年所占比例从高到低依次是省会城市、直辖市、中等城市、乡镇，
这总体上和地区的经济发展水平有关，经济发展水平越高，周一到周五期间
使用电脑每天达两个小时或者更多时间的青少年所占比例越高。

图 3 - 21 显示在周末使用电脑时间的青少年的比例。从中可以发现，在
周末每天半小时的青少年比例最高（26.5%），其次为在周末使用电脑 2 个小
时的同学的比例为 15.8%。图 3 - 28 显示出在周末使用电脑每天达两个小时
或者更多时间的青少年中省会城市的同学的比例最高（53.6%），其次依次为

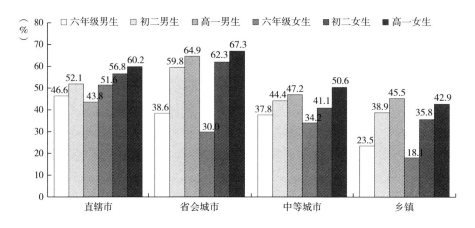

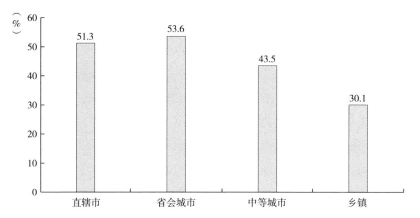

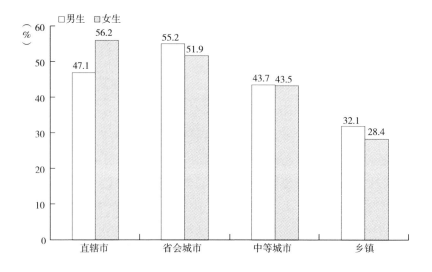

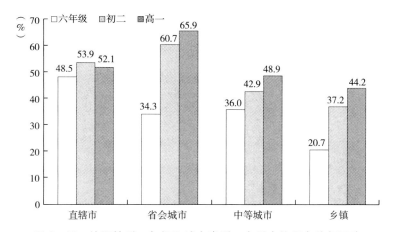

图 3 - 28　按照性别、年级和城市类型，在周末使用电脑每天达两个小时或者更多时间的青少年所占比例

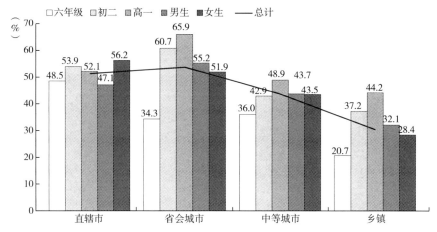

图 3 - 29　按照性别、年级和城市类型，在周末使用电脑每天达两个小时或者更多时间的青少年所占比例（总计）

直辖市（51.3%）、中等城市（43.5%）、乡镇（30.1%）。并且按照性别来比较，一般来说，男生在周末使用电脑每天达两个小时或者更多时间的比例比女生要高，以省会城市为例，男生比例为 55.2%，女生为 51.9%，而直辖市的男生比例却比女生小，男生为 47.1%，女生为 56.2%。而通过比较年级来看，随着年级的上升在周末使用电脑两个小时或更多时间的青少年的比例总体是上升的，以省会城市为例，小学六年级同学比例为 34.3%，初二同学比例为 60.7%，高一同学比例为 65.9%。

图 3 - 29 显示，按照性别、年级和城市类型，在周末使用电脑每天达

两个小时或者更多时间的青少年所占比例类型。

　　从性别角度来看，男生在周末使用电脑每天达两个小时或者更多时间的青少年所占比例高于女生，直辖市是例外，这和男生自控能力差有一定的关系，值得关注的是直辖市在周末使用电脑每天达两个小时或者更多时间的青少年所占比例女生要高于男生，这可能和家庭的溺爱有一定的关系。

　　从年级角度来看，在周末使用电脑每天达两个小时或者更多时间的青少年所占比例随着年级的升高而总体升高，这和青少年对于社交的需求增多以及独立性更强有一定的关系。

　　从城市类型角度来看，在周末使用电脑每天达两个小时或者更多时间的青少年所占比例从高到低依次是省会城市、直辖市、中等城市和乡镇。这说明青少年在周末使用电脑的时间和地区的经济发展水平有关，总体而言，地区经济水平越高，在周末使用电脑每天达两个小时或者更多时间的青少年所占比例越高。

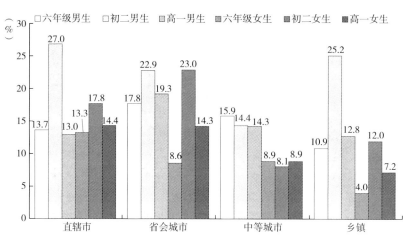

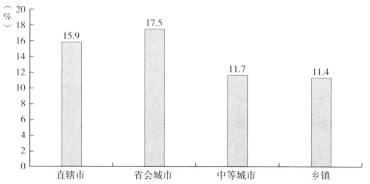

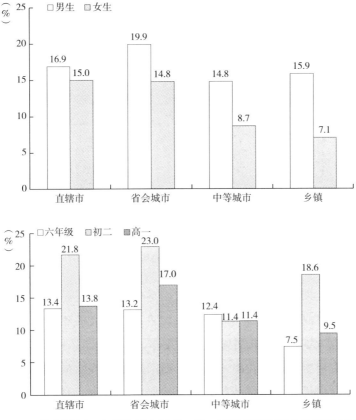

图 3 - 30　按照性别、年级和城市类型，周一到周五期间玩电脑游戏每天达两个小时或者更多时间的青少年所占比例

　　图 3 - 30 显示出周一到周五期间玩电脑游戏每天达两个小时或者更多时间的同学中省会城市的同学的比例最高（17.5%），其次依次为直辖市（15.9%）、中等城市（11.7%）、乡镇（11.4%）。并且按照性别来比较，男生在周一到周五期间玩电脑游戏每天达两个小时或者更多时间的比例比女生要高，以省会城市为例，男生比例为 19.9%，女生为 14.8%。通过比较年级来看，在四种城市类型中，初二的同学比例比小学六年级和高一的同学比例要高，中等城市例外。

　　图 3 - 31 显示，按照性别、年级和城市类型，周一到周五期间玩电脑游戏每天达两个小时或者更多时间的青少年所占比例。

　　从性别角度来看，男生周一到周五期间玩电脑游戏每天达两个小时或者更多时间所占比例普遍高于女生，这和男生自控能力差有一定的关系。

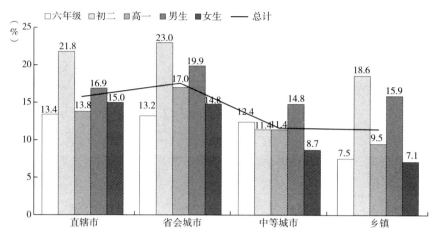

图 3 - 31　按照性别、年级和城市类型，周一到周五期间玩电脑游戏每天达
两个小时或者更多时间的青少年所占比例（总计）

从年级角度来看，除中等城市，初二是一个周一到周五期间玩电脑游戏
每天达两个小时或者更多时间的青少年所占比例最高的年龄段，这和处在青
春期初期的青少年心理变化更为剧烈有关。

从城市类型角度来看，周一到周五期间玩电脑游戏每天达两个小时或者
更多时间的青少年所占比例从高到低依次是省会城市、直辖市、中等城市和
乡镇，这说明青少年周一到周五玩游戏的时间总体同地区经济发展水平有关
系，地区经济发展水平越高，周一到周五期间玩电脑游戏每天达两个小时或
者更多时间的青少年所占比例越高。

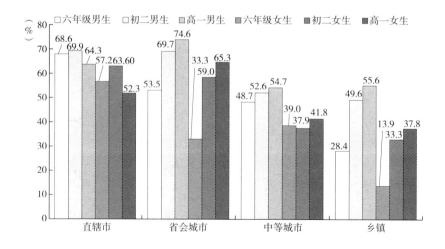

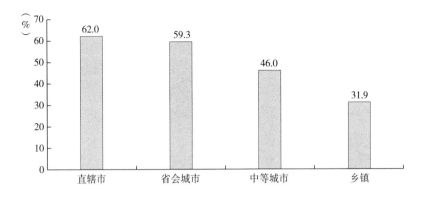

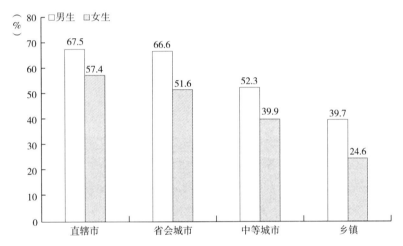

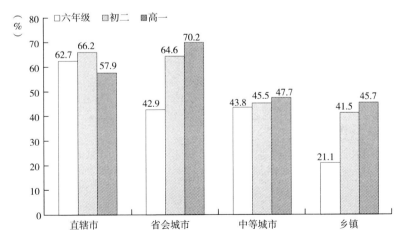

图 3 - 32　按照性别、年级和城市类型，在周末玩电脑游戏每天达
两个小时或者更多时间的青少年所占比例

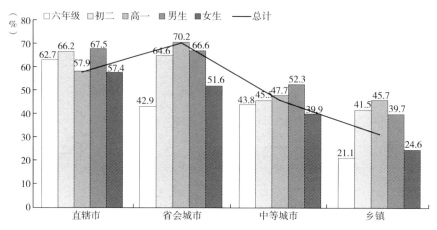

图 3 – 33 按照性别、年级和城市类型，在周末玩电脑游戏每天达两个小时或者更多时间的青少年所占比例 （总计）

图 3 – 32、图 3 – 33 周末玩电脑游戏每天达两个小时或者更多时间的同学中直辖市城市的同学的比例最高 （62%），其次依次为省会城市 （59.3%）、中等城市 （46%）、乡镇 （31.9%）。并且按照性别来比较，男生在周末玩电脑游戏每天达两个小时或者更多时间的比例比女生要高，以省会城市为例，男生比例为 66.6%，女生为 51.6%。而通过比较年级来看，在四种城市类型中，随着年级的上升在周末玩电脑游戏等于或超过两个小时的同学比例逐渐提高。以省会城市为例，小学六年级同学在周末玩电脑游戏等于或超过两个小时的比例为 42.9%，初二同学比例为 64.6%，高一同学比例为 70.2%。而直辖市城市高一的同学比例比初二的同学比例要低。

青少年使用电脑的地点的图 3 – 25 显示，在自己家上网的同学比例最高 （26.6%），其次为网吧 （7.8%）。根据青少年使用电脑做什么的图 3 – 24 显示，青少年使用网络最常做的事情是聊天，其比例为 14.5%，其次为玩游戏 （11.5%）、看视频 （6%）。

图 3 – 33 显示，按照性别、年级和城市类型，在周末玩电脑游戏每天达两个小时或者更多时间的青少年所占比例。

从性别角度来看，男生中在周末玩电脑游戏每天达两个小时或者更多时间所占比例高于女生，这和男生的自控力较差有一定的关系；从年级角度来看，在周末玩电脑游戏每天达两个小时或者更多时间的青少年所占比例随着年级的升高而逐渐升高，但是直辖市除外，直辖市初二在周末玩电脑游戏每天达两个小时或者更多时间的青少年所占比例在三个年级中最高，这和青春期初期的青少年心理变化更为剧烈有一定的关系。从城市类型来看，在周末玩电脑游戏每天达两个小时或者更多时间的青少年所占比例由高到低依次是直辖市、省会城市、中等城市和乡镇，经济越发达的地区，在周末玩电脑游戏每天达两个小时或者更多时间的青少年所占比例越高。

从以上问题和数据我们可以发现：青少年周一到周五期间使用电脑频率最高的时间依次为从不（52.4%）、每天半小时（19.4%）以及每天1小时（11.5%），有83.3%的青少年在周一到周五每天使用电脑的时间在1小时及以下，这和青少年在周一到周五期间都有学业压力以及父母管教比较严格有一定的关系；几乎所有的青少年在周末都会使用电脑，其中最多的为每天半小时（26.5%），有35.5%的青少年在周末使用电脑的时间等于或超过3小时，这说明青少年在周末使用电脑的时间比较多；有3/4的青少年在周一到周五期间每天玩电脑游戏的时间在半小时以内，这和青少年在周一到周五的学业压力和父母管教比较严格有一定的关系；有71.3%的青少年会在周末期间玩电脑游戏，其中玩游戏时间所占比例最多的依次是从不（28.7%）、每天2小时（15.4%）以及每天1小时（13.3%），青少年在周末期间玩电脑游戏的时间普遍比较多；在网络用途方面排名最高的三项依次是聊天（14.5%）、玩游戏（11.5%）以及看视频（6.0%），最低的三项是查询信息（0.4%）、下载软件（0.3%）以及网购（0.0%）。这说明青少年上网主要是为了娱乐，查询信息的比例很少；在使用网络地点排名依次是在自己家（26.6%）、网吧（7.8%）、在朋友或亲属家（5.0%）、在同学家（1.9%）。说明青少年更倾向于在家中上网，这也和随着经济条件的发展，电脑逐渐普及有一定的关系。

周一到周五期间使用电脑每天达两个小时或者更多时间的青少年所占比例，按照性别、年级和城市类型进行分类。

从性别角度来看，男生周一到周五期间使用电脑每天达两个小时或者更多时间的所占比例普遍高于女生，直辖市例外，这和男生自控力较差有一定的关系。

从年级来看，周一到周五期间使用电脑每天达两个小时或者更多时间的青少年所占比例总体随着年级的升高而升高，这和青少年对于社交的需求更多以及独立性更强有一定的关系；从城市类型来看，周一到周五期间使用电脑每天达两个小时或者更多时间的青少年所占比例从高到低依次是省会城市、

157

直辖市、中等城市、乡镇，这和地区的经济发展水平有关，总体上经济发展水平越高，周一到周五期间使用电脑每天达两个小时或者更多时间的青少年所占比例越高。

在周末使用电脑每天达两个小时或者更多时间的青少年所占比例，按照性别、年级和城市类型进行分类：从性别角度来看，男生在周末使用电脑每天达两个小时或者更多时间的青少年所占比例高于女生，直辖市是例外，这和男生自控能力差有一定的关系，值得关注的是直辖市在周末使用电脑每天达两个小时或者更多时间的青少年所占比例女生要高于男生，这可能和家庭的溺爱有一定的关系；从年级角度来看，除直辖市外，在周末使用电脑每天达两个小时或者更多时间的青少年所占比例随着年级的升高而逐渐升高，这和青少年对于社交的需求增多以及独立性更强有一定的关系；从城市类型角度来看，在周末使用电脑每天达两个小时或者更多时间的青少年所占比例从高到低依次是省会城市、直辖市、中等城市和乡镇。这说明青少年在周末使用电脑的时间和地区的经济发展水平有关，总体上地区经济水平越高，在周末使用电脑每天达两个小时或者更多时间的青少年所占比例越高。

周一到周五期间玩电脑游戏每天达两个小时或者更多时间的青少年所占比例，按照性别、年级和城市类型进行分类。

从性别角度来看，男生周一到周五期间玩电脑游戏每天达两个小时或者更多时间所占比例普遍高于女生，这和男生自控能力差有一定的关系。

从年级角度来看，初二是一个周一到周五期间玩电脑游戏每天达两个小时或者更多时间的青少年所占比例最高的年龄段，这和处在青春期初期的青少年心理变化更为剧烈有关。

从城市类型角度来看，周一到周五期间玩电脑游戏每天达两个小时或者更多时间的青少年所占比例从高到低依次是省会城市、直辖市、中等城市和乡镇，这说明青少年周一到周五玩电脑游戏的时间和地区经济发展水平有关系，总体上地区经济发展水平越高，周一到周五期间玩电脑游戏每天达两个小时或者更多时间的青少年所占比例越高。

在周末玩电脑游戏每天达两个小时或者更多时间的青少年所占比例，按照性别、年级和城市类型进行分类。

从性别角度来看，男生中在周末玩电脑游戏每天达两个小时或者更多时间所占比例高于女生，这和男生的自控力较差有一定的关系；从年级角度来看，在周末玩电脑游戏每天达两个小时或者更多时间的青少年所占比例随着年级的升高而逐渐升高，但是直辖市除外，直辖市初二在周末玩电脑游戏每天达两个小时或者更多时间的青少年所占比例在三个年级中最高，这和青春期初期青少年心理变化更为剧烈有一定的关系。

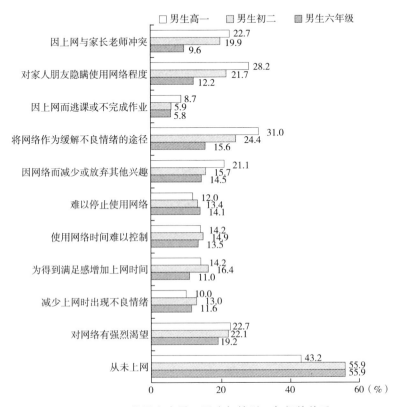

图 3-34 就男生来看，网瘾与性别、年级的关系

图 3-34 显示了就男生来看，网瘾与性别、年级的关系。其中男生因为上网问题而与家长老师争吵的同学在小学六年级的青少年中比例为 9.6%，在初二的青少年中比例为 19.9%，高一的青少年比例为 22.7%。而男生将网络作为缓解不良情绪的途径在小学六年级的青少年中比例为 15.6%，在初二的青少年中比例为 24.4%，在高一的青少年中比例为 31.0%。而从未上网的小学六年级男生比例为 55.9%，初二男生比例为 55.9%，高一男生比例为 43.2%。

从中我们可以看出随着年级的升高，越来越多的男生上网，同时带来的负面影响也越来越多，不仅对青少年的学业造成了极大的影响，而且给其和家长、老师的关系也带来了破坏，更为严重的是网瘾可能导致一系列的心理问题，导致其与现实生活脱离。这和男生的自控力较差以及独立性不断增强有关。

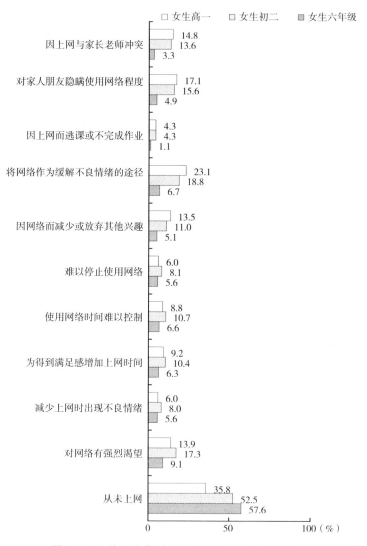

图 3 - 35　就女生来看，网瘾与性别、年级的关系

图 3 - 35 显示了就女生来看，网瘾与性别、年级的关系。其中女生因上网与家长老师冲突的同学在小学六年级的青少年中比例为 3.3%，在初二的青少年中比例为 13.6%，高一的青少年比例为 14.8%。而女生将网络作为缓解不良情绪的途径的小学六年级青少年中比例为 6.7%，在初二的青少年中比例为 18.8%，在高一的青少年中比例为 23.1%。而从未上网的小学六年级女生

比例为57.6%，初二女生比例为52.5%，高一女生比例为35.8%。从中我们可以看出随着年级的上升，越来越多的女生上网，同时带来的负面影响也越来越多。但是总体来看，女生的网瘾程度以及其造成的不良影响要轻于男生。这也反映出女生的自控力比男生强，但是随着独立意识的增强，网瘾带来的危害也越来越多。

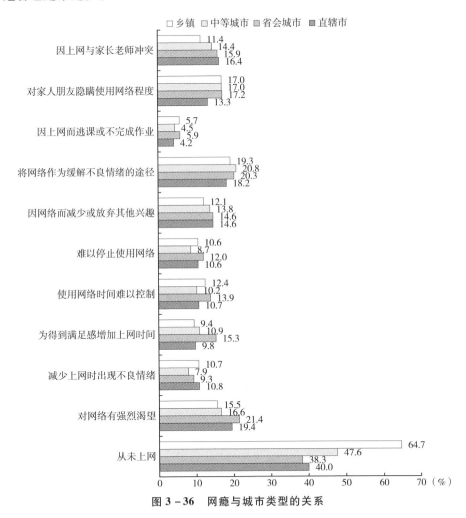

图3-36 网瘾与城市类型的关系

图3-36显示了网瘾与城市类型的关系。从中可以发现，因为上网而与家长老师冲突的青少年中，直辖市青少年比例为16.4%，省会城市青少年为15.9%，中等城市青少年为14.4%，乡镇青少年为11.4%。而在减少或停止上网时，会出现周身不适、烦躁、注意力不集中、睡眠障碍等现象的青少年

中，直辖市青少年比例为 10.8%，省会城市青少年为 9.3%，中等城市青少年为 7.9%，乡镇青少年为 10.7%。而在从未上网的青少年中，直辖市青少年比例为 40.0%，省会城市青少年为 38.3%，中等城市青少年为 47.6%，乡镇青少年为 64.7%。省会城市的青少年网瘾程度以及其负面影响最深，总体来说经济越发达的地区青少年网瘾的可能性更大。

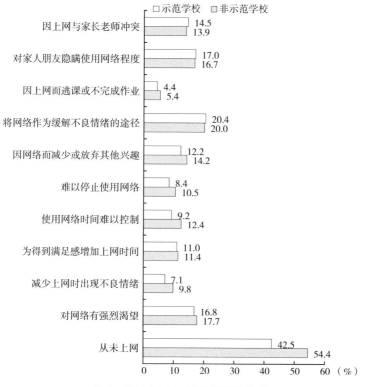

图 3-37　网瘾与学校类型的关系

　　图 3-37 显示网瘾与学校类型的关系。其中，在因为网络而减少或放弃了其他兴趣、娱乐或社交活动的结果中，非示范学校青少年比例为 14.2%，而示范学校青少年为 12.2%。在使用网络过程中很难进行时间控制这项结果中，非示范学校青少年比例为 12.4%，而示范学校青少年比例为 9.2%。在从不使用网络这项结果中，非示范学校青少年比例为 54.4%，而示范学校青少年比例为 42.5%。总体上而言，示范学校的青少年网瘾情况要好于非示范学校，这和示范学校更为规范和严格的管理有关，同时两者的生源也有一定的差异。

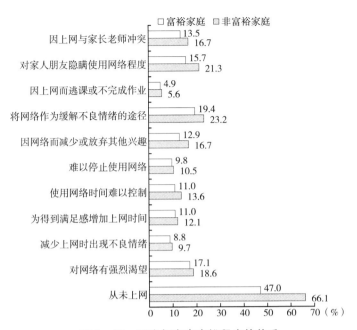

图 3 - 38 网瘾与家庭富裕程度的关系

图 3 - 38 显示网瘾与家庭富裕程度的关系。在向家人或朋友说谎以隐瞒使用网络的程度的调查结果中，富裕家庭青少年的比例为 15.7%，非富裕家庭青少年比例为 21.3%。在将网络作为一种逃避问题或缓解不良情绪的途径的调查结果中，富裕家庭青少年的比例为 19.4%，非富裕家庭的青少年比例为 23.2%。在从不上网的青少年比例中，富裕家庭青少年比例为 47%，非富裕家庭青少年比例为 66.1%。总体来说，非富裕家庭青少年的网瘾严重程度要比富裕家庭严重，这与非富裕家庭中的家长对孩子的溺爱有一定的关系。

图 3 - 39 显示了网瘾与留守和非留守青少年的关系。在使用网络过程中很难进行控制这项结果中，留守青少年比例为 16.2%，非留守青少年比例为 10.6%。在减少或停止上网时，会出现周身不适、烦躁、注意力不集中、睡眠障碍等现象的调查结果中，留守青少年比例为 13.4%，非留守青少年比例为 8.3%。而从未上网的青少年中，留守青少年比例为 67.5%，非留守青少年比例为 47.6%。总体上来说，留守青少年的网瘾程度要比非留守青少年严重，因为留守青少年缺少父母的关注和管教，更加容易出现不理性使用网络的行为。

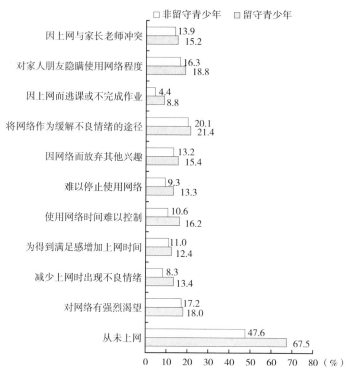

图 3-39　网瘾与留守、非留守青少年的关系

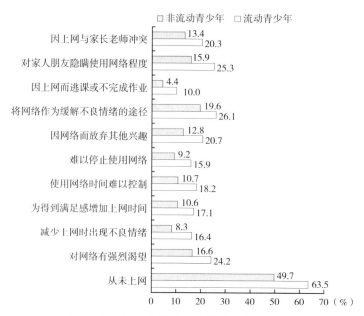

图 3-40　网瘾与流动、非流动青少年的关系

　　图 3 - 40 显示了网瘾与流动、非流动青少年之间的关系，在因为上网而不完成作业或逃课的这项结果中，流动青少年比例为 10% ，非流动青少年比例为 4.4% 。但在减少或停止上网时，会出现周身不适、烦躁、注意力不集中、睡眠障碍等现象的青少年比例中，流动青少年比例为 16.4% ，非流动青少年比例为 8.3% 。在有很强烈的渴望或冲动感去上网的调查结果中，流动青少年比例为 24.2% ，非流动青少年比例为 16.6% 。总体来说，流动青少年的网瘾程度要比非流动青少年严重，流动青少年处在较差的生活环境之中，其行为容易受到周围环境和人的影响，所以其网瘾程度更深。

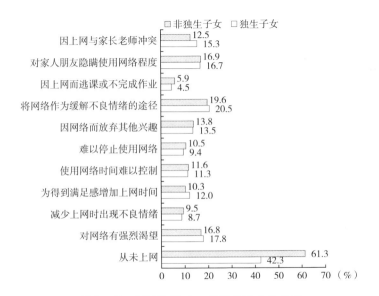

图 3 - 41　网瘾与独生、非独生子女的关系

　　图 3 - 41 显示网瘾与独生、非独生子女的关系，在因为网络而与家长、老师发生矛盾和冲突的调查结果中，独生子女青少年比例为 15.3% ，非独生子女青少年比例为 12.5% 。在因为不断增加使用网络的时间和投入的程度而感到满足感的调查结果中，独生子女青少年比例为 12% ，非独生子女青少年比例为 10.3% 。在从不使用网络的青少年比例调查结果中，独生子女青少年比例为 42.3% ，非独生子女青少年比例为 61.3% 。总体上来说，非独生子女的网瘾程度要比独生子女严重，独生子女比非独生子女受到更多父母的关注和照顾，对其管教也更为严格，所以独生子女的不理性行为更容易受到父母的约束和控制。

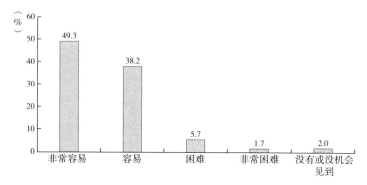

图 3－42　青少年向好朋友倾诉烦恼的比例

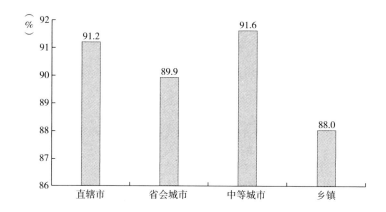

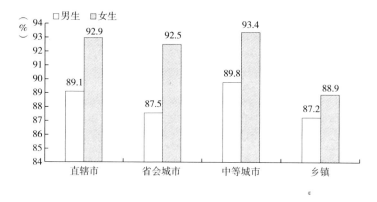

图 3－42 至图 3－44 显示出当青少年遇到困扰的事情时向好朋友倾诉的比例情况。其中有 49.3% 的同学会在遇到困扰时非常容易向好朋友倾诉。中等城市的同学选择在困扰时向好朋友倾诉的比例最高（91.6%），其次是直辖市（91.2%）、省会城市（89.9%）、乡镇（88%）。而女生会向好朋友倾诉烦恼的比例也明显高于男生。其中，中等城市的女生中会有 93.4% 的同学向好

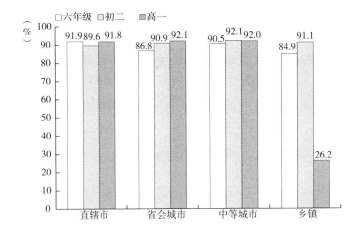

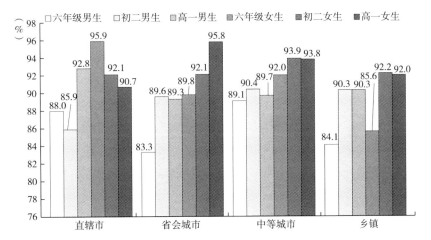

图 3 – 43　按照年级、性别和城市类型，青少年易于向好朋友倾诉的比例

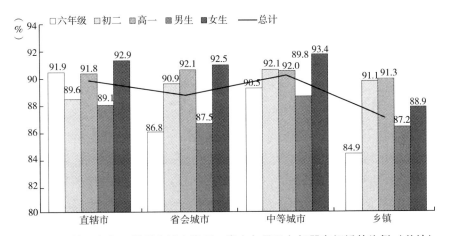

图 3 – 44　按照年级、性别和城市类型，青少年易于向好朋友倾诉的比例（总计）

朋友倾诉烦恼，而乡镇城市的男生有 87.2% 会向好朋友倾诉。此外，总体上随着年级的上升，青少年向好朋友倾诉的比例增加，但并不明显。乡镇城市的高一青少年在有困扰发生时并不易于向好朋友倾诉，其比例仅为 26.2%。

图 3-44 显示，按照性别、年级和城市类型，青少年向好朋友倾诉烦恼的比例。

从性别角度来看，女生向好朋友倾诉烦恼的比例要高于男生，这和女生内心更为敏感和感性有一定的关系；从年级角度来看，青少年向好朋友倾诉烦恼的比例随着年级的升高而总体升高，这和青少年不断增强的自我和独立意识有一定的关系；值得关注的是乡镇高一的青少年向好朋友倾诉烦恼的比例只有 26.2%，这和当地的教育制度以及社会习俗有一定的关系；从城市类型角度来看，青少年向好朋友倾诉烦恼的比例依次是中等城市、直辖市和省会城市以及乡镇，这说明青少年向好朋友倾诉和地区的经济发展水平有一定的关系，总体上经济越发达的地区，青少年向好朋友倾诉的比例越高。

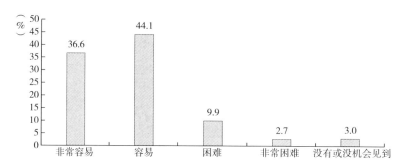

图 3-45 青少年向同性朋友倾诉烦恼的比例

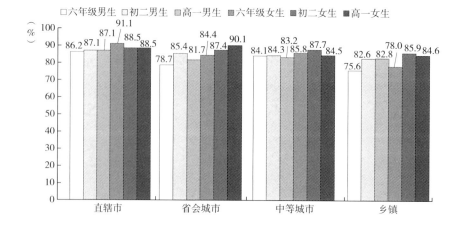

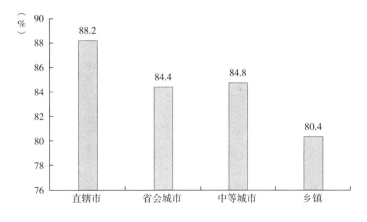

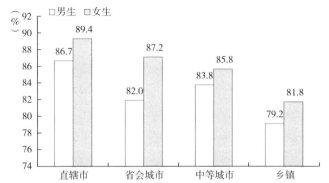

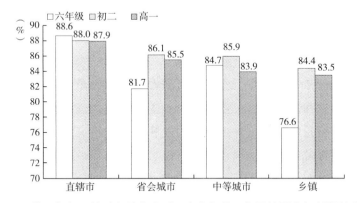

图 3 - 46 按照年级、性别和城市类型，青少年易于向同性朋友倾诉烦恼的比例

图 3 - 45、图 3 - 46 显示出当青少年遇到困扰的事情时向同性朋友倾诉的比例情况。其中有 36.6% 的同学会在遇到困扰时非常容易向同性朋友倾诉，有 44.1% 的同学会容易向同性朋友倾诉。直辖市的同学选择在困扰时向同性朋友倾诉的比例最高（88.2%），其次是中等城市（84.8%）、省会城市

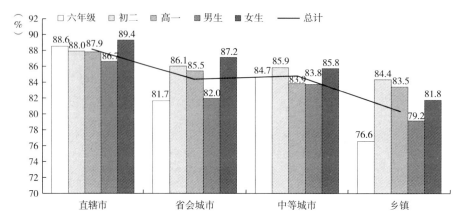

图 3-47　按照年级、性别和城市类型，青少年易于向同性朋友倾诉烦恼的比例（总计）

（84.4%）、乡镇（80.4%）。而女生会向同性朋友倾诉烦恼时的比例高于男生。其中直辖市的女生中会有 89.4% 的同学向同性朋友倾诉烦恼，而乡镇城市的男生有 79.2% 会向同性朋友倾诉。当以年级作为变量进行分析时，除直辖市外，初二同学更容易向同性朋友倾诉烦恼，而小学六年级和高一的比例都较初二的比例要低。其中乡镇的小学六年级仅有 76.6% 的同学会向同性朋友倾诉烦恼，初二有 84.4% 的同学倾诉，高一有 83.5% 的同学倾诉。

图 3-47 显示，按照性别、年级以及城市类型，青少年向同性朋友倾诉烦恼的比例。

从性别角度来看，女生向同性朋友倾诉烦恼的比例普遍高于男生，这和女生内心更为敏感和感性有一定的关系。

从年级角度来看，大体上青少年向同性朋友倾诉烦恼的比例随着年级的升高而降低，这和青少年独立和自我意识的不断增强有一定的关系。

从城市类型角度来看，青少年向同性朋友倾诉烦恼的比例由高到低依次是直辖市、中等城市、省会城市以及乡镇。这说明青少年向同性朋友倾诉烦恼的比例和地区经济发展水平有一定的关系，总体上，经济越发达的地区，青少年向同性朋友倾诉烦恼的比例越高。

图 3-48 至图 3-50 显示出当青少年遇到困扰的事情时向异性朋友倾诉的比例情况。其中有 30.9% 的同学会在遇到困扰时容易向异性朋友倾诉，有 27.4% 的同学会较难向异性朋友倾诉，仅有 12.2% 的同学会非常容易地向异性朋友倾诉困扰。从中可以发现，省会城市同学选择在困扰时向异性朋友倾诉的比例最高（49.9%），其次是中等城市（48%）、直辖市（47.6%）、

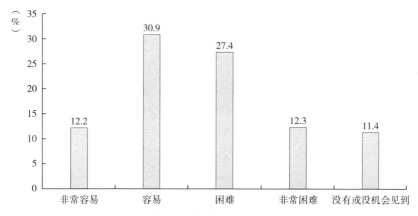

图 3－48　青少年向异性朋友倾诉烦恼的比例分析

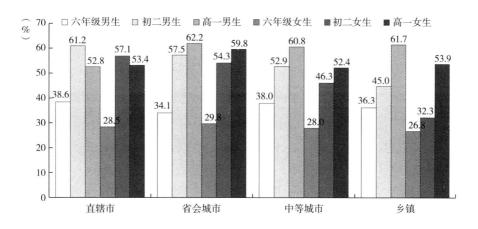

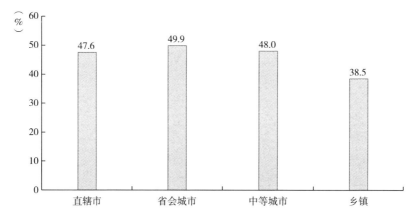

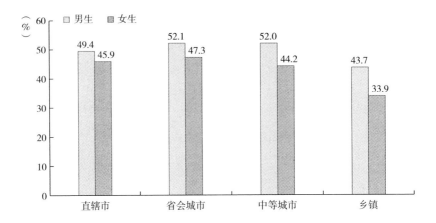

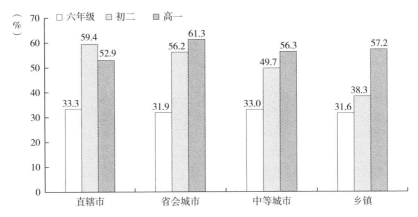

图 3 - 49　按照年级、性别和城市类型，青少年易于
向异性朋友倾诉烦恼的比例

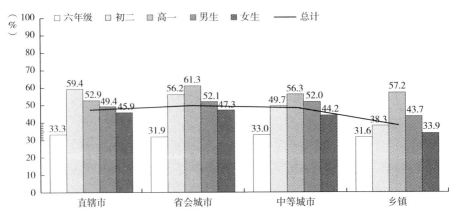

图 3 - 50　按照年级、性别和城市类型，青少年易于
向异性朋友倾诉烦恼的比例（总计）

乡镇（38.5%）。而男生会向异性朋友倾诉烦恼的比例要高于女生，其中省会城市和中等城市的男生会有52.1%和52%的比例向异性朋友倾诉烦恼，其女生比例分别为47.3%和44.2%。随着年级的上升，青少年向异性倾诉烦恼的比例总体也会上升。以省会城市为例，小学六年级的同学会有31.9%的同学向异性倾诉烦恼，初二会有56.2%，高一会有61.3%。

图3-50显示了青少年易于向异性朋友倾诉烦恼的比例，按照年级、性别和城市类型进行分类。从性别角度来看，男生易于向异性朋友倾诉烦恼的比例总体上普遍高于女生，这和男生更加开放以及女生内心更为敏感和感性有一定的关系；从年级角度来看，青少年易于向异性朋友倾诉烦恼的比例总体上随着年级的升高而升高，这和青少年不断增强的自我和独立意识有一定的关系，但是值得关注的是直辖市的高一青少年易于向异性朋友倾诉烦恼的比例较低；从城市类型角度来看，青少年易于向异性朋友倾诉烦恼的比例从高到低依次为省会城市、中等城市、直辖市和乡镇，总体上地区经济越发达的地区，青少年易于向异性朋友倾诉烦恼的比例越高。综合以上有关数据，我们可以发现同侪群体之间的关系、作用及其对健康的影响。

从拥有朋友的数量来看，报告有亲密男性朋友和女性朋友的青少年的比例中，有五个或更多的比例在50%左右，说明大部分青少年身边不缺乏交流和互动的同伴；直辖市的青少年中有三个或更多亲密男性朋友的比例最高（71.7%），其次是省会城市（69.6%）、中等城市（67.6%），乡镇青少年中有3个及以上亲密男性朋友的比例最低（60.3%）。直辖市青少年中有三个或更多亲密女性朋友的比例最高（71.7%），其次是省会城市（70.2%）、中等城市（69.8%），乡镇青少年中有三个及以上亲密女性朋友的比例最低（62.8%）。初二的同学拥有三个或以上亲密男性朋友的比例最高，省会城市初二的青少年中有三个或以上男性朋友的比例为75.8%。而小学六年级同学的比例相对较低，乡镇的小学六年级同学有三个或以上亲密男性朋友的比例为53.6%。其中，省会城市中的乡镇女生拥有三个或以上亲密女性朋友的比例最高（90.4%）。乡镇男生有三个或以上亲密女性朋友的比例最低（39.7%）。乡镇小学六年级的同学有三个或以上女性亲密朋友的比例为57%，而高一同学的比例为76.6%。

从闲暇时间的活动上来看，同学们放学后与同学或好朋友在一起的比例较高，并且每周至少五天放学后跟同学或好朋友在一起的青少年所占比例最高（17.2%），至少七天在一起的同学比例为16.8%。而在每周至少五次放学后跟同学或好朋友在一起的青少年中，省会城市的同学比例最高（49.9%），其次依次为直辖市（49.5%）、中等城市（36.6%）、乡镇（33.4%）。每周至少五天跟同学或好朋友通过电话或短信或互联网进行联系的青少年比例与每周至少五天放学后跟同学或好朋友在一起比例大致持平。而通过年级比较来看，直辖市除外，初二每周至少五天放学后跟同学或好朋友在一起的同学要比小学六年级和高一的高。以省会城市为例，小学六年级每周至少五天放学后与同学和好朋友在一起的比例为45.9%，初二为62.1%，高一为44.5%。每周至少五天跟同学或好朋友通过电话或短信或互联网进行联系的青少年的比例中，最高的是直辖市的同学（38.8%），其次依次为省会城市34.5%、中等城市25.7%、乡镇15.9%。按照性别来比较，除乡镇外，女生每周至少五天跟同学或好朋友通过电话或短信或互联网进行联系的青少年比例比男生要高，以直辖市为例，男生比例为35.4%，女生为41.9%。而通过比较年级来看，随着年级的上升每周至少五天跟同学或好朋友通过电话或短信或互联网进行联系的青少年而总体增加。以省会城市为例，小学六年级的比例为23.3%、初二为36.5%、高一为43.3%。

从看电视的情况来看，从来不观看电视的同学的比例为35.5%，观看半个小时的同学比例为22.9%。而周一到周五期间看电视每天达四个小时或者更多时间的青少年中，省会城市的学生的比例最高（12.1%），其次依次为乡镇11%、直辖市9.2%、中等城市8.5%。并且按照性别来看，男生周一到周五期间看电视时间超过四个小时的比例比女生要高，以省会城市为例，男生比例为14.7%，女生为9.2%。而通过比较年级来看，随着年级的上升周一到周五期间看电视时间等于或超过四个小时的青少年的比例总体是下降的，其中省会城市初二青少年周一到周五期间看电视时间等于或超过四个小时的比例为14.8%，而高一的同学比例为8%。周末青少年看电视的时间比例较高，而看电视2个小时的同学最多，比例为18.7%，其次是观看电视3个小时的同学，比例为14.1%。并且周末看电视每天达四个小时或者更多时间的青少年中乡镇同学的比例最高（38.5%），其次依次为直辖市37.4%、省会城市35.6%、中等城市31.1%。并且按照性别来比较，除乡镇外，女生在周末看电视每天达四个小时或更多时间的比例比男生要略高，以省会城市为例，男生比例为34.8%，女生为36.2%。而通过比较年级来看，随着年级的上升在周末看电视每天达四个小时或更多时间的青少年的比例是波动的，其中初二的同学在周末看电视等于或超过四个小时的比例最高，在乡镇达到了52.2%，而小学六年级和高一同学的比例相对较低，在乡镇分别为34.2%和26.2%。

从使用电脑的情况来看，在周一到周五期间从来不使用电脑的青少年比例较高（52.4%）。而在周一到周五期间使用电脑每天达两个小时或者更多时间的青少年中省会城市的同学的比例最高（20.5%），其次依次为直辖市17.7%、中等城市15%、乡镇14%。按照性别来比较，除直辖市外，男生周一到周五期间使用电脑每天达两个小时或者更多时间的比例比女生要高，以省会城市为例，男生比例为22.3%，女生为18.5%。在年级上通过比较来看，随着年级的上升在周末使用电脑达两个小时或更多时间的青少年的比例是波动的，一般来说，随着年级的上升周一到周五期间使用电脑每天达两个小时或者更多时间的青少年的比例逐渐提高。而在直辖市和省会城市，初二的周一到周五期间使用电脑每天达两个小时或者更多时间的青少年比例要高于小学六年级和高一同学的比例。在周末使用电脑时间为每天半小时的青少年比例较高（26.5%），其次为在周末使用电脑两个小时的同学的比例为15.8%。而在周末使用电脑每天达两个小时或者更多时间的青少年中省会城市的同学的比例最高（53.6%），其次依次为直辖市51.3%、中等城市43.5%、乡镇30.1%。并且按照性别来比较，一般来说，男生在周末使用电脑每天达两个小时或者更多时间的比例比女生要高，以省会城市为例，男生比例为55.2%，女生为51.9%，而直辖市的男生比例却比女生小，男生为47.1%，女生为56.2%。而通过比较年级来看，除直辖市外，随着年级的上升在周末使用电脑每天达两个小时或者更多的青少年的比例是上升的，以省会城市为例，小学六年级同学比例为34.3%，初二同学比例为60.7%，高一同学比例为65.9%。根据青少年使用电脑地点的分析，在家里上网的同学比例最高（26.6%），其次为网吧（7.8%）。青少年使用电脑做什么的分析图表显示，聊天是青少年使用网络最常做的事情，其比例为14.5%，其次为玩游戏（11.5%）、看视频（6%）。

从网瘾情况来看，其中男生因为上网问题而与家长老师冲突的同学在小学六年级的青少年中比例为9.6%，在初二的青少年中比例为19.9%，高一的青少年比例为22.7%。而男生将网络作为一种逃离现实问题的手段在小学六年级的青少年中比例为 15.6%，在初二的青少年中比例为 24.4%，在高一的青少年中比例为 31.0%。而从不上网的小学六年级男生比例为 55.9%，初二男生比例为 55.9%，高一男生比例为 43.2%。

女生因为上网问题而与家长老师冲突的同学在小学六年级的青少年中比例为 3.3%，在初二的青少年中比例为 13.6%，高一的青少年比例为 14.8%。而女生将网络作为一种逃离现实问题的手段的小学六年级青少年中比例为 6.7%，在初二的青少年中比例为 18.8%，在高一的青少年中比例为 23.1%。而从不上网的小学六年级女生比例为 57.6%，初二女生比例为 52.5%，高一女生比例为 35.8%。

图 3-36 显示网瘾与城市类型的关系。从中可以发现，因为上网而与家长和老师发生矛盾和冲突的青少年中，直辖市青少年比例为 16.4%，省会城市青少年为 15.9%，中等城市青少年为 14.4%，乡镇青少年为 11.4%。而在减少或停止上网时，会出现周身不适、烦躁、注意力不集中、睡眠障碍等现象的青少年中，直辖市青少年比例为 10.8%，省会城市青少年为 9.3%，中等城市青少年为 7.9%，乡镇青少年为 10.7%。而在从不上网的青少年中，直辖市青少年比例为 40.0%，省会城市青少年为 38.3%，中等城市青少年为 47.6%，乡镇青少年为 64.7%。在因为网络而减少或放弃了其他兴趣、娱乐或社交活动的结果中，非示范学校青少年比例为 14.2%，而示范学校青少年为 12.2%。在使用网络过程中很难进行控制这项结果中，非示范学校青少年比例为 12.4%，而示范学校青少年为 9.2%。在从不使用网络这项结果中，非示范学校青少年比例为 54.4%，而示范学校青少年为 42.5%。网瘾与家庭富裕程度的关系，在向家人或朋友说谎以隐瞒使用网络的程度的调查结果中，富裕家庭青少年的比例为 15.7%，非富裕家庭青少年比例为 21.3%。在将网络作为一种逃避问题或缓解不良情绪的途径的调查结果中，富裕家庭青少年的比例为 19.4%，非富裕家庭的青少年比例为 23.2%。在从不上网的青少年比例中，富裕家庭青少年比例为 47%，非富裕家庭青少年为 66.1%。网瘾与留守和非留守儿童的关系，在使用网络过程中很难进行控制这项结果中，留守儿童的青少年比例为 16.2%，非留守儿童青少年比例为 10.6%。而在减少或停止上网时，会出现周身不适、烦躁、注意力不集中、睡眠障碍等现象的青少年比例中，留守儿童青少年比例为 13.4%，非留守儿童青少年比例为 8.3%。而从不上网的青少年比例中，留守儿童青少年比例为 67.5%，非留守

儿童青少年比例为 47.6%。网瘾与流动儿童之间的关系，在因为上网而不完成作业或逃课的这项结果中，流动儿童的青少年比例为 10%，非流动儿童的青少年比例为 4.4%。而在减少或停止上网时，会出现周身不适、烦躁、注意力不集中、睡眠障碍等现象的青少年比例中，流动儿童青少年比例为 16.4%，非流动儿童青少年比例为 8.3%。在有很强烈的渴望或冲动感去上网的调查结果中，流动儿童青少年比例为 24.2%，非流动儿童青少年比例为 16.6%。网瘾与独生、非独生子女的关系，在因为网络而与家长、老师发生矛盾和冲突的调查结果中，独生子女青少年比例为 15.3%，非独生子女青少年比例为 12.5%。在因为不断增加使用网络的时间和投入的程度而感到满足感的调查结果中，独生子女青少年比例为 12%，非独生子女青少年比例为 10.3%。在从不使用网络的青少年比例调查结果中，独生子女青少年比例为 42.3%，非独生子女青少年比例为 61.3%。

从青少年遇到困扰的事情时向好朋友倾诉的情况来看，其中有 49.3% 的青少年会在遇到困扰时非常容易向好朋友倾诉。中等城市的青少年选择在困扰时向好朋友倾诉的比例最高（91.6%）。其次是直辖市（91.2%）、省会城市（89.9%）、乡镇（88%）。而女生会向好朋友倾诉烦恼的比例明显高于男生。其中中等城市的女生中会有 93.4% 的青少年向好朋友倾诉烦恼，而乡镇城市的男生有 87.2% 会向好朋友倾诉。并且随着年级的上升，青少年向好朋友倾诉的比例增加，但并不明显。乡镇城市的高一青少年在有困扰发生时并不易于向好朋友倾诉，其比例仅为 26.2%。当青少年遇到困扰的事情时向同性朋友倾诉的比例情况，其中有 36.6% 的青少年同学会在遇到困扰时非常容易向同性朋友倾诉，有 44.1% 的青少年会容易向同性朋友倾诉。直辖市的青少年选择在困扰时向同性朋友倾诉的比例最高（88.2%），其次是中等城市（84.8%）、省会城市（84.4%）、乡镇（80.4%）。而女生会向同性朋友倾诉烦恼的比例高于男生。其中直辖市的女生中会有 89.4% 的青少年向同性朋友倾诉烦恼，而乡镇城市的男生有 79.2% 会向同性朋友倾诉。当以年级作为变量进行分析时，除直辖市外，初二同学更容易向同性朋友倾诉烦恼，而小学六年级和高一的比例都较初二的比例要低。其中乡镇的小学六年级仅有 76.6% 的同学会向同性朋友倾诉烦恼，初二有 84.4% 的同学倾诉，高一有 83.5% 的同学倾诉。当青少年遇到困扰的事情时向异性朋友倾诉的比例情况，其中有 30.9% 的青少年在遇到困扰时容易向异性朋友倾诉，有 27.4% 的同学较难向异性朋友倾诉，仅有 12.2% 的青少年会非常容易地向异性朋友倾诉困扰。而男生向异性朋友倾诉烦恼的比例要高于女生。其中省会城市和中等城市的男生会有 52.1% 和 52% 的比例向异性朋友倾诉烦恼，其女生比例分别为 47.3% 和 44.2%，随着年级的上升青少年向异性倾诉烦恼的比例总体也会上升。以省会城市为例，小学六年级的同学会有 31.9% 的同学向异性倾诉烦恼，初二的比例为 56.2%，高一的比例有 61.3%。

四 研究发现

1. 从性别、年级来看

男生中拥有三个或者更多亲密男性朋友所占的比例普遍高于女生；女生中拥有三个或者更多亲密女性朋友所占的比例普遍高于男生；每周至少五次在家里以外的地方和朋友在一起的青少年比例男女生之间的差异并不是很大；女生每周至少五天跟同学或好朋友通过电话或短信或互联网进行联系所占比例普遍高于男生；男生周一到周五期间看电视每天达四个小时或者更多时间所占比例普遍高于女生；女生在周末看电视每天达四个小时或者更多时间所占比例普遍高于男生，乡镇的青少年是特例；男生周一到周五期间使用电脑每天达两个小时或者更多时间的所占比例普遍高于女生，但直辖市的青少年是例外；男生在周末使用电脑每天达两个小时或者更多时间的青少年所占比例高于女生，直辖市是例外；男生周一到周五期间玩电脑游戏每天达两个小时或者更多时间所占比例普遍高于女生；男生在周末玩电脑游戏每天达两个小时或者更多时间所占比例高于女生。

拥有三个或者更多亲密男性朋友所占的比例总体上随着年级的升高逐渐升高；总体上随着年级的升高拥有三个或更多亲密女性朋友所占的比例逐渐升高；初二普遍是青少年在家以外的地方和朋友在一起最为频繁的年龄段；总体上随着年龄的增长，每周至少五天跟同学或好朋友通过电话或短信或互联网进行联系的青少年所占比例逐渐升高；高一的青少年周一到周五期间看电视每天达四个小时或者更多时间所占比例普遍最低；初二普遍是在周末看电视每天达四个小时或者更多时间的青少年所占比例最高的年龄段，高一是比例普遍最低的年龄段；周一到周五期间使用电脑每天达两个小时或者更多时间的青少年所占比例随着年级的升高而升高；在周末使用电脑每天达两个小时或者更多时间的青少年所占比例随着年级的升高而总体升高；初二是一个周一到周五期间玩电脑游戏每天达两个小时或者更多时间的青少年所占比例最高的年龄段；在周末玩电脑游戏每天达两个小时或者更多时间的青少年所占比例随着年级的升高而逐渐升高。

随着年级的升高，越来越多的男生上网，同时由此带来的负面影响也越来越多；随着年级的升高，越来越多的女生上网，同时带来的负面影响也越来越多。但是总体来看，女生的网瘾程度及其造成的不良影响要轻于男生。

女生向好朋友倾诉烦恼的比例要高于男生；青少年向好朋友倾诉烦恼的比例随着年级的升高而逐渐升高；女生向同性朋友倾诉烦恼的比例普遍高于男生；青少年向同性朋友倾诉烦恼的比例随着年级的升高而降低；男生易于向异性朋友倾诉烦恼的比例普遍高于女生；青少年易于向异性朋友倾诉烦恼的比例随着年级的升高而升高。

2. 从城市类型来看

青少年中拥有三个或者更多亲密男性朋友的比例从高到低依次是直辖市、省会城市、中等城市和乡镇；青少年中拥有三个或者更多亲密女性朋友的比例从高到低依次是直辖市、省会城市、中等城市和乡镇；每周至少五次在家以外的地方和好朋友在一起的比例从高到低依次是省会城市、直辖市、中等城市以及乡镇；每周至少五天跟同学或好朋友通过电话或短信或互联网进行联系的青少年所占比例从高到低依次是直辖市、省会城市、中等城市以及乡镇；周一到周五期间看电视每天达四个小时或者更多时间的青少年所占比例由高到低依次是省会城市、乡镇城市、直辖市、中等城市；在周末看电视每天达四个小时或者更多时间的青少年所占比例从高到低依次是乡镇、直辖市、省会城市和中等城市；周一到周五期间使用电脑每天达两个小时或者更多时间的青少年所占比例从高到低依次是省会城市、直辖市、中等城市、乡镇；在周末使用电脑每天达两个小时或者更多时间的青少年所占比例从高到低依次是省会城市、直辖市、中等城市和乡镇；周一到周五期间玩电脑游戏每天达两个小时或者更多时间的青少年所占比例从高到低依次是省会城市、直辖市、中等城市和乡镇；在周末玩电脑游戏每天达两个小时或者更多时间的青少年所占比例从高到低依次是直辖市、省会城市、中等城市和乡镇。

省会城市的青少年网瘾程度及其负面影响最深；青少年向好朋友倾诉烦恼的比例依次是中等城市、直辖市和省会城市以及乡镇；青少年向同性朋友倾诉烦恼的比例由高到低依次是直辖市、中等城市、省会城市以及乡镇；青少年易于向异性朋友倾诉烦恼的比例从高到低依次是省会城市、中等城市、直辖市和乡镇。

3. 从家庭富裕程度来看

总体来说，非富裕家庭的青少年的网瘾严重程度要比富裕家庭严重，这和家庭的溺爱有一定的关系。

4. 从学校类型来看

总体上而言，示范学校的青少年网瘾情况要好于非示范学校，这和示范学校更为规范和严格的管理有关，同时两者的生源也有一定的差异。

5. 从留守与非留守来看

总体来说，留守儿童的网瘾程度要比非留守儿童严重，因为留守儿童缺少父母的关注和管教，更加容易出现不理性使用网络的行为。

6. 从流动与非流动来看

总体来说，流动儿童的网瘾程度要比非流动儿童严重，流动儿童处在较差的生活环境之中，其行为容易受到周围环境和人的影响，所以其网瘾程度更深。

7. 从独生子女与非独生子女来看

总体来说，非独生子女的网瘾程度要比独生子女严重，独生子女比非独生子女受到更多父母的关注和照顾，对其管教也更为严格，所以独生子女的不理性行为更容易受到约束和控制。

第四章　社会环境对青少年
健康行为的影响

一　研究概述

  社会资本在这里是作为潜在因素用以解释社会因素是如何影响健康状况的。由于这个概念有可能促进我们对于健康问题的社会决定因素的进一步理解，因此它在地区以及国际制定策略时变得越来越突出和重要。尽管它的重要性地位在迅速上升，对于社会资本这一概念本身及其结果，对其进行的定义与测量却没有得到和它的重要性相对应的适当详细的检验。

  本章把社会资本纳入考量的因素之列，是因为许多作者尽管没有对这个年龄段群体的社会资本进行过仔细的研究，但都认为它是社会经济不平等与健康状况的一个关键指标。具体的观点包括：Wilkson[①] 认为社会经济不平等对健康状况的影响在于它削弱了社会资本（社会资本作为中介）。Campbell[②] 提出社会资本可以对社会经济不利条件起到缓冲作用，减少经济资源缺乏对青少年的影响（社会资本作为调节变量）。Cooper 等[③]论证了在控制一部分社会经济变量的状况下，社会资本的一些指标对健康状况具有一定的独立作用（社会资本和社会经济地位作为独立而又相联系的变量）。大多数已经完成的用于探究社会资本概念的实验式调查都是以成年人群体为研究对象的。我们把社会资本这一概念引入 HBSC 研究是因为我们认为，作为一个分析工具，HBSC 提供了一个重要的机会来就青少年健康进一步理解社会资本这一概念以

---

① Wilkson R. G. Unhealthy Societies：The Afflictions of Inequality. 1996，London：Routledge.

② Campbell C. ，Wood R. ，Kelly M. J. Social Capital and Health. 1999.

③ Cooper， H.， Valentine， J.， Lindsay， J. J.， & Nye， B. （1999）. Relationships between Five after – school Activities and Academic Achievement. Journal of Educational Psychology，91，1 – 10.

及它与健康状况的联系。一部分社会资本的问题在 2001/2002 年调查的选择性话题组合中得到了发展。

图 4－1 展示了我们将社会资本概念化的四个维度。然而，在缺乏用来建立这样一个模型的文献基础情况下，我们形成这个概念的过程在这个阶段只是探索性的。图 4－1 同时阐述了该模型，也就是社会经济地位、社会资本、健康状况以及幸福之间关系的概念模型。概括来说，社会经济地位和社会资本都被认为对健康状况以及幸福起到独立的影响作用。此外，我们认为社会资本在与其他三者的关系中仍扮演着中介和调节或缓冲的角色。在缺乏支持观点的经验情况下，这些关于四者关系的假设主要是探索性质的。图 4－1 中用虚线标示了这些假设。

图 4－1 是社会经济地位、社会资本、健康和幸福的假设关系图表。它展示了社会经济地位在社会环境下的概念化，社会资本四方面的概念化，社会经济地位、社会资本对健康状况以及幸福的独立作用和社会资本所暗含的中介和调节作用。

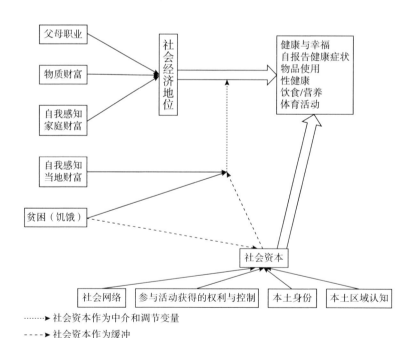

图 4－1　社会经济地位、社会资本、健康和幸福的假设关系
资料来源：**www. HBSC. org**。

二　青少年的社会经济地位及其测量

West①在1997年、Arber②在（1995）年都推断说在社会经济范围内青春期的健康状况更多是以平等而不是不平等为特征。然而，以往调查主要是以父母职业为基础对社会经济地位进行测量。这样测量出来的社会资本却被认为不能反映真实的青少年社会经济地位差异。过去我们曾经根据青少年家庭主导者的职业来对他们进行归类。但是这种方法引出了一个问题：我们应该以谁的职业来归类青少年的社会经济地位，是青少年、他们父亲或母亲还是家庭主导者的职业？这些信息如何收集到？青少年有可能并不知道父母的职业，或者不能够准确地描述他们父母的职业或提供有效的细节以供分类。

其他以职业为基础测量社会经济地位的复杂方法包括了单亲家庭或离异家庭里各方面。因此，把职业作为反映社会经济地位的唯一标准，并不能提供一个对真实社会经济地位的准确描述，实际上还有可能导致出现低估或者错误展示社会经济地位与健康状况之间关系的现象，当将父母的收入或教育程度单独作为反映社会经济地位时，类似的问题也会出现。

（一）社会经济地位与健康调查问题

（1）与社会经济地位相关的不平等在健康行为（物质使用、性健康、饮食与营养、暴力与伤害、体育活动）、自报告心理健康的躯体特征和幸福（生活满足）达到什么程度？

（2）社会经济地位的各个部分要达到什么程度才能使这些健康方面的结果表现出不同程度的不平等或者倾斜？

（3）这些社会经济地位各个部分在所有地区是否同等地相关以及足够地相互区别？来自相对贫穷地区的社会经济地位数据与相对富裕地区的是否可以相比？如果不可以，那么是否有必要相应地对社会经济地位数据进行衡量？

（4）在全国各地处于贫困（即社会经济地位非常低下）的青少年所占的比例是多少？

---

① West P. Health Inequalities in the Early Years：Is There Equalisation in Youth？ Social Science and Medicine, 1997, 44：833–858.

② Sara Arber. Sociology of Health & IllnessVolume 17, Issue 2, First Published：Marc 1995.

（5）感觉到的贫困是否与较差的社会经济地位相互关联？

（二）社会经济地位的必答题

在之前的 HBSC 调查中社会经济地位的一个关键反映是父亲和母亲的职业。这个反映因素是以对有关父母职业描述题目不受拘束的回答进行分类编码为标准。由此导致的问题是，20% 职业的种类不能编排进回答选项，因为青少年提供的职业描述不完整，或者他们不知道父母的职业，或者他们不愿意回答这些问题。经验表明提供的相关描述并不允许对某些没有就业的父母进行分类。这些父母不就业的原因可能是长期患病、承担其他责任（比如照顾孩子）或者是失业，与家庭贫困的联系使得对这些非就业群体的分类尤其重要。

尽管试图以父母职业为基础来反映社会经济地位存在许多困难，但它在对社会经济地位的整体评估中是有用的，也因此被包含在这次调查中。然而我们在这次调查里集中改善获取父母职业信息的方法。这些方法包括有关父母职业的问题清晰化，明确项目调查的说明，对负责调查的主管或老师的指引。

最初有关父母职业的问题包括以下：你的父母的职业是什么？如果可以的话，请准确描述他们所从事的事务是什么，而不仅仅是他们工作的地方。例如，店员、办公室经理、公共汽车司机、牙医、农场工人等。如果你不能回答，请写下"不知道""现没有收入""求职中""退休""病休中""家庭主妇"等。有关父母职业问题的新版式设计（下面所概述的）将一个简单的问题转变成在逻辑进展中能提供更好的提示性短问题。

（三）社会经济地位与健康状况

本次调查结果显示，健康行为与幸福感反映因社会经济环境不同而有差异，所以家庭较富裕的青少年比家庭不富裕的同龄人从事更多增强健康的活动并拥有较高的幸福水平。在所有地区主观幸福感、感觉自信、没有感觉无助，绝大部分地区青少年自我感觉健康和疾病症状较少全都与家庭比较富裕有关。

社会经济地位与健康状况的积极关联与文献中对青少年的总体上积极的关联记录相类似，该一致性表明本次调查中使用的问题包括了青少年社会经济地位的有效反映。在贫困和当地社会经济地位方面的补充问题拓宽了我们进一步了解青少年社会经济地位和健康状况的范围。

三　研究方法

问卷中有关社会不平等的问卷内容选 HBSC 调查工具包里 SI 选择组 1：社会资本（22 条），社会资本系统包括 4 个组成部分：社交网络和社会支持、参与能力与控制、当地身份、对资源的认知。

这些因素存在于家庭与朋友、学校、当地环境中，包括来自必答问卷调查中的条目以及来自校园环境选择的条目。

四　研究指标

（一）社会经济地位

1. 父母工作情况
（1）父母有工作
（2）父母无工作
2. 家庭富裕程度
（1）饿着肚子上学或者睡觉
（2）自称家庭富裕程度的客观物质条件
①家庭中有汽车、货车或卡车
②有自己的卧室
③最近一年全家一起外出旅游
④家庭中有台式电脑或笔记本电脑
3. 社区及由此产生的社会对情感的影响
4. 在居住区域受到暴力伤害

（二）文化环境

1. 认为社会传统文化是否过时
2. 对社会传统文化影响的看法

3. 对外来文化、产品的看法

4. 对高档消费品的看法

5. 中小青少年出现恋爱行为的看法

五　研究结果

社会身份与地位的不平等对于健康状况有着直接的影响，因此考察青少年家庭经济情况与健康状况之间的关系就显得尤为重要。

（一）对家庭经济状况自我感知能力的评估

1. 父母双方都处于工作状态的统计

鉴于从青少年处得到准确的家庭经济信息存在困难（很少青少年能清楚地了解家庭的收入和开销情况），故要求青少年提供关于他们父母工作状态的相关信息。确切来说，对社会经济状况的衡量是以父母的职业和教育水平作为基础的。

表 4 - 1　根据性别和城市类型来看，不同年级的青少年父母都工作的情况

指标	直辖市			省会城市		
	男生	女生	总计	男生	女生	总计
小学六年级	79.1	79.2	79.3	62.0	66.3	64.0
初二	78.1	66.2	71.8	67.0	69.8	68.6
高一	60.1	63.9	62.2	61.4	67.7	64.2
总计（%）	72.1	70.1	71.3	63.3	67.8	65.5
N（人）	373	370	751	801	797	1614

指标	中等城市			乡镇		
	男生	女生	总计	男生	女生	总计
小学六年级	62.0	63.0	62.5	60.7	60.9	60.8
初二	61.7	63.8	62.9	47.4	44.6	45.8
高一	58.9	61.2	60.4	44.2	45.9	45.1
总计（%）	60.7	62.4	61.7	53.7	53.1	53.4
N（人）	1967	2114	4124	989	1032	2054

注：因有的样本数据不合规而未算入，故男女生加总不等于总计数，下同。

表4-1显示了根据性别、年级、城市类型的青少年父母双方都处于工作状态的情况。从性别角度来看，省会城市和中等城市的女生父母都处于工作状态的比例高于男生，直辖市和乡镇男生父母都处于工作状态的比例高于女生，这和地区经济差异有一定的关系，直辖市和乡镇的失业率都比较高。

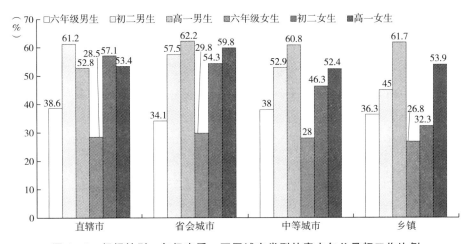

图4-2 根据性别、年级来看，不同城市类型的青少年父母都工作比例

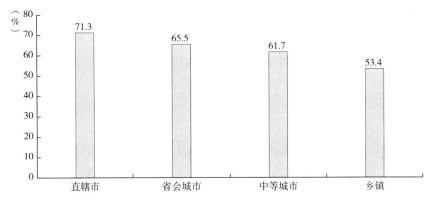

图4-3 根据城市类型来看，不同城市类型青少年父母都工作比例

图4-2至图4-6显示，从年级角度来看，父母都处于工作状态的比例随着青少年年级的升高而总体降低，这和父母年龄的老化有一定的关系，年龄越大，失业率越大。值得关注的是乡镇的青少年父母都处于工作状态的比例在初二和高一都比较低，这也和经济发展水平有一定的关系。

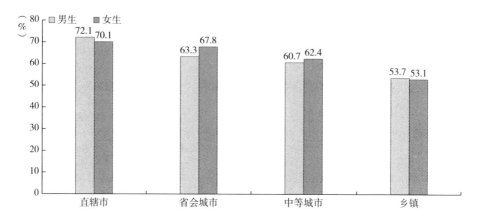

图 4-4　根据性别来看，不同城市类型青少年父母都工作比例

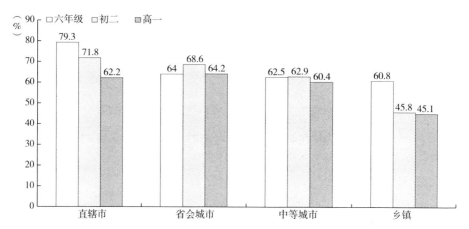

图 4-5　根据年级来看，不同城市类型的青少年父母都工作比例

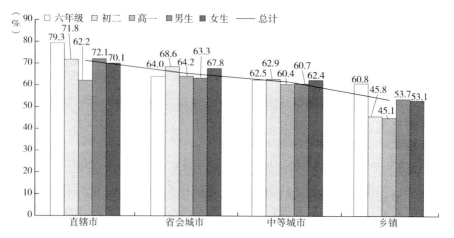

图 4-6　根据性别、年级来看，不同城市类型的青少年父母都工作比例（总计）

从城市类型来说，父母都处于工作状态的比例由高到低依次是直辖市、省会城市、中等城市和乡镇，这说明父母都处于工作状态的比例和地区的经济发展水平有一定的关系，地区经济越发达，父母都处于工作状态的比例越高。

2. 父母双方都处于非工作状态的统计

表4-2显示了父母双方都处于非工作状态的青少年所占比例等情况。从性别角度来看，男生父母双方都处于非工作状态的比例高于女生，乡镇地区例外，这和当地的经济发展水平较为落后有一定的关系；从年级角度来看，大体上青少年父母双方都处于非工作状态的比例随着年级的升高而升高，这和父母年龄的增长有一定的关系，年龄越高失业的可能性越大；从城市类型角度来看，青少年父母双方都处于非工作状态的比例由高到低依次是乡镇、中等城市、省会城市、直辖市，可以看出父母双方都处于非工作状态的比例和当地的经济发展水平有关，经济越发达的地区，父母双方都处于非工作状态的比例越小；乡镇青少年父母双方都处于非工作状态的比例尤其高，这和乡镇相对落后的经济水平和父母的低教育水平有一定的关系。

表4-2 根据性别、年级和城市类型来看，父母双方都处于非工作状态的情况

指标	直辖市			省会城市		
	男生	女生	总计	男生	女生	总计
小学六年级	2.9	1.6	2.2	9.3	3.8	6.5
初二	0.8	2.1	1.8	5.3	4.2	4.7
高一	9.8	8.9	9.3	9.3	4.1	7.0
总计（%）	4.8	4.4	4.6	8.1	4.0	6.1
N（人）	25	23	49	102	47	151

指标	中等城市			乡镇		
	男生	女生	总计	男生	女生	总计
小学六年级	8.2	9.2	8.7	12.7	14.6	13.6
初二	9.3	8.1	8.7	19.3	22.3	20.7
高一	14.0	11.2	12.4	29.7	22.8	26.1
总计（%）	10.9	9.8	10.3	17.6	18.6	18.1
N（人）	354	331	687	325	361	696

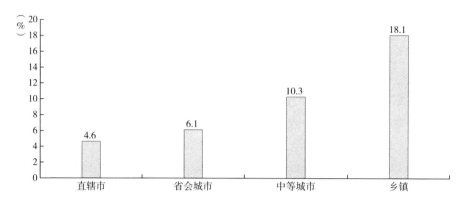

图 4 - 7　根据城市类型来看，不同城市类型的青少年父母双方都处于非工作状态的比例

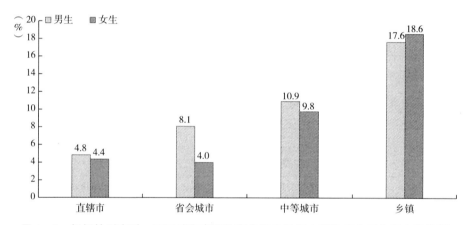

图 4 - 8　根据性别来看，不同城市类型的青少年父母双方都处于非工作状态的比例

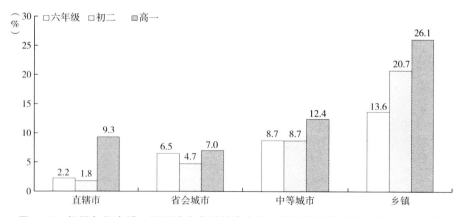

图 4 - 9　根据年级来看，不同城市类型的青少年父母双方都处于非工作状态的比例

图 4 - 7 至图 4 - 9 显示，乡镇的男生和女生的父母双方都处于非工作状态的比例最高（18.1%），其次是中等城市（10.3%）、省会城市（6.1%），直辖市的男生和女生父母双方都处于非工作状态的比例最低（4.6%）。四种城市类型中直辖市、省会城市、中等城市中男生父母双方都处于非工作状态的比例高于女生，而乡镇中女生父母双方都处于非工作状态的比例高于男生。将四类城市的不同性别相比较，其中乡镇女生父母双方都处于非工作状态的比例最高（18.6%），省会城市女生父母双方都处于非工作状态的比例最低（4.0%）。随着年级的不断升高，乡镇青少年父母双方都处于非工作状态的比例总体呈上升状态。高一的乡镇青少年父母双方都处于非工作状态的比例在四类城市的三个年级中都是最高的（26.1%），初二的直辖市青少年父母双方都处于非工作状态的比例最低（1.8%）。

3. 自称家庭经济地位情况

表 4 - 3 显示了家庭富裕或十分富裕的青少年所占比例等情况。从中可以看到，直辖市的青少年家庭富裕或十分富裕的比例最高（86.7%），其次是省会城市（83.3%）、中等城市（83.2%），乡镇青少年家庭富裕或十分富裕的比例最低（78.6%）。四类城市类型中，直辖市、省会城市、中等城市中女生家庭富裕或十分富裕的比例高于男生。而乡镇中男生家庭富裕或十分富裕的比例高于女生。四类城市的不同性别相比较，其中直辖市的女生家庭富裕或十分富裕的比例最高（88.1%），乡镇女生家庭富裕或十分富裕的比例最低（77.8%）。随着年级的不断升高，四类城市中家庭富裕或十分富裕的青少年的比例都呈现不断下降的趋势，其中小学六年级的直辖市青少年家庭富裕或十分富裕的比例最高（93.7%），高一的乡镇青少年家庭富裕或十分富裕的比例最低（73.1%）。

表 4 - 3　根据性别、年级以及城市类型来看，青少年家庭富裕程度的情况

指标	直辖市			省会城市		
	男生	女生	总计	男生	女生	总计
小学六年级	91.1	96.4	93.7	86.9	86.8	86.7
初二	83.1	86.5	85.1	83.0	87.5	85.3
高一	79.7	81.1	80.5	74.9	83.2	78.4
总计（%）	85.1	88.1	86.7	81.1	85.8	83.3
N（人）	461	489	958	1073	1048	2140

指标	中等城市			乡镇		
	男生	女生	总计	男生	女生	总计
小学六年级	84.2	86.7	85.4	84.4	79.7	82.1
初二	83.9	86.5	85.2	75.3	76.5	76.2
高一	74.5	78.8	76.7	70.9	75.1	73.1
总计（%）	80.2	83.2	83.2	79.2	77.8	78.6
N（人）	2685	2929	5655	1535	1579	3174

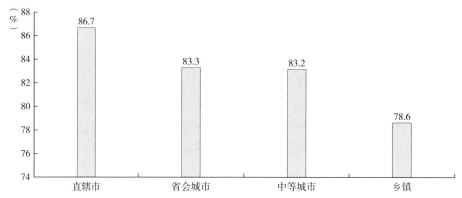

图 4－10　根据城市类型来看，青少年家庭富裕程度的比例

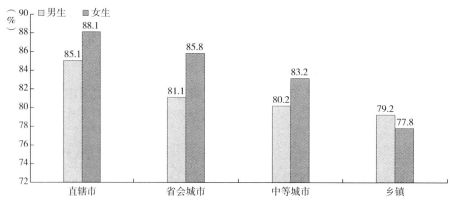

图 4－11　根据性别来看，青少年家庭富裕程度的比例

从图 4－10 至图 4－12 来看，根据性别、年级、城市类型进行分类，显示了青少年家庭为富裕或十分富裕的比例。从性别角度上来看，女生家庭为富裕或十分富裕的比例高于男生，乡镇是例外，这和乡镇较为落后的经济发展水平有一定的关系；从年级角度来看，家庭为富裕或十分富裕的比例随着

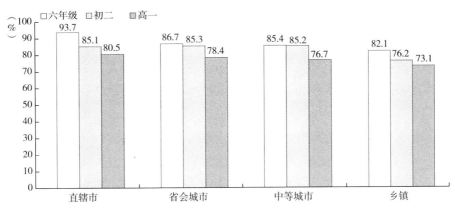

图 4－12　根据年级来看，青少年家庭富裕程度的比例

年级的升高而降低，这和父母年龄的老化有一定的关系；从城市类型角度来看，青少年家庭为富裕或十分富裕的比例由高到低依次是直辖市、省会城市、中等城市以及乡镇。这说明青少年家庭为富裕或十分富裕的比例和地区的经济发展水平有一定的关系，经济发展水平越高的地区，青少年家庭为富裕或十分富裕的比例越高。

4. 对经济状况的主观感受

表 4－4　根据性别、年级和城市类型，青少年中因为没有足够
食物而饿着上学或者睡觉的情况

指标	直辖市			省会城市		
	男生	女生	总计	男生	女生	总计
小学六年级	12.0	8.3	10.6	26.8	17.1	22.0
初二	35.2	26.7	31.3	31.5	26.8	29.3
高一	14.2	9.4	11.9	31.8	20.3	26.4
总计（％）	18.9	14.2	16.9	30.2	21.1	25.8
N（人）	101	78	185	400	257	664

指标	中等城市			乡镇		
	男生	女生	总计	男生	女生	总计
小学六年级	21.6	15.9	19.0	34.8	26.1	30.5
初二	29.2	21.7	25.5	33.0	26.0	29.4
高一	29.9	19.7	24.4	28.5	20.9	24.3
总计（％）	27.3	19.3	23.3	33.2	25.1	29.1
N（人）	910	674	1602	642	507	1170

表 4-4 显示了因没有足够食物而饿着上学或者睡觉的青少年所占比例等情况。从中可以看到，乡镇青少年因没有足够食物而饿着上学或者睡觉的比例最高（29.1%），其次是省会城市（25.8%）、中等城市（23.3%），直辖市青少年因没有足够食物而饿着上学或者睡觉的比例最低（16.9%）。四类城市类型中，男生因没有足够食物而饿着上学或者睡觉的比例都高于女生，其中乡镇男生因没有足够食物而饿着上学或者睡觉的比例最高（33.2%），直辖市女生因没有足够食物而饿着上学或者睡觉的比例最低（14.2%）。四类城市因没有足够食物而饿着上学或者睡觉的比例与年级变量关联性程度较低。四类城市的不同年级中，直辖市的初二男生因没有足够食物而饿着上学或者睡觉的比例最高（31.3%），直辖市小学六年级的男生和女生因没有足够食物而饿着上学或者睡觉的比例最低（10.6%）。

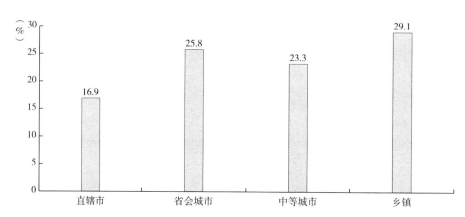

图 4-13 根据城市类型来看，青少年中因为没有足够食物而饿着上学或者睡觉的比例

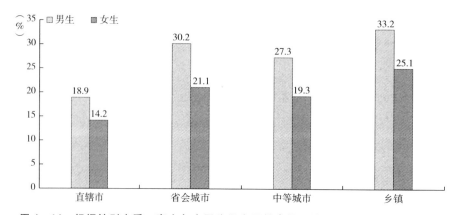

图 4-14 根据性别来看，青少年中因为没有足够食物而饿着上学或者睡觉的比例

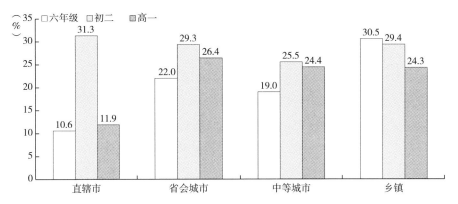

图 4 - 15　根据年级来看，青少年中因为没有足够食物而饿着上学或者睡觉的比例

图 4 - 13 至图 4 - 15 显示了青少年中因为没有足够食物而饿着上学或者睡觉的情况，根据性别、年级和城市类型进行分类：从性别角度来看，男生中因为没有足够食物而饿着上学或者睡觉的比例普遍高于女生，这和男生更为调皮以及受到父母的关注、照顾没有女生那么到位和精细有一定的关系。从年级角度来看，初二是一个青少年中因为没有足够食物而饿着上学或者睡觉的比例较高的年龄段，这个年龄段青少年一方面可能外出住宿上学，但是自理能力还不够，很容易出现不按时吃饭的行为；另一方面还有可能出现节食减肥的行为；值得关注的是乡镇小学六年级青少年中因为没有足够食物而饿着上学或者睡觉的比例在乡镇青少年中最高，这和乡镇留守儿童较多、缺少父母的照顾，以及当地经济水平比较落后有一定的关系。从城市类型角度来看，青少年中因为没有足够食物而饿着上学或者睡觉的比例由高到低依次是乡镇、省会城市、中等城市、直辖市。这说明青少年中因为没有足够食物而饿着上学或者睡觉的比例和地区发展水平有一定的关系，总体上，经济发展水平越高，青少年中因为没有足够食物而饿着上学或者睡觉的比例越低，但是省会城市是一个例外，这也和当地流动人口多有一定的关系，流动儿童处在相对恶劣的生存环境中。

5. 自称家庭富裕程度的客观物质条件

表 4 - 5 显示了家庭中有轿车、货车或卡车的青少年所占比例的等情况。从中可以看到，直辖市的青少年家庭中有轿车、货车或卡车的比例最高（56.2%），其次是省会城市（47.0%）、中等城市（38.9%），乡镇青少年家庭中有轿车、货车或卡车的比例最低（21.5%）。四类城市类型中，女生家庭中

有轿车、货车或卡车的比例普遍高于男生，其中直辖市的女生家庭中有轿车、货车或卡车的比例最高（60.1%），乡镇男生家庭中有轿车、货车或卡车的比例最低（21.1%）。四类城市家庭中有轿车、货车或卡车的比例变化与年级变量没有直接相关关系。其中初二的直辖市青少年家庭中有轿车、货车或卡车的比例最高（72.9%），初二的乡镇青少年家庭中有轿车、货车或卡车的比例最低（19.0%）。

表4-5 根据性别、年级和城市类型来看，家庭中有轿车、货车或卡车的情况

指标	直辖市			省会城市		
	男生	女生	总计	男生	女生	总计
小学六年级	66.2	70.6	68.0	48.3	40.1	43.7
初二	68.3	76.8	72.9	56.3	56.4	56.5
高一	24.1	35.7	30.3	38.3	46.0	41.9
总计（%）	52.2	60.1	56.2	47.0	47.0	47.0
N（人）	283	333	622	622	572	1207

指标	中等城市			乡镇		
	男生	女生	总计	男生	女生	总计
小学六年级	40.9	45.7	43.4	22.5	21.6	22.3
初二	37.1	39.2	38.1	16.6	21.4	19.0
高一	33.9	39.1	36.5	25.6	22.3	23.7
总计（%）	36.9	40.9	38.9	21.1	21.7	21.5
N（人）	1237	1436	2689	408	441	870

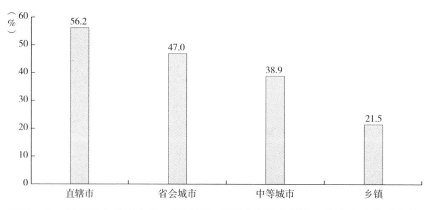

图4-16 根据城市类型来看，不同城市类型中家里有轿车、货车或卡车的比例

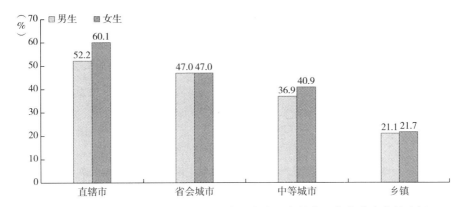

图 4 - 17　根据性别来看，不同城市类型中家里有轿车、货车或卡车的比例

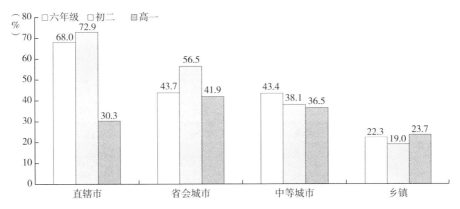

图 4 - 18　根据年级来看，不同城市类型中家里有轿车、货车或卡车的比例

图 4 - 16 至图 4 - 18 显示了家庭中有轿车、货车或卡车的比例，根据性别、年级和城市类型进行分类：从性别角度来看，女生家庭中有轿车、货车或卡车的比例普遍高于男生；从年级角度来看，大体上青少年家庭中有轿车、货车或卡车的比例随着年级的升高而降低，这和父母的年龄老化以及收入的减少、失业率的提高有一定的关系；从城市类型角度来看，青少年家庭中有轿车、货车或卡车的比例由高到低依次是直辖市、省会城市、中等城市以及乡镇，这说明青少年家庭中有轿车、货车或卡车的比例和地区经济发展水平有一定的关系，经济越发达的地区，青少年家庭中有轿车、货车或卡车的比例越高。

表 4 - 6 显示了家庭中有青少年个体独立卧室的青少年所占的比例等情况。从中可以看到，直辖市的青少年家庭中有青少年个体独立卧室的比例最高（90.1%），其次是省会城市（84.1%）、中等城市（82.1%），乡镇青少年家庭中有青少年个体独立卧室的比例最低（71.0%）。四类城市类型中男

生、女生家庭中有青少年个体独立卧室的比例相近，其中直辖市的女生家庭中有青少年个体独立卧室的比例最高（91.6%），乡镇女生家庭中有青少年个体独立卧室的比例最低（69.8%）。随着年级的不断升高，四类城市家庭中有青少年个体独立卧室的比例相近。其中高一的直辖市青少年家庭中有青少年个体独立卧室的比例最高（90.6%），小学六年级的乡镇青少年家庭中有青少年个体独立卧室的比例最低（68.2%）。

表4－6　根据性别、年级和城市类型，家庭中有青少年个体
独立卧室的青少年所占的比例等情况

指标	直辖市			省会城市		
	男生	女生	总计	男生	女生	总计
小学六年级	88.7	90.8	89.5	78.0	81.3	79.6
初二	88.2	92.5	90.3	85.5	87.2	86.4
高一	89.1	91.8	90.6	85.6	87.5	86.3
总计（%）	88.7	91.6	90.1	83.2	85.1	84.1
N（人）	472	504	985	1098	1033	2152

指标	中等城市			乡镇		
	男生	女生	总计	男生	女生	总计
小学六年级	81.3	80.6	81.0	69.9	66.9	68.2
初二	84.5	84.2	84.4	74.0	68.0	71.0
高一	81.3	81.2	81.4	77.3	79.8	78.7
总计（%）	82.3	81.9	82.1	72.5	69.8	71.0
N（人）	2753	2867	5665	1386	1，414	2846

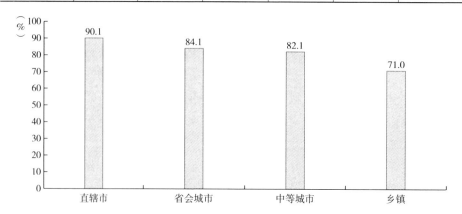

图4－19　根据城市类型来看，不同城市类型家庭中有青少年
个体独立卧室的青少年所占的比例

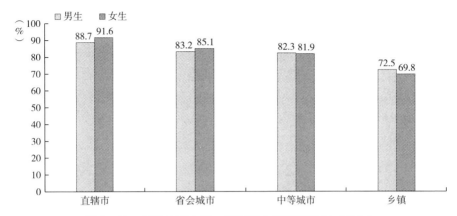

图 4 - 20　根据性别来看，不同城市类型家庭中有青少年
个体独立卧室的青少年所占的比例

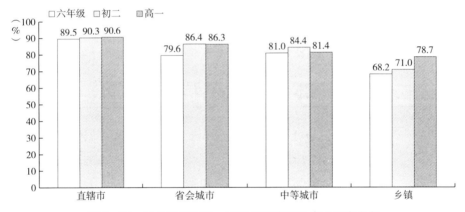

图 4 - 21　根据年级来看，不同城市类型家庭中有青少年
个体独立卧室的青少年所占的比例

　　图 4 - 19 至图 4 - 21 显示了家庭中有青少年个体独立卧室的比例，根据性别、年级和城市类型进行分类：从性别角度来看，直辖市和省会城市男生家庭中有个体独立卧室的比例低于女生，但是中等城市和乡镇的男生家庭中有个体独立卧室的比例高于女生，这和地区的经济发展水平以及父母的关爱程度有一定的关系；从年级角度来看，总体上家庭中有青少年个体独立卧室的比例随着年级的升高而升高，这和青少年自我意识和独立意识的增强有一定的关系；从城市类型角度来看，家庭中有青少年个体独立卧室比例由高到低依次是直辖市、省会城市、中等城市、乡镇，这说明家庭中有青少年个体独立卧室和地区经济水平有一定的关系，经济发展水平越

高的地区，家庭中有青少年个体独立卧室的比例越高。

表 4-7　根据性别、年级和城市类型，最近一年全家一起外出的青少年所占比例等情况

指标	直辖市			省会城市		
	男生	女生	总计	男生	女生	总计
小学六年级	91.0	86.5	88.7	65.8	64.7	64.9
初二	71.9	74.7	73.8	64.2	67.6	65.6
高一	41.6	50.0	46.2	48.1	56.4	51.6
总计（％）	69.0	70.1	69.7	58.6	62.8	60.4
N（人）	369	386	764	772	762	1545

指标	中等城市			乡镇		
	男生	女生	总计	男生	女生	总计
小学六年级	65.7	65.4	65.5	48.3	49.1	48.8
初二	53.6	54.7	54.1	26.9	32.3	29.8
高一	32.9	38.4	35.8	28.0	28.9	28.6
总计（％）	48.7	50.4	49.5	38.0	40.0	39.2
N（人）	1630	1765	3418	735	816	1586

表 4-7 显示了最近一年全家一起外出过的青少年所占的比例等情况。从中可以看到，直辖市的青少年最近一年全家一起外出过的比例最高（69.7％），其次是省会城市（60.4％）、中等城市（49.5％），乡镇青少年最近一年全家一起外出过的比例最低（39.2％）。四类城市类型中，女生最近一年全家一起外出过的比例高于男生，其中直辖市的女生最近一年全家一起外出过的比例最高（70.1％），乡镇男生最近一年全家一起外出过的比例最低（38.0％）。随着年级的不断升高，四类城市中最近一年全家一起外出过的比例普遍呈下降趋势。其中小学六年级的直辖市青少年最近一年全家一起外出过的比例最高（88.7％），高一的乡镇青少年最近一年全家一起外出过的比例最低（28.6％）。

图 4-22 至图 4-24 显示了最近一年全家一起外出过的青少年所占比例，根据性别、年级和城市类型进行分类：从性别角度来看，女生中最近一年全家一起外出过的比例普遍比男生高，这和女生受到更多的照顾以及关心有一定的关系；从年级角度来看，最近一年全家一起外出过的青少年所占比例随着年级的升高而总体降低，这和青少年的学业紧张、学习任务繁重有一定的

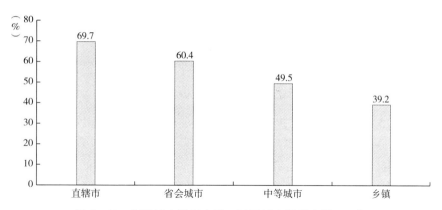

图 4 - 22 　根据城市类型来看，不同城市类型中最近一年
全家一起外出的青少年所占比例

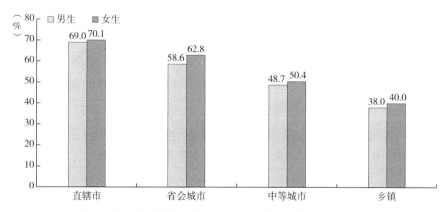

图 4 - 23 　根据不同性别来看，不同城市类型中最近一年
全家一起外出的青少年所占比例

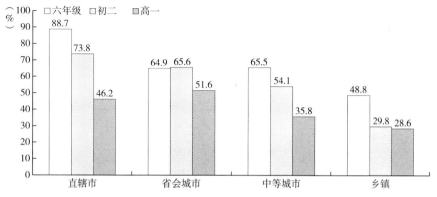

图 4 - 24 　根据不同年级来看，不同城市类型中最近一年
全家一起外出的青少年所占比例

关系；从城市类型角度来看，最近一年全家一起外出过的青少年的比例由高到低依次是直辖市、省会城市、中等城市和乡镇，这说明最近一年全家一起外出过的青少年的比例和地区的经济发展水平有一定的关系，经济水平越高、家庭收入相对越高，家庭用于出游的可支配收入就越高。

表4-8显示了家庭中有台式电脑或笔记本电脑的青少年所占比例等情况。从中可以看到，直辖市的青少年家庭中有台式电脑或笔记本电脑的比例最高（86.9%），其次是省会城市（74.9%）、中等城市（62.8%），乡镇青少年家庭中有台式电脑或笔记本电脑的比例最低（30.1%）。四类城市类型中，男生、女生家庭中有台式电脑或笔记本电脑的比例相近，其中直辖市的女生家庭中有台式电脑或笔记本电脑的比例最高（88.0%），乡镇女生家庭中有台式电脑或笔记本电脑的比例最低（29.5%）。四类城市中家庭中有台式电脑或笔记本电脑的比例与年级变量没有直接相关关系。其中小学六年级的直辖市青少年家庭中有台式电脑或笔记本电脑的比例最高（98.3%），初二的乡镇青少年家庭中有台式电脑或笔记本电脑的比例最低（26.0%）。

表4-8 根据性别、年级和城市类型，家庭中有台式电脑或
笔记本电脑的青少年所占比例等情况

指标	直辖市			省会城市		
	男生	女生	总计	男生	女生	总计
小学六年级	97.7	99.0	98.3	71.1	70.0	70.3
初二	92.0	90.7	91.4	84.5	84.8	84.5
高一	67.2	74.9	71.2	65.0	78.0	70.8
总计（%）	85.7	88.0	86.9	73.0	77.1	74.9
N（人）	460	485	954	955	934	1907

指标	中等城市			乡镇		
	男生	女生	总计	男生	女生	总计
小学六年级	69.7	72.2	70.9	30.6	25.1	27.8
初二	63.6	59.1	61.4	25.4	26.5	26.0
高一	56.3	60.3	58.5	42.6	45.7	44.1
总计（%）	62.4	63.2	62.8	30.9	29.5	30.1
N（人）	2086	2208	4329	595	599	1214

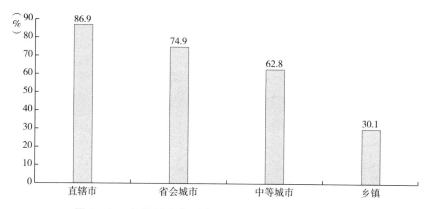

图 4 - 25 根据城市类型来看，不同城市类型中家庭里
有台式电脑或笔记本电脑的青少年所占比例

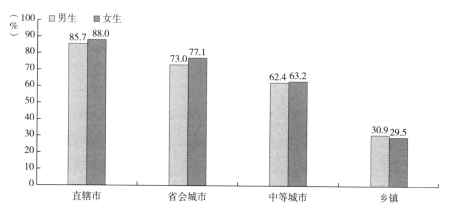

图 4 - 26 根据性别来看，不同城市类型中家庭里有台式电脑或
笔记本电脑的青少年所占比例

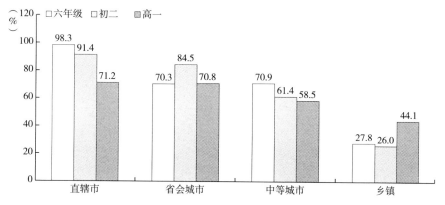

图 4 - 27 根据年级来看，不同城市类型中家庭里有台式电脑或
笔记本电脑的青少年所占比例

203

图 4 - 25 至图 4 - 27 显示了家庭中有台式电脑或笔记本电脑的青少年所占比例，根据性别、年级和城市类型进行分类：从性别角度来看，女生家庭中有台式电脑或笔记本电脑的所占比例高于男生，乡镇地区例外；从年级角度来看，家庭中有台式电脑或笔记本电脑的青少年所占比例总体趋势是随着年级的升高而降低，这和青少年面临的学业压力更加多以及学业任务更加重有一定的关系，省会城市和乡镇除外；从城市类型角度来看，家庭中有台式电脑或笔记本电脑的青少年所占比例由高到低依次是直辖市、省会城市、中等城市以及乡镇。这说明家庭中有台式电脑或笔记本电脑的青少年所占比例和地区的经济发展水平有关，经济发展水平越高的地区，家庭中有台式电脑或笔记本电脑的青少年所占比例越高。

6. 自称在社区中受到伤害的情况

表 4 - 9　根据性别、年级和城市类型，青少年中在居住区域受到暴力伤害的比例等情况

指标	直辖市			省会城市		
	男生	女生	总计	男生	女生	总计
小学六年级	22.5	11.1	17.3	16.9	9.9	13.3
初二	5.4	15.5	11.5	8.8	12.1	10.4
高一	2.1	3.6	3.9	12.6	8.5	10.6
总计（%）	11.1	9.7	10.9	12.6	10.1	11.5
N（人）	28	23	54	70	53	125

指标	中等城市			乡镇		
	男生	女生	总计	男生	女生	总计
小学六年级	12.4	14.3	13.4	17.6	19.2	18.5
初二	11.1	9.4	10.3	16.3	11.6	13.6
高一	5.2	9.7	7.6	5.4	7.2	6.4
总计（%）	9.1	10.9	10.0	15.2	14.8	15.0
N（人）	125	171	297	132	141	279

表 4 - 9 显示了在居住区域受到暴力伤害的青少年所占比例等情况。从中可以看到，乡镇青少年在居住区域受到暴力伤害的比例最高（15.0%），其次是省会城市（11.5%）、直辖市（10.9%），中等城市青少年在居住区域受到暴力伤害的比例最低（10.0%）。四类城市类型中直辖市、省会城市、乡镇的男生在居住区域受到暴力伤害的比例都高于女生，而在中等城市中女生在居

住区域受到暴力伤害的比例高于男生。在全部的四类城市中，乡镇男生在居住区域受到暴力伤害的比例最高（15.2％），中等城市男生在居住区域受到暴力伤害的比例最低（9.1％）。随着年级的不断升高，四类城市在居住区域受到暴力伤害的比例基本都呈下降趋势，其中小学六年级的乡镇青少年在居住区域受到暴力伤害的比例最高（18.5％），高一的直辖市青少年在居住区域受到暴力伤害的比例最低（3.9％）。

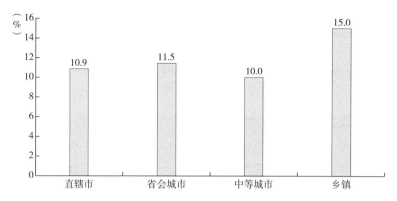

图4-28　根据城市类型来看，不同城市类型中青少年在居住区域受到暴力伤害的比例

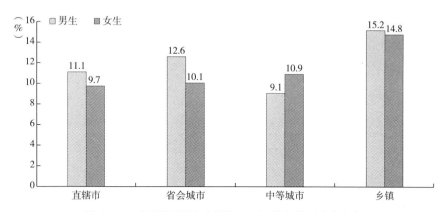

**图4-29　根据不同性别来看，不同城市类型中青少年
在居住区域受到暴力伤害的比例**

　　图4-28至图4-30显示了青少年在居住区域受到暴力伤害的比例，根据性别、年级和城市类型进行分类：从性别角度来看，男生在居住区域受到暴力伤害的比例高于女生，但是中等城市例外，男生更加调皮和外向，更容易接触到外界的不良分子，所以受到暴力伤害的可能性更大，但是中等城市的女生在居住区域受到暴力伤害的比例高于男生，这值得我们关注，这说明

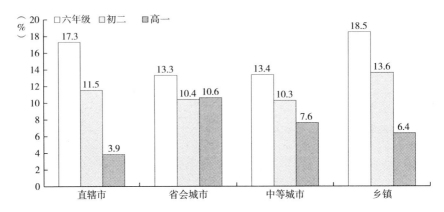

图 4 - 30　根据不同年级来看，不同城市类型中青少年
在居住区域受到暴力伤害的比例

当地的治安以及防护措施有一定的问题。从年级角度来看，总体上青少年在居住区域受到暴力伤害的比例随着年级的升高而降低，这和青少年心理的逐渐成熟以及自我防卫保护意识的增强有一定的关系；但是值得注意的是省会城市的高一的青少年在居住区域受到暴力伤害的比例较高，这部分青少年的行为值得关注。从城市类型来说，青少年在居住区域受到暴力伤害的比例由高到低依次是乡镇、省会城市、直辖市、中等城市。青少年在居住区域受到暴力伤害的比例和地区经济发展水平有一定的关系，乡镇的青少年在居住区域受到暴力伤害的比例最高，和当地相对落后的经济发展水平以及较差的治安环境有一定的关系。

（二）文化环境对青少年健康的影响

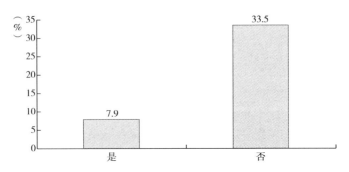

图 4 - 31　青少年认为社会传统文化是否过时的比例

图 4 - 31 显示了接受调查的全部青少年是否认为传统文化已经过时的比例。其中认为艰苦奋斗、勤俭节约等传统文化已经过时的青少年占全部青少年的 7.9%，而认为传统文化没有过时的青少年占全部青少年的 33.5%，这说明大部分的青少年对传统文化还是比较认同的，认为其没有过时。

表 4 - 10 显示了认为传统文化已经过时的青少年所占的比例等情况。从中可以看到，省会城市的青少年认为传统文化已经过时的比例最高（23.1%），其次是乡镇（19.9%）、直辖市（19.6%），中等城市青少年认为传统文化已经过时的比例最低（17.2%）。四类城市类型中男生认为传统文化已经过时的比例都高于女生，其中省会城市的男生认为传统文化已经过时的比例最高（26.2%），中等城市女生认为传统文化已经过时的比例最低（12.9%）。而随着年级的不断升高，省会城市、中等城市以及乡镇青少年认为传统文化已经过时的青少年的比例呈现不断下降的趋势，其中高一的乡镇青少年认为传统文化已经过时的比例最低（9.6%）。而直辖市初二青少年认为传统文化已经过时的比例最高（29.6%），其次是小学六年级（16.8%），最后是高一（14.1%）。

表 4 - 10 根据年级、性别和城市类型，青少年认为社会传统文化已经过时情况

指标	直辖市			省会城市		
	男生	女生	总计	男生	女生	总计
小学六年级	12.2	21.9	16.8	28.7	25.3	28.0
初二	38.7	21.0	29.6	28.2	17.2	22.7
高一	20.3	9.4	14.1	22.8	14.1	18.9
总计（%）	22.6	16.8	19.6	26.2	19.1	23.1
N（人）	47	37	84	148	99	254

指标	中等城市			乡镇		
	男生	女生	总计	男生	女生	总计
小学六年级	27.7	17.6	22.7	24.8	20.5	23.0
初二	23.8	16.4	20.2	26.0	16.5	21.8
高一	15.9	7.8	11.6	14.0	6.3	9.6
总计（%）	21.7	12.9	17.2	23.5	15.9	19.9
N（人）	319	190	511	182	127	319

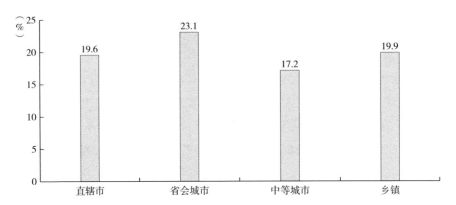

图 4 - 32　根据城市类型来看，不同城市类型中青少年认为
社会传统文化已经过时的比例

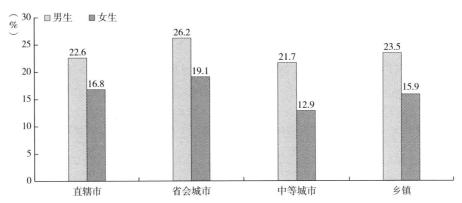

图 4 - 33　根据不同性别来看，不同城市类型中青少年认为
社会传统文化已经过时的比例

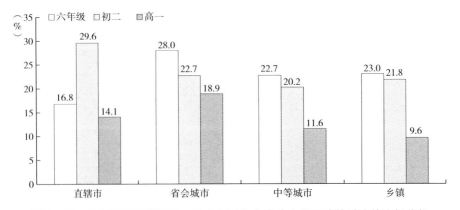

图 4 - 34　根据不同年级来看，青少年对社会传统文化影响的看法的比例分析

图 4 - 32 至图 4 - 34 显示了青少年认为社会传统文化已经过时的比例，根据年级、性别和城市类型进行分类：从性别角度来看，男生认为社会传统文化已经过时的比例普遍高于女生。从年级角度来看，总体上，青少年认为社会传统文化已经过时的比例随着年级的升高而降低，这和青少年知识文化水平的提高以及价值观的更加理性有一定的关系；值得关注的是直辖市中初二的青少年认为社会传统文化已经过时的比例最高，这部分青少年值得我们关注。从城市类型角度来看，青少年认为社会传统文化已经过时的比例由高到低依次是省会城市、乡镇、直辖市、中等城市。青少年对于传统文化的认识受到学校教育以及当地精神文化宣传的影响。

表 4 - 11 显示了接受调查的全部青少年对传统文化影响的看法情况。其中认为传统文化影响非常大的青少年占全部青少年的 7.7%，认为传统文化影响比较大的青少年占全部青少年的 11.0%，认为传统文化影响一般的青少年占全部青少年的 19.6%，认为传统文化影响很小的青少年占全部青少年的 6.7%，认为传统文化的影响正在消失的青少年占全部青少年的 3.1%。说明大部分的青少年认同传统文化的影响，但是依然有 10% 青少年不认同传统文化的影响。这说明对于传统文化的教育还有缺失。

表 4 - 11　根据年级、性别和城市类型，青少年认为社会传统文化影响大的情况

指标	直辖市			省会城市		
	男生	女生	总计	男生	女生	总计
小学六年级	32.3	29.8	31.5	36.3	35.0	35.6
初二	58.7	48.3	52.4	41.8	32.6	37.7
高一	46.8	41.4	43.5	44.5	35.2	40.1
总计（%）	44.8	40.0	42.1	41.2	34.3	37.9
N（人）	111	108	220	276	206	487
指标	中等城市			乡镇		
	男生	女生	总计	男生	女生	总计
小学六年级	39.2	29.5	34.2	36.2	29.9	32.8
初二	44.2	45.1	44.7	33.8	39.1	36.2
高一	41.5	42.3	41.6	38.6	42.0	41.1
总计（%）	41.7	39.8	40.5	35.7	35.5	35.6
N（人）	719	679	1402	317	322	650

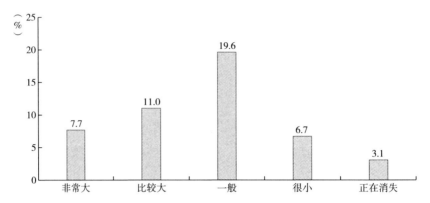

图 4-35 不同城市类型中青少年认为社会传统文化影响大的比例

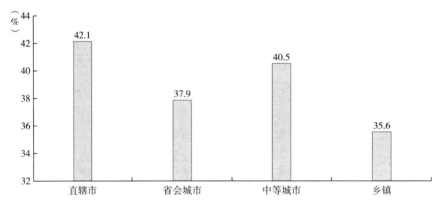

图 4-36 根据城市类型来看,不同城市类型中青少年
认为社会传统文化影响大的比例

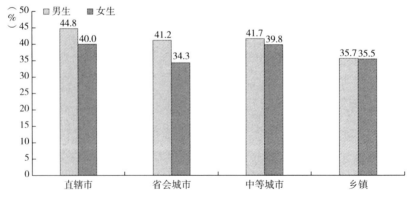

图 4-37 根据性别来看,不同城市类型中青少年认为
社会传统文化影响大的比例

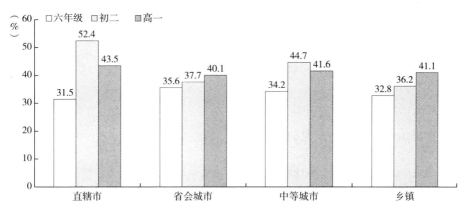

**图 4 - 38 根据年级来看，不同城市类型中青少年
认为社会传统文化影响大的比例**

图 4 - 35 至图 4 - 38 显示了青少年认为社会传统文化影响大的情况，根据年级、性别和城市类型进行分类：从性别角度来看，男生认为社会传统文化影响大的比例普遍高于女生，这和男生对于文化政治关注更多有一定的关系；从年级角度来看，总体上青少年认为社会传统文化影响大的比例随着年级的升高而升高，这和青少年文化知识素养的不断提高以及价值观的理性化有一定的关系；从城市类型来看，青少年认为社会传统文化影响大的比例由高到低依次是直辖市、中等城市、省会城市和乡镇；青少年对于传统文化的态度受到社会环境的影响，主要是社会对于传统文化的发掘以及宣传，同地区的经济发展水平也有一定的关系。可以看到乡镇青少年认为社会传统文化影响大的比例很低，这和乡镇的经济条件比较落后以及思想观念比较落后有一定的关系。

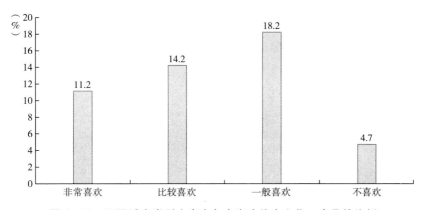

图 4 - 39 不同城市类型中青少年中喜欢外来文化、产品的比例

图4-39显示了接受调查的全部青少年对外来文化、产品的看法的比例。其中非常喜欢外来文化及产品的青少年占全部青少年的11.2%，比较喜欢外来文化、产品的青少年占全部青少年的14.2%，对外来文化、产品一般喜欢的青少年占全部青少年的18.2%，不喜欢外来文化、产品的青少年占全部青少年的4.7%。可以看到有相当一部分的青少年比较喜欢外来文化和产品，这和社会更加开放以及多元化的趋势有一定的关系。

表4-12　根据年级、性别和城市类型，青少年中喜欢外来文化、产品的情况

指标	直辖市			省会城市		
	男生	女生	总计	男生	女生	总计
小学六年级	68.0	70.2	68.5	58.2	52.8	55.5
初二	58.1	60.5	59.9	58.7	64.8	61.5
高一	48.1	58.0	53.1	54.9	56.9	55.6
总计（%）	58.9	62.6	60.6	57.1	57.9	57.4
N（人）	146	169	315	384	351	744

指标	中等城市			乡镇		
	男生	女生	总计	男生	女生	总计
小学六年级	58.0	50.1	54.2	50.2	43.6	47.2
初二	56.4	56.8	56.5	46.5	48.9	47.2
高一	48.1	50.0	49.0	47.9	38.0	42.6
总计（%）	53.5	52.1	52.7	48.4	44.0	46.3
N（人）	925	890	1827	430	404	851

表4-12显示了喜欢外来文化、产品的青少年所占的比例等情况。从中可以看到，直辖市的青少年喜欢外来文化、产品的比例最高（60.6%），其次是省会城市（57.4%）、中等城市（52.7%），乡镇青少年喜欢外来文化、产品的比例最低（46.3%）。四类城市类型中，直辖市、省会城市女生喜欢外来文化、产品的比例都高于男生，而中等城市、乡镇男生喜欢外来文化、产品的比例高于女生。其中直辖市的女生喜欢外来文化、产品的比例最高（62.6%），乡镇的女生喜欢外来文化、产品的比例最低（44.0%）。随着年级的不断升高，直辖市喜欢外来文化、产品的青少年的比例呈现不断下降的趋势。而中等城市初二青少年喜欢外来文化、产品的比例最高，其次是小学六年级，高一青少年喜欢外来文化、产品的比例最低。四类城市的不同年级中，

小学六年级的直辖市青少年喜欢外来文化、产品的比例最高（68.5%），高一的乡镇青少年喜欢外来文化、产品的比例最低（42.6%）。

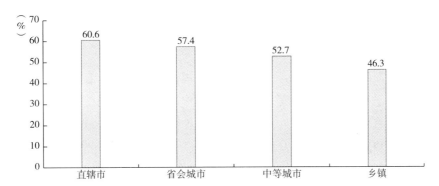

图 4－40 根据城市类型来看，不同城市类型中青少年中喜欢外来文化、产品的比例

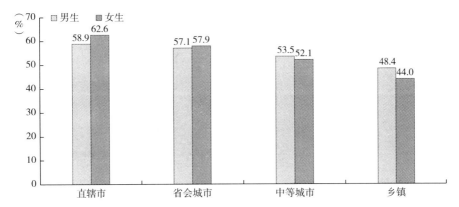

图 4－41 依据性别来看，不同城市类型中青少年中喜欢外来文化、产品的比例

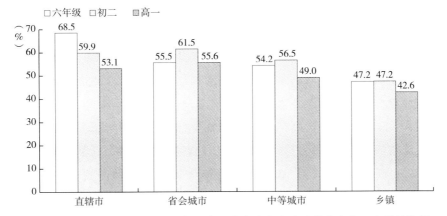

图 4－42 根据年级来看，不同城市类型中青少年中喜欢外来文化、产品的比例

图 4 - 40 至图 4 - 42 显示了青少年中喜欢外来文化、产品的比例，根据年级、性别和城市类型进行分类：从性别角度来看，直辖市和省会城市女生中喜欢外来文化、产品的比例高于男生，中等城市和乡镇女生中喜欢外来文化、产品的比例低于男生；这和不同地区的开放程度以及社会多元化程度有一定的关系。从年级角度来看，总体上青少年中喜欢外来文化、产品的比例随着年级的升高而降低，这和青少年文化素质的提高以及自我价值观的逐渐确立有一定的关系。从城市类型角度来看，青少年中喜欢外来文化、产品的比例由高到低依次是直辖市、省会城市、中等城市以及乡镇；这说明青少年对外来文化、产品的喜爱程度受地区经济发展水平的影响，也和地区的开放程度有一定的关系，地区经济发展水平越高，青少年中喜欢外来文化、产品的比例越高。

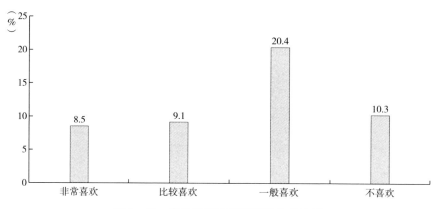

图 4 - 43　青少年喜欢高档消费品的比例

图 4 - 43 显示了接受调查的全部青少年对高档消费品的看法的比例。其中非常喜欢高档消费品的青少年占全部青少年的 8.5%，比较喜欢高档消费品的青少年占全部青少年的 9.1%，对高档消费品一般喜欢的青少年占全部青少年的 20.4%，不喜欢高档消费品的青少年占全部青少年的 10.3%。对高档消费品一般喜欢及以上倾向的学生占总体的比例较高，这与经济水平的提高以及青少年自尊意识和攀比心理有一定的关系。

表 4 - 13 显示了喜欢高档消费品的青少年所占比例等情况。从中可以看到，直辖市的青少年喜欢高档消费品的比例最高（45.8%），其次是省会城市（41.0%）、中等城市（35.8%），乡镇青少年喜欢高档消费品的比例最低（32.1%）。四类城市类型中，直辖市女生喜欢高档消费品的比例高于男生，而省会城市、中等城市、乡镇的男生喜欢高档消费品的比例高于女生。其中

直辖市的女生喜欢高档消费品的比例最高（47.4%），乡镇的女生喜欢高档消费品的比例最低（27.3%）。随着年级的不断升高，直辖市、省会城市、中等城市喜欢高档消费品的青少年的比例呈现不断上升的趋势。而乡镇初二青少年喜欢高档消费品的比例最高，其次是小学六年级，高一青少年喜欢高档消费品的比例最低。四类城市的不同年级中，高一的直辖市青少年喜欢高档消费品的比例最高（47.2%），高一的乡镇青少年喜欢高档消费品的比例最低（29.1%）。

表 4-13 根据年级、性别和城市类型，青少年中喜欢高档消费品的比例

指标	直辖市			省会城市		
	男生	女生	总计	男生	女生	总计
小学六年级	40.2	50.6	44.8	36.4	28.8	32.3
初二	45.3	46.6	45.4	52.0	35.2	43.7
高一	49.4	45.5	47.2	45.8	46.7	46.6
总计（%）	44.6	47.4	45.8	44.8	36.7	41.0
N（人）	111	128	238	301	222	530

指标	中等城市			乡镇		
	男生	女生	总计	男生	女生	总计
小学六年级	33.9	28.0	31.2	35.8	27.2	32.0
初二	37.5	37.2	37.4	37.4	30.1	33.9
高一	41.7	34.3	37.7	36.6	23.5	29.1
总计（%）	38.2	33.6	35.8	36.6	27.3	32.1
N（人）	659	573	1240	325	249	589

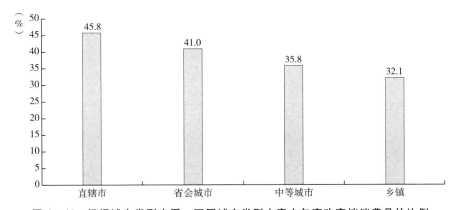

图 4-44 根据城市类型来看，不同城市类型中青少年喜欢高档消费品的比例

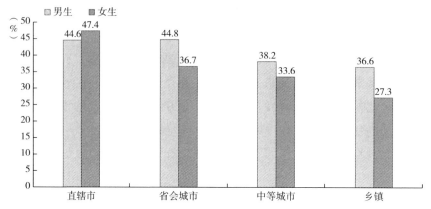

图 4 - 45　根据性别来看，不同城市类型中青少年喜欢高档消费品的比例

图 4 - 44 至图 4 - 46 显示了青少年中喜欢高档消费品的比例，根据年级、性别和城市类型进行分类：从性别角度来看，男生中喜欢高档消费品的比例高于女生，直辖市例外；从年级角度来看，除乡镇外，总体上青少年中喜欢高档消费品的比例随着年级的升高而升高，这和青少年社会化程度的加深以及自尊心加强有一定的关系；从城市类型的角度来看，青少年中喜欢高档消费品的比例由高到低依次是直辖市、省会城市、中等城市和乡镇，这说明青少年中喜欢高档消费品的比例和地区经济发展水平有一定的关系，地区经济水平越高，青少年中喜欢高档消费品的比例越高。

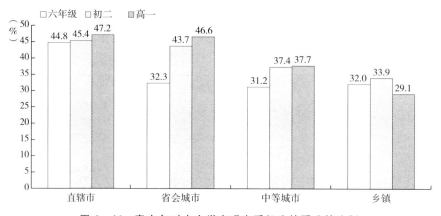

图 4 - 46　青少年对中小学出现恋爱行为的看法的比例

图 4 - 47 显示了青少年对中小学青少年出现恋爱行为的看法的比例。其中非常理解中小学青少年出现恋爱行为的青少年占全部青少年的 5.6%，表示理解中小学青少年出现恋爱行为的青少年占全部青少年的 10.9%，对中小学

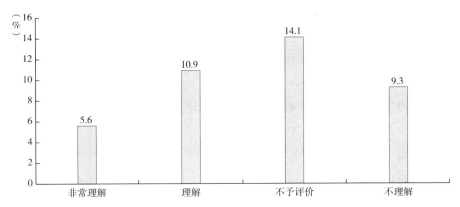

图 4-47 不同城市类型中青少年理解中小学青少年出现恋爱行为的比例

青少年出现恋爱行为不予评价的青少年占全部青少年的 14.1%，不理解中小学青少年出现恋爱行为的青少年占全部青少年的 9.3%，可以看出持理解和中立态度的青少年占多数，这反映出青少年思想文化的开放。

表 4-14 根据年级、性别和城市类型，青少年中理解中小学青少年出现恋爱行为的情况

指标	直辖市			省会城市		
	男生	女生	总计	男生	女生	总计
小学六年级	43.4	37.7	40.7	35.7	15.0	25.5
初二	62.1	66.7	64.7	56.4	40.2	48.2
高一	59.1	54.1	56.3	51.0	48.3	49.6
总计（%）	54.3	53.3	53.9	48.8	35.1	42.2
N（人）	113	113	226	274	176	454

指标	中等城市			乡镇		
	男生	女生	总计	男生	女生	总计
小学六年级	31.2	25.0	28.7	25.1	21.1	23.3
初二	42.3	35.9	39.1	46.6	31.6	39.9
高一	56.3	45.7	51.2	55.5	53.8	54.3
总计（%）	45.5	37.9	41.9	39.7	32.8	36.2
N（人）	666	533	1213	286	244	539

表 4-14 显示了理解中小学青少年出现恋爱行为的青少年所占比例等情况。从中可以看到，直辖市的青少年理解中小学青少年出现恋爱行为的比例最高（53.9%），其次是省会城市（42.2%）、中等城市（41.9%），乡镇青

少年理解中小学青少年出现恋爱行为的比例最低（36.2%）。四种城市类型中，男生理解中小学青少年出现恋爱行为的比例都高于女生，其中直辖市的男生理解中小学青少年出现恋爱行为的比例最高（54.3%），乡镇的女生理解中小学青少年出现恋爱行为的比例最低（32.8%）。随着年级的不断升高，省会城市、中等城市、乡镇中理解中小学青少年出现恋爱行为的青少年的比例呈现不断上升的趋势。而直辖市初二青少年理解中小学青少年出现恋爱行为的比例最高，其次是高一，小学六年级青少年理解中小学青少年出现恋爱行为的比例最低。四类城市的不同年级中，初二的直辖市青少年理解中小学青少年出现恋爱行为的比例最高（64.7%），小学六年级的乡镇青少年理解中小学青少年出现恋爱行为的比例最低（23.3%）。

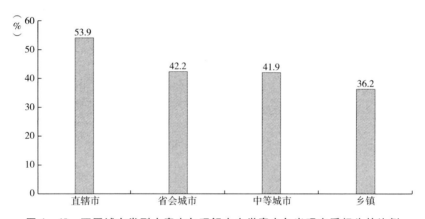

图 4 - 48 不同城市类型中青少年理解中小学青少年出现恋爱行为的比例

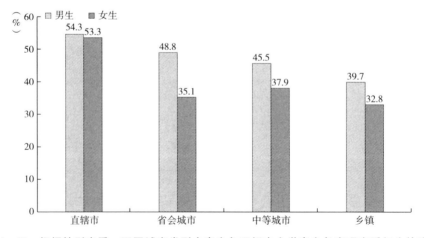

图 4 - 49 根据性别来看，不同城市类型中青少年理解中小学青少年出现恋爱行为的比例

图 4-48 至图 4-49 显示了青少年中理解中小学青少年出现恋爱行为的比例，根据年级、性别和城市类型进行分类：从性别角度来看，男生中理解中小学青少年出现恋爱行为的比例普遍高于女生；从年级角度来看，总体上青少年中理解中小学青少年出现恋爱行为的比例随着年级的升高而升高，这和青少年思想意识的逐渐成熟以及价值观的理性化有一定的关系；从城市类型角度来看，青少年中理解中小学青少年出现恋爱行为的比例由高到低依次是直辖市、省会城市、中等城市以及乡镇，这说明青少年中理解中小学青少年出现恋爱行为的比例和地区经济发展水平有一定的关系，经济发展水平越高的地区青少年中理解中小学青少年出现恋爱行为的比例越高。

综合有关数据，我们可以发现社会环境和健康状况之间的关系、作用及其影响。在社会经济的不平等方面，呈现梯级差异。即直辖市青少年的社会经济情况好于省会城市好于中等城市好于乡镇。在所有的城市类型中，无论是男生还是女生，直辖市的青少年父母双方都处于工作状态的比例最高（71.3%），其次是省会城市（65.5%）、中等城市（61.7%），乡镇的男生和女生父母双方都处于工作状态的比例最低（53.4%）；乡镇的男生和女生的父母双方都处于非工作状态的比例最高（18.1%），其次是中等城市（10.3%）、省会城市（6.1%），直辖市的男生和女生父母双方都处于非工作状态的比例最低（4.6%）；直辖市的青少年家庭富裕或十分富裕的比例最高（86.7%），其次是省会城市（83.3%）、中等城市（83.2%），乡镇青少年家庭富裕或十分富裕的比例最低（78.6%）；乡镇青少年因没有足够食物而饿着上学或者睡觉的比例最高（29.1%），其次是省会城市（25.8%）、中等城市（23.3%），直辖市青少年因没有足够食物而饿着上学或者睡觉的比例最低（16.9%）；直辖市的青少年家庭中有轿车、货车或卡车的比例最高（56.2%），其次是省会城市（47.0%）、中等城市（38.9%），乡镇青少年家庭中有轿车、货车或卡车的比例最低（21.5%）；直辖市的青少年家庭中有青少年个体独立卧室的比例最高（90.1%），其次是省会城市（84.1%）、中等城市（82.1%），乡镇青少年家庭中有青少年个体独立卧室的比例最低（71.0%）；直辖市的青少年最近一年全家一起外出过的比例最高（69.7%），其次是省会城市（60.4%）、中等城市（49.5%），乡镇青少年最近一年全家一起外出过的比例最低（39.2%）；直辖市的青少年家庭中有台式电脑或笔记本电脑的比例最高（86.9%），其次是省会城市（74.9%）、中等城市（62.8%），乡镇青少年家庭中有台式电脑或笔记本电脑的比例最低（30.1%）；乡镇青少年在居住区域受到暴力伤害的比例最高（15.0%），其次是省会城市（11.5%）、直辖市（10.9%），中等城市青少年在居住区域受到暴力伤害的比例最低（10.0%）。这一系列数据都指明了不同类型城市间青少年社会经济不平等所带来的对于健康的作用和影响，这是由不同等级城市的经济发展水平的差异而直接体现出来的。经济条件越好的城市类型相对于经济不发达的城市类型，无疑青少年的社会经济条件和生活环境存在巨大的差异，这些差异直接影响到了青少年的健康。在文化环境方面，条件更好的城市的青少年对于传统文化、奢侈品的使用以及青少年恋爱的态度均显示较为接受的倾向。调查数据中，不同年级和性别的社会经济情况各不相同，但均显示出不同组别由城市类型不同所显示出的明显差距。总的看来，家庭较富裕的青少年生活在相对优越的社会环境，与家庭较不富裕的同龄人相比，有机会参加有益健康的活动，拥有较高的幸福感水平以及较高的健康卫生水平。

六 研究发现

1. 从性别、年级来看

省会城市和中等城市女生父母都处于工作状态的比例要高于男生，直辖市和乡镇则相反，父母都处于工作状态的比例随着青少年年级的升高而逐渐降低；除乡镇外，男生父母双方都处于非工作状态的比例高于女生，青少年父母双方都处于非工作状态的比例随着年级的升高而升高；除乡镇外，女生家庭为富裕或十分富裕的比例高于男生，家庭为富裕或十分富裕的比例随着年级的升高而降低；男生中因为没有足够食物而饿着上学或者睡觉的比例普遍高于女生，初二普遍是一个青少年中因为没有足够食物而饿着上学或者睡觉的比例较高的年龄段；男生家庭中有轿车、货车或卡车的比例普遍低于女生，大体上青少年家庭中有轿车、货车或卡车的比例随着年级的升高而降低；家庭中男女生拥有个体独立卧室的比例总体上比较接近，家庭中有青少年个体独立卧室的比例总体上随着年级的升高而升高；女生中最近一年全家一起外出过的比例普遍比男生高，最近一年全家一起外出过的青少年所占比例总体上随着年级的升高而降低；总体上女生家庭中有台式电脑或笔记本电脑的所占比例高于男生，家庭中有台式电脑或笔记本电脑的青少年所占比例总体趋势是随着年级的升高而降低；男生中在居住地区受到暴力伤害的比例总体上高于女生，总体上青少年在居住区域受到暴力伤害的比例随着年级的升高而降低；男生认为社会传统文化已经过时的比例普遍高于女生，青少年认为社会传统文化已经过时的比例总体上随着年级的升高而降低；男生认为社会传统文化影响大的比例普遍高于女生，总体上青少年认为社会传统文化影响大的比例随着年级的升高而升高；直辖市、省会城市男生中喜欢外来文化、产品的比例要低于女生，青少年中喜欢外来文化、产品的比例总体上随着年级的升高而降低；男生中喜欢高档消费品的比例总体上高于女生，总体上青少年中喜欢高档消费品的比例随着年级的升高而升高；男生中理解中小学青少年出现恋爱行为的比例总体高于女生，总体上青少年中理解中小学青少年出现恋爱行为的比例随着年级的升高而升高。

2. 从城市类型来看

父母都处于工作状态的比例由高到低依次是直辖市、省会城市、中等城市和乡镇；青少年父母双方都处于非工作状态的比例由高到低依次是乡镇、中等城市、省会城市、直辖市；青少年家庭为富裕或十分富裕的比例由高到低依次是直辖市、省会城市、中等城市以及乡镇；青少年中因为没有足够食物而饿着上学或者睡觉的比例由高到低依次是乡镇、省会城市、中等城市、直辖市；青少年家庭中有轿车、货车或卡车的比例由高到低依次是直辖市、省会城市、中等城市以及乡镇；家庭中有青少年个体独立卧室比例由高到低依次是直辖市、省会城市、中等城市、乡镇；最近一年全家一起外出过的青少年的比例由高到低依次是直辖市、省会城市、中等城市和乡镇；家庭中有台式电脑或笔记本电脑的青少年所占比例由高到低依次是直辖市、省会城市、中等城市以及乡镇；青少年在居住区域受到暴力伤害的比例由高到低依次是乡镇、省会城市、直辖市、中等城市；青少年认为社会传统文化已经过时的比例由高到低依次是省会城市、乡镇、直辖市、中等城市；青少年认为社会传统文化影响大的比例由高到低依次是直辖市、中等城市、省会城市和乡镇；青少年中喜欢外来文化、产品的比例由高到低依次是直辖市、省会城市、中等城市以及乡镇；青少年中喜欢高档消费品的比例由高到低依次是直辖市、省会城市、中等城市和乡镇；青少年中理解中小学青少年出现恋爱行为的比例由高到低依次是直辖市、省会城市、中等城市以及乡镇。

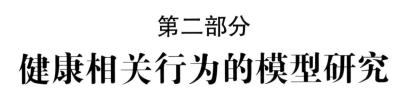

第二部分

健康相关行为的模型研究

第五章 体育活动与营养

一 青少年体力活动情况

（一）研究概述

青春期体育锻炼可能对健康的成年生活方式产生积极的影响，有助于降低慢性病的发病率。然而，衡量适合青春期的体育运动量的精确度，需要面临很多科学的挑战，本文将根据佩德罗·C. 哈伦等人在2002年编制的《评估青春期体育锻炼对成人体育锻炼的影响的研究特征表》，来分析本次体育锻炼问卷的调查结果。青春期体育锻炼对青少年健康的影响可分为短期和长期的影响。Kelder 等[①]等人在2002年编制的《评估青春期体育锻炼对成人体育锻炼的影响的研究特征表》中提出用一个概念范围（构思范围、基本概念、范式）去概述青春期体育锻炼如何影响成年的健康，主要包括以下几种路径：（1）路径A–跟踪从青春期到成熟期的体育锻炼。（2）路径B–青春期体育锻炼对成年发病率的直接影响。（3）路径C–体育锻炼在治疗青少年疾病方面的作用。（4）路径D–青春期体育锻炼对身体健康的短期好处。

虽然数据间的关联似乎不够紧密，但大量文献表明对路径A有支持的证据。因此，青春期体育锻炼对所有受益于成年期体育锻炼的健康有着间接的影响。路径B–青春期体育锻炼，在保持骨骼健康、预防乳腺癌以及减少久坐行为习惯带来的危害等方面提供了长期的益处。根据路径C–青春期水上体育锻炼在治疗哮喘时是富有成效的，这种水上训练是被推荐的。另外，自尊心也必定受青春期体育锻炼的影响。路径D–青春期体育锻炼提供了短期的好处，最强有力的证据涉及骨与心理健康。通过青春期的体育锻炼可能影

---

① Kelder SH et al. Longitudinal Tracking of Adolescent Smoking, Physical Activity, and Food Choice Behaviors. American Journal of Public Health, 1994, 84: 1121–1126.

响到成年人对健康的正确评价，然而不同益处的运动量可能有所差异。体育锻炼的提升必须在早期的生活中着手。虽然关于运动量的"多少"仍然不为人知而且需要进一步的研究，但是青春期体育锻炼的终身受益对于成年健康的积极影响是清晰明确的。

体育锻炼的实践是极其重要的，虽然很难去衡量其与健康的具体相关性。个体参加体育锻炼呈现更低的冠心病发病率，惯于久坐的人比起活跃的人会更有可能过早地死亡。除了体育锻炼对疾病的预防性作用外，它还被推荐用于治疗一些慢性疾病。

图 5-1 展示了青春期体育锻炼可能有益于健康的概念模型。该机制包括四个直接的影响（路径 A-D）和三个间接的影响（路径 E-G），这种机制是通过增加成年期体育锻炼来运行的。

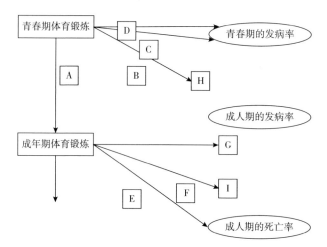

图 5-1　青春期体育锻炼与身体健康之间的联系：可能的路径
资料来源：www.HBSC.org。

虽然心脏病、骨质疏松症及其他慢性疾病的影响将出现在成年期，但是可以将这些病理解为它们始发于童年期和青春期。青少年在他们十几岁时所参加的活动可能会为漫长的成年期设定健康模型，因为（同样的）人在进入成年后延续了青春期时所建立起来的许多生活方式。因此，体育锻炼的提升必须在一生中的早期就开始。然而，青春期体育锻炼最适当的量是不清楚的，因为当前对青少年体育锻炼的指导方针没有像推荐给成年人体育锻炼的指标那么清晰明确。

一方面，体育锻炼对身体健康的影响变得显著，可能需要几年或者几十年来印证。另一方面，体育锻炼也有着短期的影响。比如说在心理健康方面，在得到的建议中通常不会考虑体育锻炼。那些体育锻炼的短期影响可能是显而易见的，但对于青少年来说，在几十年之后长期的影响变得明显起来，这个讨论甚至是与其有更多的相关性。特维斯克建议：对于青少年和青少年体育锻炼的指导方针不应当仅仅基于身体健康的益处利益方面。通过一些路径展示，我们详述了这个观点，依靠这些途径，青春期体育锻炼可能有益于身体健康和心理健康。虽然许多相关的研究正在出现，但是对青春期体育锻炼临界值精确度的衡量仍然是一个挑战。

先前的青春期体育锻炼指导方针推荐：除了日常活动之外，青少年应该每天参加至少 20 分钟程度适中到剧烈的体育锻炼，每周 3 次或者更多。尽管大多数干预使用的是每节 30～45 分钟，每周 3～5 天，但笔者得出结论认为学龄青少年应该参加 60 分钟或更大程度适中到激烈的日常体育锻炼，这种体育锻炼是可持续性的、合适的、令人愉快的，并且包括多种活动。

本章旨在基于青少年体育锻炼的利益框架，根据《评估青春期体育锻炼对成人体育锻炼的影响的研究特征表》，来分析目前我国青少年体育锻炼状况。从中我们可以发现他们目前的健康状况以及对未来健康存在的潜在危险。

（二）研究方法

主要询问这周和上周中强度和高强度体育活动频率以及参加体育活动的原因来判断青少年参与体力活动情况。询问每周多久参加一次 60 分钟气喘的体力活动以及参加体育活动有哪些原因。

研究问题主要有：（1）上周你有几天每天进行一小时以上的体能活动？回答：没有过、1 天、2 天、3 天、4 天、5 天、6 天、7 天。（2）课余时间，你通常多久进行体能活动使你气喘吁吁或者出汗？回答：每天、一周 4～6 次、一周 2～3 次、一周 1 次、1 个月 1 次、1 个月少于 1 次、没有 0 过。（3）课余时间，你每周有几个小时进行体能活动使你气喘吁吁或者出汗？回答：没有过、半小时、约 1 小时、约 2～3 小时、约 4～6 小时、7 小时或更长时间。（4）这是一个青少年在业余时间参加体能活动的原因列表。请勾出你认为重要的选项（请在每行勾出一个选项：为了乐趣、为了运动出色、为了赢、为了结识新朋友、为了改善自己的健康、为了和朋友在一起、为了得到好身材、为了好看、我享受运用自己身体的感觉、为了讨好父母、为了有型、为了控制体重、为了刺激）。

（三）研究指标

（1）自称每周参加体育活动的青少年
（2）自称每周参加四天或以上体育活动的青少年
（3）在闲暇时间参加体育活动的原因

（四）研究结果

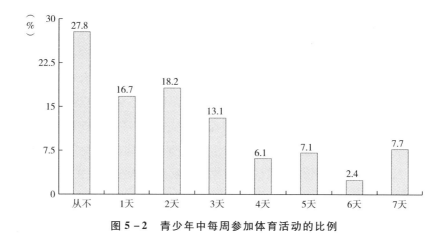

图 5 - 2   青少年中每周参加体育活动的比例

图 5 - 2 显示了青少年中每周参加体育活动的比例情况。其中在过去一周从不进行体育活动的青少年占到 1/4 的比例（27.8%），过去一周进行体育活动为 1 天、2 天、3 天的青少年比例分别为 16.7%、18.2% 和 13.1%，一周体育活动在三天及以内的青少年比例加起来接近一半（48.0%），而运动超过三天的青少年比例仅为 23.3%，还不到 1/4。说明青少年每周运动时间很少。大部分青少年每周运动时间在三天以内，甚至有 1/4 的青少年从来不运动，这个数据非常令人担忧。总的来看，青少年平均每周的运动时间很少，这可能与学校课程的设置以及学业压力有关，也与现代青少年体质的下降有着直接的关系。

图 5 - 3 显示了青少年参加体育活动目的的比例情况。其中非常重要的前三名分别为改善自己的健康（41.1%）、为了乐趣（27.5%）、为了结识新朋友（23%）。说明青少年参加体育活动的目的是多元的，但最主要的方面还是

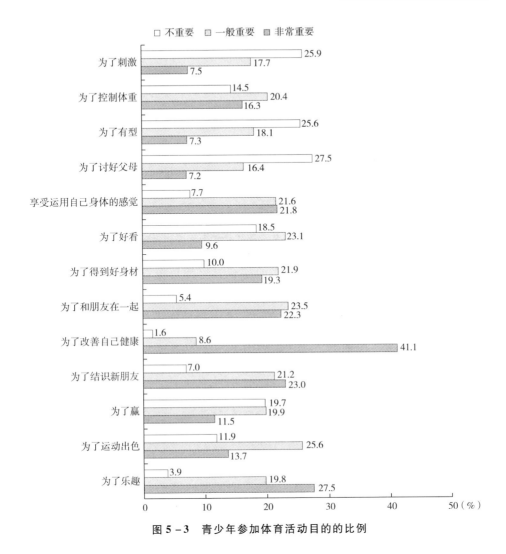

图 5-3　青少年参加体育活动目的的比例

提高自身的健康程度。

　　这说明青少年对身体健康的重视程度比较高，但与偏少的运动量不相符，反映出青少年运动量偏少的原因可能更多的是外在因素的影响。

　　图 5-4 显示了不同性别和年级的青少年中每周参加四天或以上体育活动的比例情况。其中男生每周参加四天或以上体育活动的比例高于女生。随着年级的不断升高，男生、女生每周参加四天或以上体育活动的比例呈现不断下降的趋势。随着年级的升高，学业压力也相应变大，这会直接导致青少年可用于体育活动的时间逐渐减少，而青春期这个时期恰恰是青少年身体生长发育最快的时期，缺乏体育活动对于青少年的健康成长极其不利，尽管可能

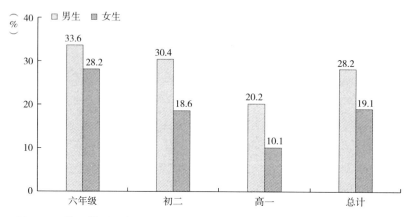

图5-4 按照性别和年级，青少年中每周参加四天或以上体育活动的比例

暂时看不出特别大的影响，但是更多的潜在影响都是随着年龄的增长才会慢慢显现的。

图5-5显示了不同性别和省份的青少年中每周参加四天或以上体育活动的比例情况。在各省份的青少年中，所有省份的男生每周参加四天或以上体育活动的比例都高于女生。男生中每周参加四天或以上体育活动的比例最高的是北京，其次是重庆和广东，最低的是海南。女生中每周参加四天或以上体育活动的比例最高的是北京，其次是重庆和江苏，最低的是海南。北京地区的男女生每周参加四天或以上体育活动的比例都是所有地区中最高的。

图5-6显示了不同性别和城市类型青少年中每周参加四天或以上体育活动的比例情况。在四类城市类型中，各类型城市的男生中每周参加四天或以上体育活动的比例都高于女生。男生中每周参加四天或以上体育活动的比例最高的是直辖市，其次是中等城市、省会城市，最低的是乡镇，且直辖市男生每周参加四天或以上体育活动的比例明显高于其他城市类型的男生。女生中每周参加四天或以上体育活动的比例最高的是直辖市，其次是乡镇、省会城市，最低的是中等城市，直辖市之外的其他城市类型的女生每周参加四天或以上体育活动的比例差异不大（3个百分点之内）。这和经济发展水平的差异有关。另外，我们可以看到省会城市和中等城市中的女生每周参加四天或以上体育活动的比例均比乡镇低，这与家庭环境以及学业压力有关，因此，我们应更加需要关注女生的运动情况。

图5-7显示了不同性别和学校类型的青少年中每周参加四天或以上体育活动的比例情况。其中示范学校的青少年中男生和女生每周参加四天或以上

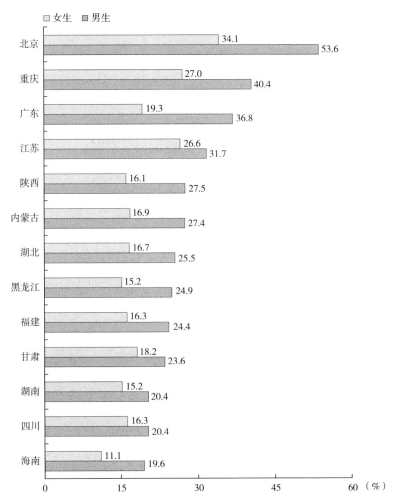

图 5-5　按照性别和省市，青少年中每周参加四天或以上体育活动的比例

体育活动的比例均高于非示范学校的比例，但差异不大（差距在 3 个百分点以内）。总体看来，无论是示范学校还是非示范学校的青少年每周参加四天或以上体育活动的比例都很低，男生不高于 30%，女生低于 20%。这说明示范学校和非示范学校青少年体育活动普遍偏少。

图 5-8 显示了不同性别和家庭富裕程度的青少年中每周参加四天或以上体育活动的比例情况。在不同的家庭富裕程度中，男生中每周参加四天或以上体育活动的比例最高的是很富裕家庭，其次是较富裕家庭、一般家庭、不富裕家庭，最低的是一点也不富裕家庭。而女生中每周参加四天或以上体育活动的比例最高的是较富裕家庭，其次是很富裕家庭、一般家庭、一点也不

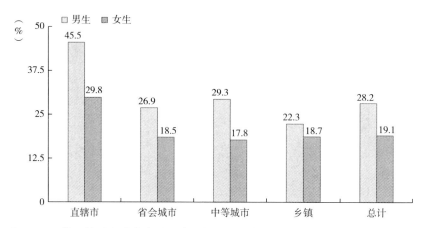

图 5 - 6 按照性别和城市类型，青少年中每周参加四天或以上体育活动的比例

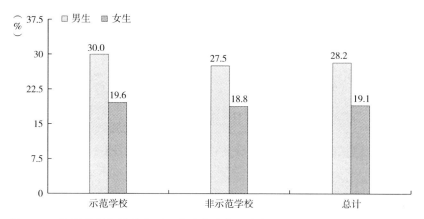

图 5 - 7 按照性别和学校类型，青少年中每周参加四天或以上体育活动的比例

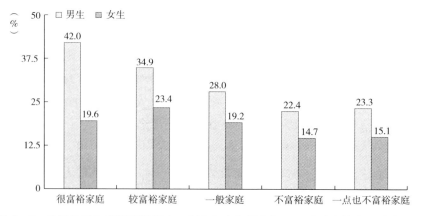

图 5 - 8 按照性别和家庭富裕程度，青少年中每周参加四天或以上体育活动的比例

富裕家庭，最差的是不富裕家庭。很富裕家庭的女生中每周参加四天或以上体育活动的比例比比较富裕家庭的女生要低，家庭一点也不富裕的青少年中女生每周参加四天或以上体育活动的比例比家庭不富裕的女生要高，这说明青少年的运动情况和家庭环境有关。

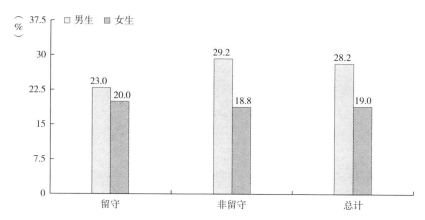

图 5 - 9　按照性别和留守与非留守，青少年中每周参加四天或以上体育活动的比例

图 5 - 9 显示了留守与非留守青少年每周参加四天或以上体育活动的比例情况。留守青少年中男生每周参加四天或以上体育活动的比例低于非留守青少年中男生的比例，而女生则高于非留守青少年中女生的比例。这里值得关注的是非留守青少年中女生每周参加四天或以上体育活动的比例要低于留守青少年的情况，这说明我们应更加关注女生的运动情况。

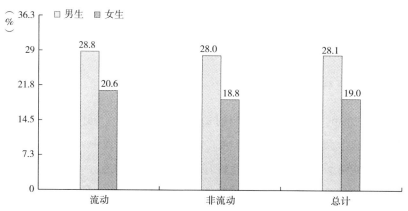

图 5 - 10　按照性别和流动与非流动，青少年中每周
参加四天或以上体育活动的比例

图 5 - 10 显示了流动与非流动青少年每周参加四天或以上体育活动的比例情况。流动青少年中每周参加四天或以上体育活动的比例无论是男生还是女生，都稍高于非流动青少年的比例。

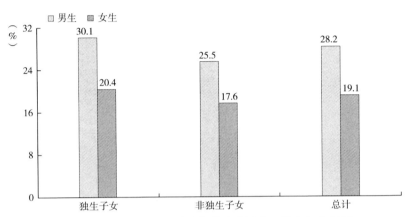

图 5 - 11 按照性别和独生与非独生子女，青少年中每周参加四天或以上体育活动的比例

图 5 - 11 显示了独生子女与非独生子女中青少年每周参加四天或以上体育活动的比例情况。其中独生子女青少年无论是男生还是女生，每周参加四天或以上体育活动的比例都高于非独生子女的比例。独生子女受到父母的关注和照顾明显多于非独生子女，其对于体育活动的重视也高于非独生子女，因此独生子女中青少年每周参加四天或以上体育活动的比例高于非独生子女。

二 营养与健康

（一）研究概述

青少年时期的饮食不仅会对当时的健康产生影响，同时也会对其成年后的健康状况产生积极或消极的影响。疾病控制与预防中心指出幼年时的健康饮食不仅能够预防当时的一些健康问题，诸如缺铁、贫血、过度肥胖、饮食不规律、蛀牙，还可防止长期的健康问题发生，例如冠心病、癌症、中风、高血压和骨质疏松。

基于以上原因，首先了解幼儿与青少年的饮食行为模型就变得至关重要。为了出台相关的全面政策措施与项目计划来改变青少年的饮食行为模型，我们需要了解：青少年吃了什么，他们于何时、何地得到这些食物，他们在食品消费与饮食行为模型的问题上是如何做决定的，以及他们是基于何种信息做出这些决定的。世界卫生组织关于青少年健康行为的跨国研究为理解青少年的饮食行为模型做出了巨大贡献。这项研究包含了以上问题，并且将不同地区、不同年代的数据进行对比。这些问题中的某一些问题适合通过问卷调查（青少年健康行为研究中应用了这种方法）来进行研究，另一些则需要采用不同的研究方法。

青少年越来越倾向于采取一种非合理饮食方式，而这极有可能是小吃、零食越来越普遍的一个直接结果。

当最受欢迎和最容易得到的零食含糖量或脂肪量很高时，想要获得健康的饮食方式就难上加难了，而这将可能在营养方面产生我们不想要的后果。然而有证据表明，吃零食从本质上来说不一定导致质量更差的状况。整天吃零食的人，从控制体重方面，可能比那些严格遵守一日三餐的人（源于由饮食导致的热源增加）更有优势。当然，前提是这些零食都比正餐含有更加丰富的碳水化合物和更少的脂肪，而且常吃这些零食的人要通过减少随后的正餐来精确地补偿。

然而，跳过某些正餐并不有利于健康：不吃早餐的人在白天的剩余时间内更倾向于摄入高脂肪、低纤维的零食。虽然偶尔不吃正餐对青少年来说并不是个严重的问题，但是他们可能会发觉在饿的时候很难集中注意力。另外，正常的早餐有助于全面提升营养指数——每天至少有两顿规律正餐的青少年，不管吃不吃零食，从钙、铁、维生素 E 和纤维素方面来讲，都比其他的正餐模型摄入了更多的营养。

（二）研究方法

1. 研究问题

①青少年是以规律的方式吃规律的正餐吗？

②周末的正餐模型与平时不同吗？

③人口统计（年龄、性别、社会经济地位、家庭组成）和家庭变化（父母的教育方式和家庭归属感）对饮食模型的影响是什么？

④正餐模型不规律的青少年吃零食更频繁吗？

⑤正餐模型规律与不规律的青少年在健康食物（水果、蔬菜、牛奶、奶制品、面包和谷类食品）与不健康食物（巧克力/甜食、软饮料、薯片、薯条）的摄取频繁程度上有区别吗？

⑥正餐模型、吃零食的频繁程度、BMI、体形之间有关系吗？

2. 饮食模型的衡量

必答题（5~7）（你多长时间吃一次早餐＼午餐＼晚餐）用来观察青少年吃正餐的规律性（包括"多于一杯饮料或一次零食"）。

我们用这些问题给北京（11岁、12岁大的四个班级的青少年）和武汉（11岁、12岁大的一个班级的青少年）青少年进行了测试。

有关于正餐模型的问题，我们将它们按照工作日和周末的标准分开，因为青少年周末与平时的饮食模型经常不一样。此外，在不同年龄组中，这些正餐模型可能会有变化（例如，15岁大的青少年周末吃早餐的次数可能要比平时少，因为他们周五、周六的晚上更经常出去。然而11岁大的青少年周末可能会有更多的时间来吃早餐）。工作日与周末的区别和细致的答案分类使我们有可能辨别出那些有规律的正餐习惯的人、饮食稍不规律的人和无论周末平时饮食都很不规律的人。从公众健康的角度看，这些分类都很有趣。从危险行为的角度看，饮食很不规律的人就更有意思了。

（三）研究指标

1. 自称每天吃水果的青少年
2. 自称每天吃蔬菜的青少年
3. 自称每天吃糖果的青少年
4. 自称每天喝饮料的青少年

（四）研究结果

1. 青少年饮食情况

图5-12显示了青少年中每天吃水果、蔬菜、糖果以及喝饮料的比例情况。从不吃水果的青少年占全部青少年的6.1%，一周少于一次的青少年占全部青少年的9.8%，一周吃一次水果的青少年占全部青少年的16.1%，一周有2~4天吃水果的青少年占全部青少年的26.3%，一周有5~6天吃水果的青少年占全部青少年的12.2%，每天一次的青少年占全部青少年的16.2%，

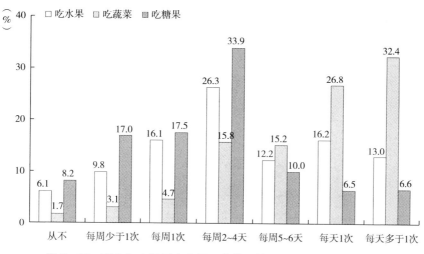

图 5 - 12　青少年中每天吃水果、蔬菜、糖果以及喝饮料的比例

每天多于一次的青少年占全部青少年的 13.0% 。从不吃蔬菜的青少年占全部青少年的 1.7% ，一周少于一次的青少年占全部青少年的 3.1% ，一周吃一次蔬菜的青少年占全部青少年的 4.7% ，一周有 2 ~ 4 天吃蔬菜的青少年占全部青少年的 15.8% ，一周有 5 ~ 6 天吃蔬菜的青少年占全部青少年的 15.2% ，每天一次的青少年占全部青少年的 26.8% ，每天多于一次的青少年占全部青少年的 32.4% 。从不吃糖果的青少年占全部青少年的 8.2% ，一周少于一次的青少年占全部青少年的 17.0% ，一周吃一次糖果的青少年占全部青少年的 17.5% ，一周有 2 ~ 4 天吃糖果的青少年占全部青少年的 33.9% ，一周有 5 ~ 6 天吃糖果的青少年占全部青少年的 10.0% ，每天一次的青少年占全部青少年的 6.5% ，每天多于一次的青少年占全部青少年的 6.6% 。青少年中每周吃水果情况中每周有 2 ~ 4 天吃水果的比例最高为 26.3% ，其次为每天一次占全部青少年的 16.2% ，再次为每周一次占全部青少年的 16.1% ；青少年中每周吃蔬菜的情况中每天多于一次的比例最高为 32.4% ，其次为每天一次占全部青少年的 26.8% ，再次为每周 2 ~ 4 天占全部青少年的 15.8% ；青少年中每周吃糖果情况中每周 2 ~ 4 天所占比例最多为 33.9% ，其次是每周一次占全部青少年的 17.5% ，再次是每周少于一次占全部青少年的 17.0% 。

图 5 - 13 显示了不同年级的青少年中每天吃水果、蔬菜、糖果的比例情况。从总体上看，女生每天吃水果、蔬菜、糖果的比例高于男生的比例。男生、女生每天吃水果的比例随着年级的不断升高呈现下降趋势。男生中每天

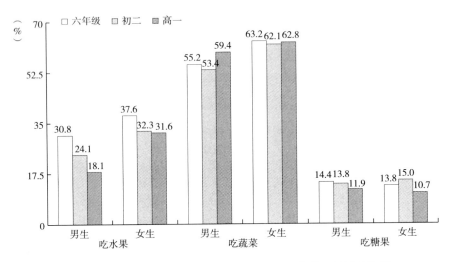

图 5－13　按照年级，青少年中每天吃水果、蔬菜、糖果的比例

吃蔬菜的比例高一最高，而后是小学六年级，初二最低，而女生每天吃蔬菜的比例是小学六年级最高，而后是高一，初二最低。男生中每天吃糖果的比例随着年级的上升呈下降趋势，而女生每天吃糖果的比例初二最高，而后是小学六年级，最低的是高一。男女生每天吃水果的比例随着年级的不断升高而不断下降说明了对水果摄入意识逐渐变淡。

图 5－14 显示了不同省份的青少年中每天吃水果、蔬菜、糖果的比例情况。其中吃糖果的比例最高的为北京（20.6%），其次为黑龙江（17.4%）和湖南（14.9%），最低的为甘肃（9.1%）。吃蔬菜最高的为广东（74.4%），其次为北京（73.2%）、海南（67.7%），最低的为甘肃（40.1%）。吃水果比例最高的为北京（48.3%），其次为黑龙江（47.0%）和江苏（39.4%），最低的为甘肃（5.4%）。北京地区的青少年中每天吃糖果和水果的比例在所有的地区中最高，吃蔬菜排名第二，排名均相当靠前。

图 5－15 显示了不同城市类型的青少年中每天吃水果、蔬菜、糖果的比例情况。在四类城市类型中，青少年中每天吃水果、蔬菜的比例中，最高的是直辖市，其次是中等城市、省会城市，最低的是乡镇。青少年中每天吃糖果的比例最高的是省会城市，然后是直辖市和乡镇，最低的是中等城市。而在各省份的青少年中，每天吃水果、蔬菜、糖果的比例最高的是北京，最低的是甘肃。乡镇的青少年每天吃水果和蔬菜的比例明显要低于城市中的青少年，这反映出乡镇的青少年饮食结构和饮食习惯较为不健康，这和不同的经

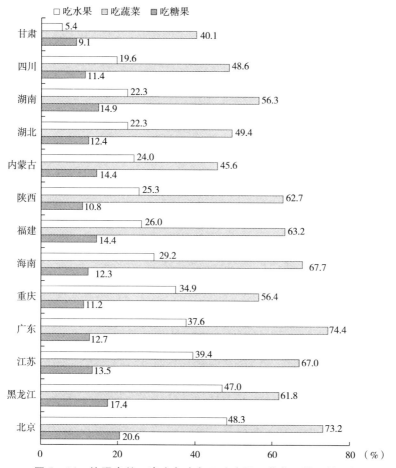

图 5 - 14　按照省份，青少年中每天吃水果、蔬菜、糖果的比例

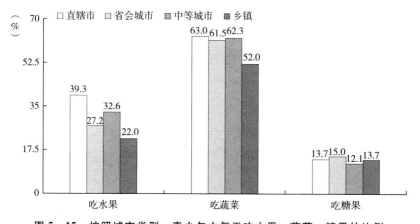

图 5 - 15　按照城市类型，青少年中每天吃水果、蔬菜、糖果的比例

239

济发展水平有关，乡镇居民的饮食观念较为落后，对于饮食结构健康的关注较少。

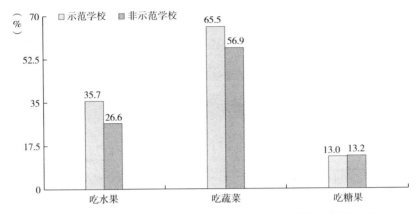

图 5-16　按照学校类型，青少年中每天吃水果、蔬菜、糖果的比例

图 5-16 显示了不同学校类型的青少年中每天吃水果、蔬菜、糖果的比例情况。示范学校的青少年每天吃水果、蔬菜的比例高于非示范学校的比例，而非示范学校的青少年每天吃糖果的比例略高于示范学校的青少年。示范学校普遍办学条件更好，同样给学生提供的伙食也更好，所以示范学校的青少年每天吃水果和蔬菜的比例高于非示范学校；同样示范学校的管理也比非示范学校严格，对于糖果等零食也是，所以示范学校的青少年每天吃糖果的比例低于非示范学校。

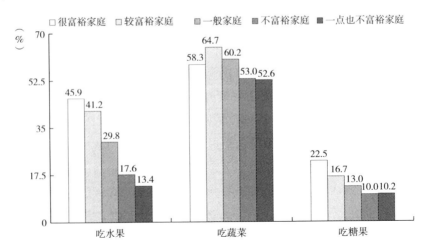

图 5-17　按照家庭富裕程度，青少年中每天吃水果、蔬菜、糖果的比例

图 5 - 17 显示了不同家庭富裕程度的青少年中每天吃水果、蔬菜、糖果的比例情况。在不同的家庭富裕程度中，青少年中每天吃水果、糖果的比例随着家庭富裕程度的降低而总体呈现下降趋势，不富裕家庭的青少年在每天吃糖果的比例上略低于一点也不富裕家庭的青少年。而青少年中每天吃蔬菜比例最高是较富裕家庭，其次是一般家庭、非常富裕家庭、不富裕家庭，最低的是一点也不富裕家庭。这和家庭的经济状况以及随之而来的其他家庭环境因素有关。其中青少年每天吃蔬菜和糖果的比例情况随着家庭富裕程度的降低变化不是很显著，但是青少年每天吃水果的比例情况随着家庭富裕程度的降低变化显著。家庭条件越好的青少年的饮食结构越为健康。

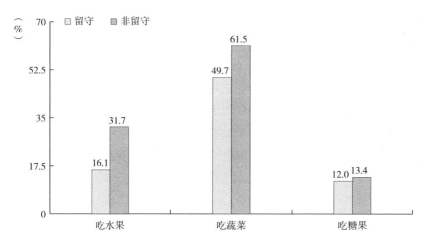

图 5 - 18　按照留守与非留守，青少年中每天吃水果、蔬菜、糖果的比例

图 5 - 18 显示了留守与非留守青少年每天吃水果、蔬菜、糖果的比例情况。留守青少年中每天吃水果、蔬菜、糖果的比例低于非留守青少年中的比例。其中留守青少年每天吃水果的比例很低，只有 16.1%，远低于非留守青少年的情况。留守青少年缺少父母的照顾，在饮食上也是，所以每天吃水果、蔬菜和糖果的比例都低于非留守青少年。留守青少年缺少父母的照顾，在饮食上也是如此，没有人料理他们的饮食，所以饮食结构更为不健康。

图 5 - 19 显示了流动与非流动青少年中每天吃水果、蔬菜、糖果的比例情况。流动青少年每天吃水果、蔬菜、糖果的比例低于非流动青少年的比例。

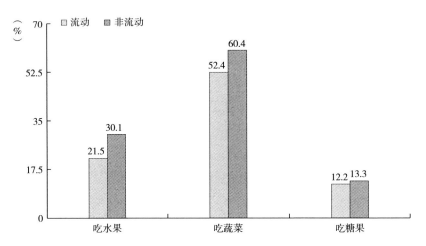

图 5 - 19　按照流动与非流动，青少年中每天吃水果、蔬菜、糖果的比例

流动青少年的家庭状况普遍要比非流动青少年差，所以饮食条件上也不如非流动青少年好。

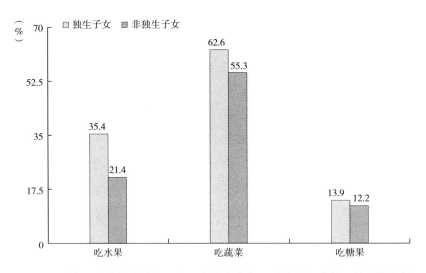

图 5 - 20　按照独生与非独生子女，青少年中每天吃水果、蔬菜、糖果的比例

图 5 - 20 显示了独生与非独生子女青少年中每天吃水果、蔬菜、糖果的比例情况。独生子女中每天吃水果、蔬菜、糖果的比例高于非独生子女的比例。独生子女比非独生子女受到更多父母的关心和照顾，所以独生子女每天吃水果、蔬菜和糖果的比例高于非独生子女。

2. 国际数据

图 5 – 21 全球 HBSC 研究中，小学六年级青少年每天吃水果的比例

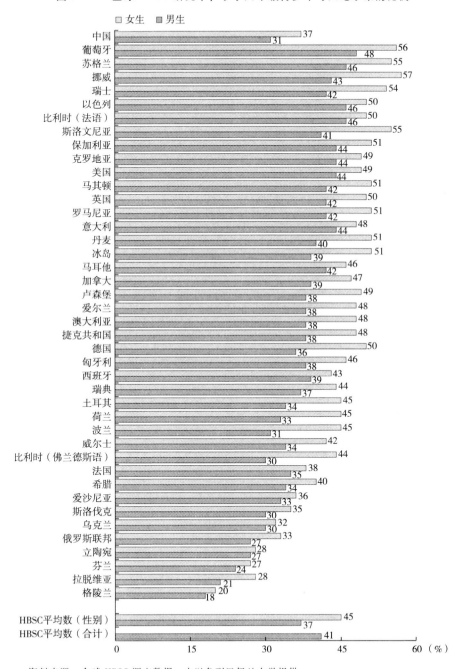

资料来源：全球 HBSC 调查数据，由以色列巴伊兰大学提供。

图 5-22　全球 HBSC 研究中，初二青少年每天吃水果的比例

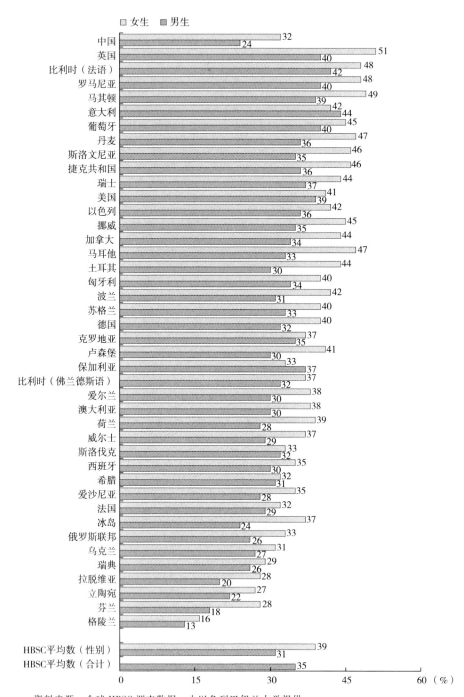

资料来源：全球 HBSC 调查数据，由以色列巴伊兰大学提供。

图 5 – 23 全球 HBSC 研究中，高一青少年每天吃水果的比例

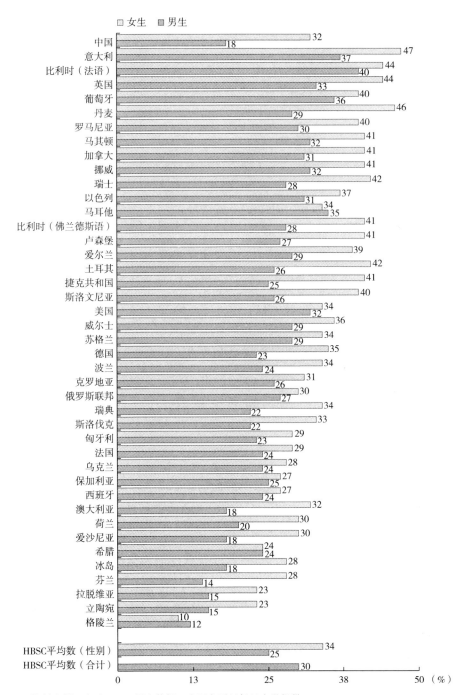

资料来源：全球 HBSC 调查数据，由以色列巴伊兰大学提供。

全球比较结果摘要：

下文将本次调查结果与 2005 ～ 2006 年全球 HBSC 研究比较如下：

调查中青少年每日水果摄入量在不同国家的三个年级组中存在巨大的差异。

小学六年级：

· 女生：20% （格陵兰） 到 57% （挪威），中国为 37%

· 男生：18% （格陵兰） 到 48% （葡萄牙），中国为 31%

初二：

· 女生：16% （格陵兰） 到 51% （英国），中国为 32%

· 男生：13% （格陵兰） 到 44% （意大利），中国为 24%

高一：

· 女生：10% （格陵兰） 到 47% （意大利），中国为 32%

· 男生：12% （格陵兰） 到 40% ［比利时 （法语系区）］，中国为 18%

青少年每日水果的摄入量各国各不相同，在大多数国家中，青少年水果摄入量的比例随年级的升高而降低，并且女生水果摄入的比例普遍高于男生。在全球范围内，中国三个年级组青少年每日水果的摄入量都低于全球平均水平。

资料来源：世界卫生组织欧洲地区办事处编《青年健康不平等：学龄儿童健康行为研究 2015 － 2016 年度国际调查报告》，周华珍译，中国青年出版社，2010。

三　体形与减重

（一）　研究概述

世界卫生组织认为，儿童超重和肥胖的情况在绝大多数的发达地区都开始出现。体重指数 （BMI），即按照以千克为标准的体重测量和以米为单位的身高测量平方之比是儿童和青春期肥胖的最通常标准。BMI 与肥胖、心血管疾病风险、社会心理问题、身体健康、生活质量具有直接的关联性。另外，儿童时期和青春期的体重指数和成年的肥胖、从长期来看的死亡率是直接相关的。HBSC 也采用了建立在科勒等人工作基础上的、给青少年用的体重指数，这也为国际肥胖问题工作组国际打击肥胖组织 （IOTF）[①] 所推荐，成为它的定点。

[①]　WH Organization: Young People's Health in Context Health Behaviour in School – aged Children （HBSC） Study: International Report from the 2001/2002 Survey, 2004: pp. 59 – 70　10.4028/ www. scientific. net/AMR. 634 – 638. 1807

在儿童中，超重和肥胖的比例不断增长，成为一个重要的全球健康问题。尤其是在女性当中，越来越多的人把苗条看得很重要，而超重和肥胖则被看成是不美观和耻辱。青少年在青春期中经历了很多生理变化，身材成为自我评价、精神健康和心理幸福感的一个重要部分。由于对不同性别的社会期待不一样，在青春期的成长过程中，在女生中常常伴随着较为消极的身材印象，而在男生中则比较正面。事实上，对自己超重的感觉是减肥愿望最强烈的指示器。所以，对身材的感觉与事实上的体重是独立开来的，这样的节食自身就会造成对健康的威胁。对身体高度的不满意和对身材的感觉混乱，也会导致低落的情绪、心里的抱怨和饮食的不规律。

不管是儿童还是青春期的超重和肥胖，节食本身对控制体重都是收效甚微的。减肥的想法可能会导致这样一个循环：限制饮食，接下来则是饮食过量或者狂吃，最终体重还增加了。菲尔德等人说，青春期的节食者并不是节食的人，在接下来的三年中的体重还会更重。用广泛的和长期的节食来减肥，则对青少年的发展有潜在的严重的后果。这会导致增加易怒、注意力不集中、睡眠不规律、月经失调、发育迟缓、性发育迟缓以及营养不良。绝大多数的显著的极端节食者，都被认为有低自尊和其他负面的心理状态，如低落、焦虑、自杀等倾向。青春期个体的人的节食与饮食失常也是相关的。

（二）研究方法

（1）青少年被测量他们的身高（不穿鞋）和体重（不穿衣服），体重指数就是通过这些信息中算出来的，偏重和肥胖的定点也显示在上面。

青少年被问他们是怎么评价自己的身材的。回答分成了从"太瘦了"到"太胖了"。这里的结果展示出的是他们感觉他们的身材"有点胖"或"太胖了"的比例。

（2）青少年被问他们是否经常"节食或者做其他的事情去减肥"。回答包括了"不，我的体重正好"，"不，我需要增肥"和"是的"。以下的数据来自回答经常节食或者做其他的事情去减肥的人。

（三）研究对象

1. 体形感受

自称自己有点胖或太胖了的青少年。

2. 控制体重的举措

自称自己有节食减重行为的青少年。

（四）研究结果

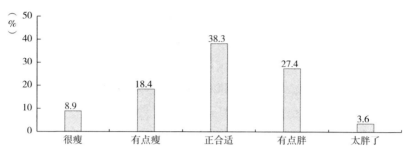

图 5 - 24　青少年对自己体形看法的频率分析

图 5 - 24 显示了青少年对自己体形看法的频率情况。其中认为自己很瘦的青少年占全部青少年的 8.9%，认为自己有点瘦的青少年占全部青少年的 18.4%，认为自己体型（身体形象）正合适的青少年占全部青少年的 38.3%，认为自己有点胖的青少年占全部青少年的 27.4%，认为自己太胖了的青少年占全部青少年的 3.6%。其中认为自己正合适的比例只有 38.3%，这说明 60% 左右的青少年对于自己的体形不满意。这和青少年心理的逐渐成熟以及审美和自尊意识的增强有关。

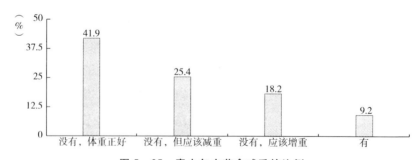

图 5 - 25　青少年中节食减重的比例

图 5 - 25 显示了青少年中节食减重的比例情况。认为自己的体重正好的青少年占全部青少年的 41.9%，没在节食减重但希望自己更瘦些的青少年占全部青少年的 25.4%，没在节食减重但认为自己需要增肥的青少年占全部青少年的 18.2%，在节食减重的青少年占全部青少年的 9.2%。有 1/3 的青少年认为自己要减重或者已经在节食，这个比例比较高。

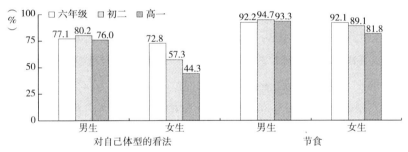

图 5 - 26　按照性别和年级，青少年中认为自己有点
胖或太胖了以及节食减重的比例

图 5 - 26 显示了不同性别和年级的青少年中认为自己有点胖或太胖了以及节食减重的比例情况。其中男生认为自己有点胖或太胖了以及节食减重的比例高于女生，随着年级的不断升高，女生中认为自己有点胖或太胖了以及节食减重的比例呈现不断下降的趋势，而男生中比例最高的是初二，变化幅度较小。这和青少年心理发展的情况有关，对于自己的认知以及审美的不断提升导致了他们对自己体形看法的变化。

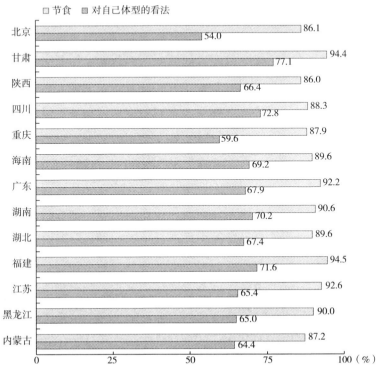

图 5 - 27　按照省份，青少年中认为自己有点胖或太胖了以及节食减重的比例

图 5－27 显示了不同省份的青少年中认为自己有点胖或太胖了以及节食减重的比例情况。其中认为自己有点胖或太胖了的比例最高的是甘肃（77.1％），其次是四川（72.8％）和福建（71.6％），最低的是北京（54％）。节食减重的比例最高的是福建（94.5％），其次是甘肃（94.4％）和江苏（92.6％），最低的是北京（86.1％）。北京的青少年中认为自己有点胖或太胖了以及节食减重的比例均为最低。

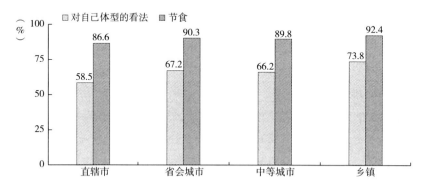

图 5－28　按照城市类型，青少年中认为自己有点胖或太胖了以及节食减重的比例

图 5－28 显示了不同城市类型的青少年中认为自己有点胖或太胖了以及节食减重的比例情况。在四类城市类型中，乡镇青少年认为自己有点胖或太胖了以及节食减重的比例最高，其次是省会城市、中等城市，直辖市青少年中认为自己有点胖或太胖了以及节食减重的比例最低。认为自己有点胖或太胖了的比例都在50％以上，而青少年中节食的比例都在85％以上，这说明节食在青少年中是非常普遍的现象。青少年处在人生成长发育的黄金时期，如果仅仅为了外观而去进行节食，这会对他们身体健康的发育产生极其负面的影响。

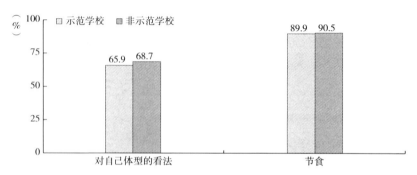

**图 5－29　根据城市类型来看，按照学校类型，青少年中认为自己
有点胖或太胖了以及节食减重的比例**

　　图 5-29 显示了不同学校类型的青少年中认为自己有点胖或太胖了以及节食减重的比例情况。示范学校的青少年中认为自己有点胖或太胖了以及节食减重的比例略低于非示范学校的比例。示范学校和非示范学校在这点上差异并不是很大（3 个百分点之内），但是对自己体形不满的比例都超过 65% 以及节食比例都超过 90% 说明对体形不满和节食现象在青少年中是非常普遍的。

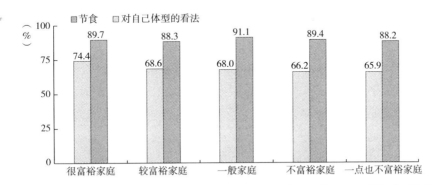

图 5-30　按照家庭富裕程度，青少年中认为自己有点胖或太胖了以及节食减重的比例

　　图 5-30 显示了不同家庭富裕程度的青少年中认为自己有点胖或太胖了以及节食减重的比例情况。在不同的家庭富裕程度中，一般家庭的青少年中认为自己有点胖或太胖了的比例最高（91.1%），其次是很富裕家庭（89.7%）、不富裕家庭（89.4%）、较富裕家庭（88.3%），一点儿也不富裕家庭的青少年中认为自己有点胖或太胖了的比例最低（88.2%），相差幅度不大。节食减重的青少年比例随家庭富裕程度的降低呈现下降趋势。这和家庭条件和环境有关，但是差异并不是很大是指对自己体形不满的比例都接近 90% 以及节食比例都超过 65% 说明对体形不满和节食现象在青少年中是非常普遍的。

　　图 5-31 显示了留守与非留守青少年中认为自己有点胖或太胖了以及节食减重的比例情况。留守青少年中认为自己有点胖或太胖了以及节食减重的比例高于非留守青少年的比例。留守青少年缺少父母的关爱，其认知的过程主要依靠周围的环境，受到别人观点影响的可能性更大，也可能与别人产生攀比或受到周围人节食的影响。

　　图 5-32 显示了流动与非流动青少年中认为自己有点胖或太胖了以及节食减重的比例情况。流动青少年中认为自己有点胖或太胖了的比例（71.7%）高于非流动青少年的比例（67.3%）。而在节食减重方面的青少年的比例，流动与非流动青少年基本持平。

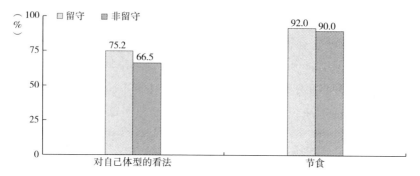

图 5 - 31　按照留守与非留守，青少年中认为自己
有点胖或太胖了以及节食减重的比例

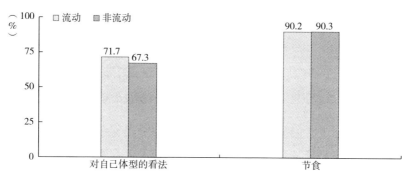

图 5 - 32　按照流动与非流动，青少年中认为自己
有点胖或太胖了以及节食减重的比例

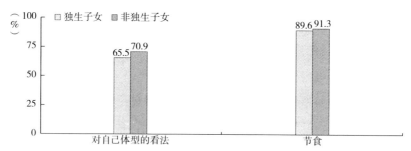

图 5 - 33　按照独生与非独生子女，青少年中认为自己
有点胖或太胖了以及节食减重的比例

　　图 5 - 33 显示了独生与非独生子女青少年中认为自己有点胖或太胖了以及节食减重的比例情况。独生子女中认为自己有点胖或太胖了以及节食减重的比例低于非独生子女的比例。独生子女受到父母的关心和照顾多于非独生子女，所以受父母的影响比较大，有节食行为可能会受到父母的制止。

3. 国际数据

图 5 – 34 中国与全球不同性别青少年在小学六年级有节食行为的比例比较

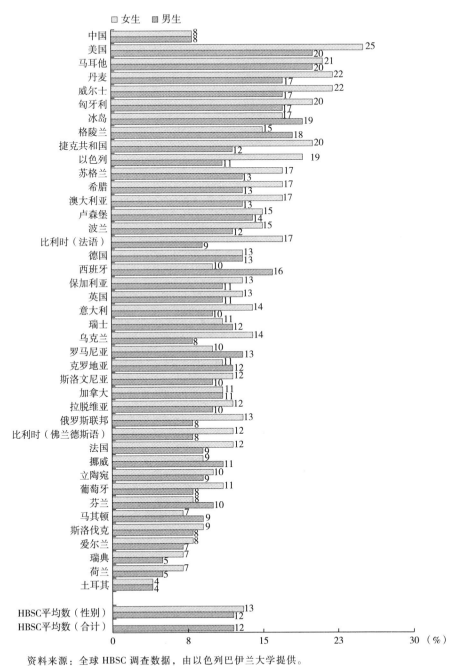

资料来源：全球 HBSC 调查数据，由以色列巴伊兰大学提供。

图 5 – 35　中国与全球初中二年级男生和女生有节食行为的比例比较

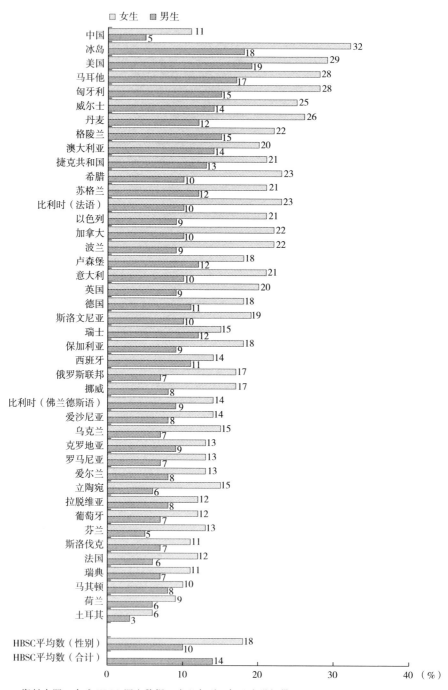

资料来源：全球 HBSC 调查数据，由以色列巴伊兰大学提供。

图 5 – 36 中国与全球青少年高一男生与女生中有节食行为的比例比较

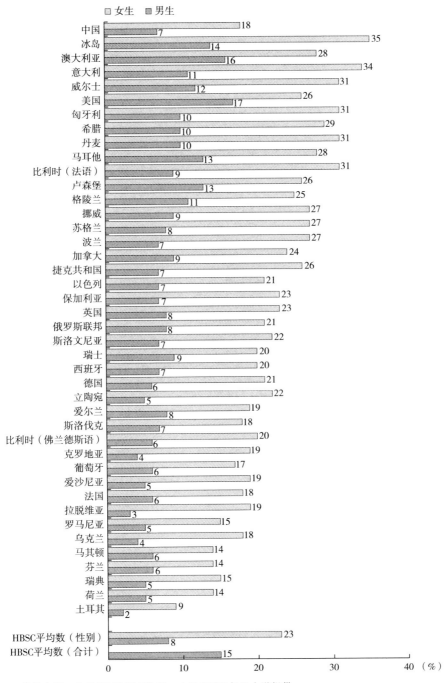

资料来源：全球 HBSC 调查数据，由以色列巴伊兰大学提供。

255

全球比较结果摘要：

下文将本次调查结果与 2005～2006 年全球 HBSC 研究比较如下：
在不同的国家之间，表示自己当前有减肥行为的青少年比例各不相同。
这些差异在不同国家的女生中更加明显。
小学六年级：
·女生：4%（土耳其）到 25%（美国），中国为 8%
·男生：4%（土耳其）到 20%（美国和马耳他），中国为 8%
初二：
·女生：6%（土耳其）到 32%（冰岛），中国为 11%
·男生：3%（土耳其）到 19%（美国），中国为 5%
高一：
·女生：9%（土耳其）到 35%（冰岛），中国为 18%
·男生：2%（土耳其）到 17%（美国），中国为 7%

女生采取减肥行为的比例最高。她们一直保持着比男生要高的比例，在各个国家中这种趋势都随着年级的增长而增加。在全球范围内，中国的三个年级组的青少年采取减肥行为的比例低于全球平均水平。

资料来源：世界卫生组织欧洲地区办事处编《青年健康不平等：学龄儿童健康行为研究 2015－2016 年度国际调查报告》，周华珍译，中国青年出版社，2010。

四 口腔卫生

（一）研究概述

口腔疾病是工业社会中最普遍的疾病。口腔健康不仅表明牙齿是健康的，它还有更进一步的健康含义。牙齿错位是牙疼的普遍原因以及残疾和身体缺陷的重要致病因素。口腔不健康限制了个体选择和社交机会。口腔疾病和身体其他系统的疾病以相同的方式降低了人们对生活的满意度。

最普遍的口腔疾病被认为是龋齿和牙周病，可以被大致认为是行为问题所导致的，因为它们可以通过限制糖类产品的摄入来保持口腔卫生和在日常刷牙中使用含氟牙膏来预防。在最近几十年中，龋齿在许多欧洲地区和北美的发病率已经下降了，但大量的差异仍存留在对预防性干预和疾病流行程度的理解上。刷牙仍然是每个个体的主要预防性方法，普遍推荐的频度是一天两次，即早上和晚上各一次。

（二）研究方法

测量：你多经常刷牙？选项是：每天超过一次、每天一次、至少一周一次但不是每天、每周少于一次、从来不。

（三）研究对象

（1）自称刷牙的青少年

（2）自称每天刷牙一次或一次以上的青少年

（四）研究结果

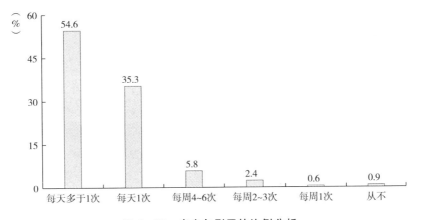

图 5 - 37　青少年刷牙的比例分析

图 5 - 37 显示了接受调查的全部青少年刷牙情况的比例。每天刷牙 1 次以上的青少年占全部青少年的 54.6%，每天刷牙 1 次的青少年占全部青少年的 35.3%，每周刷牙 4 ~ 6 次的青少年占全部青少年的 5.8%，每周刷牙 2 ~ 3 次的青少年占全部青少年的 2.4%，每周刷牙 1 次的青少年占全部青少年的 0.6%，从来不刷牙的青少年占全部青少年的 0.9%。每天多于 1 次和每天 1 次的青少年一共占全部青少年的近 90%。这说明青少年口腔卫生习惯比较好。

图 5 - 38 显示了不同年级的青少年中每天刷牙一次或者一次以上的比例情况。其中女生每天刷牙一次或者一次以上的比例高于男生，随着年级的不断升高，男生、女生中每天刷牙一次或者一次以上的比例呈现不断上升的趋势。这和青少年的心理不断发展成熟有关，他们更加懂得个体基本卫生的重要性。

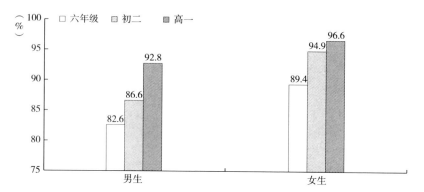

图 5 - 38　按照年级，青少年中每天刷牙一次或者一次以上的比例

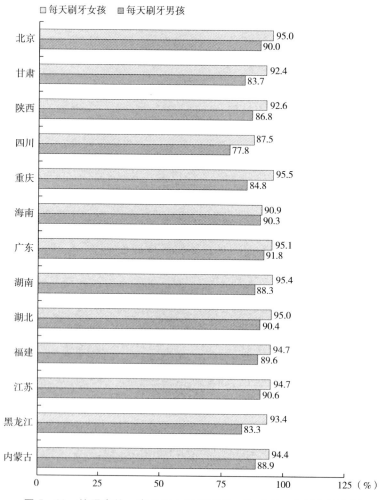

图 5 - 39　按照省份，青少年中每天刷牙一次或者一次以上的比例

图 5 - 39 显示了不同省份的青少年中每天刷牙一次或者一次以上的比例情况。各省份的青少年每天刷牙一次或者一次以上的比例总体上最高的是广东，其次是湖北和江苏，最低的是四川。北京地区青少年中每天刷牙一次或者一次以上的比例排在第四位。各个地区男女生每天刷牙一次或者一次以上的比例女生都高于男生，同时男女生的比例基本上都在 80% 以上。

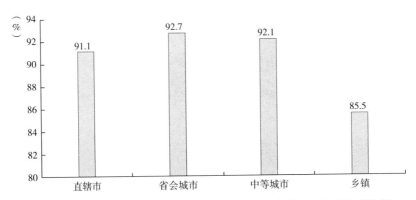

图 5 - 40　按照城市类型，青少年中每天刷牙一次或者一次以上的比例

图 5 - 40 显示了不同城市类型的青少年中每天刷牙一次或者一次以上的比例情况。在四类城市类型中，省会城市的青少年每天刷牙一次或者一次以上的比例最高（92.7%），其次是中等城市（92.1%）、直辖市（91.1%），乡镇青少年中每天刷牙一次或者一次以上的比例最低（85.5%）。这和经济发展水平的不同有关，可以看出城市和乡镇的差异比较大，乡镇青少年的口腔卫生习惯比较差。

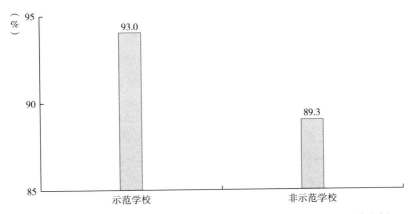

图 5 - 41　按照学校类型，青少年中每天刷牙一次或者一次以上的比例

图 5－41 显示了不同学校类型的青少年中每天刷牙一次或者一次以上的比例情况。示范学校的青少年中每天刷牙一次或者一次以上的比例（93.0%）高于非示范学校的比例（89.3%）。示范学校对于学生的管理严于非示范学校，在个体卫生上也是如此。

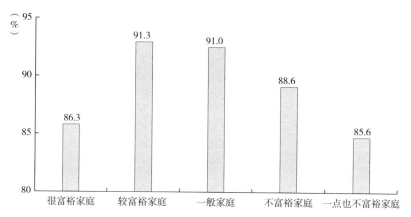

图 5－42　按照家庭富裕程度，青少年中每天刷牙一次或者一次以上的比例

图 5－42 显示了不同家庭富裕程度的青少年中每天刷牙一次或者一次以上的比例情况。在不同的家庭富裕程度中，较富裕家庭的青少年中每天刷牙一次或者一次以上的比例最高（91.3%），其次是一般家庭（91.0%）、不富裕家庭（88.6%）、很富裕家庭（86.3%），一点也不富裕家庭的青少年中每天刷牙一次或者一次以上的比例最低（85.6%）。值得关注的是家庭很富裕的青少年中每天刷牙一次或者一次以上的比例较低，这说明青少年的个体卫生习惯与家庭环境有关。

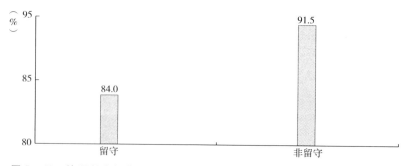

图 5－43　按照留守与非留守，青少年中每天刷牙一次或者一次以上的比例

　　图 5－43 显示了留守与非留守青少年中每天刷牙一次或者一次以上的比例情况。非留守青少年中每天刷牙一次或者一次以上的比例（91.5％）高于留守青少年的比例（84.0％）。留守青少年缺乏父母的照顾和管教，对于自己的个体卫生的重视程度不如非留守青少年。

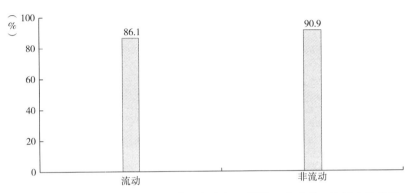

图 5－44　按照流动与非流动，青少年中每天刷牙一次或者一次以上的比例

　　图 5－44 显示了流动与非流动青少年中每天刷牙一次或者一次以上的比例情况。非流动青少年中每天刷牙一次或者一次以上的比例（90.9％）高于流动青少年的比例（86.1％）。流动青少年居住的环境普遍差于非流动青少年，其物质条件也不如非流动青少年。

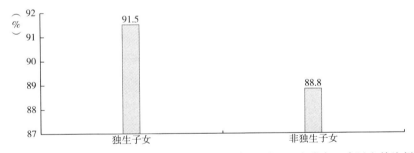

图 5－45　按照独生与非独生子女，青少年中每天刷牙一次或者一次以上的比例

　　图 5－45 显示了独生与非独生子女青少年中每天刷牙一次或者一次以上的比例情况。独生子女中每天刷牙一次或者一次以上的比例（91.5％）高于非独生子女的比例（88.8％）。独生子女受到父母的关心和照顾多于非独生子女，对于子女良好个体卫生习惯的培养也是如此，所以独生子女的刷牙情况比非独生子女好。

2. 国际数据

图5-46 中国与全球青少年小学六年级男生、女生平均每天至少刷一次牙的比例比较

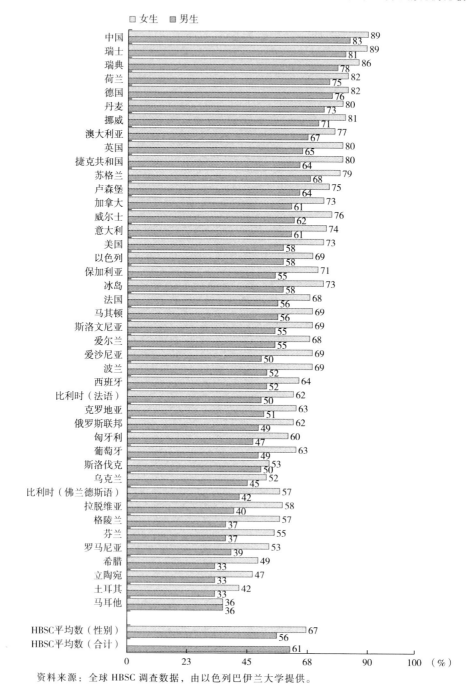

资料来源：全球 HBSC 调查数据，由以色列巴伊兰大学提供。

262

图 5-47 全球 HBSC 研究中，初二每天至少刷一次牙的比例

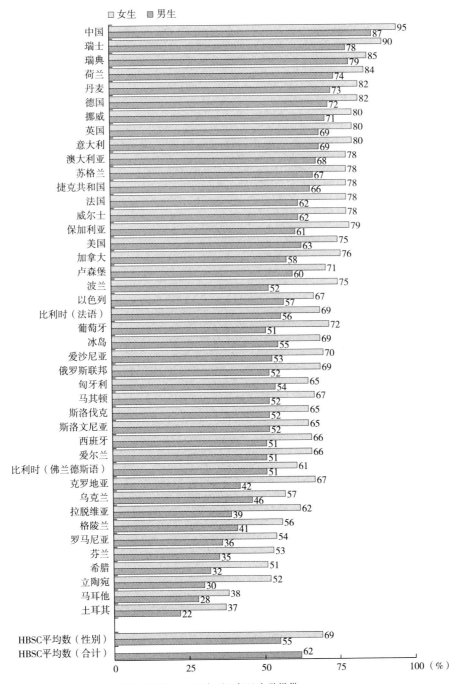

资料来源：全球 HBSC 调查数据，由以色列巴伊兰大学提供。

263

图 5 – 48　全球 HBSC 研究中，高一每天至少刷一次牙的比例

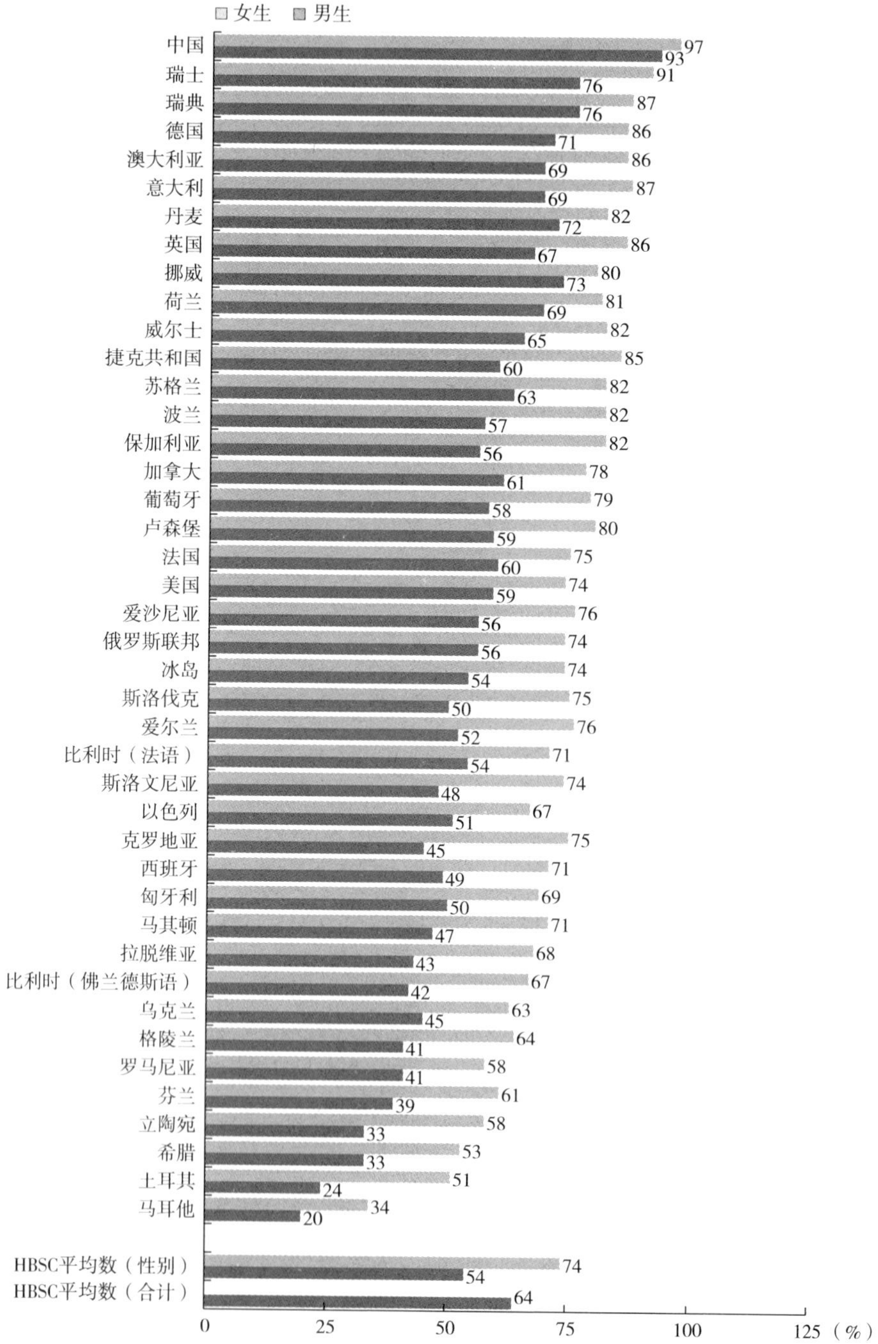

□ 女生　■ 男生

国家/地区	女生	男生
中国	97	93
瑞士	91	76
瑞典	87	76
德国	86	71
澳大利亚	86	69
意大利	87	69
丹麦	82	72
英国	86	67
挪威	80	73
荷兰	81	69
威尔士	82	65
捷克共和国	85	60
苏格兰	82	63
波兰	82	57
保加利亚	82	56
加拿大	78	61
葡萄牙	79	58
卢森堡	80	59
法国	75	60
美国	74	59
爱沙尼亚	76	56
俄罗斯联邦	74	56
冰岛	74	54
斯洛伐克	75	50
爱尔兰	76	52
比利时（法语）	71	54
斯洛文尼亚	74	48
以色列	67	51
克罗地亚	75	45
西班牙	71	49
匈牙利	69	50
马其顿	71	47
拉脱维亚	68	43
比利时（佛兰德斯语）	67	42
乌克兰	63	45
格陵兰	64	41
罗马尼亚	58	41
芬兰	61	39
立陶宛	58	33
希腊	53	33
土耳其	51	24
马耳他	34	20
HBSC平均数（性别）	74	54
HBSC平均数（合计）	64	

资料来源：全球 HBSC 调查数据，由以色列巴伊兰大学提供。

全球比较结果摘要：

下文将本次调查结果与 2005~2006 年全球 HBSC 研究比较如下：
各个国家三个年级组的青少年刷牙至少一次的比例各不相同。
小学六年级：
· 女生：36%（马耳他）到 89%（瑞士、中国）
· 男生：33%（立陶宛、土耳其、希腊）到 83%（中国）
初二：
· 女生：37%（土耳其）到 95%（中国）
· 男生：22%（土耳其）到 87%（中国）
高一：
· 女生：34%（马耳他）到 97%（中国）
· 男生：20%（马耳他）到 93%（中国）

各个国家之间青少年每日刷牙至少一次以上的比例差异很大。随着年级的升高，各个国家三个年级组的青少年刷牙至少一次以上的比例都呈上升趋势。在全球范围内，中国三个年级组的青少年刷牙至少一次的比例都是最高的。

资料来源：世界卫生组织欧洲地区办事处编《青年健康不平等：学龄儿童健康行为研究 2015 – 2016 年度国际调查报告》，周华珍译，中国青年出版社，2010。

（五）讨论

一些以前建立在 HBSC 数据上的研究已经表明女生比男生更经常刷牙以及在欧洲地区有着相当大的刷牙频数上的地理差异。这些趋势似乎还在持续。

以前的研究也发现年龄较大的青少年比年龄较小的青少年刷牙频率更高，但 2001/2002 年的研究表明这个结论只在一些国家和地区是正确的，而不是一个普遍的趋势。刷牙的习惯在青春期似乎相当稳定，当我们以健康教育为目标时这是一个很重要的考量点。

刷牙的地域差异使得提高口腔健康困难重重。尽管每天刷牙两次在欧洲的一些地区很流行，但大多数地区仍然有改善的空间，应该执行一种有效促进青少年刷牙的政策措施。

两种主要的牙科疾病（龋齿和牙周病）被认为是行为性疾病，因为它们可以通过良好的口腔卫生和限制对糖的摄入量来预防。刷牙也被认为是一种重要的保持牙龈健康的方法，当它和含氟牙膏结合起来时就是一种控制血小板的重要方法。因此它是最有效的保持口腔卫生的方法，普遍推荐的刷牙频率是每天两次。被感知的干净和卫生是经常刷牙的重要动机。人们已经证明了不健康的口腔会限制个体选择和社交的机会。口腔疾病和身体其他系统的疾病会以相同的方式降低人们的生活满意度。刷牙已经和自尊、青少年感觉他们能够控制自己的健康的程度（在较低程度上）联系在一起。

当青少年被问到他们刷牙的频率时，回答从"从来没有"变化到"每天超过一次"。报告涉及每天刷牙且超过一次的比例。在所有的三个年龄组中，各个地区报告的每天刷牙次数多于一次的比例有着很大的差异。

（六）研究结论

本章向我们展示了体育活动及营养对于青少年健康的作用及影响和现状。总的看来，在过去一周从不进行体育活动的青少年占到约 1/4 的比例（27.8%），过去一周进行体育活动为 1 天、2 天、3 天的青少年比例分别为 16.7%、18.2% 和 13.1%，一周体育活动在三天及以内的青少年比例加起来占到接近一半（48%），而运动超过三天的青少年比例仅为 23.4%，还不到 1/4。说明青少年每周运动的时间很少。大部分青少年每周运动时间在三天以内，有 1/4 的青少年每周从来不运动。青少年总体的运动时间偏少，整体情况堪忧，对于青少年的成长发育非常不利，这和学校的课程设置以及学业压力有关。虽然短时间内不会对青少年的健康产生很大的影响，但是对于青少年的长期健康发展是非常不利的，其危害会随着年龄的增加逐渐显现出来。

从不吃水果的青少年占全部青少年的 6.1%，一周少于一次的青少年占全部青少年的 9.8%，一周吃一次水果的青少年占全部青少年的 16.1%，一周有 2~4 天吃水果的青少年占全部青少年的 26.3%，一周有 5~6 天吃水果的青少年占全部青少年的 12.2%，每天一次的青少年占全部青少年的 16.2%，每天多于一次的青少年占全部青少年的 13.0%。从不吃蔬菜的青少年占全部青少年的 1.7%，一周少于一次的青少年占全部青少年的 3.1%，一周吃一次蔬菜的青少年占全部青少年的 4.7%，一周有 2~4 天吃蔬菜的青少年占全部青少年的 15.8%，一周有 5~6 天吃蔬菜的青少年占全部青少年的 15.2%，每天一次的青少年占全部青少年的 26.8%，每天多于一次的青少年占全部青少年的 32.4%。青少年吃蔬菜的情况要好于吃水果的情况，有 32% 的青少年每周只能吃一次水果或者更少，甚至还有 6.1% 的青少年从来不吃水果，这说明青少年对于水果的摄入情况不容乐观；有 9.5% 的青少年一周吃一次蔬菜或者更少，有近75%的青少年每周能有五天及以上有蔬菜吃，情况较水果而言比较好。从不吃糖果的青少年占全部青少年的8.2%，一周少于一次的青少年占全部青少年的17.0%，一周吃一次糖果的青少年占全部青少年的17.5%，一周有2~4天吃糖果的青少年占全部青少年的33.9%，一周有5~6天吃糖果的青少年占全部青少年的10.0%，每天一次的青少年占全部青少年的6.5%，每天多于一次的青少年占全部青少年的6.6%。有13.1%的青少年每天至少吃一次糖，摄入过多的糖分对于青少年的健康是不利的，容易导致肥胖和蛀牙。这也说明了现在青少年饮食结构的不合理。

认为自己的体重正合适的青少年占全部青少年的38.3%，没在节食减重但希望自己更瘦些的青少年占全部青少年的25.4%，没在节食减重但认为自己需要增肥的青少年占全部青少年的18.2%，在节食减重的青少年占全部青少年的9.2%。认为自己很瘦的青少年占全部青少年的8.9%，认为自己有点瘦的青少年占全部青少年的18.4%，认为自己体形正合适的青少年占全部青少年的38.3%，认为自己有点胖的青少年占全部青少年的27.4%，认为自己太胖了的青少年占全部青少年的3.6%。其中男生认为自己有点胖或太胖了以及节食减重的比例高于女生，随着年级的不断升高，女生中认为自己有点胖或太胖了以及节食减重的比例呈现不断下降的趋势，而男生中比例最高的是初二，变化幅度较小。这与青少年心理的逐渐成熟以及审美意识和自尊意识的增强有关。通过数据可以看出，大多数的青少年对于自己的体重不是很满意，其中甚至有9.2%的青少年选择了节食，节食对于处于生长发育阶段的青少年来说危害是非常大的，这有可能会导致营养不良从而影响身体的发育。每天刷牙一次以上的青少年占全部青少年的54.6%，每天刷牙一次的青少年占全部青少年的35.3%，每周刷牙4~6次的青少年占全部青少年的5.8%，每周刷牙2~3次的青少年占全部青少年的2.4%，每周刷牙一次的青少年占全部青少年的0.6%，从来不刷牙的青少年占全部青少年的0.9%。其中女生每天刷牙一次或者一次以上的比例高于男生，随着年级的不断升高，男生、女生中每天刷牙一次或者一次以上的比例均呈现不断上升的趋势。每天至少刷一次牙的青少年占到了近90%，这反映出青少年的个体口腔卫生意识比较强。

1. 从不同城市类型来看

在四类城市类型中，各类型城市的男生中每周参加四天或以上体育活动的比例都高于女生。男生中每周参加四天或以上体育活动的比例最高的是直辖市，其次是中等城市、省会城市，最低的是乡镇。女生中每周参加四天或以上体育活动的比例最高的是直辖市，其次是乡镇、省会城市，最低的是中等城市；青少年中每天吃水果、蔬菜的比例中，最高的是直辖市，其次是中等城市、省会城市，最低的是乡镇。青少年中每天吃糖果的比例最高的是省会城市，然后是直辖市和乡镇，最低的是中等城市；乡镇青少年吃水果和蔬菜的情况都比城市中青少年要差，这和乡镇饮食习惯的落后有关，不注重饮食结构的健康和合理，同时乡镇青少年吃糖的比例也较高，这说明饮食习惯和当地的经济发展水平有关。乡镇青少年认为自己有点胖或太胖了以及节食减重的比例最高，其次是省会城市、中等城市，直辖市青少年中认为自己有点胖或太胖了以及节食减重的比例最低，饮食结构的不合理可能会导致体重的过重，而乡镇青少年的饮食结构较城市青少年来说更不合理，所以和体形也有一定的关系；省会城市的青少年每天刷牙一次或者一次以上的比例最高（92.7%），其次是中等城市（92.1%）、直辖市（91.1%），乡镇青少年中每天刷牙一次或者一次以上的比例最低（85.5%）。城市青少年个体卫生意识高于乡镇青少年，这和卫生环境以及家庭环境有关，城市中的卫生环境比乡镇好，同时家长以及周围人的卫生意识也比乡镇要强。

2. 从不同省份来看

各省份的男生每周参加四天或以上体育活动的比例都高于女生。男生中每周参加四天或以上体育活动的比例最高的是北京，最低的是海南。女生中每周参加四天或以上体育活动的比例最高的是北京，最低的是海南；每天吃水果、蔬菜、糖果的比例最高的是北京，最低的是甘肃；认为自己有点胖或太胖了的比例最高的是甘肃，最低的是北京。节食减重的比例最高的是福建，最低的是北京；每天刷牙一次或者一次以上的比例总体上最高的是广东，最低的是四川。

3. 从示范学校和非示范学校来看

示范学校的青少年中每周参加四天或以上体育活动的比例高于非示范学校的比例；示范学校的青少年每天吃水果、蔬菜的比例高于非示范学校的比例，非示范学校的青少年每天吃糖果的比例略高于示范学校的青少年；示范学校的青少年中认为自己有点胖或太胖了以及节食减重的比例略低于非示范学校的比例；示范学校的青少年中每天刷牙一次或者一次以上的比例

（93.0%）高于非示范学校的比例（89.2%）。示范学校的管理要比非示范学校规范和严格，对于学生的饮食以及个体卫生管理得更加严格和仔细，所以示范学校中肥胖或者营养不良的现象要比非示范学校少，青少年对于自己体形的满意程度要高一些，同时每天至少刷一次牙的比例也要高一些。

4. 从不同家庭富裕程度来看

在不同的家庭富裕程度中，男生中每周参加四天或以上体育活动的比例最高的很富裕家庭，其次是较富裕家庭、一般家庭、不富裕家庭，最低的是一点也不富裕家庭。而女生中每周参加四天或以上体育活动的比例最高的是较富裕家庭，其次很富裕家庭、一般家庭、一点也不富裕家庭，最差的是不富裕家庭；青少年中每天吃水果、糖果的比例随着家庭富裕程度的降低而呈现总体下降趋势，不富裕家庭的青少年在每天吃糖果的比例上略于一点也富裕家庭的青少年。而青少年中每天吃蔬菜的比例最高的较富裕家庭，其次是一般家庭、很富裕家庭、不太富裕家庭，最低的是一点儿也不富裕家庭。一般家庭的青少年中认为自己有点胖或太胖了的比例最高（91.1%），其次是很富裕家庭（89.7%）、不富裕家庭（89.4%）、较富裕家庭（88.3%），一点儿也不富裕家庭的青少年中认为自己有点胖或太胖了的比例最低（88.2%），相差幅度不大。而在节食减重的青少年比例随家庭富裕程度的降低呈现下降趋势。较富裕家庭的青少年中每天刷牙一次或者一次以上的比例最高（91.3%），其次是一般家庭（91.0%）、不富裕家庭（88.6%）、很富裕家庭（86.3%），一点也不富裕家庭的青少年中每天刷牙一次或者一次以上的比例最低（85.6%）。

5. 从留守和非留守来看

留守青少年中男生每周参加四天或以上体育活动的比例低于非留守青少年中男生的比例，而女生则高于非留守青少年女生的比例；留守青少年中每天吃水果、蔬菜、糖果的比例低于非留守青少年中的比例；留守青少年中认为自己有点胖或太胖了以及节食减重的比例高于非留守青少年的比例；非留守青少年中每天刷牙一次或者一次以上的比例（91.5%）高于留守青少年的比例（84.0%）。留守青少年缺少父母的照顾和关爱，没有人为其安排课外活动所以在体育运动上的时间比非留守青少年少，在饮食结构上也没有非留守青少年健康，导致其体形容易出现肥胖或者过瘦的情况，所以自对自己的体形满意程度也比非留守青少年低。

6. 从流动和非流动来看

流动青少年中每周参加四天或以上体育活动的比例高于非流动青少年的比例；流动青少年每天吃水果、蔬菜、糖果的比例低于非流动青少年的比例；流动青少年中认为自己有点胖或太胖了的比例（71.7%）高于非流动青少年的比例（67.3%）；而节食减重的青少年的比例，流动与非流动青少年基本持平；非流动青少年中每天刷牙一次或者一次以上的比例（90.9%）高于流动青少年的比例（86.1%）。流动青少年一般生活的环境要比非流动儿童差一些，卫生和物质方面也要差一些，同时用于运动的场地也相对少一些，所以流动青少年的运动情况比非流动青少年要差。另外饮食结构也没有非流动青少年健康，个体卫生也比非流动青少年差。

7. 从独生子女和非独生子女来看

独生子女中每周参加四天或以上体育活动的比例高于非独生子女的比例；独生子女中每天吃水果、蔬菜、糖果的比例高于非独生子女的比例；独生子女中认为自己有点胖或太胖了以及节食减重的比例低于非独生子女的比例；独生子女中每天刷牙一次或者一次以上的比例（91.5%）高于非独生子女的比例（88.8%）。独生子女受到父母的关注比非独生子女要多，无论是在课外活动和饮食以及个体卫生方面。所以独生子女的体育活动情况以及饮食结构的健康和个体体形包括个体卫生方面都比非独生子女要好。

在减肥行为和口腔健康的国际数据上，对比发现，各国范围内，女生采取减肥行为的比例比男生高。在各个国家中减肥趋势都随着年级的增长而增加。在全球范围内，中国的三个年级组的青少年采取减肥行为的比例要低于全球平均水平；每个国家之间青少年每日刷牙一次及以上的比例存在很大的差异。随着年级的升高，各个国家三个年级组的青少年刷牙一次及以上的比例均都呈上升的趋势。在全球范围内，中国三个年级组的青少年刷牙一次及以上的比例都位列最高水平。

第六章　烟草使用对青少年健康
行为的影响

一　研究概述

　　一直以来，依赖性物质（烟酒）的使用都是人类健康的重大隐患。它是成年人发病率和死亡率的重要预示，更是影响青少年健康的一项危险行为。依赖性物质的使用短期或长期地影响人类的健康，同时它还是衡量生活幸福和社会关系的一个重要指标。依赖性物质的使用能引起各种各样的问题，包括严重的健康问题、社会和家庭危机以及经济问题等。[①]

　　通过实验，我们发现危险行为是青少年寻求自我身份认同和自主权的一种重要方式。关于危险行为（特别是依赖性物质的使用），人们已经从不同的角度提出了很多理论。比如社会化理论，它对青少年发展包括其对依赖性物质的使用作了较为全面的论述。这个理论模型，就像社会生态模型那样，指出当青少年与家庭或学校之间关系变得疏远时，他们就更有可能发生危险行为。尽管这些理论关于青少年高危险行为的症状已经有过很多论述，并且指出了它可能导致的高致病率和死亡率，依赖性物质的使用仍然是最主要的青少年危险行为。Gersen 30 年前就明确提出了各种各样的不良行为会导致并最终构成危险行为，这个理论后来被很多研究所证实。[②]

　　很多因素会促使青少年使用烟草、酒精以及毒品。其中社会人口学因素包括年龄、性别、民族、文化背景、父母社会经济地位、居住环境等。个体

---

① Currie. C, Roberts, Mirgan, R. Smith, W. Settertobulte, O. Samdal. &V. B. Rasmussen, V. B, (eds). Young People's Health in Context. Health Behavior in School – aged Children (HBSC) Study: International Report from the 2001/2002 Survey. Copenhagen. World Health Organization (Europe): Copehagen.

② Decovic M, Meeus W. Peer Relations in Adolescence: Effects of Parenting and Adolescents' Self Concept. Jourmnal of Adolescence, 1997, 20 (2): 163 – 176.

因素包括缺乏必要的生存技能、低自尊、缺乏自信、沮丧、压力、学校生活不理想等。行为因素包括课业成绩不好、好冒险、生活习惯问题等。此外，人们普遍认为社会关系对包括依赖性物质使用在内的青少年的危险行为有很大影响。对于这个年龄群体，吸烟、饮酒和使用其他毒品绝不是一个孤立的行为。相反从某种程度上说，它们构成了青少年亚文化的一部分。①

处于青春期的青少年，其社会关系正经历着剧烈的变化，变得越来越广阔，对个体认同来说也越来越重要。同龄人群体逐渐变得比家庭更重要，甚至有时会取代家庭的重要地位。事实上，尽管青少年的家庭经历对其同龄人群体的经历有一定的影响，依赖性物质的使用却主要是从同龄人群体中产生、发展和形成的。家庭结构以及父母的支持、控制对青少年依赖性物质的使用有一定的影响。父母或兄长使用依赖性物质与否常常影响着青少年对于依赖性物质使用的态度及其自身依赖性物质的使用情况。由于青少年大部分时间是在学校度过，而学校是作为社会系统的一部分存在的，所以青少年依赖性物质的使用与之关系密切。这些关于依赖性物质使用的心理学研究方法在HBSC 2001/2002 年的研究中已经受到了特别的关注。该研究在同龄人文化与家庭文化中也提到相关的一些观点。②

全面减少依赖性物质的使用、降低其造成的严重后果是欧洲和北美各国政府关于社会公众卫生的头等大事。社会公众卫生对策曾将减少新生烟民的数量，提高开始饮酒、吸烟、吸毒的年龄水平，全面减少依赖性物质的使用作为其实施的目标。很多对策的目标是支持戒烟，提倡适度饮酒，降低酗酒的危害。世界卫生组织 21 世纪健康目标中的第 12 点是：降低由于使用烟酒等导致的健康隐患。依赖性物质的使用在第 8 点被提了出来：减少非传染性疾病。在第 9 点又指出：减少由于暴力和意外而导致的伤害。1999 年 12 月在芬兰首都赫尔辛基，欧盟通过了关于毒品使用的对策，其首要目标就是显著地减少毒品使用的普遍度以及 18 岁以下初试者的数量。③

---

① Connop H, King A, Boyce W. Youth Smoking and the Role of the Peer Group. Toronto, Ontario Tobacco Research Unit, 1999（Working Paper Series, No. 47）.

② Currie. C, Roberts, Mirgan, R. Smith, W. Settertobulte, O. Samdal. &V. B. Rasmussen, V. B, （eds）. Young People's Health in Context. Health Behavior in School-aged Children（HBSC）Study: International Report from the 2001/2002 Survey. Copenhagen. World Health Organization（Europe）: Copehagen.

③ HEALTH 21: The Health for All Policy Framework for the WHO European Region. Copenhagen, WHO Regional Office for Europe, 1999（European Health for All Series, No. 6.

然而，尽管很多国家都做出了很大努力，依赖性物质的使用仍然很严重，而且使用的年龄越来越早。我们还无法确定这是由于那些防御性措施没有发挥作用，还是有其他一些发展中的、经济的或社会思潮方面的原因。

近年来在很多发达国家非法依赖性物质使用一直保持相对稳定的状态，甚至有些国家出现了下降趋势。事实上，依赖性物质使用的模型似乎也一直在变化。大致的趋势是，非法依赖性物质的使用年龄阶段越来越低，且人数逐渐增多。特别是在过去几年里，大麻在世界范围内被越来越多的人使用，并且导致了严重的健康问题。另一个更深的趋势是滥用药物与同时短时间内混合使用合法的和非法的药物现象日渐频繁。随着依赖性物质使用的性质发生变化，各国政府关于该问题的态度也发生变化，对于合法药物和非法药物的界定远没有几年前那么清晰。①

二　研究方法

下面就本研究提出了以下四个问题。

（1）关于依赖性物质的使用模型、危险行为及其相应的后果是否在各国之间存在一定的差异或类似？

（2）社会心理学的决定因素，比如自尊、个体形象、压力、学业成绩等对依赖性物质的使用有怎样的影响？

（3）使用依赖性物质的危险行为及其结果是怎样和其他危险行为（如性危险行为、缺乏必要的体育锻炼、危险的节食行为、暴力行为等）联系起来的？

（4）社会决定因素（比如：和父母、兄长、同龄人的关系，以及父母、兄长、同龄人使用依赖性物质的情况等）是怎样影响青少年依赖性物质的使用？

吸烟是人类健康的致命威胁，它每年导致 400 万人死亡。根据世界卫生组织欧洲区的统计，每年约 100 万人由于吸烟而死亡。中国男性吸烟率高达 52.1%，吸烟人数超过 3 亿，每年因吸烟相关疾病所致的死亡人数超过 100 万，因二手烟暴露导致的死亡人数超过 10 万②，吸烟成为该地区头号健康杀

---

① Simons-Morton BG et al. Cross－national Comparison of Adolescent Drinking and Cannabis Use in the United States，Canada，and the Netherlands. The International Journal on Drug Policy，2010，21（1）：64－69.

② 肖琳：《中国青少年烟草使用现状研究》，《中国青年研究》2016 年第 9 期，第 85 页。

手。大量科学证据显示，青少年吸烟会立即对其呼吸系统和心血管系统产生严重的危害，并且会加速其成年后慢性病的发生。由于尼古丁具有强致瘾性，80%的青少年吸烟者步入成年后会继续吸烟，且难以戒断。吸烟会导致心脏疾病，肺、口、喉、食道、膀胱等器官癌变，低出生体重，婴儿突发死亡以及过敏。这些疾病所带来的经济压力也是让人难以承受的，全世界每年要损失超过 2 万亿美元的收入：一是用于这些疾病的治疗；二是过早死亡而导致的损失。

尽管吸烟导致的疾病到中老年才会显示出来，但不可否认吸烟习惯是在青少年阶段养成的。很多成年吸烟者在 18 岁之前就开始吸烟。年轻的吸烟者在成年之前就会上瘾，这使他们戒烟更困难并且更容易受吸烟所引起的疾病的困扰。个体越晚开始吸烟，越不会上瘾。但是一旦吸烟上瘾，人们对尼古丁的依赖就非常难克服。不足一半的吸烟者在 60 岁之前能够成功戒烟。大约一半的男性青少年烟民至少会吸烟 16 年，女性则是至少 20 年。吸烟同样会在短期内危害青少年的身体健康：肺功能的衰弱，体质适应力的下降，哮喘问题以及咳嗽的逐渐增多、呼吸急促等。而且有证据表明吸烟与后来的酗酒和吸食大麻有很大联系。

关于导致青少年吸烟的原因都有很多的记载。父母和同龄人的行为、态度和期望对于青少年的吸烟问题有很大影响。如果父母兄长或朋友吸烟，受其影响的青少年也很容易成为烟民。其中同龄人的影响最大，因为这为青少年接触烟草制品提供了可能，提高了吸烟行为的流行度，构成了他们形成自我身份认同的行为标准。儿童虐待、巨大的生活压力和低自尊也会增加青少年吸烟的可能性。父母的支持和参加课内外活动则会很好地预防青少年吸烟。

"关于你是否曾经吸过烟？（至少一支香烟、雪茄、烟斗）"，回答选项："是"和"否"。"你最近多久吸一次烟?"回答选项："每天""至少一周一次，但不是每天""一周不足一次""我不吸烟"。

这些关于吸烟的必答题有两个主要目的。第一个问题通过对青少年吸烟流行程度的调查来界定吸烟的范围。第二个问题通过测量青少年吸烟的比例了解到吸烟问题的发展水平。区别流行程度和比例很重要，因为它显示了一部分人已经从尝试到实验再到规律性地吸烟，这部分青少年到中年时将面临很大的风险和健康问题。

这两个问题都曾在 HBSC 问卷调查中多次出现。很多国家把这些问题作为跟踪了解吸烟情况的检测工具。这些问题也考虑到地点时间的趋势分析。尽管越来越多的人认为要测量寿命的长短和最近吸烟的情况，但为了调查的延续性，我们仍然推荐使用以前的问卷。

下文的选答题是关于一周内吸烟数量的调查，这是对严重吸烟人群的吸烟情况调查。"通常你一周吸多少只烟？（如果你一周吸烟数量少于一支或者你不吸烟，请写 0)"，回答选项是"我一周吸____支烟"。

三　研究指标

（一）针对烟草物质的使用

（1）青少年自称曾经吸过至少一支烟的比例
（2）青少年自称每周至少吸烟一次的比例
（3）青少年自称过去 12 个月吸过烟的比例
（4）青少年自称过去 30 天吸过烟的比例
（5）青少年自称每天至少吸烟一次的比例
（6）青少年自称在 15 岁前有吸烟经历的比例

（二）针对来自同侪的影响

青少年自称朋友中有吸烟人群的比例

四　研究结果

（一）青少年吸烟状况

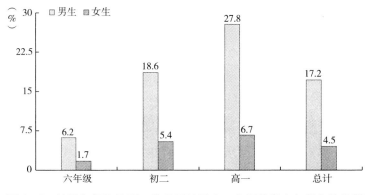

图 6-1　按照年级和性别，曾经吸过至少一支烟的青少年所占的比例

图 6-1 显示了按照年级和性别曾经吸过至少一次烟的青少年所占的比例情况。从整体情况来看男生的比例都远远高于女生，且男生在高一时的吸烟比例最高（27.8%），最低为小学六年级（6.2%）。女生则在高一时比例最高（6.7%），小学六年级时比例最低（1.7%）。随着年级的增长，男生、女生的吸烟比例也逐渐增长。这与他们社会化程度的加深有关。

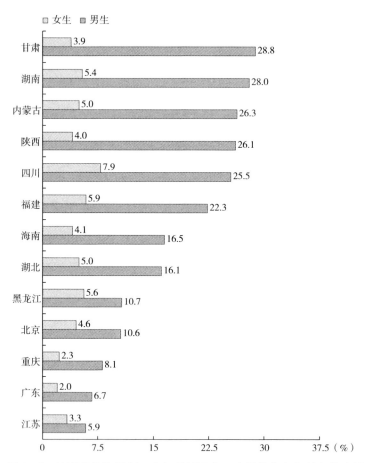

图 6-2 按照省份和性别，曾经吸过至少一支烟的青少年所占的比例

图 6-2 显示了按照省份和性别曾经吸过至少一支烟的青少年所占的比例情况。其中甘肃省的男生占比最高（28.8%），其次是湖南的男生（28.0%）和内蒙古的男生（26.3%），江苏的男生占比最低（5.9%）。四川的女生占比最高（7.9%），其次是福建的女生（5.9%）和黑龙江的女生（5.6%），广东的女生所占比例最低（2.0%）。越是靠近中部的城市，男生、女生的吸烟

比例越高。总体上看，越是靠近沿海的城市，男生、女生的吸烟比例越低。在所有被调查地区中，男生的比例都远远高于女生。江苏的男生、女生曾经吸过至少一支烟的比例都很低。

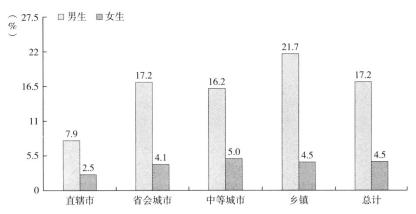

图 6 - 3　按照城市类型和性别，曾经吸过至少一支烟的青少年所占的比例

图 6 - 3 显示了按照城市类型和性别曾经吸过至少一支烟的青少年所占的比例情况。其中乡镇地区的男生比例最高（21.7%），直辖市的男生比例最低（7.9%）。中等城市的女生比例最高（5.0%），同样，直辖市的女生比例最低（2.5%），这可能与家庭氛围、父母对孩子的监管、经济发展水平、休闲活动有关。

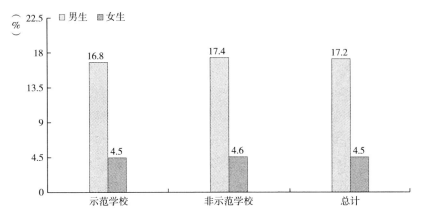

图 6 - 4　按照学校类型和性别，曾经吸过至少一支烟的青少年所占的比例

图 6 - 4 显示了按照学校类型和性别曾经吸过至少一支烟的青少年所占的比例情况。在所有被调查学校中，男生的比例都远远高于女生。非示范学校

的男生、女生吸烟比例皆略高于示范学校，两种类型学校中男生、女生吸烟比例，差别不大。示范学校比非示范学校管理更严格和规范。

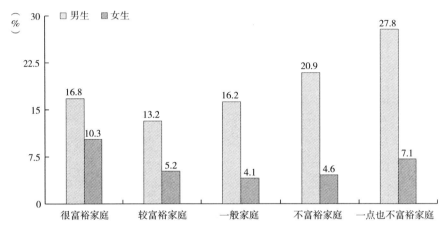

图 6-5　按照家庭富裕程度和性别，曾经吸过至少一支烟的青少年所占的比例

图 6-5 显示了按照家庭富裕程度和性别曾经吸过至少一支烟的青少年所占的比例情况。在一点也不富裕的家庭中，男生的吸烟比例最高（27.8%），在较富裕家庭中男生的吸烟比例最低（13.2%）。在很富裕的家庭中女生的吸烟比例最高（10.3%），在一般条件家庭中，女生的吸烟比例最低（4.1%）。家庭不富裕程度和吸烟比例有正相关的关系，因此，家庭不富裕程度越高，吸烟率越高。其中的特例是家庭富裕程度非常高时，青少年往往因为社交的缘故而呈现较高的吸烟率。

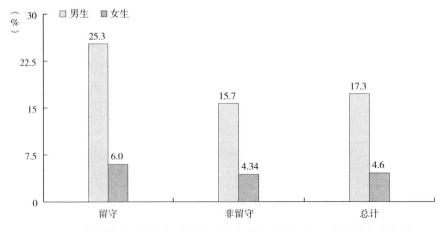

图 6-6　按照性别，留守与非留守青少年曾经吸过至少一支烟所占的比例

图 6 - 6 显示了按照性别，留守与非留守青少年曾经吸过至少一支烟所占的比例情况。留守青少年的男生（25.3%）、女生（6.0%）比例都高于非留守青少年（15.7% 和 4.3%），尤其是男生的数据差距较明显。留守青少年缺少父母的教育，又由于入学率较低，处于没有人管的状态，所以留守青少年曾经吸过至少一支烟所占的比例较高。

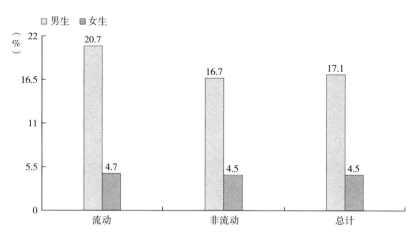

图 6 - 7　按照性别，流动与非流动青少年曾经吸过至少一支烟所占的比例

图 6 - 7 显示了按照性别，流动与非流动青少年曾经吸过至少一支烟所占的比例情况。流动青少年的男生（20.7%）、女生（4.7%）比例都高于非流动青少年（16.7% 和 4.5%），尤其是男生的数据差距较明显。流动青少年处在动荡的状态中和较为复杂的生活环境中，他们接触的环境和周围的人群在很大程度上影响到了他们自身的吸烟水平。

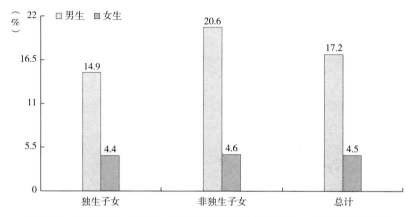

图 6 - 8　按照性别，独生与非独生子女曾经吸过至少一支烟所占的比例

图 6 - 8 显示了独生与非独生子女曾经吸过至少一支烟所占的比例情况。非独生子女的男生吸烟比例（20.6%）明显高于独生子女男生的吸烟比例（14.9%），而女生的差异则不大（4.6% 和 4.4%）。独生子女受到父母的关心和照顾明显多于非独生子女，而且父母的管教比较严格，因此独生子女曾经吸过至少一支烟所占的比例低于非独生子女。

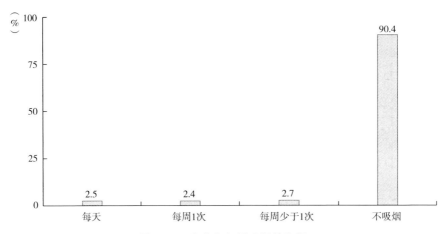

图 6 - 9　青少年每周吸烟的比例

图 6 - 9 显示了青少年每周吸烟的比例情况。其中不吸烟的青少年占绝大多数（90.4%），而每天吸烟（2.5%）、每周吸烟一次（2.4%）及一周吸烟不到一次（2.7%）的青少年比例几乎相同，差距不大。

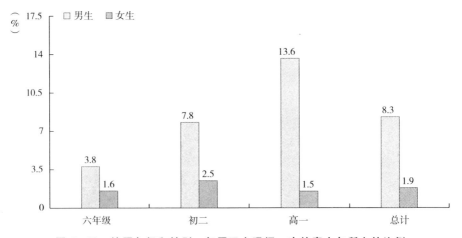

图 6 - 10　按照年级和性别，每周至少吸烟一次的青少年所占的比例

图 6 – 10 显示了按照年级和性别，每周至少吸烟一次的青少年所占的比例情况。从整体情况来看，男生的比例都高于女生。其中高一的男生吸烟比例最高，为 13.6%，小学六年级时最低，为 3.8%。初二的女生吸烟比例最高，为 2.5%，而小学六年级和高一的比例差距不大。这与他们社会化程度的加深有关，反映了青少年在这方面的需求和心理。

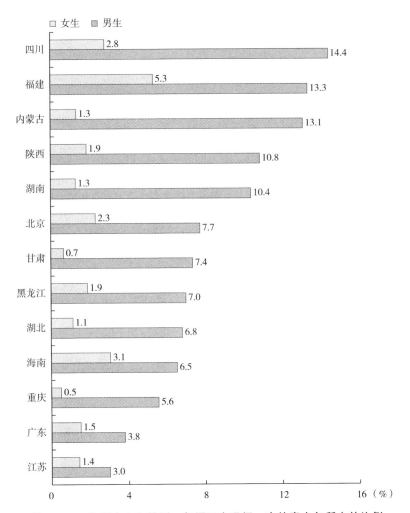

图 6 – 11　按照省市和性别，每周至少吸烟一次的青少年所占的比例

图 6 – 11 显示了按照省市和性别，每周至少吸烟一次的青少年所占的比例情况。四川的男生吸烟比例最高（14.4%），其次是福建的男生（13.3%）和内蒙古的男生（13.1%），江苏的男生吸烟比例最低（3.0%）。福建的女生吸

烟比例最高（5.3%），其次是海南的女生（3.1%）和四川的女生（2.8%），重庆的女生吸烟比例最低（0.5%）。总体来看，越是靠近中西部的城市，男生、女生的吸烟比例越高。

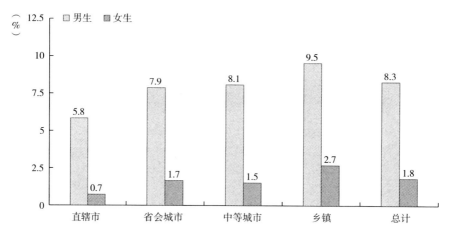

图 6 - 12   按照城市类型和性别，每周至少吸烟一次的青少年所占的比例

图 6 - 12 显示了按照城市类型和性别，每周至少吸烟一次的青少年所占的比例情况。乡镇的男生吸烟比例最高（9.5%），直辖市的男生吸烟比例最低（5.8%）。同样，女生吸烟比例最高的地区也是在乡镇，为 2.7%，比例最低的在直辖市，为 0.7%。这与家庭教育和经济发展水平的不同有关。

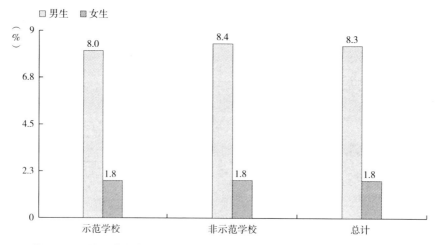

图 6 - 13   按照学校类型和性别，每周至少吸烟一次的青少年所占的比例

　　图 6-13 显示了按照学校类型和性别，每周至少吸烟一次的青少年所占的比例情况。男生的比例在示范学校（8.0%）与非示范学校（8.4%）之间的差距为 0.4 个百分点，女生的比例相同（1.8%）。示范学校比非示范学校管理更严格和规范。

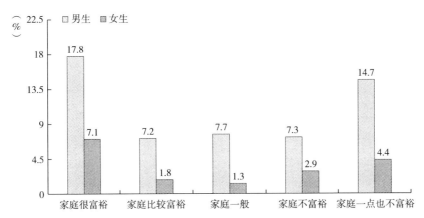

图 6-14　按照家庭富裕程度和性别，每周至少吸烟一次的青少年所占的比例

　　图 6-14 显示了按照家庭富裕程度和性别，每周至少吸烟一次的青少年所占的比例情况。男生在很富裕的家庭中的吸烟比例是最高的，为 17.8%，在比较富裕的家庭中吸烟比例最低（7.2%）。而女生则是在很富裕的家庭中的吸烟比例最高（7.1%），在一般家庭条件中最低（1.3%）。由此看出，家庭经济条件的差异与青少年的吸烟情况有着很大的关系。

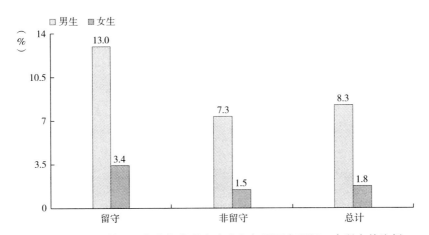

图 6-15　按照性别，留守与非留守青少年每周至少吸烟一次所占的比例

图 6 - 15 显示了按照性别，留守与非留守青少年每周至少吸烟一次所占的比例情况。留守青少年的吸烟比例在男生（13.0%）、女生（3.4%）方面都高于非留守青少年的比例（7.3% 和 1.5%），且差距较大。留守青少年缺少父母的教育，又由于入学率较低，处于没有人管的状态，所以留守青少年每周至少吸烟一次所占的比例较高。

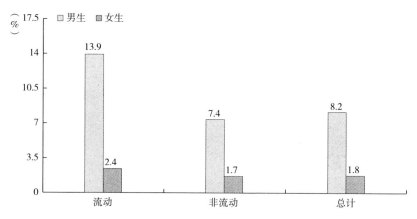

图 6 - 16 按照性别，流动与非流动青少年每周至少吸烟一次所占的比例

图 6 - 16 显示了按照性别，流动与非流动青少年每周至少吸烟一次所占的比例情况。流动青少年的吸烟比例在男生（13.9%）、女生（2.4%）方面都高于非流动青少年的比例（7.4% 和 1.7%），且差距较大。流动青少年处在动荡的状态中和较为复杂的生活环境中，他们接触的环境和周围的人群在很大程度上影响到了他们自身的吸烟水平。

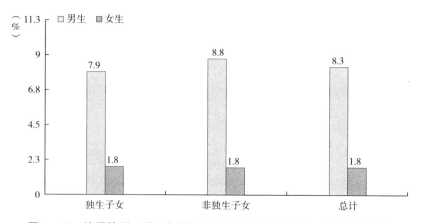

图 6 - 17 按照性别，独生与非独生子女每周至少吸烟一次所占的比例

　　图 6 - 17 显示了按照性别，独生与非独生子女每周至少吸烟一次所占的比例情况。非独生子女的男生比例（8.8%）略高于独生子女的男生（7.9%），女生的比例则是持平（1.8%）。独生子女受到父母的关心和照顾明显多于非独生子女，而且父母的管教比较严格，因此独生子女每周至少吸烟一次所占的比例低于非独生子女。

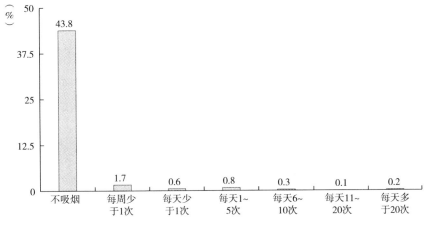

图 6 - 18　过去 30 天青少年吸烟的比例

　　图 6 - 18 显示了过去 30 天青少年吸烟的比例情况。高达 43.8% 的青少年没有吸烟行为，剩下的被调查青少年中，每周吸烟少于一次的比例最高（1.7%），比例最低的为每天 11 ~ 20 次，为 0.1%。总体看来，不吸烟的青少年占多数。

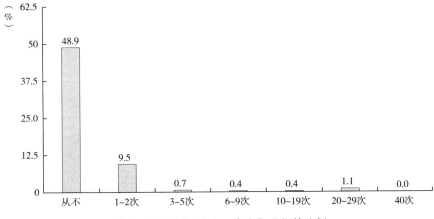

图 6 - 19　过去 12 个月青少年吸烟的比例

图 6-19 显示了过去 12 个月青少年吸烟的比例情况。从未有过吸烟行为的占比最高（48.9%），其次是 1 次或 2 次，比例为 9.5%，40 次以上的比例最低（0）。总体上看来，从不吸烟的青少年所占比例占绝大多数，即从不吸烟的青少年是大多数。

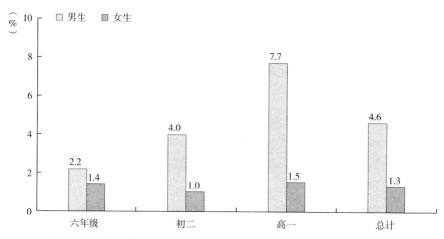

图 6-20　按照年级和性别，每天至少吸烟一次的青少年所占的比例

图 6-20 显示了按照年级和性别，每天至少吸烟一次的青少年所占的比例情况。其中男生在高一的时候吸烟比例最高（7.7%），在小学六年级的时候吸烟比例最低（2.2%）。女生则是在高一的时候吸烟比例最高（1.5%），在初二的时候吸烟比例最低（1.0%）。总体来看，随着年级的增长，男生、女生的吸烟比例也逐渐增长。这与他们社会化程度的加深有关，反映了青少年在这方面的需求和心理。

图 6-21 显示了按照省份和性别，每天至少吸烟一次的青少年所占的比例情况。四川的男生吸烟比例最高（11.4%），其次是福建的男生（7.3%）和内蒙古的男生（7.1%），最低是江苏的男生（1.7%）。福建的女生吸烟比例最高（3.8%），其次为海南的女生（3.5%）和江苏的女生（2.2%），最低为四川的女生，比例为 0。其中值得关注的是海南，女生的吸烟比例在整体数据中较高，且是唯一女生吸烟比例高于男生吸烟比例的省份。另外，四川女生吸烟比例是最低的，但是四川的男生吸烟率比其他省份高出很多。一般来说，越是靠近中西部的省份，男生、女生的吸烟比例越高。越是靠近沿海的省份，男生、女生的吸烟比例越低。北京市的男女生吸烟比例都较高。

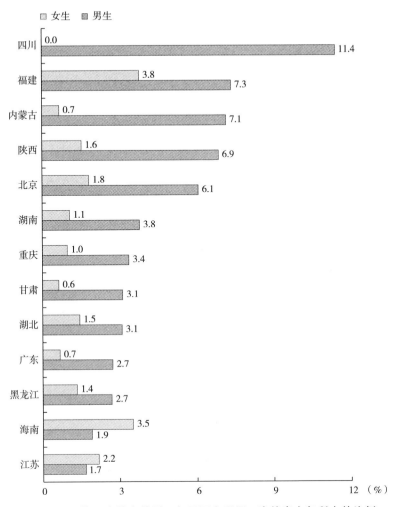

图 6 – 21 按照省份和性别，每天至少吸烟一次的青少年所占的比例

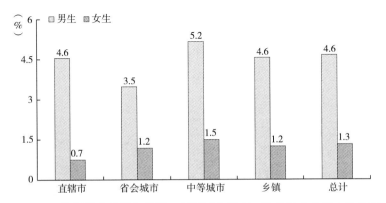

图 6 – 22 按照城市类型和性别，每天至少吸烟一次的青少年所占的比例

图 6 - 22 显示了按照城市类型和性别，每天至少吸烟一次的青少年所占的比例情况。中等城市的男生吸烟比例最高（5.2%），省会城市的男生吸烟比例最低（3.5%）。女生的吸烟比例同样也是中等城市最高（1.5%），直辖市最低（0.7%）。这与家庭教育和不同等级类型城市的经济发展水平的差异有关。

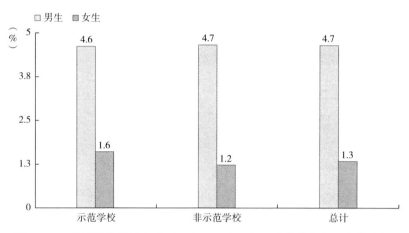

图 6 - 23 按照学校类型和性别，每天至少吸烟一次的青少年所占的比例

图 6 - 23 显示了按照学校类型和性别，每天至少吸烟一次的青少年所占的比例情况。示范学校与非示范学校的对比中，男生的吸烟比例状况基本持平（4.6%和4.7%），示范学校女生（1.6%）的吸烟比例则略高于非示范学校的女生吸烟比例（1.2%）。

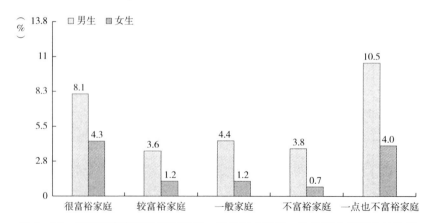

图 6 - 24 按照家庭富裕程度和性别，每天至少吸烟一次的青少年所占的比例

图 6－24 显示了按照家庭富裕程度和性别，每天至少吸烟一次的青少年所占的比例情况。在一点也不富裕的家庭中，男生的吸烟比例最高（10.5%），在较富裕家庭中男生的吸烟比例最低（3.6%）。女生则是在很富裕的家庭中吸烟比例最高（4.3%），不富裕家庭中的女生吸烟比例最低（0.7%）。其中的特例是家庭富裕程度非常高时，青少年往往因为社交需求的缘故而呈现较高的吸烟率。

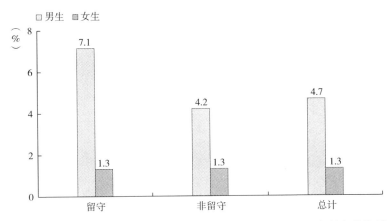

图 6－25　按照性别，留守与非留守青少年每天至少吸烟一次所占的比例

图 6－25 显示了按照性别，留守与非留守青少年每天至少吸烟一次所占的比例情况。留守青少年中的男生吸烟比例（7.1%）要远远高于非留守青少年中的男生吸烟比例（4.2%）。此外，女生的吸烟比例在二者之间相同（1.3%）。留守儿童缺少父母的教育，又由于入学率较低，所以处于没有人管的状态，所以留守青少年每天至少吸烟一次所占的比例较高。

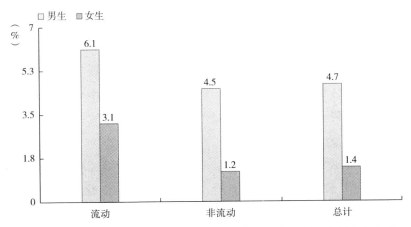

图 6－26　按照性别，流动与非流动青少年每天至少吸烟一次所占的比例

图 6 – 26 显示了按照性别，流动与非流动青少年每天至少吸烟一次所占的比例情况。流动青少年中的男生、女生吸烟比例（6.1% 和 3.1%）都明显高于非流动青少年的吸烟比例（4.5% 和 1.2%），由此看出，居所的稳定性对青少年吸烟状况有着较为直接的影响。流动青少年处在动荡的状态中和较为复杂的生活环境中，他们接触的环境和周围的人群在很大程度上影响到了他们自身的吸烟水平情况。

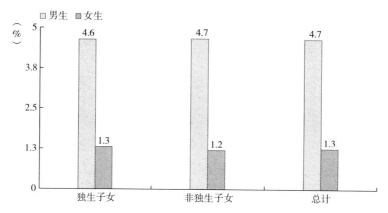

图 6 – 27　按照性别，独生与非独生子女每天至少吸烟一次所占的比例

图 6 – 27 显示了按照性别，独生与非独生子女每天至少吸烟一次所占的比例情况。独生与非独生子女的男生吸烟比例（4.6% 和 4.7%）、女生吸烟比例（1.3% 和 1.2%）基本持平，差别很小。

图 6 – 28 显示了青少年初次吸烟年龄的比例情况。青少年初次吸烟的年龄主要集中在 15～17 岁。其中，在 13 岁的时候，比例激增，15～16 岁时达到顶峰，19 岁之后则比例下降。因此，13 岁、15 岁、16 岁是值得我们特别关注的年龄。

图 6 – 29 显示了按照年级和性别，在 15 岁前有吸烟经历的青少年所占的比例情况。从整体情况来看，男生初次吸烟的年龄普遍小于女生。尤其是在初二时，14.3% 的女生在该阶段初次尝试烟草，而男生的比例则为零。这是非常值得我们关注的现象。

图 6 – 30 显示了按照省份和性别，在 15 岁前有吸烟经历的青少年所占的比例情况。其中初次吸烟年龄在 15 岁之前的男生占比例最高的是广东（6.9%），初次吸烟年龄在 15 岁之前的女生占比例最高的是黑龙江（8.3%），其次是湖南（6.7%）。北京市男女生在 15 岁之前都没有吸烟行为。

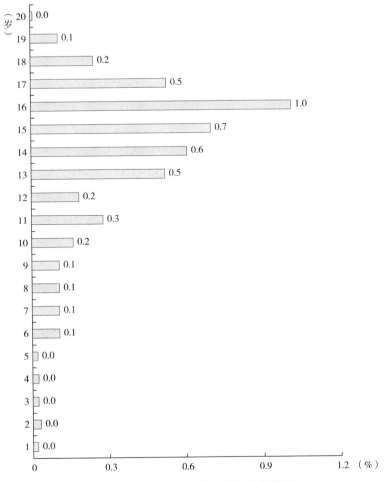

图 6 – 28　青少年初次吸烟年龄的比例

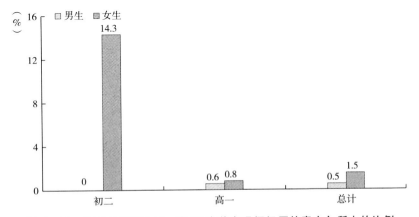

图 6 – 29　按照年级和性别，在 15 岁前有吸烟经历的青少年所占的比例

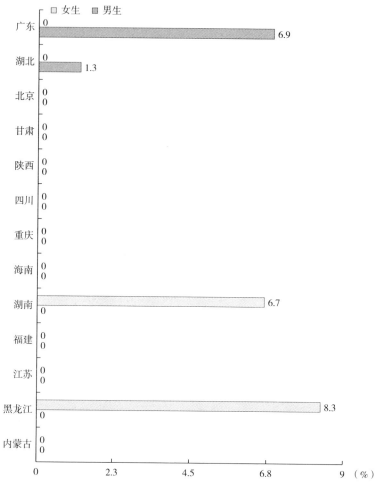

图 6 - 30 按照省市和性别，在 15 岁前有吸烟经历的青少年所占的比例

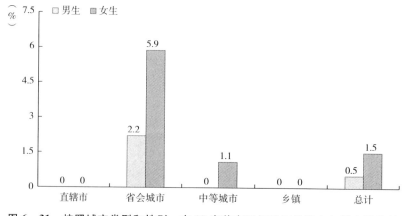

图 6 - 31 按照城市类型和性别，在 15 岁前有吸烟经历的青少年所占的比例

292

图 6-31 显示了按照城市类型和性别，在 15 岁前有吸烟经历的青少年所占的比例情况。直辖市和乡镇的男生、女生在 15 岁之前吸烟比例皆为 0，而省会城市的男生吸烟比例最高（2.2%），女生的吸烟比例在省会城市中也是最高（5.9%）。

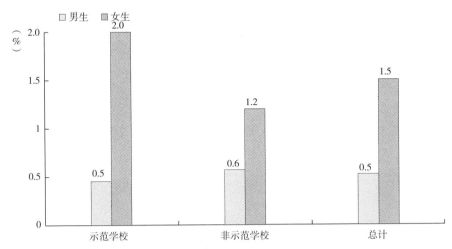

图 6-32　按照学校类型和性别，在 15 岁前有吸烟经历的青少年所占的比例

图 6-32 显示了按照学校类型和性别，在 15 岁前有吸烟经历的青少年所占的比例情况。示范学校的男生与非示范学校男生初次吸烟年龄在 15 岁之前的占比均较低（0.5% 和 0.6%），女生则示范学校（2.0%）高于非示范学校（1.2%）。

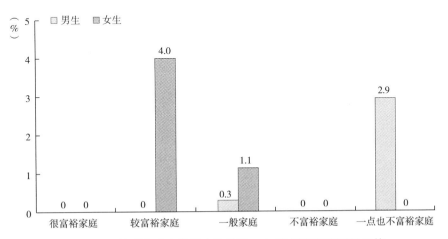

图 6-33　按照家庭富裕程度和性别，在 15 岁前有吸烟经历的青少年所占的比例

图 6 - 33 显示了按照家庭富裕程度和性别，在 15 岁前有吸烟经历的青少年所占的比例情况。家庭一点也不富裕的男生吸烟最早（2.9%），明显高于其他家庭条件的男生。而家庭比较富裕的女生（4.0%）吸烟年龄也要早于其他家庭条件的女生。这样明显的反差值得我们特别留意青春期男生、女生的心理变化及其差异。

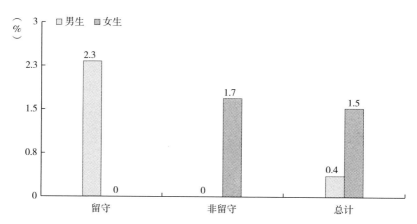

图 6 - 34　按照性别，留守与非留守青少年在 15 岁前有吸烟经历所占的比例

图 6 - 34 显示了按照性别，留守与留守青少年在 15 岁前有吸烟经历所占的比例情况。留守青少年中的男生（2.3%）吸烟年龄远远早于非留守青少年中的男生（0），与此相反的是，非留守青少年中的女生（1.7%）吸烟年龄早于留守儿童中的女生（0）。这样明显的反差值得我们特别留意青春期男生、女生的心理变化及其差异。

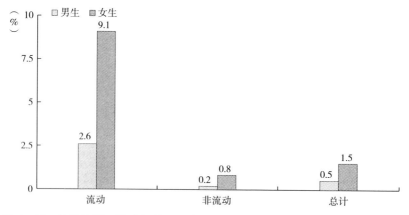

图 6 - 35　按照性别，流动与非流动青少年，在 15 岁前有吸烟经历所占的比例

图 6-35 显示了按照性别，流动与非流动青少年在 15 岁前有吸烟经历所占的比例情况。流动青少年中的男生（2.6%）吸烟年龄较早于非流动青少年中的男生（0.2%），相反的是，非流动青少年中的女生（0.8%）吸烟年龄远远晚于流动青少年中的女生（9.1%）。

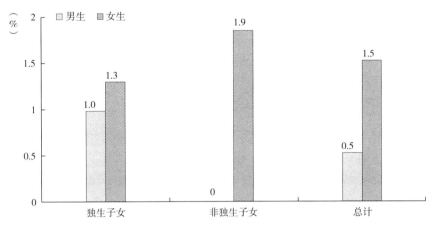

图 6-36 按照性别，独生与非独生子女在 15 岁前有吸烟经历所占的比例

图 6-36 显示了按照性别，独生与非独生子女在 15 岁前有吸烟经历所占的比例情况。其中独生子女的男生（1.0%）吸烟年龄要早于非独生子女的男生，而非独生子女的女生（1.9%）吸烟年龄则略早于独生子女（1.3%）的吸烟年龄。

（二）吸烟的社会环境及其示范作用

正如在引言部分所说，环境因素，如同龄人或父母吸烟是青少年吸烟的重要预示。同龄人吸烟以及同龄人的认同对青少年的行为有十分重要的影响，尤其是同龄人吸烟。

选答题 1.2 通过对被调查青少年周围同龄人群体关于吸烟流行程度以及间接的吸烟认可度的测量，从而得出环境因素对于青少年吸烟的影响程度。题目为"你有多少朋友吸烟?"回答选项："全部或几乎全部"、"超过一半"、"一半"、"不足一半"、"几乎没有"和"没有"。

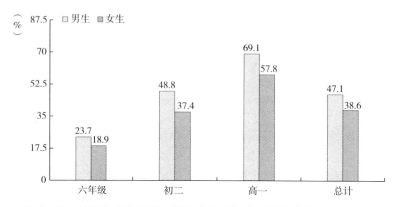

图 6-37　按照年级和性别，朋友中有吸烟人群的青少年所占的比例

　　图 6-37 显示了按照年级和性别，朋友中有吸烟人群的青少年所占的比例情况。从整体情况来看，男生的朋友中吸烟的比例高于女生朋友的吸烟比例。高一时男生吸烟的朋友占比最高，为 69.1%，小学六年级时则最低。女生的情况与男生一样。由此我们可以看出，在此阶段，男生、女生的朋友中吸烟人群的比例是随着年龄的增长而增长的。

　　图 6-38 显示了按照省份和性别，朋友中有吸烟人群的青少年所占的比例情况。全国范围内，四川男生（69.7%）、女生（58.8%）的朋友中有吸烟人群的比例都是最高的，其次是陕西和甘肃。总体来看，越是靠近中西部的城市，男生、女生的朋友的吸烟比例越高；越是靠近沿海的城市，男生、女生的朋友的吸烟比例越低。北京市男生、女生朋友中有吸烟人群的比例处于中等位置。

　　图 6-39 显示了按照城市类型和性别，朋友中有吸烟人群的青少年所占的比例情况。乡镇地区的男生拥有的吸烟人群的朋友比例最高，为 54.6%，女生的情况与男生相同，最高为 42.7%。朋友中有吸烟人群的男生、女生比例最低主要集中在直辖市。由此我们可以看出地区经济状况的差异对青少年吸烟行为的影响，这与家庭教育和不同等级城市的经济发展水平有关。

　　图 6-40 显示了按照学校类型和性别，朋友中有吸烟人群的青少年所占的比例情况。示范学校的男生（42.1%）、女生（37.4%）朋友中吸烟人群的比例皆略低于非示范学校的男生（49.1%）、女生（39.1%）朋友中吸烟人群的比例。

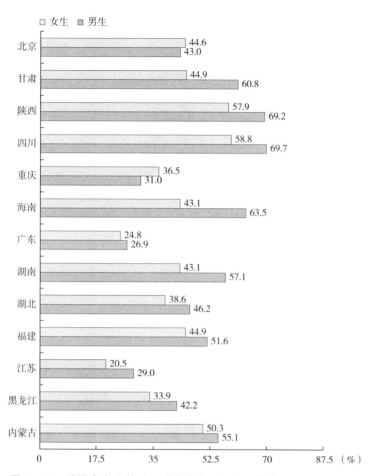

图 6 - 38　按照省市和性别，朋友中有吸烟人群的青少年所占的比例

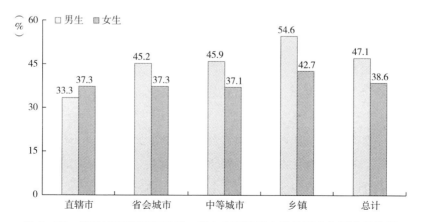

图 6 - 39　按照城市类型和性别，朋友中有吸烟人群的青少年所占的比例

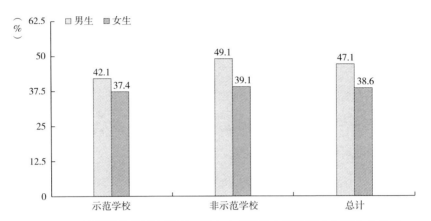

图 6 - 40　按照学校类型和性别，朋友中有吸烟人群的青少年所占的比例

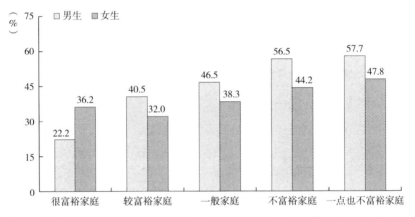

图 6 - 41　按照家庭富裕程度和性别，朋友中有吸烟人群的青少年所占的比例

图 6 - 41 显示了按照家庭富裕程度和性别，朋友中有吸烟人群的青少年所占的比例情况。一点也不富裕的家庭中，男生的朋友中吸烟人群的比例最高（57.7%），与此相同的是在一点也不富裕的家庭中，女生的朋友中吸烟人群的比例也最高（47.8%）。而在很富裕的家庭中，男生、女生朋友中吸烟人群的比例皆为最低。由此，我们可以看出家庭经济状况与青少年吸烟行为的重要关系。

图 6 - 42 显示了按照性别，留守与非留守青少年朋友中有吸烟人群所占的比例情况。留守青少年的男生（56.8%）、女生（44.6%）朋友中吸烟人群的比例皆高于非留守青少年（45.7% 和 38%）朋友中吸烟人群的比例。留守青少年缺少父母的教育，又由于入学率较低，处于没有人管的状态，所以留守青少年周围朋友中吸烟人群所占的比例较高。

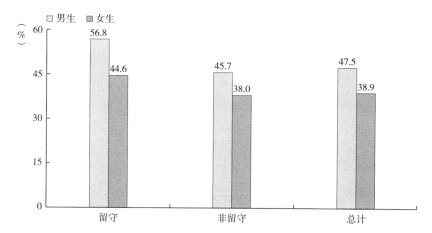

图 6－42　按照性别，留守与非留守青少年朋友中有吸烟人群所占的比例

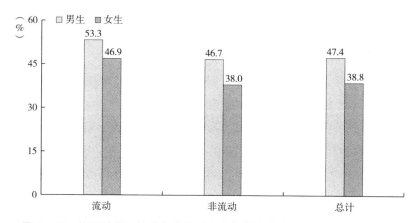

图 6－43　按照性别，流动与非流动青少年朋友中有吸烟人群所占的比例

　　图 6－43 显示了按照性别，流动与非流动青少年朋友中有吸烟人群所占的比例情况。流动青少年的男生（53.3%）、女生（46.9%）朋友中吸烟人群的比例皆高于非流动青少年（46.7% 和 38%）朋友中吸烟人群的比例。流动青少年处在动荡的状态中和较为复杂的生活环境中，他们接触的环境和周围的人群在很大程度上影响到了他们自身的吸烟水平和周围人群的吸烟水平。

　　图 6－44 显示了按照性别，独生与非独生子女朋友中有吸烟人群所占的比例情况。非独生子女（52.9% 和 44.5%）的朋友中有吸烟人群的比例高于独生子女（43.3% 和 33.4%）。独生子女受到父母的关心和照顾明显多于非独生子女，而且父母的管教比较严格，因此独生子女的朋友中有吸烟人群的比例低于非独生子女朋友中有吸烟人群的比例。

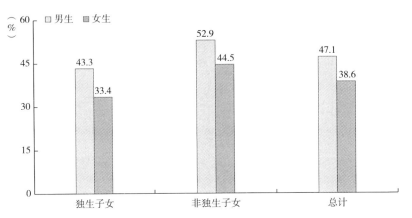

图 6-44　按照性别，独生与非独生子女朋友中有吸烟人群所占的比例

五　研究结论

前文数据呈现了中国青少年健康烟草使用的现状。总体上看来，参加调查的青少年曾经吸过至少一支烟的青少年所占的比例情况，男生的比例远远高于女生，且男生在高一时的吸烟比例最高（27.8%），最低为小学六年级（6.2%）。女生则在高一时比例最高（6.7%），小学六年级时比例最低（1.7%）。随着年级的增长，男生、女生的吸烟比例也逐渐增长；在全部青少年每周吸烟的比例情况中，不吸烟的青少年占绝大多数（90.4%），而每天吸烟、每周吸烟一次及一周吸烟不到一次的青少年比例几乎相同，差距不大。其中高一的男生吸烟比例最高，为13.6%，小学六年级时最低，为3.8%。初二的女生吸烟比例最高，为2.5%，而小学六年级和高一的比例差距不大；从整体情况来看，43.8%的青少年没有吸烟行为，剩下的被调查青少年中，每周吸烟少于一次的比例最高（1.7%），比例最低的为每天11～20次（0.1%）。从最近12个月的情况来看，从未有过吸烟行为的占比最高（48.9%），其次是1次或2次，比例为9.5%，40次以上的比例最低（0）。其中男生在高一的时候吸烟比例最高（7.7%），在小学六年级的时候吸烟比例最低（2.2%）。女生则是在高一的时候吸烟比例最高（1.5%），在初二的时候吸烟比例最低（1.0%）；青少年初次吸烟的年龄主要集中在15～17岁。其中，在13岁的时候，比例激增，15～16岁时达到顶峰，19岁之后则比例下降。因此，13岁、15岁、16岁是值得我们特别关注的年龄；男生初次吸烟

的年龄普遍小于女生；男生的朋友中吸烟的比例高于女生朋友的吸烟比例。

1. 从不同城市类型上来看

乡镇地区的男生吸烟比例最高（21.7%），直辖市的男生比例最低（7.9%）。中等城市的女生比例最高（5.0%），同样，在直辖市的女生比例最低（2.5%）；乡镇地区的男生拥有的吸烟人群的朋友比例最高，为54.6%，女生的情况与男生相同，最高为42.7%。朋友中有吸烟人群的男生、女生比例最低主要集中在直辖市。由此我们可以看出地区经济状况的差异对青少年吸烟行为的影响。

2. 从不同省份上来看

甘肃的男生吸烟比例最高（28.8%），江苏的男生占比例最低（5.9%）。在所有被调查地区中，男生的比例都远远高于女生；初次吸烟年龄在15岁之前的男生占比例最大的是广东，初次吸烟年龄在15岁之前的女生占比最大的是黑龙江；全国范围内，四川男生、女生的朋友中吸烟人群的比例是最高的。

3. 从示范学校和非示范学校类型上来看

男生吸烟的比例都远远高于女生。非示范学校的男生、女生吸烟比例皆略高于示范学校男生、女生吸烟比例；示范学校的男生与非示范学校男生初次吸烟年龄在15岁之前的占比均较低；示范学校的男生、女生朋友中吸烟人群的比例皆略低于非示范学校的男生、女生朋友中吸烟人群的比例。

4. 从家庭富裕程度上来看

在一点也不富裕的家庭中的，男生的吸烟比例最高（27.8%），在较富裕家庭中的男生的吸烟比例最低（13.2%）。在很富裕的家庭中的女生的吸烟比例最高（10.3%），在一般条件家庭中，女生的吸烟比例最低（4.1%）。由此看出，家庭经济条件的差异与青少年的吸烟情况有着很大的关系；家庭非常贫穷的男生吸烟的年龄最小，明显早于其他家庭条件的男生。而家庭条件较富裕的女生吸烟年龄也要早于其他家庭条件的女生。这样明显的反差值得我们特别留意青春期男生、女生的心理变化及其差异。在一点也不富裕的家庭中，男生的朋友中吸烟人群的比例最高（57.7%），与此相同的是，在一点也不富裕的家庭中，女生的朋友中吸烟人群的比例最高（47.8%）。而在很富裕的家庭中，男生、女生朋友中吸烟人群的比例皆为最低。由此，我们可以看出家庭经济状况与青少年吸烟行为的重要关系。

5. 从留守儿童和非留守青少年上来看

留守青少年的男生、女生吸烟比例都大于非留守青少年，尤其是男生的数据差距较为明显；留守青少年中的男生吸烟年龄远远早于非留守青少年中的男生；非留守青少年中的女生吸烟年龄早于留守青少年中的女生。这样明显的反差值得我们特别留意青春期男生、女生的心理变化及其差异。留守青少年的男生、女生朋友中吸烟人群的比例皆高于非留守青少年朋友中吸烟人群的比例。

6. 从流动儿童和非流动青少年上来看

流动青少年的吸烟比例在男生、女生方面都大于非流动青少年的比例，由此看出，居所的稳定性对青少年吸烟状况有着较为直接的影响；流动青少年中的男生吸烟年龄较早于非流动青少年中的男生。流动青少年的男生、女生朋友中吸烟人群的比例皆高于非流动青少年朋友中吸烟人群的比例。

7. 从独生子女和非独生子女上来看

非独生子女的男生吸烟比例明显高于独生子女男生的吸烟比例，而女生的比例持平；其中独生子女的男生吸烟年龄要早于非独生子女的男生，而非独生子女的女生吸烟年龄则早于独生子女的女生；非独生子女的朋友中吸烟人群的比例高于独生子女。

第七章　酒精使用对青少年健康 行为的影响

一　研究概述

在参与 HBSC 研究的 41 个国家和地区中，大多数都在自己的文化领域中涉及了饮酒这一项。对于生活在这些国家和地区的青少年来说，成年人、同龄人、兄弟姐妹以及大众媒体在饮酒问题上的认识对他们都有很重要的影响，青少年也会主动地选择自己的行为，例如饮酒行为是建立在自身信仰和目标之上，同时还受家庭和周围社会特征的影响，了解酒精对个体的影响还可以解释它渗透到青少年生活里面的原因。①

酒精可能代表一种成年人才拥有的特权，酒精可以让青少年感觉到自己的成长，他们把酒精当成一种提高自主性、从父母或其他监护人那里得到独立性的工具。在同龄人眼里酒精能促进相互影响、结交新朋友、提升在同龄人之间的好印象，同时它也提供了一种大家都认可的准则，酒精使青少年感到放松，提供一种克服不同需求的解决方式。比起长期或是短期的后果，酒精对青少年的直接吸引力更加显著。例如，有关饮酒有益处的商业广告吸引着青少年，这些益处包括友情、男子气概、性吸引、浪漫、冒险刺激等。但是很少有媒体向青少年展示饮酒的消极后果，如穷困、宿醉、交通事故、暴力等。②

因饮酒引起的不利于身体健康的后果在青少年中比较普遍，虽然与酒精有关的死亡相对比较少，这些死亡包括有意识和无意识的，但是都与饮酒方

---

① Global Status Repont on Alcobol. Geneva, World Healdh Organization, 1999 (WHO/HSCISAB/ 99.11).

② Wechsler H et al. Health and Behavioural Consquences of Binge Drinking in College-A National Survey of Students at 140 Campuses. JAMA, 1994, 272: 1671 – 1677.

式有关，消极的社会后果包括逃学、成绩下降、无计划和无安全防护的性行为、同朋友争吵、破坏性的行为以及触犯法律等。但是，就像世界卫生组织提到的，很多仅仅依靠少数调查、逸闻趣事以及简单描述性的记录就得到饮酒消极后果的取证法是不充分的。

以下部分将通过年龄、性别分组，展示一份基于很多国家的具有代表性的青少年饮酒研究报告。

二 研究方法

在 2010 年的调查中，青少年被问："通常一周喝几次酒？""多长时间喝一次含酒精的饮料？""多长时间会喝醉一次？"等问题。另外，他们还被问"几岁时第一次喝酒？""几岁时第一次喝醉？"在以前 HBSC 的调查中只使用了前面三个调查问题。后来的调查中增加了一些关于次数的问题："在一周里，喝含酒精饮料多少次？"回答包括："从来没有""一周少于一次""一周一次""一周里有 2~4 天""一周里有 5~6 天""一天一次""每天超过一次"，这些回答被囊括于一项关于不同食物和饮品消耗量的目录中。于是每周饮酒被定义为一周饮酒一次以及一次以上。这里还涉及关于饮用啤酒、葡萄酒、白酒次数的问题："最近一段时间你多久饮用一些含酒精的饮料？"例如，啤酒、葡萄酒、烈酒，即使只喝了少量也计入。回答包括："每天""每周""每月""很少""从来没有"。一些国家和地区还在调查表上增加了其他一些针对青少年设计的酒精饮料，包括波普甜酒和苹果酒。由于能够得到含酒精饮料的品种太多，这里的分析仅限于被所有国家和地区所提及的那三种有代表性的含酒精饮料。

关于醉酒这项设计的问题是："你曾经喝醉过吗？"回答选项："从来没有""一次""2~3 次""4~10 次""超过 10 次"。这些选项给过量饮酒提供了一个衡量标准。同时适用于酒精使用问题的包括："什么时候开始喝酒？"回答选项"11 岁及以下""12 岁""13 岁""14 岁""15 岁""16 岁及以上"。"什么时候第一次喝醉？"回答选项"从来没有""有""在我（　）岁的时候"。这个问题早在 2001~2002 年的问卷调查中就增加了，因为越早开始饮酒，个体就越有可能形成有酒陪伴的生活方式，不利于健康的后果也就更容易出现。

三 研究指标

酒精的使用

（1）青少年自称在过去的 12 个月喝过至少一次酒的比例。

（2）青少年自称喝过啤酒、白酒、红酒、自家酿酒以及其他含有酒精成分饮料的比例。

（3）青少年自称在 15 岁前有饮酒经历的比例。

（4）青少年自称有过喝醉经历的比例。

（5）青少年自报在过去的 12 个月中有过喝醉经历的比例。

（6）青少年自称在 15 岁前有过喝醉经历的比例。

四 研究结果

（一）青少年饮酒

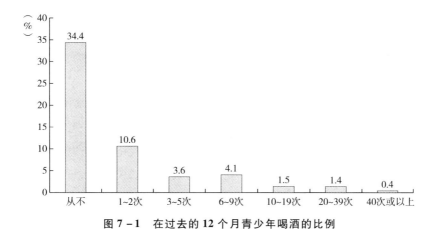

图 7 - 1　在过去的 12 个月青少年喝酒的比例

　　图 7 - 1 显示了青少年在过去的 12 个月喝酒的比例情况。青少年自称中在过去 12 个月中从未喝过酒的比例是 34.4%，喝过 1 ~ 2 次酒的比例是 10.6%，喝过 3 ~ 5 次酒的比例是 3.6%，喝过 6 ~ 9 次酒的比例是 4.1%，喝过 10 ~ 19 次酒的比例是 1.5%，喝过 20 ~ 39 次酒的比例是 1.4%，喝了 40 次或以上的比例是 0.4%。可以看到，依然有约 2/3 的青少年在过去一年中至少喝过一次酒，这

说明喝酒行为在青少年中较为普遍。尤其是有 3.3% 青少年在过去一年中喝酒超过 10 次，这部分青少年有很大的可能在将来成为酗酒者，针对这部分青少年一定要做好相应的干预工作，以减少和消除他们成为酗酒者的潜在风险。

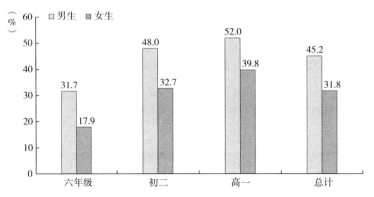

图 7 - 2　按照年级和性别，在过去的 12 个月，曾喝过至少一次酒的青少年所占的比例

图 7 - 2 显示了在过去的 12 个月，不同年级曾喝过至少一次酒的青少年所占的比例情况。其中各年级男生在过去 12 个月里曾喝过至少一次酒的比例均高于女生。随着年级的不断升高，男生、女生中在过去的 12 个月里曾喝过至少一次酒的比例呈不断上升的趋势。这与他们社会化程度的提高有关，反映了部分青少年有这方面的心理需求。其中初二和高一的男生在过去一年中喝过酒的比例在 50% 左右，高一女生在过去一年中喝过酒的比例也将近 40%，说明喝酒行为在高年级较严重。

图 7 - 3 显示了在过去 12 个月，不同省份曾喝过至少一次酒的青少年所占比例情况。按照省份来看，在过去 12 个月里曾喝过至少一次酒的青少年的比例总体上最高的是四川，其次是陕西和湖南；男生中最低的是黑龙江，女生中最低的是甘肃。青少年的饮酒行为也受到当地的风俗习惯的影响，总体上，内陆地区的青少年比东部地区的青少年饮酒更为频繁。

图 7 - 4 显示了过去的 12 个月里不同类型城镇曾至少饮过一次酒的青少年比例情况。在四类城市中，男生在过去 12 个月里曾喝过至少一次酒的比例最高的是乡镇，其次是省会城市、中等城市，最低的是直辖市。女生在过去 12 个月里曾喝过至少一次酒的比例最高的是中等城市，然后是省会城市、直辖市，最低的是乡镇。值得关注的是，乡镇的男生过去一年中至少喝过一次酒的比例显著高于城市的男生，但是乡镇的女生在过去一年中至少喝过一次酒的比例却是最低的，这说明乡镇的男生受周围环境的影响较大。

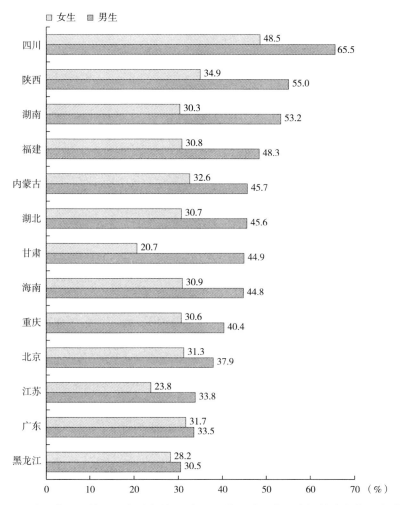

图 7-3 按照省份和性别，在过去的 12 个月，曾喝过至少一次酒的青少年所占的比例

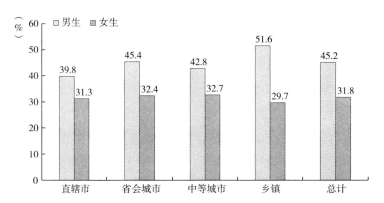

图 7-4 按照城市类型和性别，在过去的 12 个月，曾喝过至少一次酒的青少年所占的比例

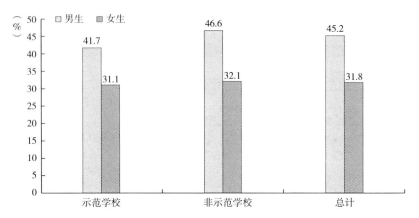

图 7-5 按照学校类型和性别，在过去的 **12** 个月，曾喝过至少一次酒的
青少年所占的比例

图 7-5 显示了在过去的 12 个月，不同类型学校中曾喝过至少一次酒的
青少年所占的比例情况。示范学校青少年中在过去的 12 个月里曾喝过至少一
次酒的比例低于非示范学校的比例。示范学校比非示范学校管理更严格和规
范，不同学校的环境、生源也有差异。

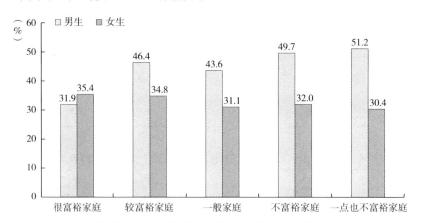

图 7-6 按照家庭富裕程度和性别，在过去的 **12** 个月，曾喝过至少一次酒的
青少年所占的比例

图 7-6 显示了在过去的 12 个月，不同富裕程度家庭的曾喝过至少一次酒
的青少年所占的比例情况。在不同的富裕程度家庭中，男生在过去的 12 个月里
曾喝过至少一次酒的比例最高的是一点也不富裕家庭，其次是不富裕家庭，很
富裕家庭比例最低。女生在过去的 12 个月里曾喝过至少一次酒的比例最高的是
很富裕家庭。女生在过去一年中至少喝过一次酒的比例与家庭的富裕程度基本

呈正相关关系。男生在过去一年中至少喝过一次酒的比例与家庭富裕程度基本呈负相关关系，但家庭富裕程度一般的要比家庭比较富裕的比例要低。总体上，男生在过去一年中至少喝过一次酒的比例比女生要高，但家庭很富裕的男生在过去一年中至少喝过一次酒的比例甚至要比女生低，这说明男生受到家庭经济条件和随之而来的其他家庭环境因素的影响更大。

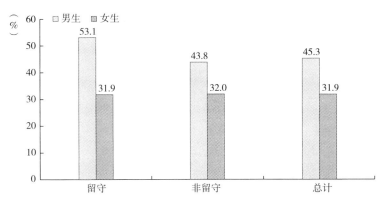

图 7 - 7 按照性别，留守与非留守青少年在过去的 12 个月，曾喝过至少一次酒的所占的比例

图 7 - 7 显示了在过去 12 个月，留守与非留守青少年曾喝过至少一次酒的比例情况。留守青少年在过去 12 个月里曾至少喝过一次酒的比例高于非留守青少年。留守青少年缺少父母的教育和监管，入学率较低，农村休闲娱乐活动较为单调，留守青少年中男生在过去一年中至少喝过一次酒的比例比非留守青少年比例高，但留守青少年中女生过去一年中曾至少喝过一次酒的比例要比非留守青少年的女生略低。

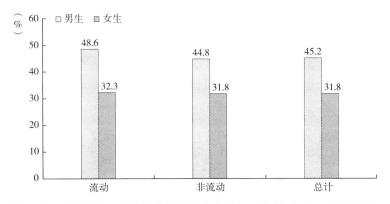

图 7 - 8 按照性别，流动与非流动青少年在过去的 12 个月，曾至少喝过一次酒的比例

图 7-8 显示了在过去 12 个月，流动与非流动青少年曾至少喝过一次酒比例情况。流动青少年在过去 12 个月里曾喝过至少一次酒的比例高于非流动青少年。流动青少年处在较为复杂动荡的生活环境中，他们接触的环境与周围人群在很大程度上影响了他们的饮酒水平。

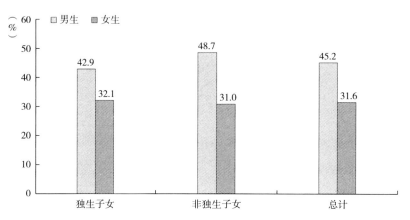

图 7-9 按照性别，独生与非独生子女在过去的 12 个月，曾喝过至少一次酒的青少年所占的比例

图 7-9 显示了在过去的 12 个月，独生与非独生子女曾喝过至少一次酒的青少年所占的比例情况。独生子女中的女生在过去的 12 个月里曾喝过至少一次酒的比例高于非独生子女中女生的比例，男生则相反。独生子女受到父母的关心和照顾明显多于非独生子女，而且父母管教比较严格，我们需要对独生子女女生的饮酒情况予以重视。

通过以上调查数据我们可以看出：依然有约 2/3 的青少年在过去的一年中至少喝过一次酒，这说明喝酒行为在青少年中较为普遍。同时，男生的饮酒行为普遍要比女生频繁，且随着年级的增长饮酒比例增加，同时青少年的饮酒行为与地区的经济发展水平基本呈负相关；示范学校青少年由于受到严格和规范的管理，总体而言饮酒行为比非示范学校比例要低；青少年饮酒行为也受到家庭经济条件和随之而来的其他家庭环境因素的影响。总体上，女生在过去一年中至少喝过一次酒的比例和家庭富裕程度呈正相关关系。男生在过去一年中至少喝过一次酒的比例和家庭富裕程度大体上呈负相关关系；留守青少年饮酒情况比非留守青少年严重，流动青少年饮酒情况比非流动青少年严重，非独生子女饮酒情况比独生子女严重。

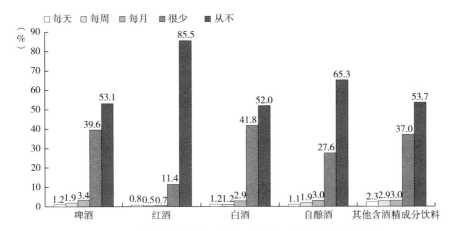

图 7 - 10　青少年喝啤酒、白酒、红酒、自家酿酒以及其他
含有酒精成分饮料的比例

　　图 7 - 10 显示了青少年喝啤酒、白酒、红酒、自酿酒以及其他含有酒精成分饮料的比例情况。从未饮啤酒、白酒、红酒、自酿酒以及其他含有酒精成分饮料的青少年超过全部青少年的半数，而从未或很少饮啤酒、白酒、红酒、自酿酒以及其他含有酒精成分饮料的青少年超过全部青少年的 90%。在各种酒类中，饮过的比例依次是啤酒、自酿酒、白酒以及红酒，说明青少年更容易接触到啤酒、自酿酒。

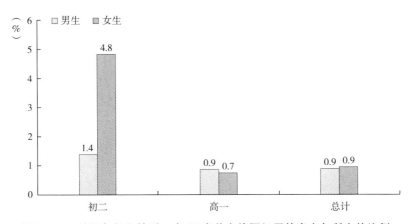

图 7 - 11　按照年级和性别，在 15 岁前有饮酒经历的青少年所占的比例

　　图 7 - 11 显示了按照年级和性别，在 15 岁前有饮酒经历的青少年所占的比例情况。在 15 岁前有饮酒经历的青少年所占的比例中，初二的女生高于男生，而高一的男生高于女生，随着年级的上升，在 15 岁前有饮酒经历的青少

年比例呈现下降趋势。这与他们社会化程度的加深有关，反映了青少年在这方面的需求和心理。值得关注的是初二女生在 15 岁之前有饮酒经历的比例比较高，说明这个年龄段的女生值得注意，其心理年龄成熟比较早，更容易产生饮酒行为。

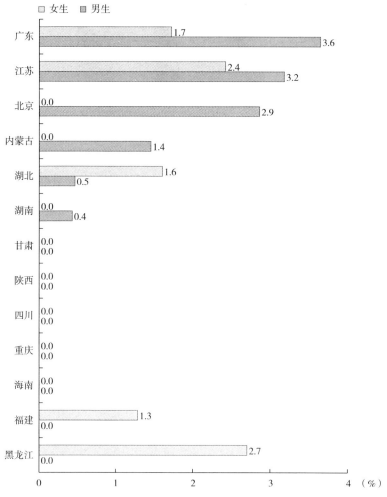

图 7-12　按照省份和性别，在 15 岁前有饮酒经历的青少年所占的比例

　　图 7-12 显示了分省份青少年在 15 岁前有饮酒经历的比例情况。在各省份青少年在 15 岁前有饮酒经历所占比例中，大多数省份女生的比例都为 0，男生中比例最高的是广东，其次是江苏和北京；女生中比例最高的是黑龙江，其次是江苏和广东。北京的女生无 15 岁之前饮酒的情况，但是男生 15 岁之

前饮酒的情况比较严重。另外值得注意的是，黑龙江女生在 15 岁之前有过饮酒行为的比例很高，这可能与当地的饮酒习俗有一定关系。

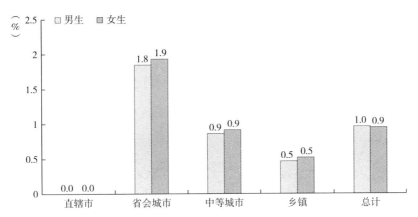

图 7 – 13　按照城市类型和性别，在 15 岁前有饮酒经历的青少年所占的比例

图 7 – 13 显示了不同城市类型中 15 岁前有饮酒经历的青少年所占的比例情况。在四类城市中，在 15 岁前有饮酒经历的青少年的比例最高的是省会城市，其次是中等城市、乡镇，而直辖市的比例为 0。

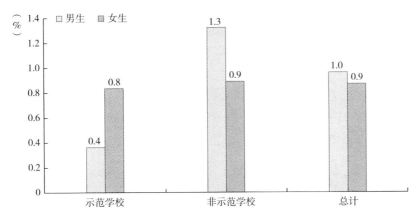

图 7 – 14　按照学校类型和性别，在 15 岁前有饮酒经历的青少年所占的比例

图 7 – 14 显示了在不同类型学校中 15 岁前有饮酒经历的青少年所占的比例情况。示范学校的青少年在 15 岁前有饮酒经历的比例低于非示范学校的青少年。示范学校比非示范学校管理更严格和规范，且两者的生源有一定的差异。

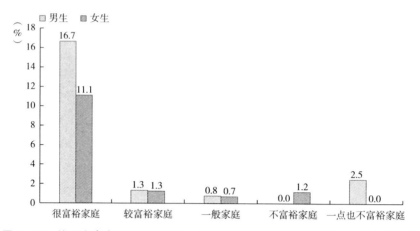

图 7 – 15   按照家庭富裕程度和性别，在 15 岁前有饮酒经历的青少年所占的比例

图 7 – 15 显示了不同富裕程度家庭中青少年 15 岁前有饮酒经历所占的比例情况。很富裕家庭的青少年在 15 岁前有饮酒经历的比例最高，远远高于其他富裕程度家庭的青少年饮酒比例。这说明青少年 15 岁之前饮酒的行为受到家庭经济条件以及随之而来的其他家庭环境因素的影响较大。家庭很富裕的青少年更容易接触到社交场合，受父母溺爱的可能性较大，所以其在 15 岁前有过饮酒行为的可能性较高，说明青少年的饮酒行为与家庭经济条件有关。

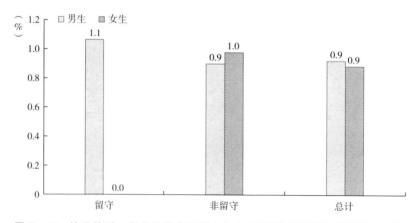

图 7 – 16   按照性别，留守与非留守青少年在 15 岁前有饮酒经历所占的比例

图 7 – 16 显示了留守与非留守青少年 15 岁前有饮酒经历所占的比例情况。留守青少年女生没有饮酒经历，而留守青少年中男生在 15 岁前有饮酒经历的比例高于非留守青少年。留守青少年缺少父母的教育和监管，因此，留守青少年男生在 15 岁之前有饮酒经历的比例要高于非留守青少年的男生。但

值得关注的是，留守青少年女生在 15 岁之前有饮酒经历的比例为 0，而留守青少年男生在 15 岁之前有过饮酒行为的比例最高，留守青少年男生产生消极情绪之后更可能饮酒。

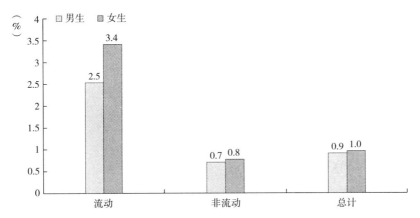

图 7 - 17　按照性别，流动与非流动青少年在 15 岁前有饮酒经历所占比例

图 7 - 17 显示了流动与非流动青少年在 15 岁前有饮酒经历者所占的比例情况。流动青少年在 15 岁前有饮酒经历的比例高于非流动青少年的比例。女生的数据差距较明显。流动青少年由于户籍限制，无法真正融入城市，生活处在漂泊之中，他们接触的环境和周围人群在很大程度上影响到了他们自身的饮酒情况。同时，女生的心理发育和成熟年龄更早，遭遇问题无法解决或宣泄时容易更早发生饮酒行为。

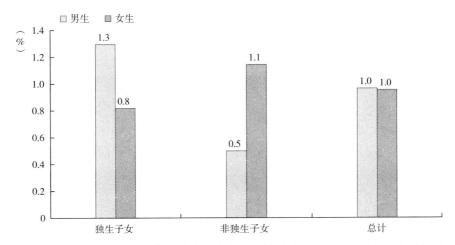

图 7 - 18　按照性别，独生与非独生子女在 15 岁前有饮酒经历的青少年所占的比例

图 7 - 18 显示了独生与非独生青少年在 15 岁前有饮酒经历的比例情况。独生子女男生中，在 15 岁前有饮酒经历的比例高于非独生子女，而独生子女中女生的比例则低于非独生子女。独生子女受到父母的关心和照顾明显多于非独生子女，而且父母的管教比较严格，所以独生子女中女生在 15 岁之前有饮酒经历的比例要低于非独生子女女生，但独生子女中男生在 15 岁之前有过饮酒行为的比例要高于非独生子女中男生，这也许说明男生的饮酒行为更容易受到周围环境的影响。

以上数据显示，青少年饮过的酒比例由高到低依次是啤酒、自酿酒、白酒和红酒。同时初二青少年在 15 岁之前有过饮酒行为的比例要高于高一，其中女生的差异较明显，可能与女生心理发育成熟更早有关。在地域上，男生 15 岁以前有过饮酒经历的比例最高的是广东，其次是江苏和北京；女生该比例最高的是黑龙江，其次是江苏和广东，这可能与地区之间不同的社会习俗有关。同时青少年在 15 岁之前有过饮酒行为的比例与城市类型有关。示范学校青少年在 15 岁前有饮酒经历的比例低于非示范学校。青少年在 15 岁之前的饮酒行为与家庭经济条件有关，很富裕家庭的青少年在 15 岁前有饮酒经历的比例最高，且远远高于其他家庭富裕程度的青少年。留守男生在 15 岁之前有过饮酒行为的比例要高于非留守男生，但留守女生在 15 岁之前没有饮酒行为。流动青少年在 15 岁之前有过饮酒行为的情况比非流动青少年严重很多；非独生子女中女生的该比例比独生子女中女生高，但是非独生子女中男生该比例比独生子女中男生低，这可能与家庭氛围和父母溺爱有一定关系。

（二）醉酒和饮酒的开始

图 7 - 19 显示了青少年喝醉经历的比例情况。青少年从未喝醉过的比例是 82.1%，喝醉过 1 次比例是 10.5%，喝醉过 2 ~ 3 次比例是 4.3%，喝醉过 4 ~ 10 次比例是 1.1%，喝醉超过 10 次酒的比例是 0.9%。总的来看，有 16.8% 的青少年有过 1 次及以上的醉酒经历，这个数字说明青少年醉酒情况的不容乐观。青少年有过 4 次及以上的喝醉经历比例是 2.0%，这部分青少年在将来成为酗酒者的可能性很大。醉酒对青少年身心健康都有很大危害，还可能导致其他成瘾行为甚至犯罪行为。

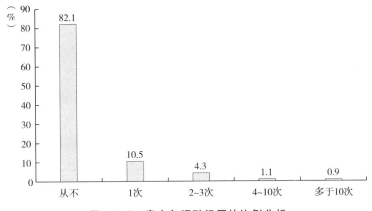

图 7 - 19　青少年喝醉经历的比例分析

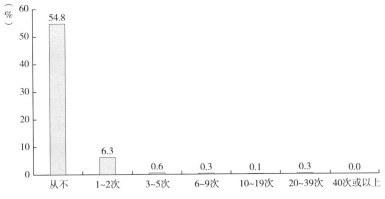

图 7 - 20　在过去的 12 个月青少年喝醉经历的比例

　　图 7 - 20 显示了在过去 12 个月里青少年喝醉经历的比例情况。青少年在过去 12 个月从未喝醉过的比例是 54.8%，喝醉过 1 ~ 2 次比例是 6.3%，喝醉过 3 ~ 5 次的比例是 0.6%，喝醉过 6 ~ 9 次的比例是 0.3%，喝醉过 10 ~ 19 次的比例是 0.1%，喝醉过 20 ~ 39 次的比例是 0.3%，没有喝醉过 40 次或以上的情况，但有 7.6% 的青少年在过去 12 个月中喝醉过至少一次，这说明青少年中醉酒行为确实存在且不容忽视，这部分青少年有成为酗酒者的可能性。

　　图 7 - 21 显示了过去 12 个月青少年喝醉经历的比例情况。青少年在 15 岁前有喝醉经历的比例中，初二的女生高于男生，而高一的男生高于女生，随着年级的上升，在 15 岁前有醉酒经历的青少年比例呈现下降趋势。这里值得关注的是，初二女生在过去一年中有喝醉经历的比例要高于男生，这或许与女生心理发育成熟比较早有关。

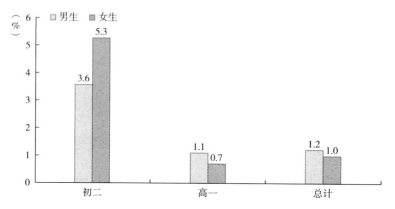

图 7-21　按照年级和性别，在 15 岁前有喝醉经历的青少年所占的比例

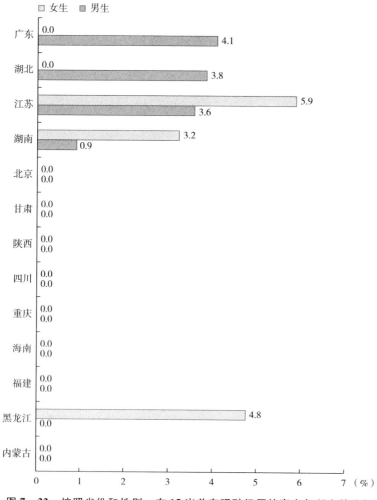

图 7-22　按照省份和性别，在 15 岁前有喝醉经历的青少年所占的比例

318

图 7 - 22 显示了在过去 12 个月里青少年喝醉经历的比例情况。青少年女生在 15 岁前有过醉酒经历的，大多数省份的比例都为 0，男生中比例最高的是广东，其次是湖北和江苏，女生中比例最高的是江苏和黑龙江，其次是黑龙江和湖南。尤其值得关注的是江苏和黑龙江，女生在过去 12 个月有喝醉经历的比例甚至要高于男生。

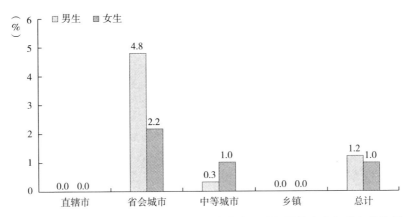

图 7 - 23　按照城市类型和性别，在 15 岁前有喝醉经历的青少年所占的比例

图 7 - 23 显示了在过去 12 个月里青少年喝醉经历的比例情况。在四类城市中在 15 岁前有醉酒经历的青少年的比例最高的是省会城市，其次是中等城市，直辖市和乡镇的比例为 0。值得关注的是，省会城市的男女生在过去 12 个月中的醉酒经历的比例都是最高的，这和经济水平有关。

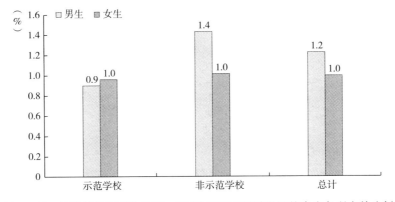

图 7 - 24　按照学校类型和性别，在 15 岁前有喝醉经历的青少年所占的比例

图 7 - 24 显示了在过去 12 个月里青少年喝醉经历的比例情况。示范学校青少年在 15 岁以前有醉酒经历的比例总体上低于非示范学校。示范学校比非

示范学校的管理更为规范，生源也有一定差异。

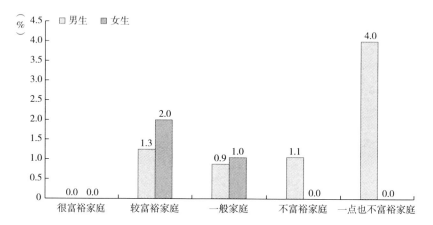

图7-25　按照家庭富裕程度和性别，在15岁前有喝醉经历的青少年所占的比例

图7-25显示了在过去12个月里青少年喝醉经历的比例情况。在不同家庭富裕程度中，男生在15岁前有醉酒经历的比例最高的是一点也不富裕家庭，然后是较富裕家庭、不富裕家庭、一般家庭，很富裕家庭的青少年没有醉酒经历。女生在15岁前有醉酒经历的比例最高的是较富裕家庭，然后是一般家庭，很富裕家庭、不富裕家庭和一点也不富裕家庭的女生没有醉酒经历。其中有意思的是，家庭一点也不富裕的男生，在15岁之前有醉酒经历的比例最高。这种现象的原因可能是男生承受的压力较大，家庭社会资本不足，上升通道有限，希望借助酒精来宣泄或获得自我满足。这也说明青少年的醉酒经历和家庭的经济条件有一定的关系。

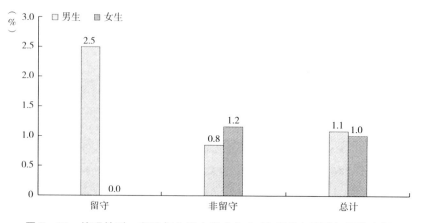

图7-26　按照性别，留守与非留守青少年在15岁前有喝醉经历的比例

图 7 - 26 显示了青少年在过去的 12 个月喝醉经历的比例情况。留守女生没有醉酒的经历，而留守男生在 15 岁前有醉酒经历的比例高于非留守男生，反映了留守男生在 15 岁之前更容易出现不理性的饮酒行为。

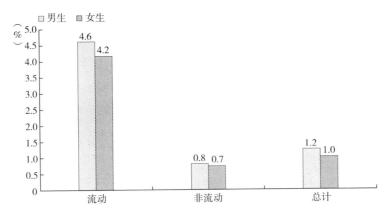

图 7 - 27　按照性别，流动与非流动青少年在 15 岁前有喝醉经历的比例

图 7 - 27 显示了青少年在过去的 12 个月里喝醉经历的比例情况。流动青少年在 15 岁前有醉酒经历的比例远远高于非流动青少年。流动青少年处在动荡的生活状态中，他们接触的环境和周围的人群在很大程度上影响到了他们自身的醉酒水平。

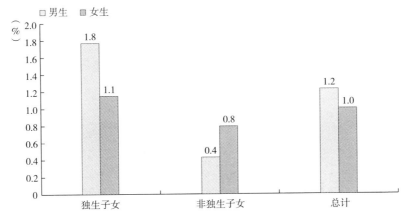

图 7 - 28　按照性别，独生与非独生子女青少年在 15 岁前有喝醉经历的比例

图 7 - 28 显示了在过去的 12 个月青少年喝醉经历的比例情况。独生子女在 15 岁前有醉酒经历的比例高于非独生子女。由于独生子女受到了父母更多的照顾，管教也更为严格，但是独生子女中男女生在 15 岁之前有喝醉经历的比例都

高于非独生子女，或许与家庭关注度高、因父母溺爱而饮酒比例较高有关。

以上调查数据显示：有 16.8% 的青少年有过一次及以上的醉酒经历，这个数字说明青少年醉酒情况不容乐观，同时有 7.6% 的青少年在过去 12 个月里至少醉酒一次；在 15 岁前有喝醉经历的青少年所占的比例中，初二的女生高于男生，而高一的男生高于女生，随着年级的上升，在 15 岁前有醉酒经历的青少年比例呈现下降趋势。这可能与他们社会化程度的提高、自我认知能力和自控力的增强有关。青少年在 15 岁前有醉酒经历的比例中，多数省份的比例都为 0，男生中比例最高的是广东，其次是湖北和江苏，女生中比例最高的是江苏，其次是黑龙江和湖南。在四类城市中，在 15 岁前有醉酒经历的青少年的比例最高的是省会城市，其次是中等城市，直辖市和乡镇的比例为 0。示范学校青少年在 15 岁前有醉酒经历的比例总体上低于非示范学校青少年的比例。在不同富裕程度家庭中男生在 15 岁前有醉酒经历的比例最高的是一点也不富裕家庭，然后是较富裕家庭、不富裕家庭、一般家庭，很富裕家庭的青少年没有醉酒经历。女生在 15 岁前有醉酒经历的比例最高的是比较富裕家庭，然后是一般家庭，很富裕家庭、不富裕家庭和一点也不富裕家庭的女生没有醉酒经历。在过去的 12 个月青少年喝醉经历的比例情况，留守女生没有醉酒的经历，而留守男生在 15 岁前有醉酒经历的比例高于非留守男生的比例。流动青少年在 15 岁前有醉酒经历的比例远远高于非流动青少年的比例。独生子女在 15 岁前有醉酒经历的比例高于非独生子女的比例。

（三）饮酒相关的社会环境

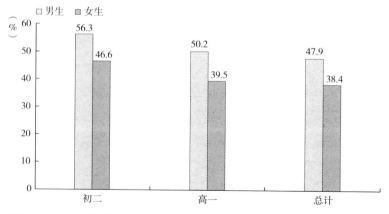

图 7-29　按照年级和性别，青少年朋友中有饮酒人群的青少年的比例

图 7 – 29 显示了按照年级和性别，朋友中有饮酒人群的青少年的比例情况。全部青少年的朋友中有饮酒人群的比例，男生的比例高于女生，随着年龄的上升，其比例呈下降趋势，总体上与青少年社会化程度提高、自我控制力增强有关。

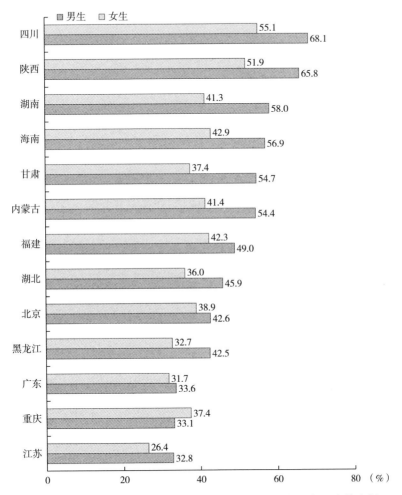

图 7 – 30　按照省份和性别，朋友中有饮酒人群的青少年所占的比例

图 7 – 30 显示了朋友中有饮酒人群的青少年所占的比例情况。在各省份，朋友中有饮酒人群的青少年比例最高的是四川，其次是陕西和湖南，最低的是江苏。总体上，西北内陆地区朋友中有饮酒人群的青少年比例比东部地区的青少年高，这也和地区社会习俗有关系。

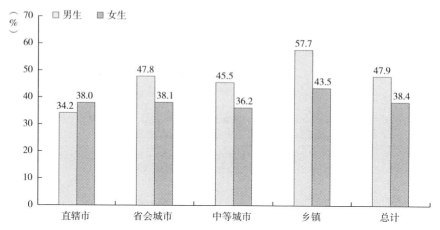

图 7-31　按照城市类型和性别，朋友中有饮酒人群的青少年的比例

　　图 7-31 显示了朋友中有饮酒人群的青少年所占的比例情况。朋友中有饮酒人群的青少年的比例最高的是乡镇，然后是省会城市、中等城市，最低的是直辖市。值得关注的是，朋友中有饮酒人群的乡镇男女生所占的比例都最高，反映出乡镇中青少年饮酒的环境氛围比较浓，这和乡镇青少年行为习惯以及周围环境氛围有一定的关系。

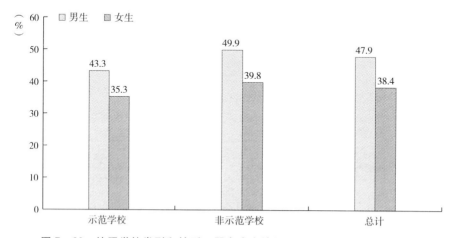

图 7-32　按照学校类型和性别，朋友中有饮酒人群的青少年所占的比例

　　图 7-32 显示了朋友中有饮酒人群的青少年的比例情况。示范学校青少年的朋友中有饮酒人群的比例低于非示范学校。示范学校比非示范学校管理更严格和规范，两者的生源也有一定差别。

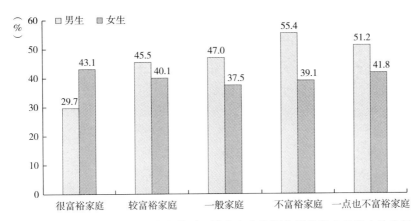

图 7-33　按照家庭富裕程度和性别，朋友中有饮酒人群的青少年所占的比例

图 7-33 显示了朋友中有饮酒人群的青少年的比例情况。朋友中有饮酒人群的女生的比例最高的是很富裕家庭，然后是一点也不富裕家庭、较富裕家庭、不富裕家庭，比例最低的是一般家庭。朋友中有饮酒人群的男生的比例最高的是不富裕家庭，然后是一点也不富裕家庭、一般家庭、比较富裕家庭，比例最低的是很富裕家庭。总体上，朋友中有饮酒人群的青少年男生的比例与家庭富裕程度呈负相关关系，朋友中有饮酒人群的女生的比例和家庭富裕程度呈正相关关系，可以看出青少年的饮酒行为和家庭条件有一定的关系。值得关注的是，家庭很富裕的青少年中，朋友中有饮酒人群的女生的比例高于男生，这也许和父母的溺爱有一定关系。

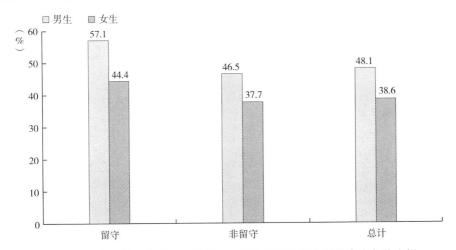

图 7-34　按照性别和留守与非留守，朋友中有饮酒人群的青少年的比例

图 7-34 显示了按照性别和留守与非留守来分类，朋友中有饮酒人群的青少年的比例情况。朋友中有饮酒人群的留守青少年的比例高于非留守青少年，尤其是在男生方面差距较明显。留守青少年缺少父母的教育与监管，基本上是放任自流，加上朋友饮酒的影响，因此，朋友中有饮酒人群的留守青少年的比例要高于非留守青少年。

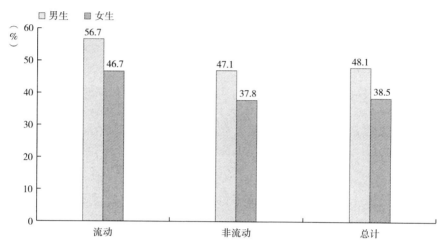

图 7-35　按照性别和流动与非流动，朋友中有饮酒人群的青少年的比例

图 7-35 显示了按照性别和流动与非流动，朋友中有饮酒人群的青少年的比例情况。朋友中有饮酒人群的流动青少年的比例高于非流动青少年。流动青少年处于城市边缘生活环境中，他们周围人群饮酒习惯很大程度上影响了自己的饮酒情况。

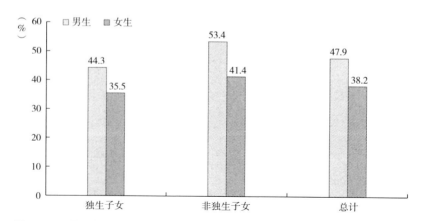

图 7-36　按照性别和独生与非独生子女，朋友中有饮酒人群的青少年的比例

图 7-36 显示了按照性别和独生与非独生子女，朋友中有饮酒人群的青少年的比例情况。朋友中有饮酒人群的独生子女的比例低于非独生子女的比例。独生子女受到父母的关心和照顾明显多于非独生子女，且父母的管教比较严格，因此朋友中有饮酒人群的独生子女的比例要低于非独生子女。

上述调研数据表明，各省份朋友中有饮酒人群的青少年的比例最高的是四川，其次是陕西和湖南，最低的是江苏；朋友中有饮酒人群的青少年的比例最高是乡镇，然后是省会城市、中等城市，最低的是直辖市；朋友中有饮酒人群的示范学校青少年的比例低于非示范学校的比例；朋友中有饮酒人群的女生的比例最高的是很富裕家庭，然后是一点也不富裕家庭、较富裕家庭、不富裕家庭，最低的是一般家庭。朋友中有饮酒人群的男生的比例最高的是不富裕家庭，然后是一点也不富裕家庭、一般家庭、较富裕家庭，最低的是很富裕家庭；朋友中有饮酒人群的留守青少年的比例高于非留守青少年；朋友中有饮酒人群的流动青少年的比例高于非流动青少年；朋友中有饮酒人群的独生子女的比例低于非独生子女。

（四）饮酒的危害

在多数参与 HBSC 的国家和地区中，饮酒文化根植于当地的社会文化之中，从对个体造成的社会危害、身体伤害以及疾病而言，从全球来看酒精是造成这些危险的主要因素之一，尽管与酒精有关的死亡率在 45~54 岁达到最高，但也许会发生在生命的早期。交通事故是造成青少年死亡的主要原因，这其中有很多与摄入酒精有关，而且酒精是造成大约一半的撞车事故、凶杀、自杀等死亡的原因。尽管青少年自称酒精有更多的积极作用，能减少社会约束性，但多数研究还是集中于这些行为的消极方面，其他一些有根据的关于摄入酒精消极作用的方面包括逃学、学业退步、无计划的性行为、与朋友吵架、破坏性行为以及触犯法律等行为。[1]

---

[1] Wechsler H. et al. Health and Behavioural Consquences of Binge Drinking in College-A National Survey of Students at 140 Campuses. JAMA, 1994, 272: 1671-1677.

第八章　大麻使用对青少年健康 行为的影响

自 1960 年以来，越来越多的青少年开始尝试大麻，很多国家由于使用大麻引发了严重的社会问题。从 1990 年开始，在欧洲，大麻最初只作为一种违禁药品使用，但之后使用人数越来越多。在北美和一些欧洲国家，摄入大麻甚至变成了青少年人群中的一项行为标准。青少年接触大麻有很多原因，使用大麻的健康和法律原因是有据可依的。此外据广泛报道，社会环境下不断增长的人数困境与大麻的摄入也有一定联系。使用大麻与成年人无关，而仅仅与青少年有关的说法一直存在争论。[①]

一　研究方法

（1）青少年（这里仅指 15 岁年龄组）被问及是否曾经摄入大麻，回答的选项从 1 次都没有到 40 次甚至更多，这里显示至少摄入 1 次大麻的比例。

（2）青少年（这里仅指 15 岁年龄组）被问及最近 30 天内是否有摄入大麻，回答的选项包括从来没有到 40 次甚至更多，这里显示的是在最近 30 天内至少摄入 1 次大麻的比例。

二　研究指标

（1）大麻的使用

A. 青少年自称在生命中曾经吸食过大麻的比例

---

① 　Van Os J. et al. Cannabis Use and Psychosis A Longitudinal Population – based Study. American Journal of Epidemiology, 156: 319 – 327 (2002).

B. 青少年自称在过去 30 天中曾吸食大麻的比例

C. 青少年自称在过去 12 个月中曾吸食大麻的比例

（2）来自同侪的影响

朋友中有吸食大麻人群的青少年的比例

三 研究结果

（一）吸食大麻的情况

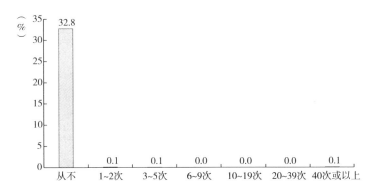

图 8 - 1 在生命中曾经吸食过大麻的青少年的比例

注：绝大多数学生设有吸食大麻，直接跳过，没有作答，因此百分比之和远小
于 100%。下同。

图 8 - 1 显示了青少年在生命中曾经吸食过大麻的比例。青少年从未吸食
过大麻的占 32.8%，吸食过大麻 1 ~ 2 次、3 ~ 5 次、40 次或以上的各占
0.1%，说明青少年中吸食大麻的比例很低，但依然有 0.1% 的青少年吸食大
麻超过 40 次，这部分青少年具有吸毒成瘾的倾向性。

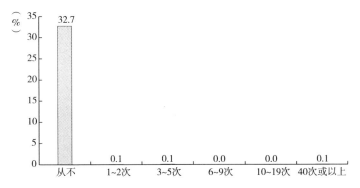

图 8 - 2 在过去 12 个月中曾吸食大麻的青少年的比例

图 8 - 2 显示了在过去的 12 个月中曾吸食大麻的青少年的比例情况。从未吸食过大麻的青少年占全部青少年的 32.7%，吸食过大麻 1～2 次、3～5 次、40 次或以上的青少年各占全部青少年的 0.1%，说明青少年中吸食大麻的比例很低，但是依然有 0.1% 的青少年在过去一年中吸食大麻超过 40 次，这部分的青少年具有吸毒成瘾的倾向。

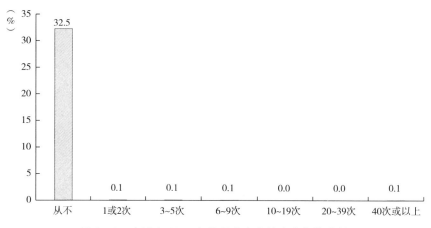

图 8 - 3 在过去 30 天中曾吸食大麻的青少年的比例

图 8 - 3 显示在过去 30 天中曾吸食大麻的青少年的比例情况。青少年在过去 30 天中从未吸食大麻的比例为 32.5%，吸食过大麻 1～2 次、3～5 次、6～9 次、40 次或以上的比例各为 0.1%。但是依然有 0.1% 的青少年在过去 30 天中吸食大麻超过 40 次，这部分的青少年具有吸毒成瘾的倾向。

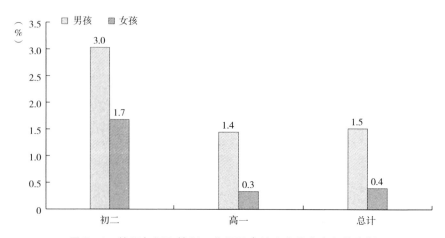

图 8 - 4 按照年级和性别，曾经吸食过大麻的青少年的比例

图 8-4 显示了男生吸食大麻的比例高于女生，其中初二男生吸食大麻比例最高，是高一男生吸食比例的 2.1 倍，初二女生吸食大麻比例也是最高的，是高一女生的 5.7 倍。

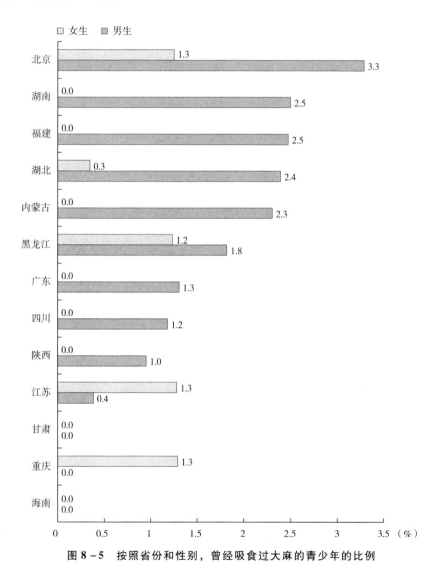

图 8-5　按照省份和性别，曾经吸食过大麻的青少年的比例

图 8-5 显示了按照省份和性别划分的曾经吸食过大麻的青少年的比例情况。曾经吸食过大麻的青少年中，男生中比例最高的是北京，其次是湖南和福建，女生比例最高的是北京、江苏和重庆。北京地区男女生吸食大麻的比例都是最高的，情况不容乐观。

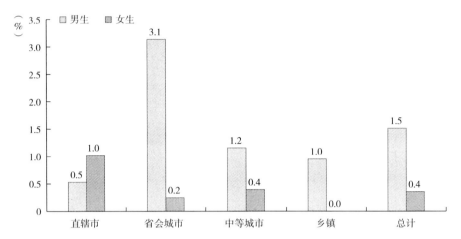

图 8 - 6 按照城市类型和性别，曾经吸食过大麻的青少年的比例

图 8 - 6 显示了按照城市类型和性别划分的曾经吸食过大麻的青少年的比例情况。在四类城市类型中，男生曾经吸食过大麻的比例最高的是省会城市，其次是中等城市、乡镇，最低的是直辖市。女生中比例最高的是直辖市，然后是中等城市、省会城市，乡镇的比例为 0。值得关注的是，省会城市的男生吸食大麻的比例相对而言很高。

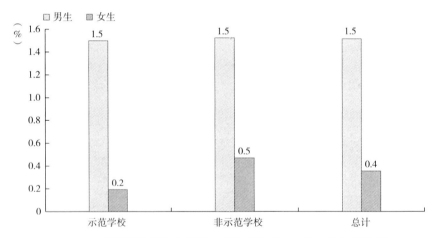

图 8 - 7 按照学校类型和性别，曾经吸食过大麻的青少年的比例

图 8 - 7 显示了按照学校类型和性别划分的曾经吸食过大麻的青少年的比例情况。示范学校女生曾经吸食过大麻的比例低于非示范学校，两类学校男生的比例相同。原因在于示范学校比非示范学校管理更为规范和严格，且两类学校生源有差异。

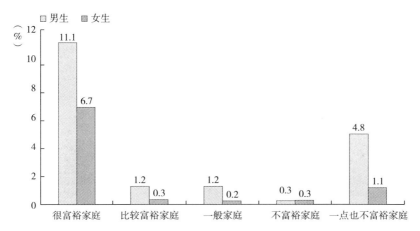

图8-8 按照家庭富裕程度和性别,曾经吸食过大麻的青少年所占的比例

图8-8显示了按照家庭富裕程度划分的曾经吸食过大麻的青少年所占的比例情况。与其他家庭富裕程度相比较,很富裕家庭男生和女生吸食大麻比例都最高,其次是一点也不富裕家庭男生和女生吸食大麻的比例也比较高,不富裕家庭的男生和女生吸食大麻比例最低。

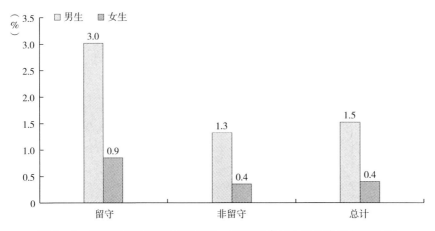

图8-9 按照性别和留守与非留守,曾经吸食过大麻的青少年的比例

图8-9显示了按留守与非留守划分的曾经吸食过大麻的青少年的比例情况。留守青少年男生和女生曾经吸食过大麻的比例均高于非留守青少年。留守青少年缺少父母教育和监管,农村是贩毒人员关注的地方,留守青少年在放任自流的状态下很容易沾染毒品。因此,留守青少年曾经吸食过大麻的比例较高。

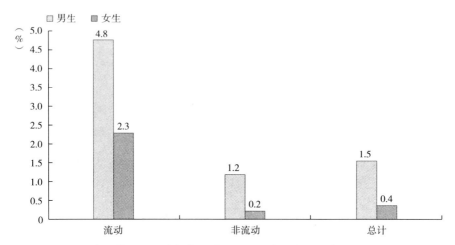

图 8 – 10　按照性别和流动与非流动，曾经吸食过大麻的青少年所占的比例

　　图 8 – 10 显示了按照流动与非流动划分的曾经吸食过大麻的青少年的比例情况。流动青少年男生和女生曾经吸食过大麻的比例均高于非流动儿童。流动青少年处在动荡的状态和较为复杂的生活环境中，他们接触的环境和周围的人群在很大程度上影响到了他们自身的吸食大麻情况。

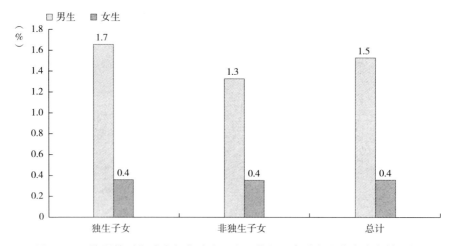

图 8 – 11　按照性别和独生与非独生子女，曾经吸食过大麻的青少年的比例

　　图 8 – 11 显示了按照性别和独生与非独生子女划分的曾经吸食过大麻的青少年的比例情况。独生子女中男生曾经吸食过大麻的比例高于非独生子女，女生曾经吸食过大麻的独生子女与非独生子女的比例相同。这里值得关注的是，家庭条件比较优越的父母，给孩子的零花钱较多又疏于管教和引导，男

生好奇心强，喜欢探索和冒险，寻求刺激，很容易受吸食大麻的影响。相反，家庭富裕的父母对女生管教相对来说比男生严格一些，不富裕家庭给女生生活压力相对较大，父母管教较严格，也少有零花钱，所以女生相对男生来说，吸食大麻的机会少很多。

从以上调查数据可以发现，青少年从未吸食过大麻的比例为32.8%，吸食过40次或以上的青少年占全部青少年的0.1%。曾经吸食过大麻的青少年的比例随着年级增加呈现下降趋势。曾经吸食过大麻的青少年中，男生中比例最高的是北京，其次是湖南和福建；女生中比例最高的是北京、江苏和重庆。在四类城市类型中，男生中曾经吸食过大麻的青少年比例最高的是省会城市，其次是中等城市、乡镇，最低的是直辖市；女生中比例最高的是直辖市，然后是中等城市、省会城市，乡镇为0。示范学校女生曾经吸食过大麻的比例低于非示范学校女生，两类学校男生吸食大麻的比例相同。在不同富裕程度的家庭中，曾经吸食过大麻的青少年比例最高是很富裕家庭，最低的是不富裕家庭。留守青少年曾经吸食过大麻的比例高于非留守青少年。流动青少年曾经吸食过大麻的比例高于非流动青少年。独生子女中男生曾经吸食过大麻的比例高于非独生子女男生的比例，女生曾经吸食过大麻的独生子女和非独生子女的比例相同。

（二）吸食大麻相关的社会环境

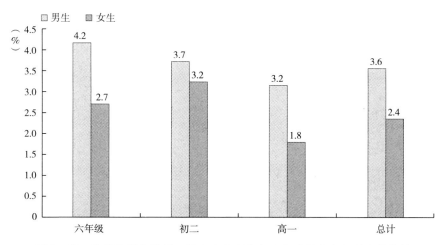

图8-12　按照年级和性别，朋友中有吸食大麻人群的青少年所占的比例

图8-12显示了按照年级和性别划分的朋友中有吸食大麻人群的青少年

的比例情况。在朋友中有吸食大麻人群的青少年中，男生的比例高于女生。男生的比例随着年级的不断增长呈现下降趋势，而女生的比例则是初二最高，其次是小学六年级，最低的是高一。这与青少年社会化程度提高、心理逐渐成熟、自控力提高有关系。值得关注的是初二年级的朋友中有吸食大麻人群的女生比例在各年级女生中最高，这与女生心理发育和成熟开始较早有关。

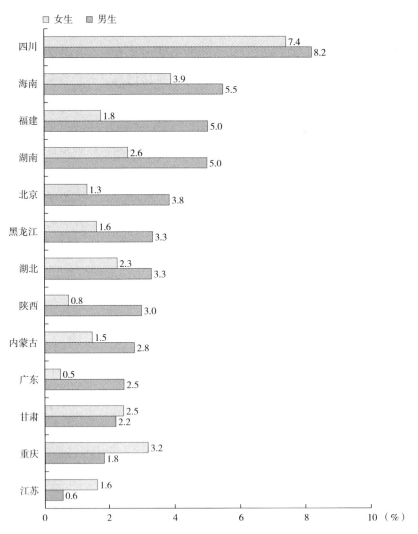

图 8-13　按照省份和性别，朋友中有吸食大麻人群的青少年所占的比例

图 8-13 显示了按照省份和性别划分的朋友中有吸食大麻人群的青少年的比例情况。与其他省份相比较，四川省男生和女生吸食大麻比例最高，其

次是海南省男生吸食大麻比较高，再次是福建和湖南男生吸食大麻比较高。按照性别分开来阐述，与其他省份相比较，海南女生吸食大麻比例其次，再次是重庆女生吸食大麻也比较高。

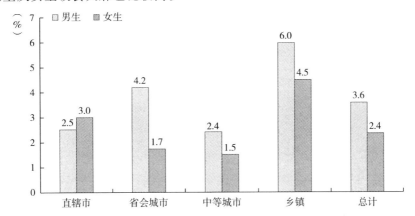

图 8 – 14　按照城市类型和性别，朋友中有吸食大麻人群的青少年所占的比例

图 8 – 14 显示了按照城市类型和性别划分的朋友中有吸食大麻人群的青少年所占的比例情况。在四类城市类型中，朋友中有吸食大麻人群的比例最高的是乡镇，最低的是中等城市。值得关注的是，乡镇青少年的朋友中有吸食大麻人群的男女生比例都是最高的，反映出乡镇中青少年吸食大麻的环境值得关注，与大城市相比，农村比较落后，父母对子女教育引导不够，疏于沟通与交流，对孩子的交往情况不甚了解，青少年受周围环境影响很容易尝试吸食大麻。

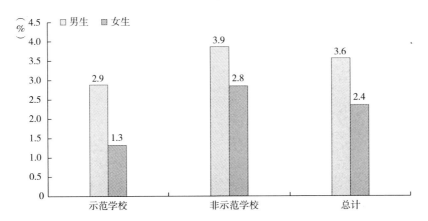

图 8 – 15　按照学校类型和性别，朋友中有吸食大麻人群的青少年的比例

图 8 – 15 显示了按照学校类型划分的朋友中有吸食大麻人群的青少年的

比例情况。示范学校的朋友中有吸食大麻人群的青少年的比例低于非示范学校。通常情况下，示范学校比非示范学校管理更严格和规范。

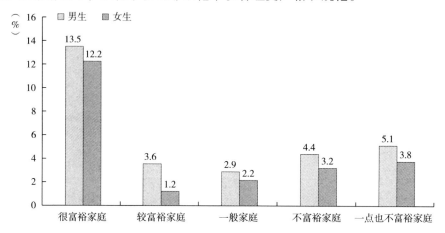

图 8 – 16　按照家庭富裕程度和性别，朋友中有吸食大麻人群的青少年的比例

图 8 – 16 显示了按照家庭富裕程度和性别划分的朋友中有吸食大麻人群的青少年的比例情况。在不同富裕程度的家庭中，朋友中有吸食大麻人群的女生的比例最高的是很富裕家庭，然后是一点也不富裕家庭、不富裕家庭、一般家庭，最低的是较富裕家庭。男生朋友中有吸食大麻人群的比例最高的是很富裕家庭，然后是一点也不富裕家庭、不富裕家庭、较富裕家庭，最低的是一般家庭。值得关注的是，朋友中有吸食大麻人群的很富裕家庭的男女生的比例都是最高的，反映出青少年吸食大麻和家庭经济条件有显著的关系。

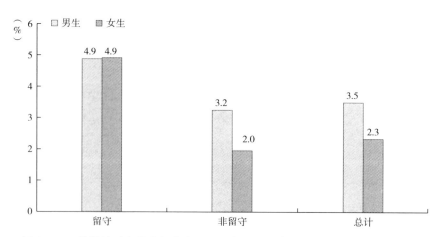

图 8 – 17　按照性别和留守与非留守，朋友中有吸食大麻人群的青少年的比例

图 8 – 17 显示了按照留守与非留守划分的朋友中有吸食大麻人群的青少年的比例情况。与非留守青少年相比较，留守青少年男生和女生吸食大麻比例都比较高，这可能与留守青少年家长给留守青少年较多的生活费和零花钱，又疏于管教，缺少父母的关心和帮助，留守青少年很容易受到周围环境的影响而尝试吸食大麻。非留守青少年与父母生活在一起，吸食大麻的机会减少。

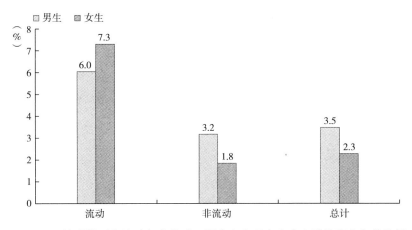

图 8 – 18　按照性别和流动与非流动，朋友中有吸食大麻人群的青少年的比例

图 8 – 18 显示了按照流动与非流动划分的朋友中有吸食大麻人群的青少年的比例情况。朋友中有吸食大麻的流动青少年的比例高于非流动青少年。流动青少年处在动荡的状态和较为复杂的生活环境中，他们接触的环境和周围的人群在很大程度上影响到了他们自身的吸食大麻情况。

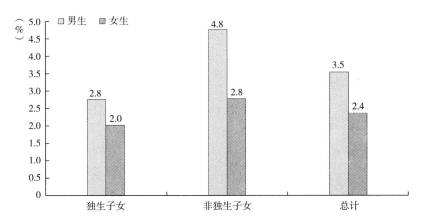

图 8 – 19　按照性别和独生与非独生子女，朋友中有吸食大麻人群的青少年的比例

图 8-19 显示了按照独生与非独生子女划分的朋友中有吸食大麻人群的青少年的比例情况。独生子女朋友中有吸食大麻人群的比例低于非独生子女。与独生子女家庭相比，非独生子女男生和女生吸食大麻比例都高于独生子女，家庭经济条件差一些，父母疲于劳作或受教育程度较低，没有能力教育引导孩子，导致青春期的非独生子女倍感孤独，很容易与经济条件相当的同侪做朋友，相互之间影响较大，很容易尝试吸食毒品。相反，独生子女父母给予孩子关心和支持较多，管教也严格一些，接触吸食毒品的朋友机会少很多。

四　研究发现

以上调研结果揭示了青少年酒精和大麻的使用情况及流行趋势。

1. 从性别和年级来看

青少年自称在过去 12 个月中从未饮过酒的比例为 34.4%，饮过 1~2 次酒的比例为 10.6%，饮过 20~39 次酒的比例为 1.4%，饮了 40 次或以上的比例为 0.4%，其中男生在过去的 12 个月里曾饮过至少 1 次酒的比例高于女生。随着年级的不断升高，男生、女生中在过去的 12 个月里曾饮过至少 1 次酒的比例呈现随年级不断上升的趋势。在 15 岁前有饮酒经历的青少年所占的比例中，初二的女生高于男生，而高一的男生高于女生，随着年级的不断上升，在 15 岁前有饮酒经历的青少年比例呈现下降趋势。朋友中有饮酒人群的青少年的比例男生高于女生，随着年级的不断增长其比例呈现下降趋势。青少年报告朋友中有吸食大麻人群的比例中，男生的比例随着年级的不断增长呈现下降趋势，而女生的比例则是初二最高，其次是小学六年级，最低的是高一。

2. 从城市类型来看

在四类城市类型来看，男生中在过去的 12 个月里曾饮过至少 1 次酒的比例最高的是乡镇，最低的是直辖市；女生中在过去的 12 个月里曾饮过至少 1 次酒的比例最高的是中等城市，最低的是乡镇。青少年在 15 岁前有饮酒经历的比例最高的是省会城市，而直辖市的比例为 0。朋友中有饮酒人群的青少年的比例最高的是乡镇，最低的是直辖市。男生中曾经吸食过大麻的比例最高的是省会城市，最低的是直辖市；女生中比例最高的是直辖市，乡镇的比例为 0。

3. 从省份来看

青少年在过去的 12 个月里曾饮过至少 1 次酒的比例总体上最高的是四川，男生中最低的是黑龙江，女生中最低的是甘肃。青少年在 15 岁前有饮酒经历的，男生中比例最高的是广东，女生中比例最高的是黑龙江。朋友中有饮酒人群的青少年的比例最高的是四川，最低的是江苏。在曾经吸食过大麻的青少年的比例部分，各省份中男生中比例最高的是北京，女生中比例最高的是北京、江苏和重庆。

4. 从示范学校和非示范学校来看

示范学校中在过去的 12 个月里曾饮过至少 1 次酒的青少年的比例以及朋友中有吸食大麻人群的青少年的比例都低于非示范学校。示范学校青少年在 15 岁前有饮酒经历以及朋友中有饮酒人群的青少年的比例都低于非示范学校。示范学校女生曾经吸食过大麻的比例低于非示范学校女生，但两类学校中男生的比例相同。

5. 从家庭富裕程度来看

就不同的家庭富裕程度来看，男生中在过去 12 个月里曾饮过至少 1 次酒的比例最高的是一点也不富裕家庭，最低的是很富裕家庭的男生；女生中在过去 12 个月里曾饮过至少 1 次酒的比例最高的是很富裕家庭，最低的是一点也不富裕家庭。很富裕家庭的青少年在 15 岁前有饮酒经历的比例最高，而且远远高于其他家庭富裕程度的青少年。男生在 15 岁前有醉酒经历的比例最高的是一点也不富裕家庭，很富裕家庭的青少年没有醉酒经历，而女生在 15 岁前有醉酒经历的比例最高的是较富裕家庭，一点也不富裕家庭的女生也没有醉酒经历。朋友有饮酒人群的女生的比例最高的是很富裕家庭，最低的是一般家庭。男生中朋友中有饮酒人群的比例最高的是不富裕家庭，最低的是很富裕家庭。曾经吸食过大麻的青少年比例最高是很富裕家庭，最低的是不富裕家庭。朋友中有吸食大麻人群的女生的比例最高的是很富裕家庭，最低的是较富裕家庭。

6. 从留守青少年和非留守青少年对比来看

留守儿童在过去的 12 个月里曾饮过至少 1 次酒的比例高于非留守青少年。留守青少年的男生在 15 岁前有饮酒经历的比例高于非留守青少年，留守青少年中女生没有醉酒的经历，而留守青少年中的男生在 15 岁前有醉酒经历的比例高于非留守青少年。朋友中有饮酒人群的留守青少年的比例高于非留守青少年。留守青少年曾经吸食过大麻的比例高于非留守青少年。朋友中有吸食大麻人群的留守青少年的比例高于非留守青少年。

7. 从流动青少年和非流动青少年来看

流动儿童在过去的 12 个月里曾饮过至少 1 次酒的比例高于非流动青少年。流动青少年在 15 岁前有饮酒经历的比例高于非流动青少年。流动青少年朋友中有饮酒人群的比例高于非流动青少年。流动儿童曾经吸食过大麻的比例高于非流动青少年。流动青少年朋友中有吸食大麻的比例高于非流动青少年。

8. 从独生子女和非独生子女来看

独生子女在过去的 12 个月里曾饮过至少 1 次酒的比例低于非独生子女。独生子女的男生在 15 岁前有饮酒经历的比例高于非独生子女，而独生子女中女生的比例低于非独生子女。独生子女在 15 岁前有醉酒经历的比例高于非独生子女。独生子女的朋友中有饮酒人群的比例低于非独生子女。独生子女中的男生曾经吸食过大麻的比例高于非独生子女的男生，独生子女中的女生曾经吸食过大麻的比例与非独生子女相同。独生子女的朋友中有吸食大麻人群的比例低于非独生子女。

第九章 暴力对青少年健康行为的影响

一 研究概述

校园欺负行为是世界上许多国家共同面临的一个问题。欺负、被欺负、打斗组成了涉及青少年暴力行为的不同类型。欺负行为与人际关系问题紧密相关，它是通过攻击行为来维持一种人与人之间的权力关系的行为。欺负行为包括消极的身体或语言上的攻击行为，被欺负者的伤痛也由此产生。欺负行为随着时间的推移会重复发生，并且欺负者与被欺负者之间有着权力差别。当个体成为攻击行为的接受者时，被欺负就发生了。与身体强壮、力量强大、年龄更大的施暴者相比，典型的受伤害者力量弱小。为了巩固欺负者和受害者之间的力量关系，欺负行为重复发生，从而使前者获得权力而后者则失去权力。在这样的关系中被欺负的青少年越发不能保护自己。打斗是指一种攻击性的行为，介入其中的往往是一些年龄相似和力量相当的人。欺负行为、被欺负行为以及打斗行为所带来的不仅仅是短期影响，对于牵涉到其中的人群：欺负者、被欺负者、打斗者、旁观者都会带来长期的消极结果。[①] 既往研究发现：那些被欺负的青少年具有在成年后成为欺负者和培养欺负别人小孩的倾向。同样，被欺负的小孩成年后具有使自己的小孩成为被欺负者的倾向。

佩普勒和克雷格已经从发展的角度调查过欺负行为。他们认为这种类型的欺负行为值得关注，因为它造成了许多人与人之间与暴力相关的问题。欺负行为可能是其中的一个环节。通过校园欺负行为我们发现这种相同力量和攻击行为的联合体是性虐待和工作场所的暴力行为、约会和婚姻中的攻击行为、对儿童和老年人的虐待行为的一个关键构成因素。纵向的研究表明，儿

---

① 周华珍、何子丹：《关于国外校园欺负行为的干预经验研究及其启示》，《中国青年研究》2009 年第 8 期，第 6 页。

童的欺负行为和成人时代（如：犯罪等反社会行为）是有联系的，同时也和很少有机会去获得社会认可的目标（如：稳定的工作和长时间的亲属关系）有联系。被欺负的儿童有产生各种各样消极后果的危险，他们有更多的焦虑、不安全感和更少的自尊感，而且更加孤单，更可能被自己的同辈群体所排斥，相较他人更加郁闷。对儿童而言，被欺负的这种倾向是稳定的。借鉴以往的研究，奥维斯发现13岁时被欺负的男生也会在16岁时被欺负。由于感到群体的压力去参与欺负，同辈群体也可能会有相同的遭遇，即使仅仅是见到欺负行为也会造成伤害。

校园欺负会对卷入欺负行为之中的个体、家庭、学校、社会带来极高的代价。欺负别人或者被别人欺负可能会带给青少年终生的不良影响，因为他们涉及多个系统，诸如心理健康服务、青少年司法制度、特殊教育和社会服务，对这类行为的干预是问题的关键。欺负行为和被欺负行为的普遍程度和严重性迫使研究者去研究这种行为的危害和这类行为产生的原因，采取一些解决这些欺负行为的保护措施。获得这些知识可以为社会政策提供方向，从而设计有效的干预措施来消除，至少能减少这类欺负行为的发生。

二　研究方法

在本研究中使用的关于欺负行为的相关问题是由奥维斯研究发展而来的。当别的青少年或者青少年团体对他或她说或做一些恶劣的或令人不快的事情，我们可以说这个青少年被欺负了。当一个青少年反复地被用他或她所不喜欢的方式作弄时，或者被人故意排挤在某些事情之外时，我们也可以说他（她）被欺负了。但是，如果两个青少年的力量大体相当而发生争吵或者打斗，这样的行为不算是欺负行为。而当以一种友好的或戏谑的方式捉弄别人时，这样的行为也不算作欺负行为。通过搜集被试对"最近两个月你被欺负的比例是多少？""最近两个月你参加欺负别人的比例是多少？"的回答［"最近两个月我在学校没有被欺负过（或者欺负过别的同学）""它只发生过一到两次""一个月两到三次""大约一周一次""一周好几次"］，来监测青少年校园欺负的现状。参加调查的同学接受两种水平的测试："最近两个月期间被欺负或者欺负他人至少一次""被欺负或者欺负他人至少一个月两到三次"。在研究中确定这种评估欺负行为普遍性的方法，并被其他 HBSC 参与国的研究所验证。用一个单独的题目来评估打斗行为："在过去的一年中，你多少次参加了肢体冲突？"回答的选项包括："我没有参加过任何肢体冲突""参加过一次""两次""三次""四次或更多"。表明在过去的一年中参与过任何形式的伤痛打斗的青少年被确定为打斗者。这些经常打斗者（在最近一年中参与该行为三次或以上者）的数据以一种和欺负者相同的方式呈现出来，这个方法被先前的 HBSC 调查所证实。

三　研究指标

（1）青少年欺负他人的情况

①青少年自称最近几个月至少欺负过别人一次的比例

②青少年自称过去 3 个月中以下述方式欺负过别人的比例

（2）青少年受到欺负的情况

①青少年自称最近几个月至少被欺负过一次的比例

②青少年自称过去 3 个月中以下述方式被别人欺负过的比例

（3）同学之间欺负行为的发生地点

青少年自称同学之间欺负行为发生在学校的比例

（4）受到欺负时向他人诉说的情况

青少年自称受到欺负时向他人诉说的比例

（5）动手打架

青少年自称过去 12 个月中至少一次与别人动手打架的比例

（6）携带器具

①青少年自称过去 1 个月中携带器具的比例

②青少年自称中过去 1 个月中携带器具类型的比例

四　调查结果

（一）校园欺负的比例分析

图 9-1 显示了最近几个月内曾欺负别人的青少年所占比例情况。青少年中没有欺负过人的比例占 81.6%，欺负过别人 1~2 次的占 12.4%，而每月

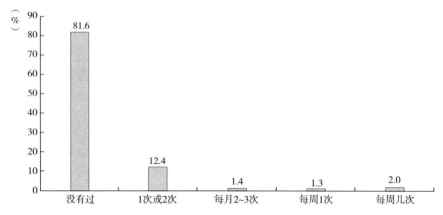

图9-1 最近几个月内曾欺负别人的青少年所占比例

2~3次、每周1次以及每周几次的比例分别仅为1.4%、1.3%、2.0%。以上数据显示,具有欺负别人这一偏差行为的青少年实际上占比相对较小,且青少年发生欺负行为的次数也相对较少。

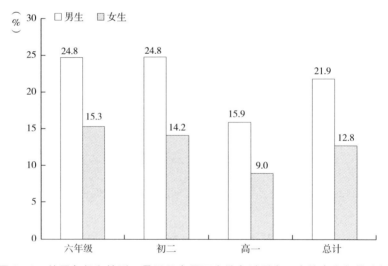

图9-2 按照年级和性别,最近几个月至少欺负过别人一次的青少年的比例

图9-2显示了不同年级和不同性别的青少年最近几个月至少欺负过别人一次的比例。从性别的角度上来看,男生最近至少欺负过别人一次的比例在任何一个年级均高于女生,且在初二两性差别最为明显;从年级的角度来看,小学六年级和初二的男生欺负别人比例最高(24.8%),小学六年级的女生欺负别人的比例最高,占15.3%,高一的女生欺负别人的比例最低(9.0%)。以上数据显示,不同性别的青少年在欺负别人的行为上差别较为明显,且随

着年级的增长，总体上欺负别人的行为无论男女生都有减少的趋势。

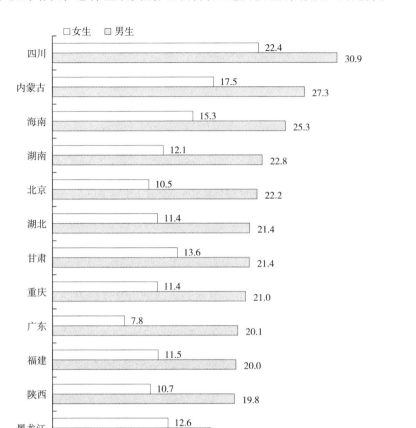

图 9 - 3　按照省份和性别，最近几个月至少欺负过别人一次的
青少年所占的比例

　　图 9 - 3 显示了不同省份的青少年最近几个月至少欺负别人一次的比例。
按照性别上来看，在任何省份里，男生欺负别人的比例均高于女生，其中四
川男生欺负别人的比例最高，占 30.9%，在江苏比例最低，为 15.2%，而女
生欺负别人比例最高也发生在四川，为 22.4%，比例最低的则是广东，北京
男生欺负比例在已调查各省份中排名比较靠前，而女生欺负比例则不是很高。
总体上比较，四川无论男生女生，欺负别人的比例都是最高的，江苏无论男
生女生欺负别人的比例都较低，这可能与两省的地域环境、社会文化有关系。

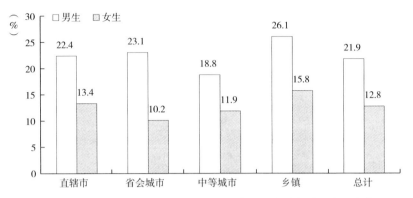

图9-4　按照城市类型和性别，最近几个月至少欺负过别人一次的
青少年所占的比例

图9-4显示了不同类型城市的青少年最近几个月至少欺负过别人一次的比例。从不同性别来看，男生欺负别人的比例高于女生。从城市类型来看，乡镇男生欺负别人的比例最高（26.1%），其次是省会城市和直辖市的男生（分别为23.1%和22.4%），而中等城市的比例最低（18.8%）。相应地，女生的比例则较低，在乡镇中最高（15.8%），最低的为省会城市（10.2%）。从总体上看，乡镇的青少年无论男生还是女生欺负别人的行为占比都最高，而中等城市相对低一些，这反映了不同城市类型的青少年欺负人行为的差异。

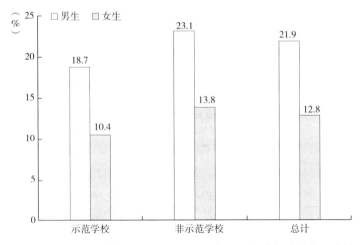

图9-5　按照学校类型和性别，最近几个月至少欺负过别人一次的
青少年的比例

图 9－5 显示了不同类型的学校青少年最近几个月至少欺负过别人一次的比例。示范学校的青少年欺负别人的比例均低于非示范学校，其中非示范学校中男生的比例为 23.1%，女生为 13.8%，而示范学校中男生欺负别人的比例为 18.7%，女生比例为 10.4%。总体上，由于两类学校在管理制度、管理方式、师资、生源等方面存在差异，非示范学校相比示范学校更有可能发生欺负行为。

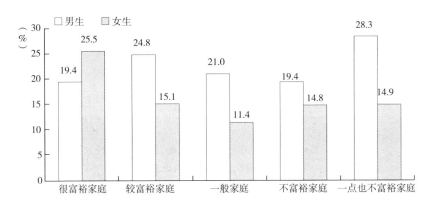

图 9－6　按照家庭富裕程度和性别，青少年最近几个月至少欺负过别人一次的比例

图 9－6 显示了不同家庭富裕程度对青少年欺负别人次数的影响。一点也不富裕的家庭的男生欺负别人比例最高，占 28.3%，其次是较富裕家庭和一般家庭，最后是很富裕家庭和不富裕家庭，均占 19.4%。所有家庭类型中唯有很富裕家庭的女生欺负别人的比例高于男生，占 25.5%，最低为一般家庭，比例为 11.4%。总体上看，家庭经济条件和青少年欺负行为有一定相关性，采取欺负行为可能是某些青少年人获取物质、心理、精神满足的方式。

图 9－7 显示了留守青少年与非留守青少年最近几个月至少欺负过别人一次的比例。从总体上来看，留守青少年的比例要高于非留守青少年，留守青少年中男生为 25.2%，女生为 16.1%，而非留守青少年这两个比例分别为 20.9% 和 12.2%。以上数据反映了留守状态的青少年整体上更容易产生欺负别人的行为，实施欺负行为可能是部分青少年获取自我保护的方式。

图 9－8 显示了流动与非流动青少年最近几个月至少欺负过别人一次的比例，从总体上来看，流动青少年欺负他人的比例要高于非流动青少年，但差别并不大，流动青少年中男生欺负别人的比例为 24.3%，女生为 15.6%，非

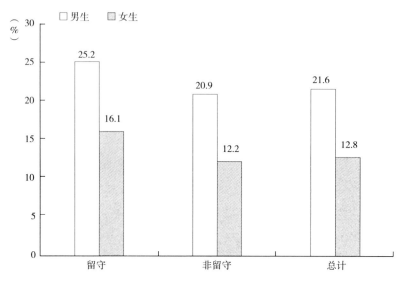

图 9 - 7　按照性别和留守与非留守，最近几个月至少欺负过
别人一次的青少年的比例

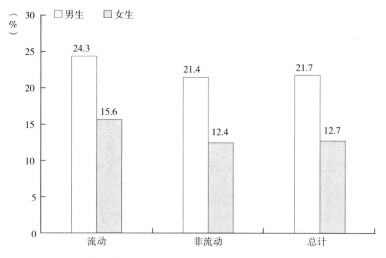

图 9 - 8　按照性别和流动与非流动，青少年最近几个月至少
欺负过别人一次的比例

流动中这两个比例分别为 21.4% 和 12.4% 。以上数据显示，处于流动状态的青少年整体上更容易产生欺负别人的行为，欺负行为可能是获得尊重的方式。

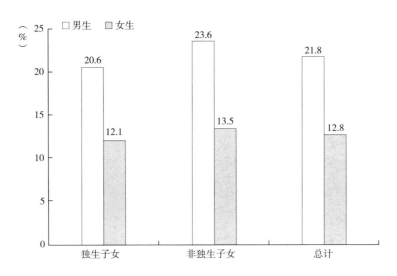

图9-9 按照性别和独生与非独生子女，青少年最近几个月至少
欺负过别人一次的比例

图9-9显示了独生与非独生子女最近几个月至少欺负过别人一次的比例，非独生子女欺负别人的比例要高于独生子女，但差别不太大。非独生子女中，男生的比例为23.6%，女生为13.5%，独生子女中这两个比例分别为20.6%和12.1%。总体上看，独生子女比非独生子女更少可能产生欺负行为，但是差别不是很明显。

以上研究从性别、年级、所在城市类型、省份、家庭经济状况、学校类型、留守与非留守、流动与非流动、独生子女与非独生子女等方面描述了青少年实施欺负行为的基本状况。首先，从整体上来看，青少年欺负他人的比例不算高。其次，呈现以下几方面的特征：男生多女生少、随着年级的上升欺负别人的现象减少、所在城市越为偏远落后则欺负别人的问题越严重；示范学校比非示范学校欺负别人的可能性要小；家庭经济状况极好和极差，欺负别人的可能性越大；非独生子女比独生子女欺负别人的可能性更大；流动儿童比非流动儿童欺负别人的可能性要大；留守儿童比非留守儿童欺负别人的可能性要大。最后，青少年欺负他人的问题虽然和上述几个方面表现出一定的相关性，但是不能作为青少年产生欺负别人行为的原因，要了解以上现象的本质需要回归到青少年个体自身进行进一步的分析和探讨。

图 9 – 10 报告最近一个月在学校至少欺负别人两次的小学六年级青少年所占的比例

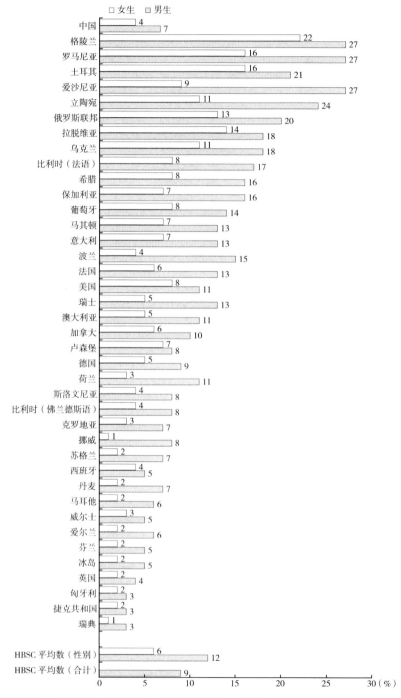

资料来源：全球 HBSC 调查数据，由以色列巴伊兰大学提供。

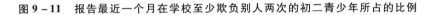

图 9 – 11 报告最近一个月在学校至少欺负别人两次的初二青少年所占的比例

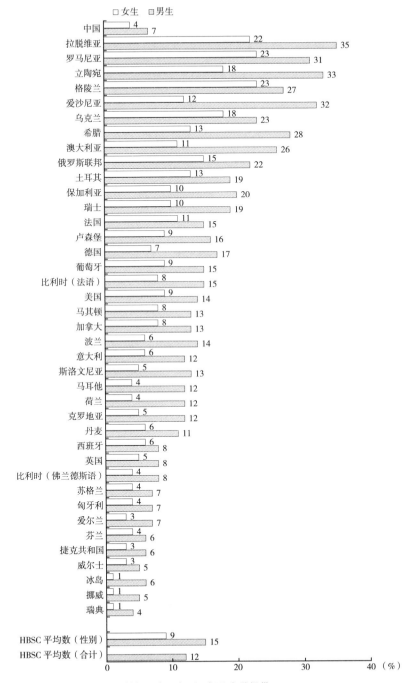

资料来源：全球 HBSC 调查数据，由以色列巴伊兰大学提供。

图 9 – 12　报告最近一个月在学校至少欺负别人两次的高一青少年所占的比例

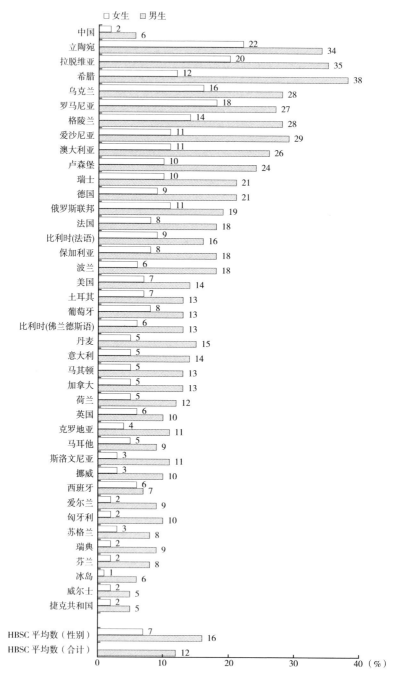

资料来源：全球 HBSC 调查数据，由以色列巴伊兰大学提供。

全球比较结果摘要：

下文将本次调查结果与 2005～2006 年全球 HBSC 研究比较如下：

调查中最近两个月内至少有两次在学校欺负其他人的青少年比例在不同国家存在巨大的差异。尽管在一些国家中这种状况几乎不存在，但其他国家有 1/3 的青少年存在这种行为。

小学六年级：

· 女生：1%（挪威、瑞典）到 22%（格陵兰），中国为 4%

· 男生：3%（瑞典、捷克、匈牙利）到 27%（格陵兰、罗马尼亚、爱沙尼亚），中国为 7%

初二：

· 女生：1%（瑞典、挪威、冰岛）到 23%（罗马尼亚、格陵兰），中国为 4%

· 男生：4%（瑞典）到 35%（拉脱维亚），中国为 7%

高一：

· 女生：1%（冰岛）到 22%（拉脱维亚），中国为 2%

· 男生：5%（捷克、威尔士）到 38%（希腊），中国为 6%

在大多数国家，男生欺负别人是较为常见的，在全球范围内，中国青少年在学校欺负他人的比例低于全球平均水平。

资料来源：世界卫生组织欧洲地区办事处编《青少年健康不平等：学龄儿童健康行为研究 2005 - 2006 年度国际调查报告》，周华珍译，中国青少出版社，2010。

图 9 - 13 显示了不同年级和性别的青少年过去 3 个月以上述方式欺负过别人的情况。从图 9 - 13（b）可以看出男生女生最常用的方式均为给他人取外号或以伤害方式取笑别人，分别有 22.7% 的男生和 12.8% 的女生采用；男生常用的方式其次为开有关性的玩笑，所占比例为 15.1%，而女生的常用方式其次为排挤别人，所占比例为 11.1%。而从图 9 - 13（a）可以看出所有年级青少年最常用方式仍然是给他人取外号，除了排挤他人这种方式之外，随着年级上升，采取其他方式的比例均呈下降趋势。

（a）

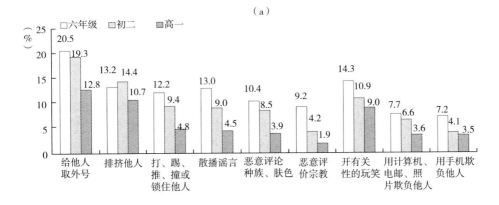

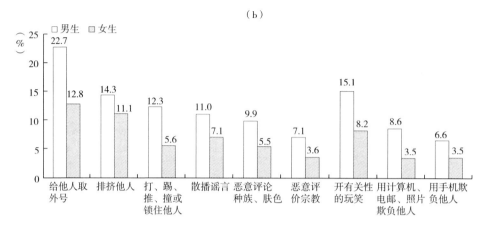

图 9-13　按照年级和性别，青少年在过去 3 个月中以上述方式
欺负过别人的比例

表 9-1　按照省份，过去 3 个月中以下述方式欺负过别人的青少年的比例

单位：%

省份	给他人取外号	排挤他人	打、踢、推、撞或锁住他人	散播谣言	恶意评论种族、肤色	恶意评论宗教	开有关性的玩笑	用计算机、电邮、照片欺负他人	用手机欺负他人
北　京	12.4	7.4	6.4	4.6	2.8	1.8	5.5	2.8	2.3
内蒙古	20.1	10.3	9.2	5.7	6.0	3.9	9.6	3.9	4.3
黑龙江	16.6	10.6	7.3	7.3	4.2	2.6	6.4	4.2	3.3
江　苏	8.7	8.1	4.8	7.3	4.6	2.2	7.3	3.1	3.2
福　建	19.8	12.6	10.3	9.6	9.2	7.0	11.6	9.8	7.8
湖　北	17.0	10.3	9.0	7.8	5.9	3.7	9.9	6.0	4.1
湖　南	20.8	14.1	9.9	8.2	7.8	4.2	10.6	6.6	5.1
广　东	13.3	8.2	3.4	4.6	2.9	1.4	7.1	2.9	1.6
海　南	23.5	16.0	5.0	7.5	8.6	2.5	11.4	5.0	6.3
重　庆	14.8	13.5	7.1	7.6	3.7	2.1	8.0	3.7	1.6
四　川	27.7	22.8	17.6	18.9	18.7	15.6	23.5	12.5	11.8
陕　西	15.3	11.6	8.6	7.7	6.9	3.9	10.8	3.7	4.8
甘　肃	16.7	12.6	8.5	7.3	6.9	6.0	16.7	6.0	4.4

表 9-1 显示了不同省份青少年欺负别人的方式。不同省份之间进行比较发现，四川在所有欺负方式中均占比例最高，而江苏则从总体上来看所占比例均都比较低。所有省份在"给他人取外号"这一欺负他人的行为上问题最集中，四川、海南、湖南是该问题最为严重的三个省份，江苏是问题产生最低的省份。总体上看，不同省份在青少年欺负别人的类型上既有共性又表现出极大的差异性，这与青少年自身发展阶段产生问题的普遍性以及各省份之间的经济、文化、教育差别有重要关系。

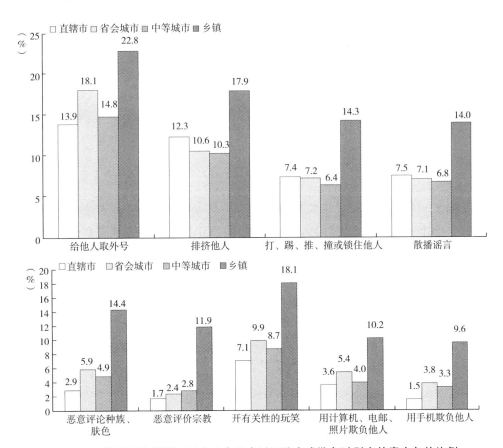

图 9-14 按照城市类型，过去 3 个月中以下述方式欺负过别人的青少年的比例

图 9-14 显示了不同类型城市青少年欺负他人的方式。乡镇青少年在所有欺负方式中均占最高比例，这可能与乡镇的家庭、学校对于青少年的监管不严有关。其中，最高比例为给他人取外号，为 22.8%，而其他三种类型城市则差别不太大。在各种方式中比例都相差不大，均远远低于乡镇。

在所有城市类型中，"给他人取外号"方式均为最常使用的方式，其中乡镇最高（22.8%），直辖市最低（13.9%）。其次是排挤他人，乡镇最高（17.9%），中等城市最低（10.3%）。总体上看，不同城市类型具有明显的差异性，这与城市类型的经济、文化、教育发展水平的差异关系密切。

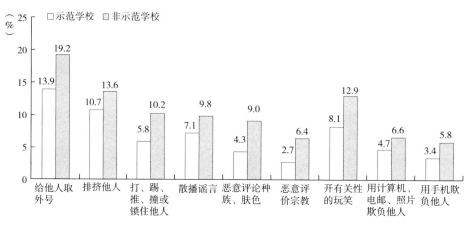

图 9 – 15　按照学校类型，过去 3 个月中以上述方式欺负过别人的青少年比例

图 9 – 15 显示了不同学校类型中青少年欺负的方式。非示范学校在所有方式中均比示范学校比例更高，两种学校青少年最常采用方式仍然是"给他人取外号"，分别是 19.2% 和 13.9%，而第二及第三常用方式分别是"排挤他人"和"开有关性的玩笑"。这一方面体现了青春期青少年生理、心理、社会发展不成熟的共性，也体现了不同类型学校在学生教育和管理方面的差异性。

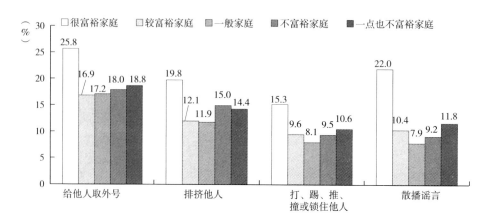

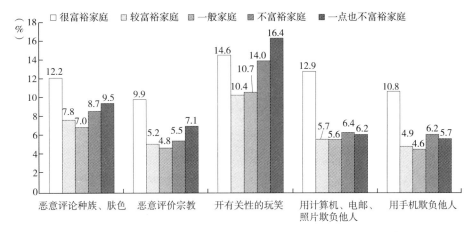

图 9 - 16　按照家庭富裕程度，过去 3 个月中以下列方式欺负过别人的青少年比例

图 9 - 16 显示不同家庭青少年欺负方式的差别。不同家庭的青少年最常用方式仍然是"给他人取外号"，除了"开有关性的玩笑"方式之外，很富裕家庭在各种欺负方式中均占最高比例，在"给他人取外号"方面占比例最高（为 25.8%）；而除了"给他人取外号"和"开有关性的玩笑"这两种方式之外，一般家庭均在其他方式中占最低比例。总体上，任何家庭经济类型在"开有关性的玩笑"这个问题上都比较普遍，这与青少年的生理发育有关，不同家庭经济状况与与电子科技产品相关的欺负方面差别较大，这可能与经济状况有一定关系。

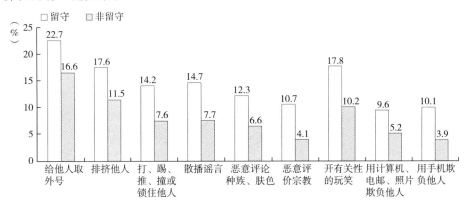

**图 9 - 17　按照留守与非留守，过去 3 个月中以上述方式欺负过别人的
青少年所占比例**

图 9 - 17 显示留守与非留守青少年在欺负方式上的差别。在所有方式上，留守青少年均比非留守青少年所占比例更高，两种青少年最常用方式为给他

人取外号，分别为 22.7% 和 16.6%，留守青少年次常用方式为开性玩笑
（17.8%），非留守青少年次常用方式为排挤他人（11.5%）。

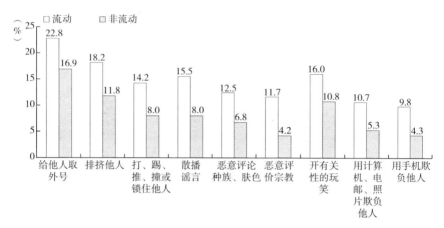

图 9－18 按照流动与非流动，在过去 3 个月中以上述方式
欺负过别人的青少年的比例

图 9－18 显示了流动青少年与非流动青少年在欺负方式上的差别。在对
所有方式的使用中，流动青少年所占比例都要更高一些，他们最常采用方式
为给他人取外号，分别占 22.8% 和 16.9%；他们的次常用方式均为排挤他
人，较少采用的是用手机欺负他人，分别占到 9.8% 和 4.3%。总体上看，两
类儿童差别最大的是散播谣言，流动青少年比非流动青少年要高出 7.5 个百
分点。

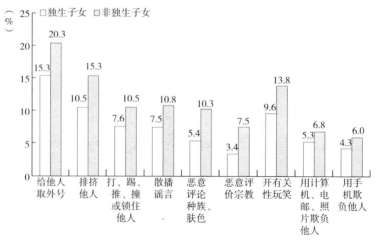

图 9－19 按照独生与非独生子女，在过去 3 个月中以下述方式
欺负过别人的青少年的比例

图 9-19 显示了独生与非独生子女在欺负方式上的差别。相比独生子女，在所有方式的使用中，非独生子女所占比例都要更高一些，最常用方式为"给他人取外号"，分别占 20.3% 和 15.3%，他们其次所使用方式分别为排挤他人和开性玩笑。

以上数据显示了 9 种不同类型的欺负行为在不同性别、年级、学校类型、家庭经济状况、城市类型、省份、留守与非留守、流动与非流动、独生与非独生子女状态等方面表现出的差异性。具体看来，男生比女生发生以上欺负类型的可能性更大，且各自在不同欺负类型上有侧重；总体上，不同年级在欺负类型的表现上各有不同，但趋势是逐渐减少；乡镇比其他城市类型产生以上 9 种欺负类型的可能性更大，问题更为突出；不同欺负类型在不同省份的发生情况也有较明显的差异；此外，留守青少年比非留守青少年的 9 类欺负问题表现更严重、流动青少年比非流动青少年的欺负问题表现更严重、非独生子女比独生子女的 9 类欺负问题表现更严重。综上，以上数据描述了青少年中 9 种不同类型的欺负行为的表现特点，对于我们认识青少年欺负行为具有一定的启发意义。

（二）校园欺负的比例

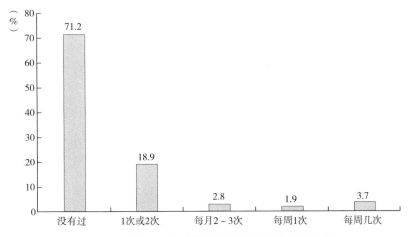

图 9-20　最近几个月被欺负的青少年的比例分析

图 9-20 显示了最近几个月被欺负的青少年的情况。没有受过欺负的青少年比例最高（71.2%），被欺负过 1~2 次的青少年占 18.9%，而其他情况的比例很少，均不到 5%，但每周几次占 3.7%，该现象应该引起足够关注，

采取措施保护在校学生免遭欺负。

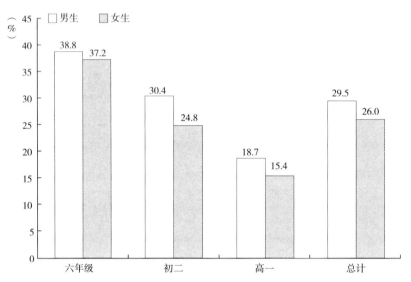

图9-21 按照年级和性别，最近几个月至少被欺负过一次的青少年比例

图9-21显示了不同年级青少年受欺负的情况。男生受欺负的比例均高于女生，其中小学六年级男生受欺负比例最高（38.8%），高一女生受欺负比例最低（15.4%），总体上来看，青少年受欺负比例随着年级的增长呈下降趋势。这说明年级与青少年的欺负行为有一定的相关性。

图9-22显示了不同省份青少年的受欺负情况。除了四川、海南、甘肃、江苏的女生受欺负比例高于男生之外，其余各省份男生受欺负比例均高于女生，其中男生受欺负比例最高的是内蒙古（37.8%），而最低的是江苏（23.1%）。女生受欺负比例最高的是四川（38.9%），最低的是北京（19.1%）。总体上，不同省份在该问题上呈现一定的差异性，这与当地的文化、生活方式、自然环境等有一定关系。

图9-23显示了不同城市类型青少年受欺负情况。乡镇不同性别青少年受欺负比例均高于其他类型城市，男生为34.2%，女生为31.3%。在中等城市中男生受欺负比例最低（27.0%），而女生受欺负比例最低的是省会城市，比例为23.0%。总体上看，不同城市类型在校园欺负上有微小差别，但是不明显，乡镇青少年遭受欺负的问题相对突出些。

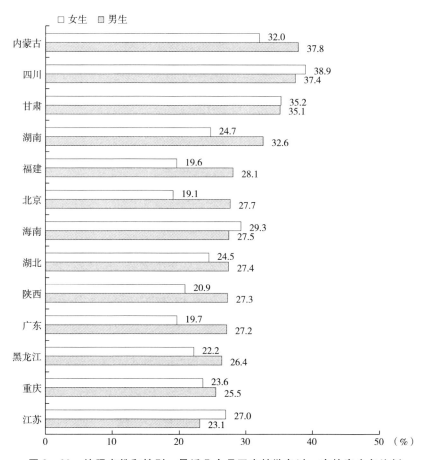

图 9 - 22　按照省份和性别，最近几个月至少被欺负过一次的青少年比例

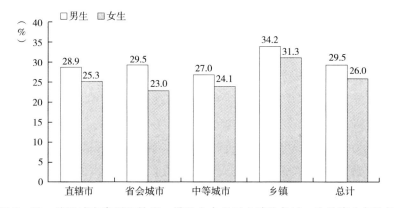

图 9 - 23　按照城市类型和性别，最近几个月至少被欺负过一次的青少年比例

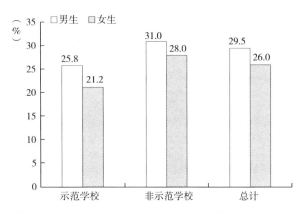

图 9 - 24　按照学校类型和性别，最近几个月至少被欺负过一次的青少年的比例

图 9 - 24 显示了不同类型学校青少年受欺负情况。不管男生还是女生，在非示范学校中受欺负比例均高于示范学校。非示范学校的男生受欺负比例最高（31%），示范学校的女生这一比例最低（21.2%）。总体上，非示范学校比示范学校更有可能发生欺负行为。

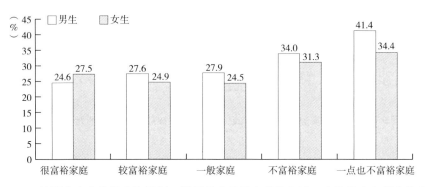

图 9 - 25　按照家庭富裕程度和性别，最近几个月至少被欺负过一次的青少年所占的比例

图 9 - 25 显示了不同富裕家庭对青少年受欺负的影响。其中，一点也不富裕家庭的青少年受欺负情况最严重，男生比例为 41.4%，女生比例为 34.4%，很富裕的家庭中男生受欺负最少，仅有 24.6%，一般家庭中女生受欺负最少，为 24.5%。男生受欺负状况随着家庭条件的提升而不断好转，但女生的情况则是先有好转，但随着家庭条件进一步提升却有加重的趋势。总体上，家庭经济状况对于最近几个月至少被欺负过一次的青少年所占的比例有一定的影响。

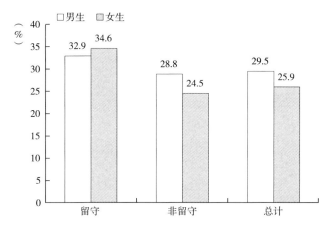

图 9 - 26 按照留守与非留守，最近几个月至少被欺负过一次的青少年所占比例

图 9 - 26 显示了留守青少年与非留守青少年受欺负情况的差别。留守青少年受欺负比例要高于非留守青少年。其中，留守青少年中的女生受欺负比例最高（34.6%），最低的是非留守青少年中的女生，比例为 24.5%。与非留守青少年不同，留守青少年中女生受欺负比例高于男生。总体上，留守青少年和非留守青少年中在最近几个月至少被欺负过一次的青少年所占的比例有微小差别，但是不明显。由此可见，校园欺负问题比较普遍。

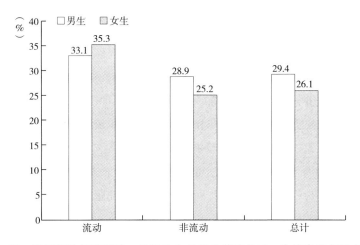

图 9 - 27 按照流动与非流动，最近几个月至少被欺负过一次的青少年所占比例

图 9 - 27 显示了流动青少年与非流动青少年受欺负比例情况的差别。从不同性别上来看，流动青少年受欺负比例均高于非流动青少年。其中流动女生这一比例最高（35.3%），而非流动女生比例最低（25.2%）。与非流动青

少年不同，流动青少年中女生受欺负比例高于男生。总体上，流动和非流动青少年在最近几个月至少被欺负过一次的青少年所占的比例有差别，但是不明显，可见校园欺负问题比较普遍。

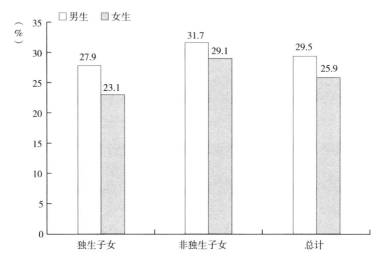

图 9 - 28　按照独生与非独生子女，最近几个月至少被欺负过一次的青少年所占的比例

图 9 - 28 显示了独生与非独生子女受欺负情况的差别。非独生子女受欺负情况要比独生子女严重一些。非独生子女中，男生受欺负比例最高（31.7%），而独生子女中的女生比例最低（23.1%）。男生受欺负比例都高于女生。总体上，独生和非独生子女中在最近几个月至少被欺负过一次的青少年所占的比例差别不明显。

以上数据描述了从频率、频数、性别、年级、所在城市类型、省份、家庭经济状况、学校类型、留守与非留守、流动与非流动、独生子女与非独生子女等方面描述了被欺负的青少年的基本状况。首先，从整体上来看，被欺负的青少年的比例不是十分严重。其次，呈现如下方面的特征：男多女少；随着年级增高被欺负的现象减少；所在城市越为偏远落后，被欺负的问题更严重；示范学校比非示范学校被欺负的可能性要小；家庭经济状况极好和极差，被欺负的可能性越大；非独生子女比独生子女被欺负的可能性更大、流动青少年比非流动青少年被欺负的可能性要大，留守青少年比非留守青少年被欺负的可能性要大。最后，青少年被欺负的问题虽然和上述几个方面表现出一定的相关性，但是不能作为青少年产生被欺负的原因，要了解以上现象的本质需要回归到青少年个体自身进行进一步的分析和探讨。

图 9 – 29　报告在最近几个月至少有两次受欺负的小学六年级学生所占的比例

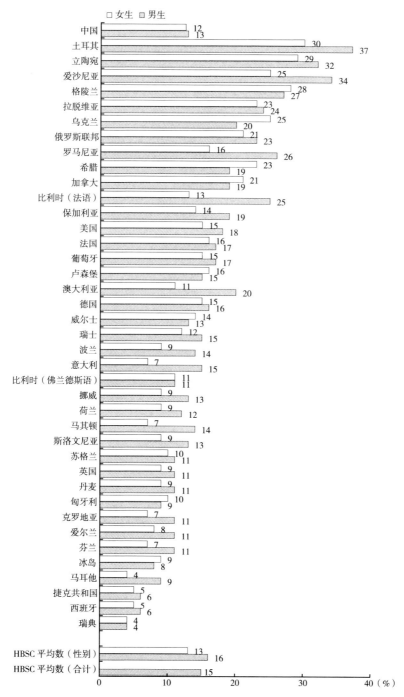

资料来源：全球 HBSC 调查数据，由以色列巴伊兰大学提供。

图 9 – 30 报告在最近几个月至少有两次受欺负的初二学生所占的比例

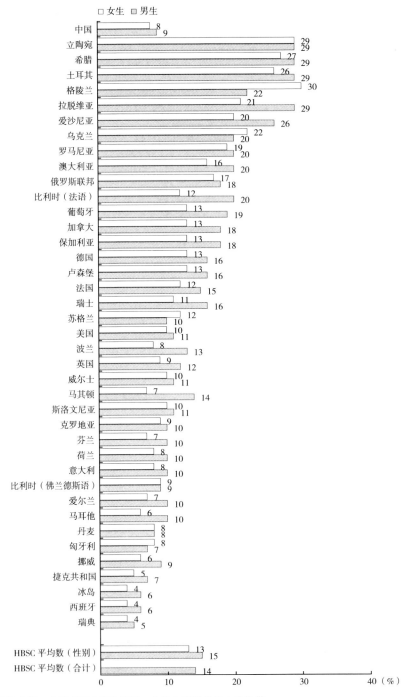

资料来源：全球 HBSC 调查数据，由以色列巴伊兰大学提供。

图 9 - 31　报告在最近几个月至少有两次受欺负的高一学生所占的比例

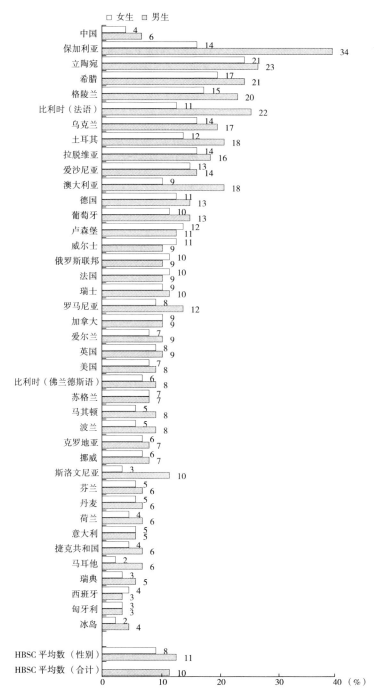

资料来源：全球 HBSC 调查数据，由以色列巴伊兰大学提供。

全球比较结果摘要：

下文将本次调查结果与 2005～2006 年全球 HBSC 研究比较如下：

调查中在最近两个月内至少有两次成为被欺负的受害者的情况在不同国家存在巨大的差异。

小学六年级：

·女生：4%（瑞典、马耳他）到 30%（土耳其），中国为 12%

·男生：4%（瑞典）到 37%（土耳其），中国为 13%

初二：

·女生：4%（瑞典、西班牙、冰岛）到 30%（格陵兰），中国为 8%

·男生：5%（瑞典）到 29%（拉脱维亚、希腊、土耳其、立陶宛），中国为 9%

高一：

·女生：2%（冰岛、马耳他）到 21%（立陶宛），中国为 4%

·男生：3%（匈牙利、西班牙）到 34%（保加利亚），中国为 6%

调查显示，随着年龄的增长，大多数国家的男生并不经常是欺负的受害者，并且很少有被欺负的经历。但在中国的三个年级组中，男生受到欺负的比例都高于女生，并且随着年级的升高，受到欺负的男生、女生的比例都呈下降趋势。在全球范围内，中国青少年受到欺负的比例低于全球青少年受到欺负的平均比例。

资料来源：世界卫生组织欧洲地区办事处编《青少年健康不平等：学龄儿童健康行为研究 2005 - 2006 年度国际调查报告》，周华珍译，中国青少出版社，2010。

（a）

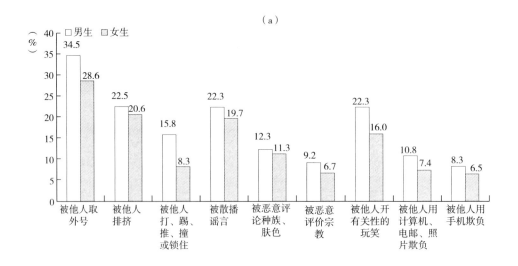

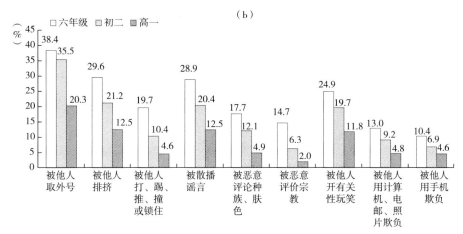

图 9 - 32　按照年级和性别，过去 3 个月中以上述方式被别人欺负过的青少年所占比例

图 9 - 32 显示了不同年级和性别青少年被别人用上述方式欺负过的情况。男生比女生更常被使用这些方式，其中在男生、女生中最常发生的是被他人取外号，分别是 34.5% 和 28.6%，其次是被排挤，分别占 22.5% 和 20.6%。随着年级上升，受这些方式欺负的青少年所占比例呈下降趋势，小学六年级最高，高一最低。总体上，不同年级在不同类型的受欺负行为上差别较为明显。

表 9 - 2　按照省份，过去 3 个月中以下述方式被别人欺负过的青少年所占比例

单位：%

省份	被他人取外号	被他人排挤	被他人打、踢、推、撞或锁住	被散播谣言	被恶意评论种族、肤色	被恶意评价宗教	被他人开有关性玩笑	被他人用计算机、电邮、照片欺负	被他人用手机欺负
北　京	26.4	18.6	8.6	16.8	7.7	3.7	12.8	5.9	3.2
内蒙古	33.3	18.1	12.4	19.5	11.1	4.6	17.4	5.3	6.0
黑龙江	24.3	18.4	7.1	19.3	7.7	5.5	13.0	6.0	5.1
江　苏	26.5	15.4	8.4	15.9	8.3	3.4	14.8	4.5	3.9
福　建	28.3	18.5	11.7	17.7	12.8	9.2	14.6	10.5	9.9
湖　北	28.4	18.0	12.7	21.2	11.3	8.1	17.4	8.9	7.8
湖　南	29.6	22.2	10.5	20.7	9.8	5.8	18.5	8.8	4.9
广　东	29.7	16.0	6.9	13.8	5.8	2.7	12.0	5.3	3.2
海　南	30.9	19.8	7.5	19.8	11.3	6.3	21.0	7.5	11.3
重　庆	31.1	19.5	7.1	23.2	6.3	2.4	18.4	8.7	4.5
四　川	44.9	36.9	23.6	33.1	25.4	21.7	35.3	19.6	17.0
陕　西	30.1	16.7	9.1	18.8	8.6	5.0	16.1	7.1	7.7
甘　肃	31.0	26.1	15.8	25.9	15.9	11.4	24.6	7.9	7.6

表 9 - 2 显示了不同省份青少年被欺负方式的情况。其中四川在所有方式
中均占最高比例,而黑龙江和江苏总体上比例均较低。

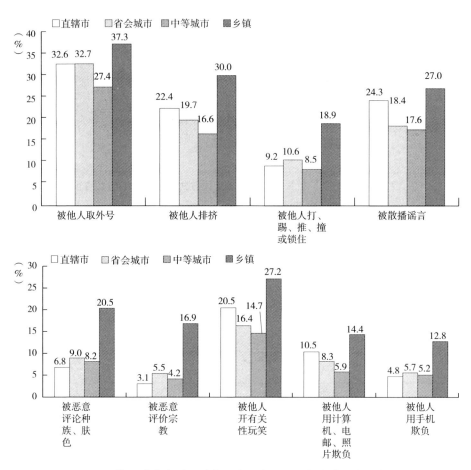

图 9 - 33　按照城市类型,过去 3 个月中以下述方式被别人欺负过的
青少年所占比例

图 9 - 33 显示不同类型城市青少年被欺负方式的情况。乡镇青少年在所
有方式中均占最高比例,其中最高的是被他人取外号(为 37.3%)。中等城
市在多数方式中比例最低,最低的是因为宗教信仰而被恶意评论,仅占
4.2%。总体上,被他人开性玩笑在所有的欺负行为中所占比例较为明显,且
各类城市的占比都比较高,这与青少年青春期第二性征发育,以及性心理不
成熟有关系。而乡镇在各类受欺负行为中占比都比较高,这与乡镇青少年的
监管环境有一定关系。

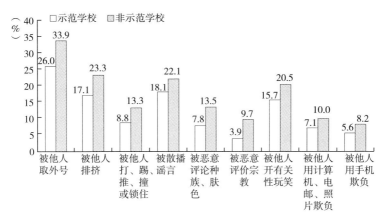

图 9 - 34　按照学校类型，过去 3 个月中以上述方式被别人欺负过的青少年所占比例

图 9 - 34 显示不同类型学校青少年被欺负类型的差别。非示范学校在所有方式中的比例均要高一些，最高为被他人取外号（占 33.9%）；非示范学校的次常用方式为被排挤（占 23.3%）；示范学校的次常用方式为被他人散播谣言（占 18.1%）。

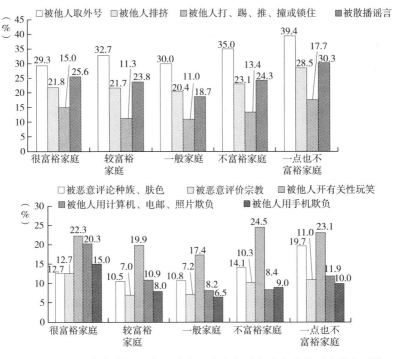

图 9 - 35　按照家庭富裕程度，过去 3 个月中以上述方式被别人欺负过的
青少年所占比例

图 9-35 显示不同富裕程度家庭的青少年被欺负方式的情况。有四种家庭的青少年被欺负常用方式从高到低为被他人取外号、被散播谣言、被排挤和被打。其中一点也不富裕家庭青少年以"被他人取外号"方式被欺负最多（占 39.4%）；除了"被他人取外号"方式之外，一般家庭在其他三种方式上均占最低比例。总体上，家庭经济条件对于青少年受到的欺负类型有明显的影响。家庭经济差的青少年受到的欺负主要集中在生理方面，家庭富裕的青少年则和科技产品关系更密切。

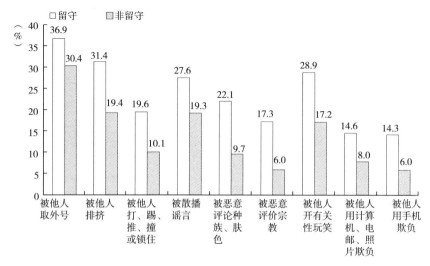

图 9-36 **按照留守与非留守，过去 3 个月中以上述方式**
被别人欺负过的青少年所占比例

图 9-36 显示留守与非留守青少年被欺负方式情况。留守青少年比非留守青少年更多被用上述方式欺负，他们被欺负最常用方式为被他人取外号，分别占 36.9% 和 30.4%。留守青少年和非留守青少年在受到恶意评论种族和肤色方面的占比差别最大。总体上，留守青少年要比非留守青少年更频繁地受到各种欺负。

图 9-37 显示流动与非流动青少年被欺负方式情况。流动青少年比非流动青少年更多被用上述方式欺负，他们被欺负最常用方式为被他人取外号，分别占 36.1% 和 31.0%，流动青少年被欺负次常用方式为被散播谣言，非流动青少年则为被排挤。两类青少年受到的被散播谣言欺负的差别最为明显。

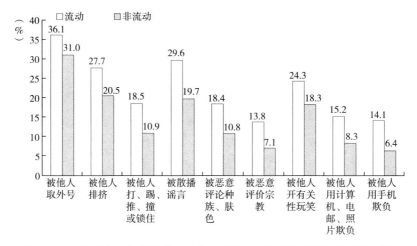

图9-37　按照流动与非流动，过去3个月中以上述方式被别人欺负过的青少年所占比例

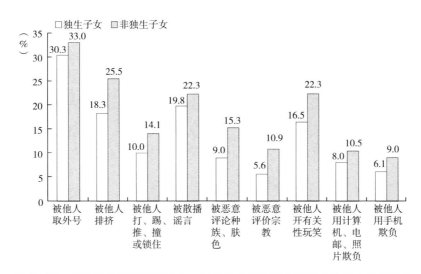

图9-38　按照独生与非独生子女，过去3个月中以上述方式被别人欺负过的青少年所占比例

图9-38显示独生与非独生子女被欺负方式的差别。非独生子女在所有项上占比更高，他们被欺负方式最常用的是被他人取外号（占33.0%），独生子女在此项上比例为30.3%。并且两类青少年在受到被他人排挤欺负的方面差别最大。

以上数据显示了青少年受到9种不同类型的欺负行为在不同性别、年级、学校类型、家庭经济状况、城市类型、省份、留守与非留守、流动与非流动、独生与非独生子女状态等方面表现出的差异性。具体看来，男生比女生受到以上欺负类型的可能性更大，且各自在不同欺负类型上有侧重；总体上，不同年级在受到的欺负类型的表现上各有不同，但总体趋势是逐渐减少；乡镇比其他城市类型受到以上 9 种欺负类型的可能性更大，问题更为突出；青少年受到的不同欺负类型在不同省份也有较明显的差异；家庭经济状况和儿童受到的欺负类型也有一定的相关性，家庭越贫困越有可能受到更多类型的欺负。此外，留守青少年比非留守青少年受到的 9 类欺负问题表现更严重；流动青少年比非流动青少年的 9 类受到欺负问题的覆盖面更广，表现更严重；非独生子女比独生子女受到的 9 类欺负问题的覆盖面更广，表现更严重。综上，以上数据描述了青少年受到的 9 种不同类型的欺负行为的情况，具有一定的启发意义。

（三）欺负发生的地点

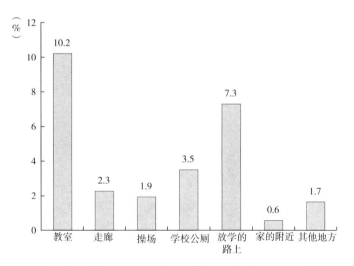

图 9 - 39　同学之间欺负行为发生地点的比例分析

图 9 - 39 显示了同学之间欺负行为发生地点的情况。最高为教室（10.2%），其次是放学路上（7.3%），然后是学校公厕（3.5%）。总体上看，学校学习的场域是校园欺负发生最集中的地方，也是青少年人群最集中、最长时间相处的地方。其次是放学路上，完全脱离了家长和教师的监控，容易产生欺负行为。

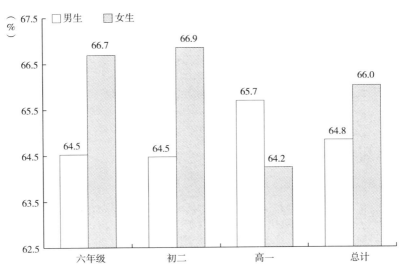

图 9 - 40 按照年级和性别，同学之间欺负行为发生在学校的比例

图 9 - 40 显示不同性别和年级青少年欺负行为发生在学校的情况。除了高一，其他两个年级女生在学校发生欺负行为比例更高。最高的是初二女生，最低的是高一女生。高一男生比另两个年级比例更高（为 65.7%）。总体上看，不同年级的青少年具有较为明显的差别，这可能和随着年龄的增长青少年自控力有所提高有关。

图 9 - 41 显示不同省份的青少年在学校发生欺负行为的比例。男生欺负行为发生在学校最多的是广东，女生则最多的是在江苏。不同省份的男生比例最少的是陕西。总体上看，不同省份的青少年之间虽有差别，但不是很明显。

图 9 - 42 显示不同类型城市青少年在学校发生欺负行为的比例。除了直辖市，其余城市类型中，女生欺负行为比男生更多。直辖市在这一维度上均占最高值，男生为 74.5%，女生为 70.6%，而比例最低的则是乡镇。总体上看，不同城市之间的差别不是很明显。

图 9 - 43 显示不同类型学校青少年在学校发生欺负行为的比例。不同类型学校中女生欺负行为均比男生更多。示范学校均比非示范学校占比更高。示范学校女生比例最高（66.3%），非示范学校男生比例最低（64.8%）。总体上看，不同类型的学校之间的差别不是很明显。

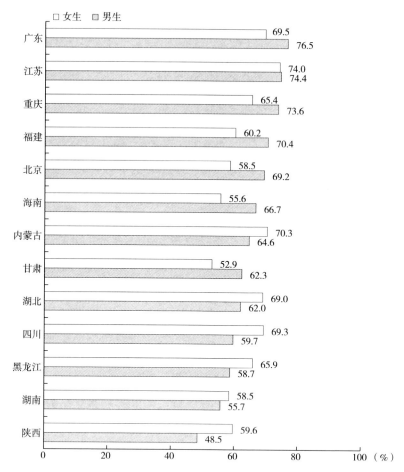

图 9-41　按照省份和性别，同学之间欺负行为发生在学校的比例

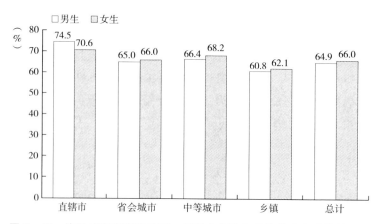

图 9-42　按照城市类型和性别，同学之间欺负行为发生在学校的比例

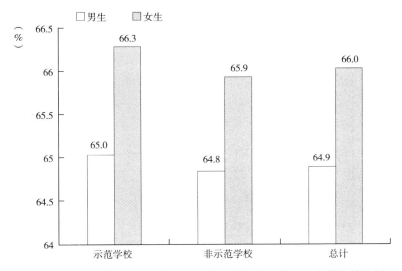

图 9 - 43　按照学校类型和性别，同学之间欺负行为发生在学校的比例

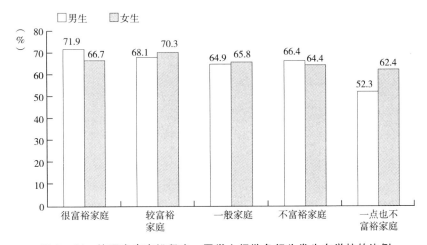

图 9 - 44　按照家庭富裕程度，同学之间欺负行为发生在学校的比例

图 9 - 44 显示不同家庭的青少年在学校发生欺负行为的比例。很富裕家庭的男生比例最高（71.9%），一点也不富裕家庭男生比例最低（52.3%）。总体上，家庭富裕程度在影响青少年是否在学校受到欺负上表现并不明显。

图 9 - 45 显示了留守青少年与非留守青少年在学校发生欺负行为的比例。总体上看，非留守青少年在这一比例上更高，其中男生比女生高，占 66.5%。留守青少年中男生最低（59.1%）。

379

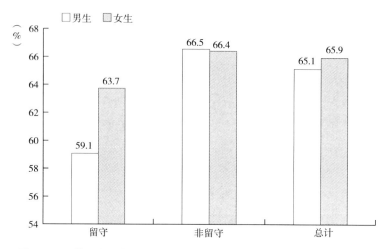

图 9 - 45　按照留守与非留守，同学之间欺负行为发生在学校的比例

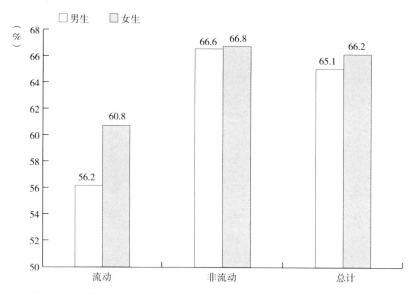

图 9 - 46　按照流动与非流动，同学之间欺负行为发生在学校的比例

图 9 - 46 显示了流动与非流动青少年在学校发生欺负行为的比例。总体上看，无论男生还是女生，非流动青少年所占比例更高，并且女生高于男生，其中非流动青少年中女生欺负发生在学校的比例最高（66.8%）。总体上看，非流动青少年比流动青少年更有可能产生校园欺负行为，这可能与流动青少年自身意识到得之不易的就学机会而自我控制有关。

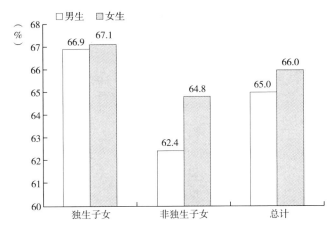

图 9 - 47　按照独生与非独生子女，同学之间欺负行为发生在学校的比例

图 9 - 47 显示了独生与非独生子女在学校发生欺负行为的比例。较之非独生子女，独生子女在学校更容易发生欺负行为，并且女生比例要高于男生。独生子女中的女生比例占最高值，为 67.1%；非独生子女中男生比例最低（62.4%）。总体上看，独生子女比非独生子女更有可能发生校园欺负行为，这可能与独生子女自身孤单的成长环境以及与同龄人的相处能力较差有一定关系。

首先，以上数据研究了青少年在不同场所受到欺负的状况，发现校园欺负的问题最为突出。其次，从欺负发生的频率、频数、性别、年级、所在城市类型、省份、家庭经济状况、学校类型、留守与非留守、流动与非流动、独生子女与非独生子女等方面描述了青少年在学校发生欺负行为的基本状况。从整体上来看，青少年在学校发生欺负行为的比例不是特别严重；整体上呈现如下特点：男多女少、随着年级上升在学校发生欺负行为的现象减少、所在城市和学校发生欺负行为的关联不大；示范学校比非示范学校在学校发生欺负行为的可能性要小；家庭经济状况与在学校发生欺负行为的可能性关系不大；独生子女比非独生子女在学校发生欺负行为的可能性更大、非流动儿童比流动儿童在学校发生欺负行为的可能性要大、非留守儿童比留守儿童在学校发生欺负行为的可能性要大。最后，青少年在学校发生欺负行为的问题虽然和上述几个方面表现出一定的相关性，但是不能作为青少年在学校发生欺负行为的原因，要了解以上现象的本质需要回归到青少年个体自身进行进一步的分析和探讨。

（四）受到欺负时向他人诉说的比例分析

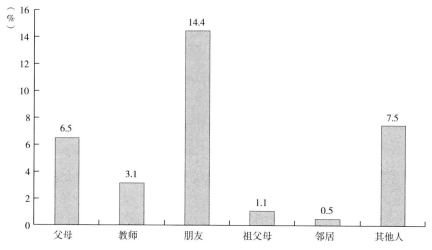

图 9-48 受到欺负时向他人诉说的青少年的比例分析

图 9-48 显示青少年受到欺负时向他人诉说的对象。有 14.4% 的青少年最常向朋友诉说，7.5% 的青少年向其他人诉说，然后是向家长诉说（6.5%）。总体上看，青少年受欺负的倾诉对象以同辈群体为主，家庭次之，体现了青少年的支持系统内支持者的优先次序。

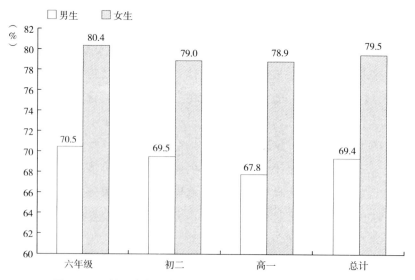

图 9-49 按照年级和性别，受到欺负时向他人诉说的比例

图 9-49 显示了不同年级和不同性别青少年受到欺负时向他人诉说的比例，女生比男生更倾向于向他人诉说，其中小学六年级女生向他人诉说的比例最高（80.4%），男生诉说比例较低，最低为高一男生（67.8%）。且随着年级增长，青少年诉说比例逐渐下降。不同年级的青少年在受到欺负时向他人诉说的比例上有差别，但是不明显。

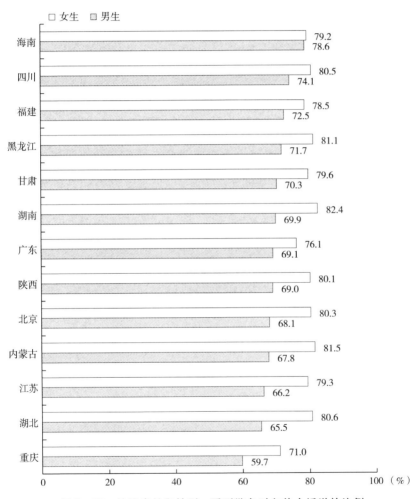

图 9-50 按照省份和性别，受到欺负时向他人诉说的比例

图 9-50 显示了不同省份青少年受到欺负时向他人诉说的比例。湖南的女生向他人诉说的比例最高（82.4%），重庆的男生诉说比例最低（59.7%）。总水平最低的也是重庆。总体上，不同省份的青少年在受到欺负时向他人诉说的比例上有差别，但是不明显。

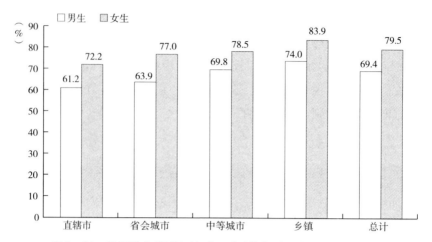

图 9 - 51　按照城市类型和性别，受到欺负时向他人诉说的比例

图 9 - 51 显示了不同类型城市青少年受到欺负时向他人诉说的比例。乡镇青少年比例最高，其中男生占 74.0%，女生占 83.9%，而直辖市比例最低，分别为 61.2% 和 72.2%。总体上不同城市的青少年在受到欺负时向他人诉说的比例差别不明显。

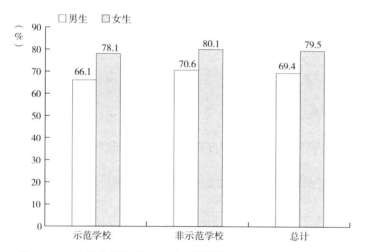

图 9 - 52　按照学校类型和性别，受到欺负时向他人诉说的比例

图 9 - 52 显示了不同类型学校青少年受到欺负时向他人诉说的比例。非示范学校的比例均高于示范学校，其中非示范学校的女生向他人诉说的比例最高（80.1%），示范学校的男生所占比例最低（66.1%）。总体上看，两类学校的青少年在被欺负后向他人诉说的行为上差别并不明显。

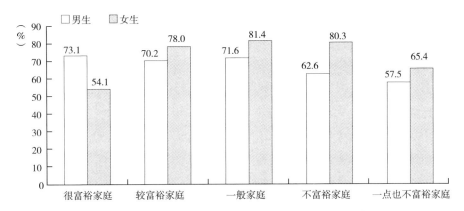

图 9 - 53 按照家庭富裕程度，受到欺负时向他人诉说的比例

图 9 - 53 显示了不同家庭青少年受到欺负时向他人诉说的比例。除了很富裕家庭，其余家庭均是女生向他人诉说的比例高于男生。其中，一般家庭女生向他人诉说的比例最高（81.4%），而很富裕家庭女生比例最低（仅有54.1%）。总体上，家庭环境和被欺负时选择倾诉的行为有一定的联系，但并不明显。

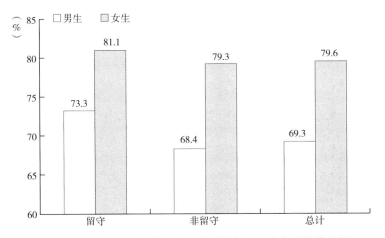

图 9 - 54 按照留守与非留守，受到欺负时向他人诉说的比例

图 9 - 54 显示了留守与非留守青少年受到欺负时向他人诉说的比例。留守青少年的诉说比例要高于非留守青少年。其中，留守青少年女生最高（81.1%），非留守青少年男生最低（68.4%）。总体上，留守青少年会更倾向于在受到欺负时向他人诉说，且男女之间差别不大。

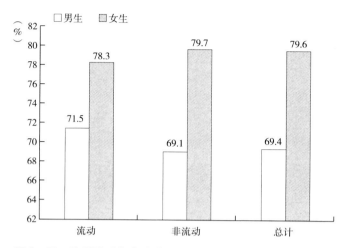

图 9 - 55 按照流动与非流动，受到欺负时向他人诉说的比例

图 9 - 55 显示了流动与非流动青少年受到欺负时向他人诉说的比例。流动青少年中男生向他人诉说的比例要高于非流动青少年男生，但非流动青少年女生比流动青少年女生要高。其中，非流动青少年女生最高（79.7%），非流动青少年男生最低（69.1%）。总体上，非流动青少年比流动青少年更愿意向别人诉说，这反映了流动青少年受到他人的关注较少和支持较弱，使得他们的求助意愿更低。

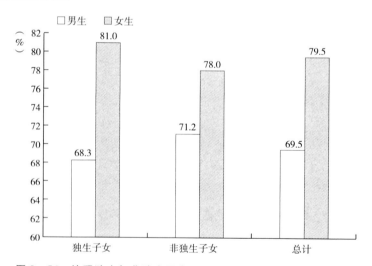

图 9 - 56 按照独生与非独生子女，受到欺负时向他人诉说的比例

图 9 - 56 显示了独生与非独生子女受到欺负时向他人诉说的比例。其中，独生子女中女生向他人诉说的比例最高（81.0%），而独生子女中男生这一比

例最低（68.3%）。总体上，独生子女和非独生子女在受欺负之后的表现上具有较为明显的差异性，这体现了家庭对于独生和非独生子女关注度的差别。

以上数据通过青少年被欺负后找别人倾诉的频率、频数、对象、性别、年级、所在城市类型、省份、家庭经济状况、学校类型、留守与非留守、流动与非流动、独生子女与非独生子女等方面描述了青少年被欺负后找别人倾诉的基本状况。首先，从整体上来看，青少年被欺负后找别人倾诉的比例较高，且以同辈群体为首选对象，其次是家庭成员，然后才是学校老师。其次，具有以下特征：女多男少、随着年级增高被欺负的现象减少，被欺负后找人倾诉的相对减少，但是不明显；示范学校比非示范学校被欺负的可能性要小、选择倾诉的也相对较少，但是差别不明显；家庭经济状况在该问题上的体现也不突出，但是一般富裕家庭的儿童更倾向于倾诉；独生子女比非独生子女更倾向于倾诉、留守青少年比非留守青少年在受到欺负后更倾向于找人倾诉、流动青少年和非流动青少年在差异性上不是特别明显。最后，青少年被欺负后找别人倾诉的问题虽然和上述几个方面表现出一定的相关性，但是都不是十分明显，要了解以上现象的本质需要回归到青少年个体自身进行进一步的分析和探讨。

（五）打斗行为

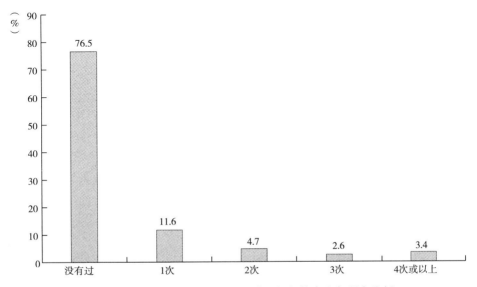

图 9-57 过去 12 个月中与别人动手打架的青少年所占比例

图 9－57 显示了过去 12 个月中青少年与别人动手打架的情况。没有打过架的青少年所占比例最高（76.5%），最低为打过 3 次的青少年所占比例（2.6%）。

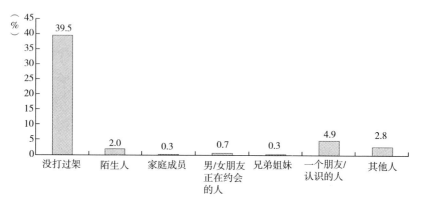

图 9－58　过去 12 个月中青少年的打架对象所占比例

图 9－58 显示了青少年打架对象所占的比例。过去 12 个月中没打过架的有 39.5%，青少年最容易与朋友或者认识的人打架，比例为 4.9%，其次是其他人和陌生人，分别占 2.8% 和 2.0%，最低的是父母或家庭里其他成年人。总体上看，打过架的青少年比例较高，和相识的人打架的比例更高，这可能与青少年的交往范围有关。

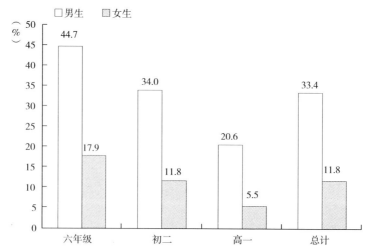

图 9－59　按照年级和性别，过去 12 个月中至少一次与别人动手打架的
青少年所占的比例

图 9 – 59 显示了不同年级不同性别青少年与别人打架的比例。其中小学六年级男生这一比例最高（44.7%），高一女生比例最低（5.5%）。总体上，随着年级上升，不同性别的这一比例均呈下降趋势。这和青少年自我保护和自我控制能力的提升有关。

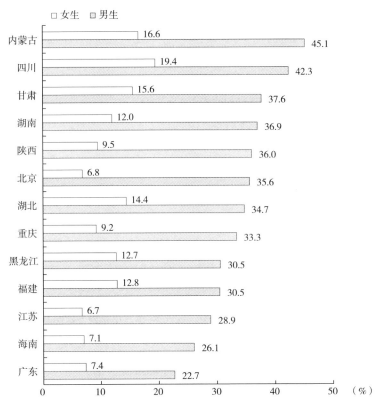

图 9 – 60　按照省份和性别，过去 12 个月中至少一次与别人动手打架的青少年所占的比例

图 9 – 60 显示了不同省份的青少年与别人打架的情况。其中，男生打架比例最高的是内蒙古（45.1%），比例最低的为广东。而女生打架比例最高为四川，最低为江苏。男生打架比例均高于女生。总体上，不同省份的青少年在打架行为上呈现较为明显的差异性，这可能和当地的文化、社会、地理环境有一定的相关性。

图 9 – 61 显示了不同类型城市青少年打架情况。乡镇青少年打架情况最严重，男生为 38.9%，女生为 15.9%，均为最高值。而其余类型城市则差别不大。总体上，城市类型和青少年打架行为也有一定的相关性。

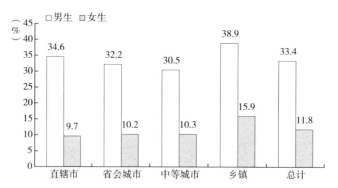

图 9 - 61 按照城市类型和性别，过去 **12** 个月中至少一次与别人动手打架的青少年所占的比例

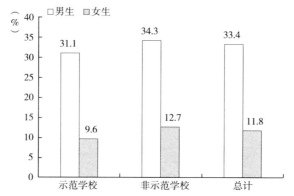

图 9 - 62 按照学校类型和性别，过去 **12** 个月中至少一次与别人动手打架的青少年所占的比例

图 9 - 62 显示了不同类型学校青少年打架情况。非示范学校打架情况要比示范学校严重，在非示范学校中男生这一比例为 34.3% ，女生为 12.7% 。总体上看，示范学校比非示范学校产生打架问题的可能性要低。

图 9 - 63 显示了不同富裕程度家庭对青少年打架的影响。在不同的家庭富裕程度中，男生打架比例不相上下，均在 30% 以上且差别不明显，最高的是较富裕家庭（37.5%），最低为不富裕家庭（32.1%）。女生打架最少的为一般家庭（10.2%），最高的为很富裕家庭（21.6%）。总体上，家庭经济状况和青少年打架行为有一定相关性。

图 9 - 64 显示了留守青少年与非留守青少年打架情况的差别。与非留守青少年相比，留守青少年打架比例更高一些，最高为留守青少年男生（38.2%），最低为非留守青少年女生（10.6%）。总体上看，留守青少年比非留守青少年打架的可能性要高。

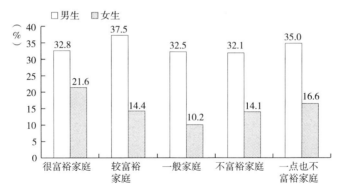

图 9 - 63 按照家庭富裕程度，过去 12 个月中至少一次与别人
动手打架的青少年所占的比例

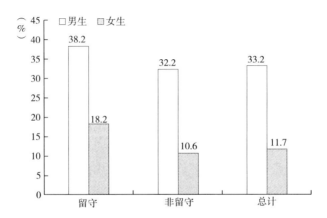

图 9 - 64 按照留守与非留守，过去 12 个月中至少一次与别人
动手打架的青少年所占的比例

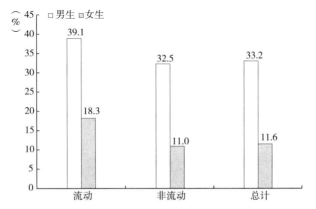

图 9 - 65 按照流动与非流动，过去 12 个月中至少一次与别人
动手打架的青少年所占的比例

391

图 9-65 显示了流动青少年与非流动青少年打架情况的差别。流动青少年的打架比例要高于非流动青少年，其中流动青少年男生最高（39.1%），非流动青少年女生最低（11.0%）。总体上看，流动青少年比非流动青少年打架的可能性要高。

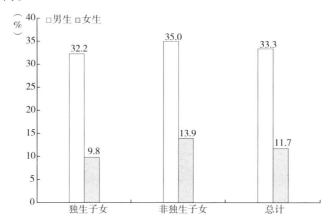

图 9-66　按照独生与非独生子女，过去 12 个月中至少一次与别人动手打架的青少年所占比例

图 9-66 显示了独生与非独生子女打架情况的差别。非独生子女打架情况要比独生子女严重一些。非独生子女中的男生比例最高（35.0%），独生子女中的女生比例最低（9.8%）。总体上看，独生子女比非独生子女打架的可能性要低。

以上研究从和别人打架的频率、频数、性别、年级、所在城市类型、省份、家庭经济状况、学校类型、留守与非留守、流动与非流动、独生子女与非独生子女等方面描述了青少年和别人打架的基本状况。首先，从整体上来看，青少年和别人打架的比例不是十分严重。其次，呈现出如下特征：男多女少；随着年级的上升和别人打架的现象减少；所在城市越为偏远落后，和别人打架的问题更严重；示范学校比非示范学校和别人打架的可能性要小；家庭经济状况与打架行为的相关性不是特别明显；非独生子女比独生子女和别人打架的可能性更大；流动青少年比非流动青少年和别人打架的可能性要大；留守青少年比非留守青少年和别人打架的可能性要大。最后，青少年和别人打架的问题虽然和上述几个方面表现出一定的相关性，但是不能作为青少年产生和别人打架行为的原因，要了解以上现象的本质需要回归到青少年个体自身以及生存的环境进行进一步的分析和探讨。

图 9 - 67　报告在最近 12 个月至少有三次卷入身体打斗的小学六年级青少年所占比例

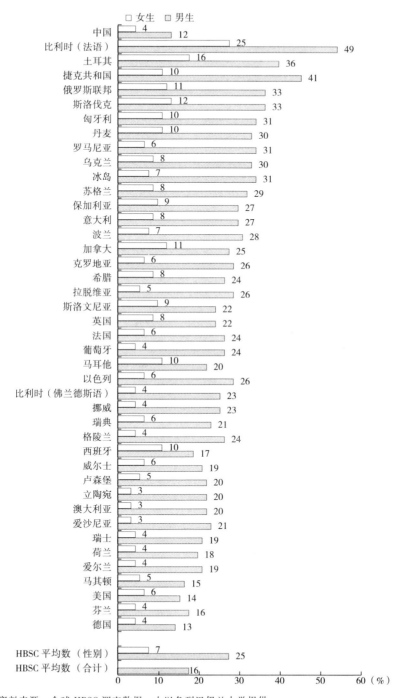

资料来源：全球 HBSC 调查数据，由以色列巴伊兰大学提供。

图9-68 报告在最近12个月至少有三次卷入身体打斗的初二青少年所占比例

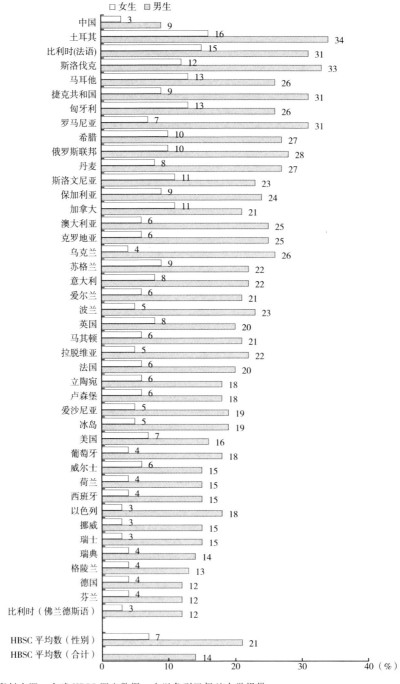

资料来源：全球 HBSC 调查数据，由以色列巴伊兰大学提供。

图 9 – 69 报告在最近 12 个月至少有三次卷入身体打斗的高一青少年所占比例

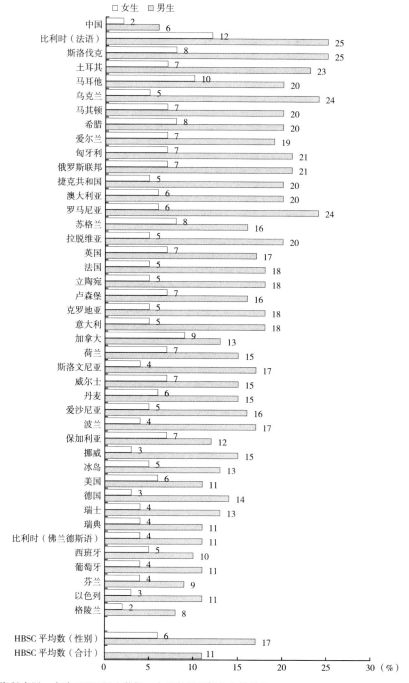

资料来源：全球 HBSC 调查数据，由以色列巴伊兰大学提供。

全球比较结果摘要：

下文将本次调查结果与 2005～2006 年全球 HBSC 研究比较如下：

调查中在最近 12 个月内打架三次或三次以上的青少年所占比例在不同国家存在巨大的差异。

小学六年级：

·女生：3%（爱沙尼亚、澳大利亚、立陶宛）到 25%（讲法语地区的比利时），中国为 4%

·男生：12%（中国）到 49%（讲法语地区的比利时）

初二：

·女生：3%（佛兰德斯语地区的比利时、中国、瑞士、挪威、以色列）到 16%（土耳其）

·男生：4%（中国）到 34%（土耳其）

高一：

·女生：2%（格陵兰、中国）到 12%（讲法语地区的比利时）

·男生：6%（中国）到 25%（讲法语地区的比利时、斯洛伐克）

各国关于过去 12 个月青少年打架的调查一致地反映出，打架在男生中发生的比例远远高于在女生中发生的比例，并且打架的比例随着年龄的增长而减少。在全球范围内，中国各年级组打架的比例都低于全球打架行为的平均发生率。

资料来源：世界卫生组织欧洲地区办事处编《青少年健康不平等：学龄儿童健康行为研究 2005 - 2006 年度国际调查报告》，周华珍译，中国青少出版社，2010。

（六）青少年携带器具次数的比例分析

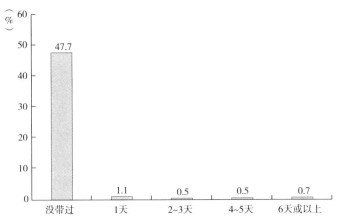

图 9 - 70　过去 1 个月中青少年携带器具次数的比例

图 9 - 70 显示了过去 1 个月中青少年携带器具的情况。没有携带的最多

（47.7%），其次是携带 1 天的青少年 （1.1%），最少为携带 2～3、4～5 天的
青少年 （均为 0.5%）。总体上看，青少年群体携带器具的比例较高。

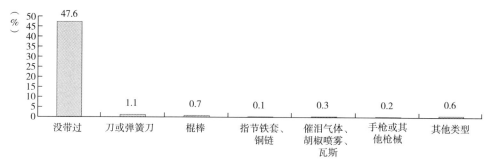

图 9 – 71　过去 1 个月中青少年携带器具的比例分析

图 9 – 71 显示了青少年携带器具的类型。最多的是刀或弹簧刀 （1.1%），
其次是棍棒和其他类型的器具，分别占 0.7% 和 0.6%。总体上看，没带过器
具的占不到青少年的一半，可见携带器具的现象还是比较普遍。

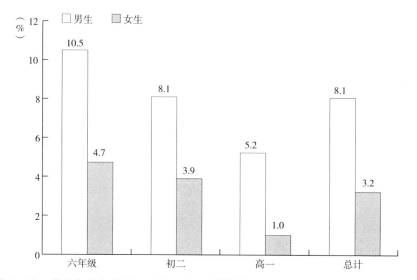

图 9 – 72　按照年级和性别，过去 1 个月中携带器具至少一次的青少年所占的比例

图 9 – 72 显示了不同年级青少年携带器具的情况。小学六年级青少年携
带器具比例最高，男生和女生分别是 10.5% 和 4.7%，最少的是高一女生
（1.0%）。随着年级增长，携带器具比例逐渐下降。总体上看，年级与青少年
携带器具有较为明显的相关性。

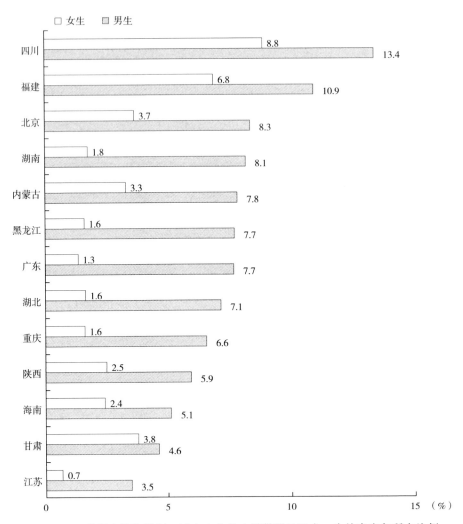

图9-73 按照省份和性别，过去1个月中携带器具至少一次的青少年所占比例

图9-73显示了不同城市青少年携带器具的不同情况。其中四川青少年携带器具情况最为严重，男生为13.4%，女生为8.8%，是所有调查省份的最高值。青少年携带器具最少的省份为江苏，男生为3.5%，女生为0.7%。总体上看，不同省份的青少年在携带器具问题上呈现较为明显的差异性。

图9-74显示了不同类型城市的青少年携带器具的情况。乡镇青少年情况最为严重，其比例大大高于其他类型城市，男生为11.8%，女生为6.9%。而这一比例最低的是中等城市，男生为5.6%，女生为1.5%。总体上看，城市类型与青少年携带器具方面有一定的相关性。

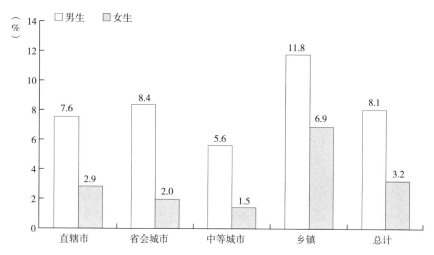

图 9 - 74　按照城市类型和性别，过去 1 个月中携带器具
至少一次的青少年所占比例

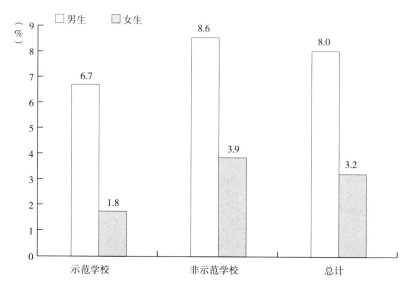

图 9 - 75　按照学校类型和性别，过去 1 个月中携带器具
至少一次的青少年所占的比例

图 9 - 75 显示了不同类型学校青少年携带器具的差别。非示范学校青少年携带器具情况比示范学校严重一些，携带器具最多的是非示范学校男生（8.6%），最低为示范学校的女生（1.8%）。总体上看，非示范学校中的青少年比示范学校的青少年更有可能携带器具。

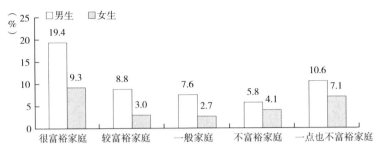

图 9-76 按照家庭富裕程度，过去 1 个月中携带器具至少一次的青少年所占的比例

图 9-76 显示了不同富裕程度家庭对青少年携带器具的影响。很富裕家庭中男生这一比例为最高（19.4%），远远高于其他类型家庭，而这种家庭中女生这一比例也为所有家庭类型之最高值（9.3%），不富裕家庭的男生携带器具最少（5.8%），而一般家庭的女生携带器具最少（2.7%）。总体上看，家庭经济状况和青少年携带器具有一定的相关性。

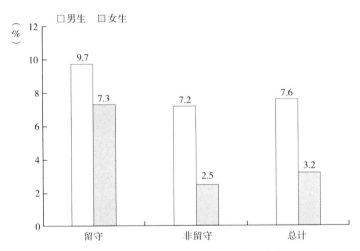

图 9-77 按照留守与非留守，过去 1 个月中携带器具至少一次的青少年所占的比例

图 9-77 显示了留守与非留守青少年携带器具的差别。留守青少年比非留守青少年更多携带器具，留守青少年男生携带器具的比例最多（9.7%），非留守青少年女生携带器具比例最低（2.5%）。并且，不同性别的非留守青少年在这一问题上较留守青少年差别更大。总体上看，留守青少年要比非留守青少年携带器具的可能性要大。

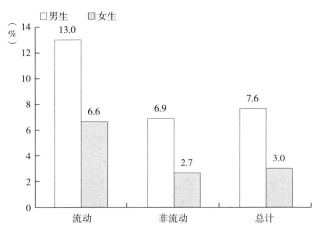

图 9 - 78　按照流动与非流动，过去 1 个月中携带器具至少一次的青少年所占比例

　　图 9 - 78 显示了流动与非流动青少年携带器具的差别。流动青少年男生女生携带器具的比例均比非流动青少年高，其中流动青少年男生比例最高（13.0%），最低为非流动青少年女生比例（2.7%）。总体上看，流动青少年比非流动青少年携带器具的可能性要大。

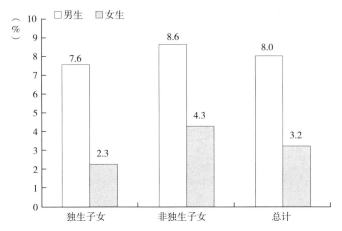

图 9 - 79　按照独生与非独生子女，过去 1 个月中携带器具至少一次的青少年所占的比例

　　图 9 - 79 显示了独生与非独生子女携带器具的差别。非独生子女要比独生子女携带器具的比例更高一些。其中，非独生子女中的男生比例最高（8.6%），最低为独生子女的女生（2.3%）。不同性别的青少年在这一问题

上的差距，独生子女比非独生子女更明显。总体上看，独生子女要比非独生子女在欺负行为中携带器具的可能性更小。

以上研究从携带器具的频率、频数、性别、年级、所在城市类型、省份、家庭经济状况、学校类型、留守与非留守、流动与非流动、独生子女与非独生子女等方面描述了青少年携带器具的基本状况。首先，从整体上来看，青少年携带器具打斗所占的比例不大。其次，呈现以下特征：男多女少；随着年级增高携带器具的现象减少；所在城市越为偏远落后，携带器具的问题越严重；示范学校比非示范学校携带器具的可能性要小；家庭经济状况极好和极差，携带器具的可能性越大；非独生子女比独生子女携带器具的可能性更大；流动青少年比非流动青少年携带器具的可能性要大；留守青少年比非留守青少年携带器具的可能性要大。最后，青少年携带器具的问题虽然和上述几个方面表现出一定的相关性，但是不能作为青少年产生携带器具行为的原因，要了解以上现象的本质需要回归到青少年个体自身进行进一步的分析和探讨。

五　讨论

以上研究表明，校园欺负行为在不同地区、不同性别、不同年级、不同家庭经济状况、不同校园环境、不同生活环境等方面的青少年身上，呈现较为明显的差异性和行为发生的相关性。这些差异性不仅对于我们分析以上变量对于校园欺负现象产生的影响有重要的参考意义，而且对于我们整合青少年的生态系统的资源、干预校园欺负问题指明了方向。

从性别的角度看，在所有的国家和地区中，男生的欺负和打斗行为都比女生多，但这个发现不一定意味着男生比女生更具有攻击性，而是他们更可能参与显性的攻击行为；女生则可能参与更多隐蔽的、间接的欺负行为，而隐蔽的、间接的欺负行为是我们在问卷中没有予以评估的。其他的人口报告也发现了相似的性别模型。同时性别差异在一些国家和地区表现得更加明显，这项发现的稳定性是很明显的。与显性攻击行为中的巨大性别差异截然不同的是：被欺负行为的调查结果与国家差别之间没有直接相关关系。从年龄的角度看，欺负和打斗行为的年龄倾向依地区的不同而不同。依地区的不同，欺负行为的年龄变化和打斗行为的年龄变化是不一致的。这种现象的原因可能是文化不同而对欺负行为的不同理解。欺负和打斗行为展现了一些相同的结论：通常这些行为在 13 岁左右会有所增加。当然，这可能和其他因素有关（比如：青春期和转学）。①

以上结果表明打斗、欺负和被欺负频繁地发生应当引起足够的重视。调查中 1/3 的青少年都有经历这些行为。尽管随着经常性（是指最近一年中参与 3 次或者更多的打斗或者在 1 个月之中参与了至少两次）欺负行为普遍有所减少，青少年越是经常参与这些行为，越有可能造成情绪的、身体的、心理的和学业的问题。对于这两种攻击性的行为，男生的比例几乎是女生的 2 倍。

同样十分重要的是，以上研究的成果对于研究制定相关的校园欺负干预策略和政策很有启发。研究结果不仅表明了与欺负、肢体打斗和被欺负行为相关问题的重要意义，同时表明了把这些行为当成一个重大的心理、生理社会问题来对待的重要性。这些行为明显地超越了国界，在多国文化中都有所体现。

认识到这个问题的重要性仅仅是开始。为了有效地干预和减少其发生，社会政策需要通过研究结果加以完善。不断丰富的证据说明了系统的、全社会参与的干预行为将会减少欺负行为的发生。但是，改变的过程是艰难而漫长的。有效的干预行为需要处理和协调好参与欺负行为和被欺负的青少年、同辈群体、老师和父母之间更宽泛的社会关系。最有效果的干预行为（比如：挪威执行的政策）将欺负和被欺负行为成功地减少了 50%。许多青少年依然处在被自己同侪欺负的危险之中，许多青少年也没有得到他们需要的帮助，依旧没有纠正那些会对他们的人生道路产生长期消极影响的行为。因此，需要根据青少年校园欺负问题的实际情况，结合以上研究成果，从不同角度进行干预。

例如，从欺负行为的程度的角度进行干预，青少年遭遇到的欺负行为不尽均等，被欺负行为和打斗的影响较大。36% 的青少年并未被卷入所有的欺负和打斗之中，尽管当他们看到这些行为时会产生消极影响。其他人偶尔参

---

① Currie C. et al. , eds. Social Determinants of Health and Well – being among Young people. Health Behaviour in School – aged Children（HBSC）Study：International Report from the 2009/2010 Survey. Copenhagen, WHO Regional Office for Europe, 2012（Health Policy for Children and Adolescents, No. 6）.

与其中，对于他们来说，一个围绕改变他们自身行为和使他们去阻止别人欺负行为的干预计划可能是很有效果的。11%～14%的青少年参与了经常性欺负行为或者打斗行为，可能产生了消极影响。他们有最大的纠正难度，需要集中的干预方式。这些青少年需要通过测试来加以确定，并执行有目的、系统的干预措施。

从年龄的角度进行干预，早期的干预行为可能减少这个问题，这就意味着在这些行为开始增长之前将其纠正。所以，从政策的角度看，预防措施需要在青少年11岁之前就开始着手实施。

从社会支持的角度干预，人们普遍认为：同辈之间的欺负和被欺负行为是健康教育和社会情感链接的一个不成功表现。如果没有干预措施，牵涉其中的青少年将会被家庭、教师、同辈和伴侣所产生的消极影响所困扰。当必要的社会影响和社会支持不足时，改变的可能性就越来越小。这不仅仅是青少年的潜在损失，也会给社会带来重大代价。最后，以上研究，虽然尽量做到材料翔实、内容丰富，体现了重要的理论研究价值和实际干预的价值，但仍有未尽之处，有待进一步研究细化。

第十章　伤害对青少年健康行为的影响

一　研究概述

作为一种潜在的传染性因素，青少年的伤害在世界各地都广泛存在。20世纪后半期，在进入青春期的青少年群体中，伤害的危险急剧上升，意外伤害和故意伤害造成的死亡占青少年死亡比例的 70% 以上。

通过一些方法，我们能测量伤害的后果。就个体而言，在某种程度上，受伤能产生痛苦感、造成痛苦的经历，并在时间和精力上带给受害人和他们的家庭以损失和不便。更有甚者，因受伤而被迫就医或持续无力至想要自杀。可见，伤害这一社会冲突能造成社会财物的重大损失。仅以美国为例，在19世纪 90 年代早期，因青少年伤害而造成的损失达 10 亿美元之多。青少年受伤害的危险性日益增加，但并没有引起人们足够的重视。

二　研究方法

在 HBSC 对青春期早期调查中，人们意识到这个问题，目前已着手正式研究。许多青少年在活动中受伤或被伤害，例如在不同地方玩有伤害性的游戏，如在街道、家里进行对抗性游戏。伤害包括被毒害，但不包括疾病（如麻疹或感冒）。在之后的调查中所设置的有关伤害问题是："你在过去 12 个月期间的经历"。例如，过去 12 个月你受到过多少次需要医生或护士治疗的伤害？回答选项包括：我在过去 12 个月中未受伤、受伤 1 次、受伤 2 次、受伤 3 次、受伤 4 次或更多。接受医疗的例子包括：由医院认可、与一个医疗部门进行一次会诊、接受门诊医生的诊断或健康医疗部门的临床治疗。通常情况下人们普遍接受医学对伤害概念的界定，即一年内曾接受过医院治疗的伤害是比较而言最严重的伤害。

三　测量指标

（1）青少年自称过去 12 个月内受到至少一次需要医护的伤害的比例。

（2）青少年自称过去 12 个月内受伤地点在学校的比例。

（3）青少年自称过去 12 个月内导致伤害的各种活动的比例。

（4）青少年自称在何处治疗那次最严重受伤的比例。

（5）青少年自称受伤最严重时需要打石膏、缝针、做手术、在医院过夜的比例。

（6）青少年自称因为受伤而缺席至少一整天课或其他日常活动的比例。

四　研究结果

（一）受到伤害的青少年比例

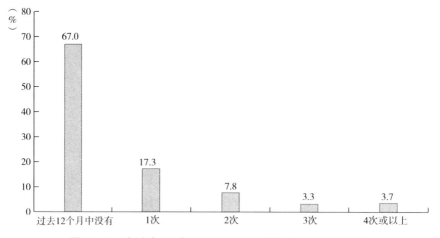

图 10 - 1　在过去 12 个月受到需要医护伤害的青少年比例

图 10 - 1 显示了青少年在过去 12 个月受到需要医护的伤害比例。其中，没有受到伤害的占 67%，受到过伤害 1 次的占 17.3%，2 次的占 7.8%，而 3 次和 4 次或以上的各占不到 5%。总体上，受到需要医护伤害的青少年占比相对较多，青少年或多或少都会受到一点伤害。

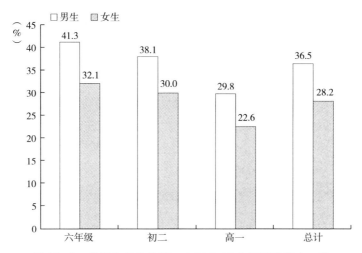

图 10 - 2　按照年级和性别，在过去 12 个月受到至少一次
需要医护伤害的青少年比例

　　图 10 - 2 显示了不同年级在过去 12 个月受到至少一次需要医护伤害的青少年比例。在性别上，男生普遍高于女生。在年级上，在男生和女生中，随着年级的升高该比例逐渐下降，最高为小学六年级男生（41.3%），最低为高一女生（22.6%）。总体上，年级与青少年受到至少一次需要医护伤害的比例具有相关性。

　　图 10 - 3 显示不同省份在过去 12 个月受到至少一次需要医护伤害的青少年比例。从省份来看，湖南男生的这一比例最高（41.3%），内蒙古的女生在这一比例上最低（21.1%）。从性别来看，不同的省份中，男生均高于女生。各省份内男生之间差距不大，但是各省份内女生之间的差距较大，四川女生的比例占到 39.2%，而内蒙古的女生受伤的比例仅占到 21.1%，差距十分明显，这与不同省份对于女生教育以及文化约束的差异有关。总体上，不同的省份在过去 12 个月受到至少一次需要医护伤害的青少年比例有一定的差异性，但并不明显。

　　图 10 - 4 显示了不同类型城市在过去 12 个月受到至少一次需要医护伤害的青少年比例。直辖市比例最高，男生为 39.4%，女生为 31.6%，而省会城市女生比例最低（26.3%）。总体上，在过去 12 个月受到至少一次需要医护伤害的青少年比例方面，不同城市具有一定的差异性，但并不明显。不同城市类型的男生伤害都超过 33% 以上，女生 26% 以上，这说明青少年伤害非常普遍。

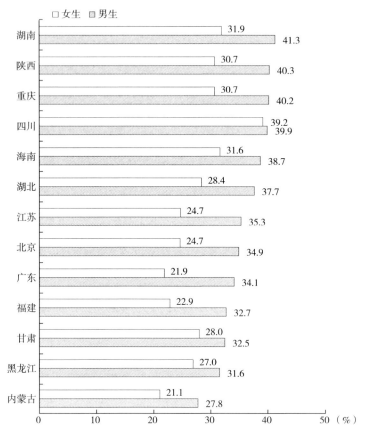

图 10 - 3　按照省份和性别，在过去 12 个月受到至少一次
需要医护伤害的青少年比例

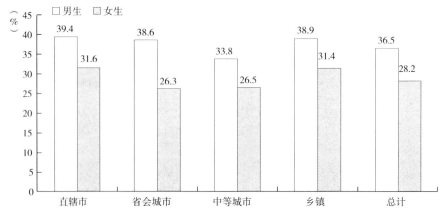

图 10 - 4　按照城市类型和性别，在过去 12 个月受到至少一次
需要医护伤害的青少年比例

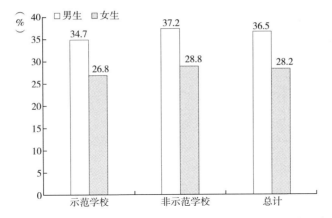

图 10－5 按照学校类型和性别，在过去 12 个月受到至少一次需要医护伤害的青少年比例

图 10－5 显示了不同类型学校在过去 12 个月受到至少一次需要医护伤害的青少年比例。非示范学校的比例较高，其中男生为 37.2％，女生为 28.8％。总体上，非示范学校的青少年相对于示范学校的青少年更有可能受到伤害，这可能与学校的管理制度、学校氛围等有相关性。

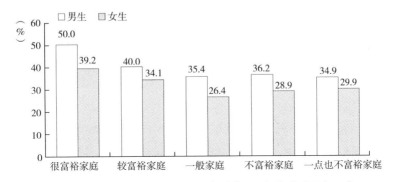

图 10－6 按照家庭富裕程度，在过去 12 个月受到至少一次需要医护伤害的青少年比例

图 10－6 显示了不同富裕程度的家庭中在过去 12 个月受到至少一次需要医护伤害的青少年比例。很富裕家庭至少一次需要医护伤害的青少年比例最高，其中男生为 50％，女生为 39.2％；一般家庭的女生在这一比例上最低（26.4％）。总体上，家庭经济状况与青少年受伤害的状况呈现一定的相关性，但是家庭经济状况越好，似乎越有可能受到需要医护的伤害，但是这不能表明家庭经济状况越好，对青少年的照顾越差，这可能与不同经济状况的家庭

对于同一伤害类型是否需要医护的定义不同有关。

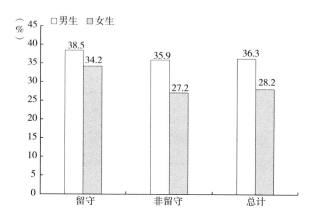

图 10-7　按照留守儿童与非留守，在过去 12 个月受到至少一次
需要医护伤害的青少年比例

图 10-7 显示了按照留守与非留守青少年来分类，在过去 12 个月受到至少一次需要医护伤害的青少年比例。留守青少年的比例更高，男生为 38.5%，女生为 34.2%；非留守青少年女生最低（27.2%）。总体上，在过去 12 个月受到至少一次需要医护伤害的青少年比例这一方面，留守青少年和非留守青少年之间存在差别，但是不明显。

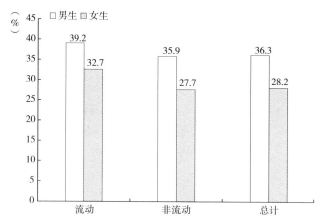

图 10-8　按照流动儿童与非流动，在过去 12 个月受到至少一次
需要医护伤害的青少年比例

图 10-8 显示了按照流动青少年与非流动青少年，在过去 12 个月受到至少一次需要医护伤害的青少年比例。流动青少年的比例更高，男生为 39.2%，女

生为 32.7%；非流动青少年女生最低（27.7%）。总体上，流动青少年和非流动青少年在过去 12 个月受到至少一次需要医护的伤害的比例有差别，流动青少年比非流动青少年更有可能受到伤害，流动青少年男生和女生比例都超过 30%。

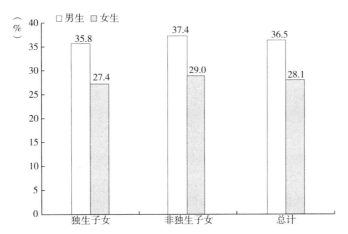

图 10-9　按照独生子女与非独生子女，在过去 12 个月受到至少一次需要医护伤害的青少年比例

图 10-9 显示了独生子女与非独生子女在过去 12 个月受到至少一次需要医护伤害的青少年比例。非独生子女的比例较高，男生为 37.4%，女生为 29.0%；独生子女中女生最低（27.4%）。总体上，非独生子女比独生子女更有可能受到伤害，这可能和家庭照顾的情况有关。

以上数据显示了青少年受到需要医护的伤害的频率，并从性别、年龄、学校类型、城市类型、省份、家庭经济富裕程度，以及留守青少年和非留守青少年、流动青少年与非流动青少年、独生子女与非独生子女状态等方面进行了分析。研究发现，总体上青少年受到该类严重伤害的比例不是特别多，男生比女生更容易受到需要医护的伤害；随着年级升高受到该类伤害的可能性减小；相比之下示范学校比非示范学校发生该类伤害的可能性更小一些；不同城市类型在该问题上的区别不是特别明显；青少年所在的省份不同，受到的该类伤害的状况也不同，在某些城市会比较明显；家庭经济状况较好的青少年也相对比较容易受到该类伤害；此外，留守青少年比非留守青少年、流动青少年比非流动青少年、非独生子女比独生子女更容易受到该类伤害。综上，这几道题目基本描述了青少年受到需要医护的伤害的基本情况，对我们采取有效的干预策略有重要的参考价值。

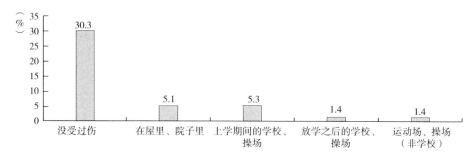

图 10 – 10 青少年在过去 12 个月受到伤害地点的比例

图 10 – 10 显示了青少年在过去 12 个月受到伤害地点的比例。没有受到伤害的占 30.3%；在学校中最多（5.3%）；其次是在家中（5.1%）。总体上，青少年受伤的场所集中在校园里，这也是青少年长时间停留的地方，可以看出校园潜在很多容易导致受伤的因素。

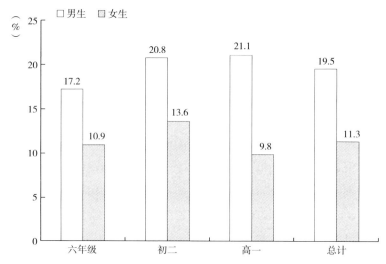

图 10 – 11 按照年级和性别，青少年在过去 12 个月
受到伤害地点在学校的比例

图 10 – 11 显示了不同年级和性别的青少年在过去 12 个月受到伤害的地点在学校的比例。随着年级升高，男生受伤害的比例不断提高，但女生则没有这种趋势。高一男生这一比例最高（21.1%）；高一女生比例最低（9.8%）。总体上，年级与青少年受伤害的状况存在一定的相关性，年级越高受到这类伤害的可能性越大。

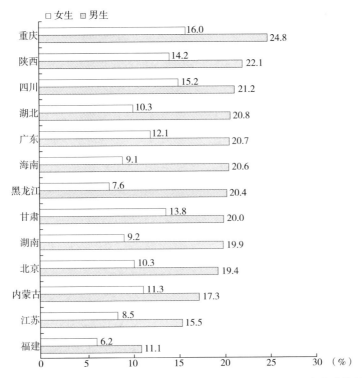

图 10 - 12 按照省份和性别，青少年在过去 12 个月受到伤害地点在学校的比例

图 10 - 12 显示了不同省份青少年在过去 12 个月受到伤害地点在学校的比例。在性别上，不同省份男生之间的差别较为明显，男生的比例在重庆最高（24.8%），在福建最低（11.1%）；而女生在这一比例上重庆最高（16%），福建最低（6.2%）。总体上，不同省份青少年在学校受到伤害的现状上有较为明显的差异性，这与每个省份的经济、文化、教育发展状况有关。

图 10 - 13 显示了不同类型城市中的青少年在过去 12 个月受到伤害的地点在学校的比例。省会城市的男生在这一比例上最高（22.5%）；其次是直辖市（21.4%）；而乡镇女生的比例最低（10.1%）。总体上，男生比女生的占比要高，不同类型城市中的青少年在学校受到伤害的状况有一些差异，但不明显。

图 10 - 14 显示了不同类型学校青少年在过去 12 个月受到伤害地点在学校的比例。非示范学校男生这一比例最高（19.8%），该类学校女生比例为最低（11.2%）。但总体上两类学校差别不大。总体而言，非示范学校比示范学校青少年在受伤害的比例上更高一点，但不明显。

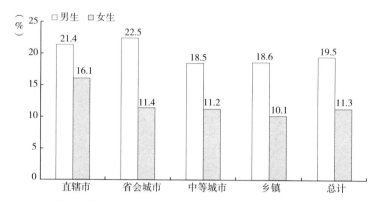

图 10 - 13　按照城市类型，青少年在过去 12 个月受到伤害地点在学校的比例

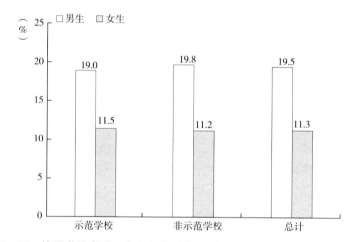

图 10 - 14　按照学校类型，青少年在过去 12 个月受到伤害地点在学校的比例

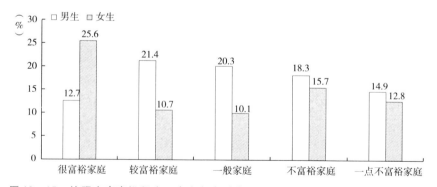

图 10 - 15　按照家庭富裕程度，青少年在过去 12 个月受到伤害地点在学校的比例

图 10 - 15 显示了不同富裕程度的家庭中青少年在过去 12 个月受到伤害的地点在学校的比例。从家庭经济状况的角度看，除了很富裕家庭，其余家

庭均是男生比例高于女生比例。其中,很富裕家庭的女生比例最高 (25.6%),一般家庭女生比例最低 (10.1%)。从性别的角度看,不同家庭经济状况的女生比男生总体上差别大,家庭很富裕的女生受伤害占比最大 (25.6%);而家庭富裕程度一般的女生受伤害比例最低 (10.1%),两者相差 1 倍以上。总体上看,家庭经济状况与青少年在学校受到伤害具有显著的相关性。

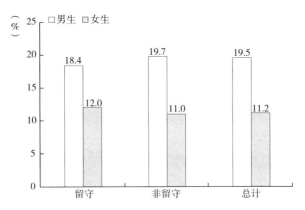

图 10 - 16 按照留守与非留守,青少年在过去 12 个月受到伤害的地点在学校的比例

图 10 - 16 显示了留守与非留守青少年在过去 12 个月受到伤害的地点在学校的比例。其中,非留守青少年男生比例最高 (19.7%),非留守青少年女生比例最低 (11.0%)。总体上,非留守青少年和留守青少年在学校受伤害的比例差别不明显。

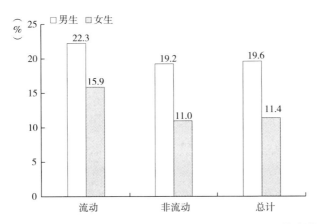

图 10 - 17 按照流动与非流动,青少年在过去 12 个月受到伤害的地点在学校的比例

图 10 - 17 显示了流动青少年与非流动青少年在过去 12 个月受到伤害的地点在学校的比例。流动青少年比例高于非流动青少年，其中流动青少年中男生为 22.3%，女生为 15.9%；非流动青少年女生最低（11.0%）。总体上，流动青少年比非流动青少年更有可能在学校受到伤害，这与两类青少年所在学校的条件有重要关系。

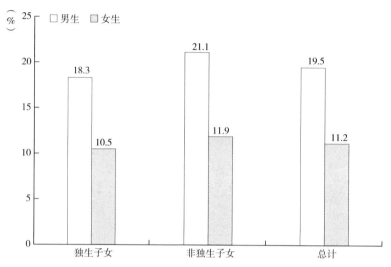

图 10 - 18　按照独生子女与非独生子女，青少年在过去 12 个月受到伤害地点在学校的比例

图 10 - 18 显示了独生子女与非独生子女在过去 12 个月受到伤害的地点在学校的比例。非独生子女比例更高一些，在非独生子女中，男生占 21.1%，女生占 11.9%；独生子女中女生这一比例最低（10.5%）。总体上，非独生子女比独生子女在学校受到伤害的可能性要大，这可能与家庭的监护状况有关，但是不明显。

以上数据显示了青少年受到伤害发生的地点，研究发现学校是儿童伤害发生最集中的场所。接着研究了在校园里发生伤害的频次，并从性别、年龄、学校类型、城市类型、省份、家庭经济状况，以及留守青少年和非留守青少年、流动青少年与非流动青少年、独生子女与非独生子女状态等方面进行了分析。

研究发现，总体上青少年在学校受到伤害的比例不是特别高。一般男生比女生更容易受到伤害；随着年级的升高受到该类伤害的可能性也随之增大，但并不明显；相比之下示范学校比非示范学校发生伤害的可能性更小一些，但不明显；不同城市类型的青少年在学校发生伤害的区别不是很明显；青少年所在的省份不同，在学校受到伤害的状况也不同，在某些省份会比较明显；家庭经济状况不同，在学校受到伤害的可能性也不同；此外，非留守青少年比留守青少年、流动青少年比非流动青少年、非独生子女比独生子女更容易在学校受到伤害。综上，上述研究考察了青少年受到需要医护伤害的场所，以学校作为重点调查的场所进行比较和分析。

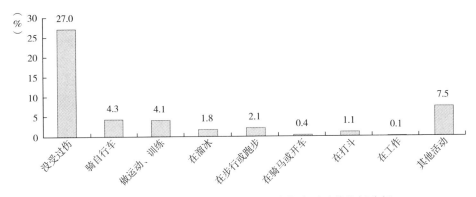

图 10 - 19　青少年在过去 12 个月导致伤害活动的比例分析

图 10 - 19 显示了过去 12 个月导致伤害活动的比例。没有受伤的有 27.0%，其他活动造成的伤害最多（7.5%）；其次是骑自行车和做运动，分别占 4.3% 和 4.1%；然后是步行或跑步（2.1%）。总体上，在所有导致伤害的活动中，运动的比例最大，可见要采取相关措施进行相关的干预。

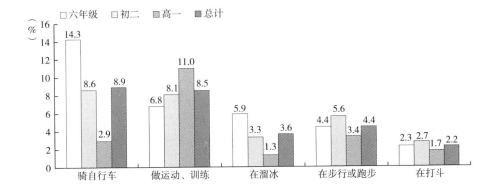

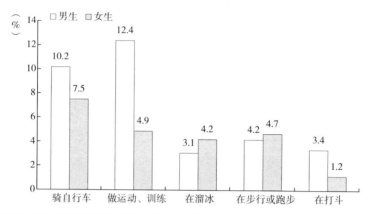

图 10 - 20　按照年级和性别，青少年过去 12 个月导致伤害的活动的比例

图 10 - 20 显示了不同年级和不同性别的青少年在过去 12 个月导致伤害的各种活动的比例。其中，小学六年级青少年骑自行车受伤比例最高（14.3%），其次是高一青少年做运动受伤（11.0%）。综合各年级来看，由打斗造成的伤害所占比例最少。女生在溜冰和跑步上受伤害比例高于男生，其余各项均低于男生。其中，男生做运动受伤害比例最高（12.4%），女生受伤害比例最高的项目是骑自行车（7.5%）；而女生打斗受伤害比例最小（1.2%）。总体上，不同年级和性别在不同活动中受伤的比例差别较为明显。在年级上，在骑自行车、溜冰等技能型的活动中，随着年级升高而受伤可能性减小，在跑步、步行等一般性运动中，年级的差别不明显；在性别上，不同性别在不同类型的活动中受伤的可能性差别较大。

表 10 - 1　按照省份，青少年过去 12 个月导致伤害的各种活动比例

单位：%

省份	骑自行车	做运动、训练	在溜冰	在步行或跑步	在打斗
黑龙江	3.4	8.7	4.3	4.1	2.3
北　京	3.8	11.0	3.3	4.3	1.9
广　东	4.4	13.5	4.4	5.1	1.3
重　庆	4.7	12.2	2.5	5.8	2.2
海　南	5.3	6.6	0.0	5.3	0.0
陕　西	6.0	9.7	6.5	4.6	2.8
江　苏	7.2	7.6	3.7	3.9	1.2
湖　南	7.7	6.4	3.4	5.7	3.4

续表

省份	骑自行车	做运动、训练	在溜冰	在步行或跑步	在打斗
湖　北	7.8	8.3	4.0	4.5	2.0
内蒙古	8.0	3.0	2.7	3.8	3.0
福　建	9.0	6.9	1.4	3.0	2.5
甘　肃	15.8	6.7	1.1	5.3	3.5
四　川	20.0	6.2	3.8	3.3	2.6

　　表 10-1 显示了不同省份青少年在过去 12 个月导致伤害的各种活动的比例。各省份青少年在打斗上受伤害比例都很小，在骑自行车这一活动上各省份之间的差别最大，四川青少年在骑自行车时受伤害最高达到 20%，但是黑龙江的青少年在该活动中受伤的可能性为 3.4%，差距最为明显；北京、广东和重庆青少年在做运动时受伤害比例也比较高，都在 10% 以上。总体上，不同省份的青少年在不同的活动中受伤的状况存在一定的差异性。

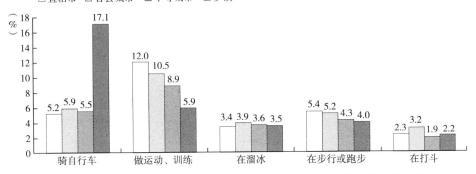

图 10-21　按照城市类型，青少年过去 12 个月导致伤害的各种活动比例

　　图 10-21 显示了不同类型城市中的青少年在过去 12 个月导致伤害的各种活动的比例。除了乡镇，其余各类型城市青少年均是在做运动时受伤害的比例最大，并且在做运动时的伤害比例和城市的规模成正比，这可能和不同城市类型对于正规做运动、训练的重视程度有关。而乡镇青少年则是骑自行车时受伤害比例最高（17.1%），这可能和乡镇的交通秩序较差、路况不好有关。总体上，不同类型的城市在骑自行车和做运动这两类活动中差别最为明显。

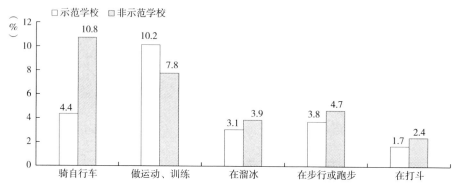

图 10 - 22 按照学校类型，青少年在过去 12 个月导致伤害的活动比例

图 10 - 22 显示了不同类型学校的青少年在过去 12 个月导致伤害的各种活动的比例。除了做运动这项之外，示范学校在其他项上的比例均比非示范学校低，而非示范学校青少年骑自行车受伤害比例最高（10.8%），示范学校青少年受伤害主要原因为做运动，而非示范学校中则是骑自行车，这可能与学校对于自行车的管理以及交通规则教育的差别有关。总体上，两类学校在青少年骑自行车、做运动受伤的差异上较为明显。

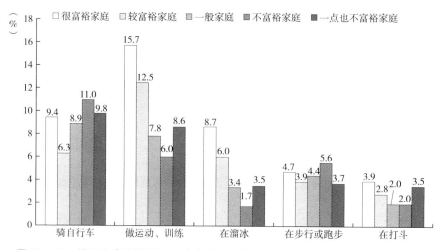

图 10 - 23 按照家庭富裕程度，青少年在过去 12 个月导致伤害的各种活动比例

图 10 - 23 显示了不同富裕程度的家庭中青少年在过去 12 个月导致伤害各种活动的比例。在很富裕家庭中和较富裕家庭中，造成青少年受伤害的主要原因是做运动；而在家庭条件差一些的其他家庭类型中，主要原因则是骑自行车。其中，很富裕家庭运动造成伤害的比例最高（15.7%）。总体上，家

庭经济状况在青少年不同类型的运动伤害中差别明显，这可能与家庭提供给青少年的防护设施以及保护有关。

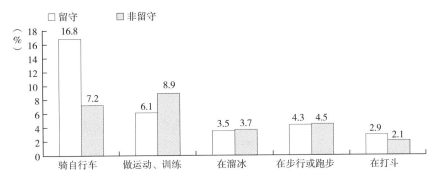

图 10 - 24 按照留守与非留守，青少年在过去 12 个月导致伤害活动的比例

图 10 - 24 显示了留守与非留守青少年在过去 12 个月导致伤害的各种活动的比例。其中，留守青少年骑自行车造成伤害比例最高（16.8%），远远高于非留守青少年，这可能和留守青少年将自行车作为主要交通工具、上下学中交通混乱、路况较差有关。造成非留守青少年受伤害的主要原因是做运动（8.9%）。总体上，留守青少年和非留守青少年在骑自行车和做运动、训练两种活动中的差别最为明显。

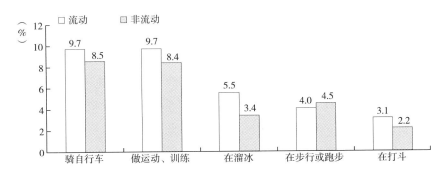

图 10 - 25 按照流动与非流动，青少年在过去 12 个月导致伤害活动的比例

图 10 - 25 显示了流动青少年与非流动青少年在过去 12 个月导致伤害的各种活动的比例。除了跑步这项，在其余各项上流动青少年均比非流动青少年的比例更高，造成伤害的主要原因都是骑自行车和做运动。流动青少年在这两项上的比例均为 9.7%。两类青少年在骑自行车和做运动、训练中受伤的比例都比较大。总体上，流动和非流动青少年在各类活动中受到伤害的差别不是特别明显。

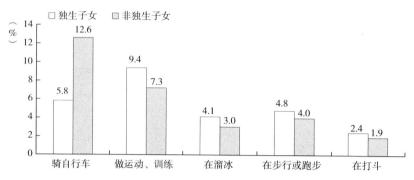

图 10 - 26　按照独生子女与非独生子女，青少年在过去
12 个月导致伤害活动的比例

图 10 - 26 显示了独生子女与非独生子女在过去 12 个月导致伤害各种活动的比例。除了骑自行车这项，独生子女在其余各项上均比非独生子女比例要高，造成独生子女受伤害的主要原因为做运动（9.4%）；而非独生子女则是骑自行车（12.6%）。总体上，独生子女和非独生子女除了在骑自行车方面差别较大外，其他类型活动上并不明显。

以上数据显示了引起青少年受到需要医护的伤害的活动类型，研究了不同活动导致青少年受伤的频率，并从性别、年龄、学校类型、城市类型、省份、家庭经济状况，以及留守青少年和非留守青少年、流动青少年与非流动青少年、独生子女与非独生子女状态等方面和不同的活动类型导致的伤害状况进行了分析。研究发现从总体上看，不同类型的活动本身导致青少年伤害的可能性不同；不同类型的活动中，男生和女生受伤害的情况不同；随着年级升高在技术类活动中受到伤害的可能性也随之减少；相比之下示范学校比非示范学校发生该类伤害的可能性更小一些，但在运动和训练中受伤害的可能性更大；乡镇的青少年因骑自行车受伤的问题较为突出；青少年所在的省份不同，不同活动导致伤害的可能性也不同，在某些城市会比较明显；家庭经济状况和不同活动中受到伤害的可能性也有相关性，富裕家庭的青少年更有可能在运动和训练中受伤；此外，留守青少年比非留守青少年、流动青少年比非流动青少年、非独生子女比独生子女在各类活动中都更容易受到伤害，以上青少年都在骑自行车和做运动时受伤的可能性较大。综上，具体研究了青少年在不同活动受伤害的可能性，对于我们研究在活动中注意防范青少年伤害有重要启发意义。

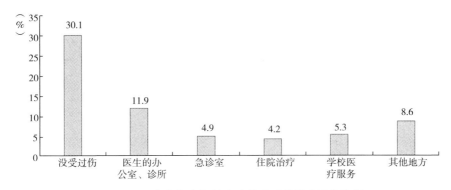

图 10 – 27 青少年在何处治疗最严重的那次受伤比例

图 10 – 27 显示了青少年在何处治疗最严重的那次受伤的比例。没有受过伤的占 30.1%，有 11.9% 的青少年在诊所治疗，其次是其他地方，然后是学校中（5.3%），急诊室和住院治疗分别占 4.9% 和 4.2%。调查数据主要研究青少年在日常生活学习中遇到的伤害。因为是在校学生，较大比例是运动伤害，一般来说发生了伤害极大可能被老师或学生送到医务室，或自己去就医。所以比例较高。

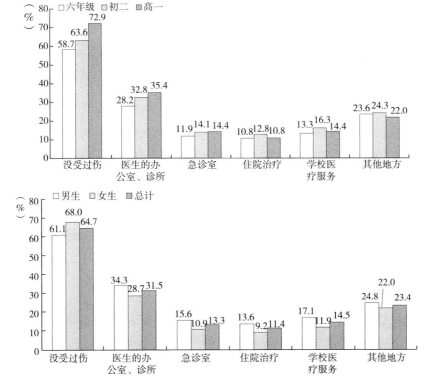

图 10 – 28 按照年级和性别，青少年在何处治疗最严重那次受伤的比例

图 10 - 28 显示了不同年级青少年在何处治疗最严重的那次受伤的比例。受伤的青少年中，小学六年级最少，高一最多，在诊所治疗比例最高的是高一青少年，最低为小学六年级青少年，小学六年级和高一青少年在住院治疗最少，均占 10.8%。男生受伤害比例高于女生，男生在诊所治疗的比例也高于女生，为 34.3%。总体上，没受过伤的青少年占大多数，不同年级和性别在不同场所治疗最严重的伤害的分布均匀，差别不是特别明显。

表 10 - 2　按照省份，青少年在何处治疗最严重那次受伤的比例

单位：%

省份	没受过伤	医生的办公室、诊所	急诊室	住院治疗	学校医疗服务	其他地方
四　川	59.0	33.3	12.8	14.2	14.8	28.8
重　庆	59.2	30.3	9.2	10.5	16.0	22.2
湖　南	62.9	33.0	10.8	14.7	18.2	23.4
甘　肃	63.3	25.5	6.9	11.4	8.8	24.8
陕　西	64.2	35.1	13.8	12.1	9.6	26.2
海　南	64.3	32.7	13.7	7.8	19.2	30.2
湖　北	64.3	35.4	11.8	12.1	11.1	26.4
北　京	64.7	27.5	15.9	7.1	10.8	15.2
广　东	65.7	33.1	19.1	8.1	17.2	20.2
黑龙江	67.4	30.3	12.9	9.8	14.3	25.7
江　苏	69.7	30.0	14.1	9.3	13.8	15.1
内蒙古	70.3	27.9	8.5	10.6	11.8	21.8
福　建	71.3	23.0	12.8	13.2	16.7	25.9

表 10 - 2 显示了不同省份青少年在何处治疗最严重的那次受伤的比例。福建青少年受伤比例最低，四川最高。湖北青少年在诊所治疗比例最高（35.4%）；甘肃青少年在急诊室治疗最低（6.9%），各省份的青少年没受过伤的占大多数，且在不同场所治疗最严重伤害的比例差别不是特别明显。

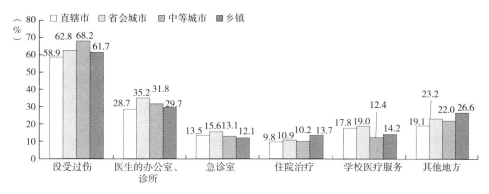

图 10 – 29　按照城市类型，青少年在何处治疗最严重那次受伤的比例

图 10 – 29 显示了不同类型城市中的青少年在何处治疗最严重的那次受伤的比例。没受过伤中比例最大的是中等城市（68.2%）；最小的是直辖市（58.9%）。不同类型城市的青少年在诊所治疗的比例均高于其他地方治疗的比例。其中，省会城市的比例最高（35.2%），其次是中等城市（31.8%）。整体来看，不同城市的住院治疗比例都比较低，最低为直辖市（9.8%）；最高为乡镇（13.7%）。

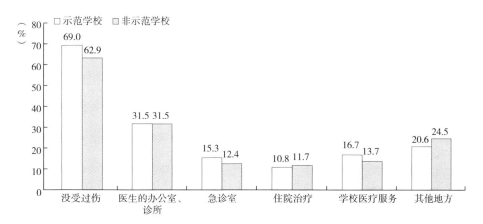

图 10 – 30　按照学校类型，青少年在何处治疗最严重那次受伤的比例

图 10 – 30 显示了不同类型学校的青少年在何处治疗最严重的那次受伤的比例。示范学校比非示范学校的受伤比例要低一些，69%的青少年没有受过伤。两类学校青少年在诊所治疗的比例相同，均为 31.5%，非示范学校的住院比例要高于示范学校（11.7%），但示范学校急诊比例高于非示范学校（15.3%）。

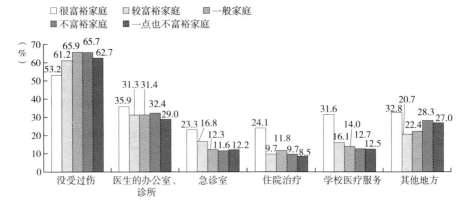

图 10-31　按照家庭富裕程度，青少年在何处治疗最严重那次受伤的比例

　　图 10-31 显示了不同富裕程度的家庭中青少年在何处治疗最严重的那次受伤的比例。一般家庭青少年未受过伤的比例最高（65.9%），其次是不富裕家庭（65.7%），最低为很富裕家庭（53.2%）。很富裕家庭在各个种类的治疗中均占比最高，诊所治疗最高（35.9%），这可能与家庭很富裕的青少年更关注自己的身体健康有关。总体上，家庭经济状况和青少年受到最严重的那次伤害时选择的治疗场所之间有一定相关性，但是不明显。

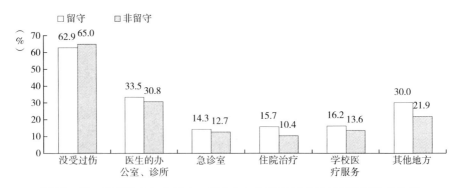

图 10-32　按照留守与非留守，青少年在何处治疗最严重那次受伤的比例

　　图 10-32 显示了留守青少年与非留守青少年在何处治疗最严重的那次受伤的比例。非留守青少年的没受过伤比例高于留守青少年（65.0%）。留守青少年在各种治疗方式中占比例都要高于非留守青少年，诊所治疗最高（33.5%）。非留守青少年的住院比例最低（10.4%）。总体上，留守青少年比非留守青少年更容易受伤害，但是差别不是特别明显。

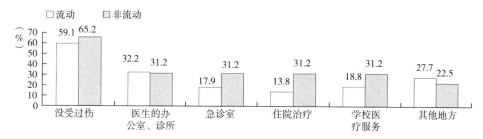

图 10 - 33 按照流动与非流动，青少年在何处治疗最严重那次受伤的比例

图 10 - 33 显示了流动青少年与非流动青少年在何处治疗最严重的那次受伤的比例。未受过伤的流动青少年的比例比非流动青少年低，非流动青少年在急诊治疗、住院治疗、学校治疗这三项上比例均要高于流动青少年，均占31.2%。最低为流动青少年的住院比例（13.8%）。总体上，非流动青少年比流动青少年比例高些，在各种场所接受治疗的机会和可能性更大，两者住院治疗上的差别最大，这可能与家庭经济能否支持该种治疗方式有关。

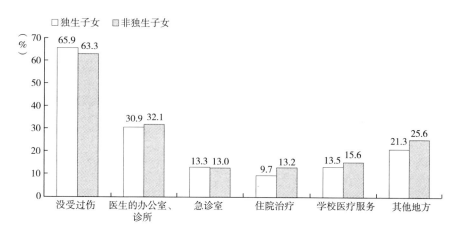

图 10 - 34 按照独生子女与非独生子女，青少年在何处治疗最严重那次受伤的比例

图 10 - 34 显示了独生子女与非独生子女在何处治疗最严重的那次受伤的比例。非独生子女的受伤的比例要高于独生子女。除了在急诊治疗上要低一些之外，非独生子女在各项上的比例均比独生子女高。独生子女的住院比例最低（9.7%），非独生子女的诊所治疗比例最高（32.1%）。总体上，独生子女和非独生子女在该问题的差别上并不明显。

以上数据显示了青少年受到最严重的伤害时接受治疗的地点，治疗的地点一方面反映了青少年受伤的严重程度，另一方面显示了医疗水平。以上研究详细地说明了青少年受到最严重的受伤之后在不同地点接受治疗的频次，并从性别、年龄、学校类型、城市类型、省份、家庭经济状况，以及留守青少年和非留守青少年、流动青少年与非流动青少年、独生子女与非独生子女状态等方面进行了分析。研究发现：总体上看，青少年受到特别严重的伤害的比例不是特别多，基本上在学校就可以满足基本的治疗需求；男生比女生更容易受到需要特殊照顾的严重伤害；不同年级受到最严重的伤害时接受治疗的地点有差异，但是不明显；相比之下示范学校比非示范学校发生该类伤害的可能性更小一些，总体上在各类接受治疗的场所中比例都比较小；不同城市类型的青少年在接受治疗的场所方面有较为明显的差别；青少年所在的省份不同，受到的该类伤害的状况也不同，接受治疗的场所也不同；家庭经济状况较好的总体上受到的该类伤害在各类场所中治疗的比例都较高；此外，留守青少年比非留守青少年、非流动青少年比流动青少年、非独生子女比独生子女在受到该类伤害时接受治疗的地点也呈现差异性，但是不明显。综上，这几道题目基本描述了青少年受到最严重的伤害时接受治疗的场所，对于我们了解不同状况和条件下青少年的受伤害的程度以及就医的条件有一定参考价值。

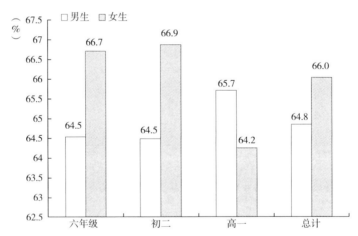

图 10-35　按照年级和性别，青少年受伤最严重时需要打石膏、
缝针、做手术、医院过夜的比例

　　图 10-35 显示了不同年级和性别的青少年受伤最严重时需要打石膏、缝针、做手术、医院过夜的比例。小学六年级和初二女生这一比例均高于男生，高一则相反，最高的是初二女生（66.9%）；高一女生这一比例最低（64.2%）。随着年级的升高，女生的这一比例在下降，而男生则上升。总体上，年级以及

性别在该问题上的表现较为明显，这反映了随着年龄增长，不同性别的青少年自我保护意识和能力有差别，也有可能女生需要更多的呵护和保护。

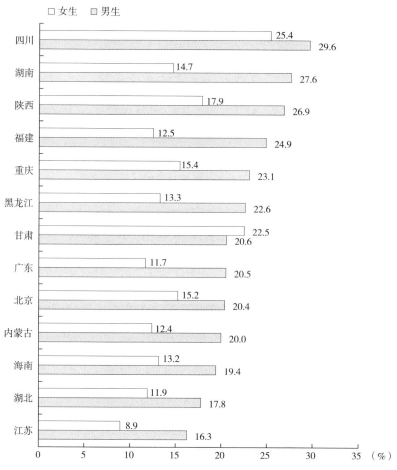

图 10 - 36　按照省份和性别，青少年受伤最严重时需要打石膏、缝针、做手术、医院过夜的比例

图 10 - 36 显示了不同省份和性别的青少年受伤最严重时需要打石膏、缝针、做手术、医院过夜的比例。四川的男生和女生这一比例最高，分别占 29.6% 和 25.4%，男生和女生这一比例最低的是江苏，分别占 16.3% 和 8.9%。从性别的角度上看，不同省份的男生受到该类伤害的差别不大，女生的差别较为明显，四川女生最高达到 25.4%，江苏女生占比最低（8.9%），这可能与不同省份塑造的女生的性格特点有关。总体上，不同省份的青少年在该问题上呈现明显的差异性。

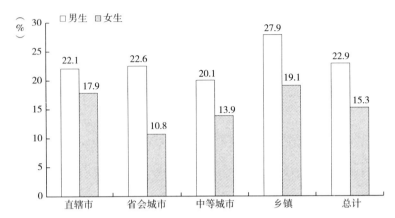

图 10 - 37　按照城市类型和性别，青少年受伤最严重时需要打石膏、
缝针、做手术、医院过夜的比例

　　图 10 - 37 显示了不同类型城市和性别的青少年受伤最严重时需要打石膏、缝针、做手术、医院过夜的比例。不同类型城市中男生这一比例均高于女生。男生和女生严重受伤比例最高的是乡镇，分别占 27.9% 和 19.1%，男生严重受伤比最低为中等城市（20.1%）。女生这一比例最低的是省会城市（10.8%）。总体上，乡镇的男生和女生比其他类型城市的女生和男生受伤害的可能性都更大，不同类型的城市在该问题上呈现一定的差异性，但是不明显。

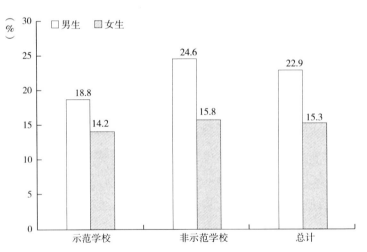

图 10 - 38　按照学校类型和性别，青少年受伤最严重时需要打石膏、
缝针、做手术、医院过夜的比例

　　图 10 - 38 显示了不同类型学校和性别的青少年受伤最严重时需要打石

膏、缝针、做手术、医院过夜的比例。非示范学校的男生、女生严重受伤比例要高于示范学校，其中男生这一比例最高（24.6%），最低为示范学校女生严重受伤比例（14.2%）。总体上，非示范学校比示范学校更有可能受到该类最严重的伤害，这可能和学校的管理有关。

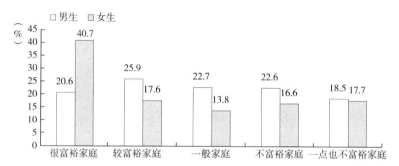

图 10-39　按照家庭富裕程度和性别，青少年受伤最严重时需要打石膏、缝针、做手术、医院过夜的比例

图 10-39 显示了不同家庭富裕程度和性别的青少年受伤最严重时需要打石膏、缝针、做手术、医院过夜的比例。除了很富裕家庭女生严重受伤的比例要高于男生，在其他类型家庭中都比男生低。其中，很富裕家庭女生严重受伤占比最高（40.7%）。一般家庭富裕的女生这一比例最低（13.8%）；男生严重受伤比例最低的是一点也不富裕家庭（18.5%）。在性别上，不同家庭经济状况的女生在该问题上差别最为明显，男生之间的差别不大。总体上，家庭富裕程度与该类伤害具有一定的相关性。

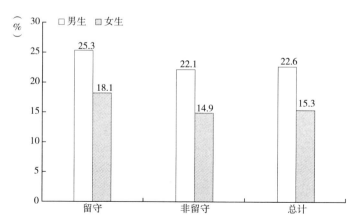

图 10-40　按照留守与非留守，青少年受伤最严重时需要打石膏、缝针、做手术、医院过夜的比例

图 10 - 40 显示了留守与非留守青少年受伤最严重时需要打石膏、缝针、做手术、医院过夜的比例。留守男女青少年这一比例均高于非留守男女青少年。其中,留守青少年男生这一比例最高(25.3%),非留守青少年女生这一比例最低(14.9%)。总体上,留守青少年和非留守青少年在该问题上的差别不明显。

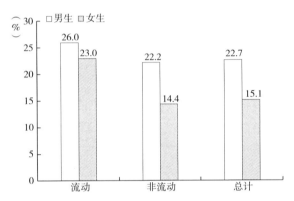

图 10 - 41　按照流动儿童与非流动,青少年受伤最严重时需要打石膏、
缝针、做手术、医院过夜的比例

图 10 - 41 显示了流动青少年与非流动青少年受伤最严重时需要打石膏、缝针、做手术、医院过夜的比例。无论男生还是女生,流动青少年这一比例均高于非流动青少年。其中,流动青少年男生这一比例最高(26.0%)。非流动青少年中男生和女生之间的差别比较大,非流动青少年女生这一比例最低(14.4%)。总体上,流动青少年比非流动青少年更可能受到该类伤害,这可能与流动青少年家长疏于照顾、学校疏于监管有关。

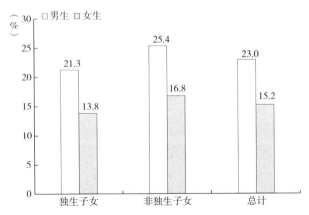

图 10 - 42　按照独生子女与非独生子女,青少年受伤最严重时需要打石膏、
缝针、做手术、医院过夜的比例

　　图 10 - 42 显示了独生子女与非独生子女受伤最严重时需要打石膏、缝针、做手术、医院过夜的比例。非独生子女这一比例均高于独生子女。其中，非独生子女男生这一比例最高（25.4%），独生子女女生这一比例最低（13.8%）。总体上，非独生子女比独生子女更有可能受到该类伤害，这可能和家庭照顾的状况有关。

　　以上数据显示了青少年受伤时需要打石膏、缝针、做手术、医院过夜的频率，这一方面反映了青少年受伤的严重程度，另一方面体现了对青少年生活的影响。以上题目还从性别、年龄、学校类型、城市类型、省份、家庭经济状况，以及留守青少年和非留守青少年、流动青少年与非流动青少年、独生子女与非独生子女状态等方面进行了分析。研究发现：随着年级升高受到该类伤害的可能性也随之提高；相比之下示范学校比非示范学校发生该类伤害的可能性更小一些；乡镇的青少年受到该类伤害的问题较为突出；青少年所在的省份不同，受到的该类伤害的状况也不同，在某些城市会比较明显；家庭经济状况较好的青少年也相对比较容易受到该类伤害；此外，留守青少年比非留守青少年、流动青少年比非流动青少年、非独生子女比独生子女更容易受到该类伤害。综上，这几道题目基本描述了青少年受伤最严重时需要打石膏、缝针、做手术、医院过夜的基本情况，对我们采取有效的干预策略有重要的参考价值。

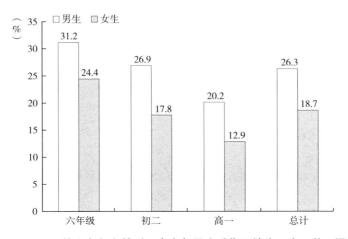

图 10 - 43　按照年级和性别，青少年因为受伤而缺席至少一整天课或其他日常活动的比例

　　图 10 - 43 显示了不同年级和性别的青少年因为受伤而缺席至少一整天课或其他日常活动的比例。随着年级升高男生和女生缺席的比例均呈下降趋势。小学六年级男生缺席的比例最高（31.2%）。高一女生这一比例最低（12.9%）。

男生均高于女生。总体上，不同年级在该类问题上的差别较为明显，大体呈现反比的趋势，这一方面和青少年自我保护意识增强有关，另一方面也和课业负担和压力增大有关。

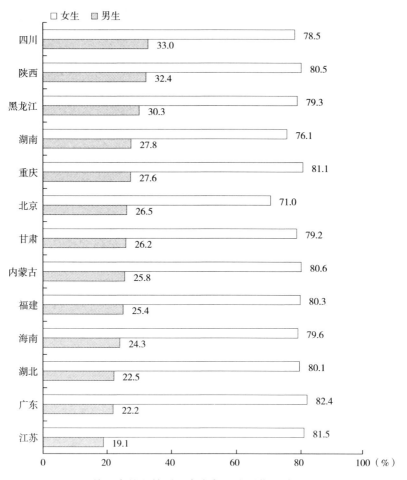

图 10-44 按照省份和性别，青少年因为受伤而缺席至少一整天课或其他日常活动的比例

图 10-44 显示了不同省份和性别青少年因为受伤而缺席至少一整天课或其他日常活动的比例。在不同省份，女生这一比例均高于男生。其中，广东的女生缺席比例最高（82.4%），最低为北京（71.0%）。四川的男生缺席比例最高（33.0%），最低为江苏（19.1%）。不同省份的男生和女生均在该问题上表现出极大的差异性，即女高男低，这可能与男女之间的体质有关，不同省份之间的青少年在该问题上的占比有差别，但不明显。

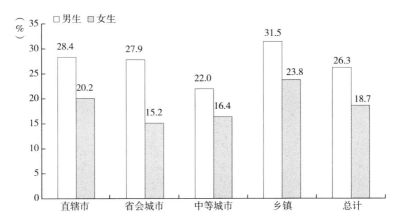

图 10 - 45　按照城市类型和性别，青少年因为受伤而缺席
至少一整天课或其他日常活动的比例

　　图 10 - 45 显示了不同类型城市和性别的青少年因为受伤而缺席至少一整天课或其他日常活动的比例。不同类型城市中，男生这一比例均高于女生。男生、女生缺席的比例最高的是乡镇，分别占 31.5% 和 23.8%；男生这一比例最低的是中等城市（22.0%）；女生这一比例最低的是省会城市（15.2%）。总体上，不同类型的城市在该问题上的表现差别较为明显，以乡镇问题最为突出，这可能与在乡镇该问题的频发以及对于课业的重视程度有关。

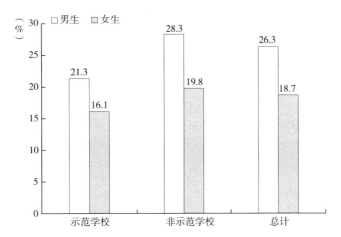

图 10 - 46　按照学校类型和性别，青少年因为受伤而缺席
至少一整天课或其他日常活动的比例

　　图 10 - 46 显示了不同类型学校和性别的青少年因为受伤而缺席至少一整天课或其他日常活动的比例。不同类型学校中，男生这一比例均高于女生。

男生、女生缺席的比例最高的是非示范学校，分别占28.33%和19.8%；女生这一比例最低的是示范学校（16.1%）。总体上，非示范学校更有可能因为受到伤害而缺课，这可能与学校的管理有关。

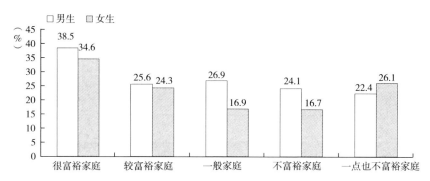

图 10 - 47 按照家庭富裕程度，青少年因为受伤而缺席至少
一整天课或其他日常活动的比例

图 10 - 47 显示了不同富裕程度家庭和性别青少年因为受伤而缺席至少一整天课或其他日常活动的比例。很富裕家庭的男生、女生在这一方面占比均最高，分别是38.5%和34.6%；男生比例最低是一点也不富裕家庭（22.4%）；女生这一比例最低的是不富裕家庭（16.7%）。总体上，家庭经济状况和因伤害而缺课之间有一定的关联性，富裕的家庭更加重视孩子健康，除了在学校完成课业，还可以通过请家教补课等形式完成课业。

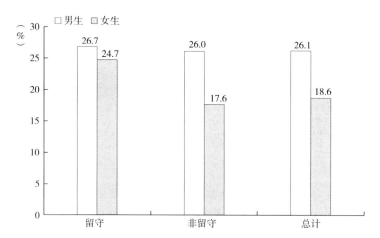

图 10 - 48 按照留守与非留守，青少年因为受伤而缺席至少
一整天课或其他日常活动的比例

图 10 - 48 显示了留守与非留守青少年因为受伤而缺席至少一整天课或其他日常活动的比例。留守男女青少年这一比例均要比非留守青少年高，留守青少年男生缺席比例最高，占 26.7%，非留守青少年女生这一比例最低（17.6%）。总体上，留守青少年和非留守青少年在该问题上的差别不明显。

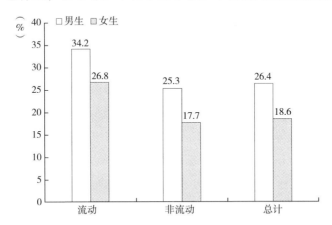

图 10 - 49 按照流动与非流动，青少年因为受伤而缺席至少一整天课或其他日常活动的比例

图 10 - 49 显示了流动青少年与非流动青少年因为受伤而缺席至少一整天课或其他日常活动的比例。流动青少年这一比例均要比非流动青少年高，流动青少年男生缺席的比例为最高（34.2%）；非流动青少年女生这一比例最低（17.7%）。总体上，流动青少年比非流动青少年更有可能因为受伤而缺课和影响正常生活，这可能与流动青少年受伤问题频发相关。

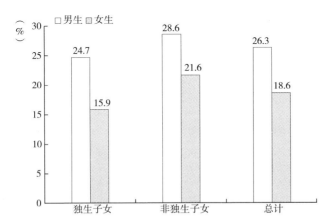

图 10 - 50 按照独生子女与非独生子女，青少年因为受伤而缺席至少一整天课或其他日常活动的比例

图 10-50 显示了独生子女与非独生子女因为受伤而缺席至少一整天课或其他日常活动的比例。非独生子女这一比例均要比独生子女高，非独生子女中男生缺席比例最高（28.6%）；独生子女中女生这一比例最低（15.9%）。总体上，非独生子女更有可能产生该问题，这与非独生子女受伤可能性更高有关。

以上数据显示了青少年因受伤而缺席至少一整天课或其他日常活动的频率。一方面反映了青少年受伤的严重程度，另一方面直接反映了受伤对青少年学习、生活的影响。以上题目还从性别、年龄、学校类型、城市类型、省份、家庭经济状况，以及留守青少年和非留守青少年、流动青少年与非流动青少年、独生子女与非独生子女状态等方面进行了分析。研究发现男生比女生更容易受到此类伤害；随着年级升高受到该类伤害的可能性也随之减少；相比之下示范学校比非示范学校发生该类伤害的可能性更小；乡镇的青少年受到伤害而缺课的问题较为突出；青少年所在的省份不同，受到该类伤害的状况也不同，在某些城市会比较明显；家庭经济状况较好的青少年也相对比较容易因为受到伤害而缺课；此外，留守青少年比非留守青少年、流动青少年比非流动青少年、非独生子女比独生子女更容易受到该类伤害。综上，上述几道题清晰地描述了因为受伤而缺席至少一整天课或其他日常活动的基本情况，表明伤害给青少年正常学习、生活带来的影响。

五　讨论

HBSC 在受伤害上的研究结果提供的一手资料证明了建立该议题的重要性。受伤害既是青少年死亡的主导因素，也是一种不正常现象。同时，与伤害相关的还有少数其他的议题，如受伤害对青少年健康的影响。部分地区和国际上对于受伤害发生的报告已在早先的 HBSC 调查中出版。多数青少年受伤，最主要的外部因素是参与运动。例如，受伤发生通常包括运动设备、学校和家庭环境、举办地点以及家庭或学校的组织活动。

基于过去 HBSC 的数据的研究已经表明，受伤有时造成青少年的严重伤亡。多数的受伤是较轻微的，但有 20% 的受伤是严重的。主要的受伤包括：头部和颈部的受伤、软组织受伤、划破和外伤。这些数据是基于对医生和急诊室的大量访问得出的。建议通过法律和政策来保护青少年免于受伤，这些措施可能是有效的，不过公共政策需要进一步分配资源来解决这些问题。这将对实施伤害干预计划、开展干预活动起到积极的推进作用，对该问题给予持续的关注十分必要，并且对伤害问题进行评估也有帮助。

六　结论

在世界各国和各地区，青少年受伤害都是最严重的健康问题之一。2001/2002HBSC 调查对象中有60%的群体在先前的 12 个月期间需要医护，而受伤害的男生的比例比女生要高，但存在于所有年龄小组中的问题应当是值得重视的。这一项分析不涉及关于这些受伤的外部因素的问题，以及是否他们是故意的。

HBSC 研究结果表明了人们关注青少年受伤的重要性，并提醒我们慎重对待这一健康问题。目前，对于受伤的控制和长远的考虑还是不够的，而科学地对受伤进行控制和科学地预防受伤是十分重要的。当一个重要的社会公共卫生问题改变，受伤控制的好坏会改变公众舆论，科学的预防策略是受伤控制好坏的重要组成部分。

我们应把受伤作为一个主要的健康议题，并通过制定相关政策来保护青少年。通过可信的研究项目来分析受伤的因素和结果，发展预防的最佳方法。青少年也应努力参与这一过程。最后，还需持续改善家庭、学校的安全、运动和青少年遭受危险的其他环境。所有这些行动都将降低青少年的受伤程度，并减少由此带来的社会成本。

第三部分

心理健康与幸福感

第十一章　社会决定因素对青少年心理健康
和幸福感的影响

一　研究概述

世界卫生组织（WHO）给健康下的定义涵盖了生理、心理和社会关系等多方面，并将这些因素视为构成健康的重要组成部分。这表明了若要对青少年健康有深入的理解，就要把这些因素都考虑进去。一份 WHO 关于心理健康问题在疾病中比重不断上升的报告无疑又凸显了重视心理健康的必要性和迫切性。WHO 对 2020 年的规划表明抑郁将成为全球范围内第二大疾病诱因。[①]

青春期通常是一系列心理紊乱开始发生的时期。比如说，青少年抑郁的危害率在 15 岁时达到最高点。这一事实表明青少年时期是形成心理健康模型的关键时期[②]。为了使公共健康服务系统适应不断加重潜在负担的心理状况，监控、记录青少年在心理、社会和生理健康方面的发展趋势，第一步工作是要开展不同国家之间关于心理健康方面差异的比较研究。

先前的 HBSC 调查以研究心理和身体疾病的方法来阐述健康。报告中对生活健康和幸福感进行单项研究的方法也被用来解释健康，这些方法均关注健康的愉悦感方面，目前有些提议指出生活满意度需要囊括在健康范畴内。

二　研究方法

HBSC 的症状清单已经被应用在先前的调查中，这一衡量标准是对心理健

[①] WHO European Strategy for Child and Adolescent Health and Development. Copenhagen, WHO Regional Offi ce for Europe, 2005.

[②] Koller, T. , & Mathieson, A. (Eds.). (2008) . Social Cohesion for Mental WellBeing among Adolescents. World Health Organization, Europe.

康的非临床性衡量方法。既有的和目前正在进行中 HBSC 研究结果表明这一标准体现在两个方面：心理健康方面和身体健康方面。同时，这一标准又是灵活的。它的统计分析在单项指标和总体概括上都是有意义的。为了扩展不良反应的抽样，研究者建议把 3 种症状作为可选项再加入衡量标准中，即肩颈痛、恐惧和疲劳。

在过去 6 个月中，你多常有以下症状？

几乎每天　　每周多于 1 次　　几乎每周 1 次　　几乎每月 1 次　　很少或从来没有

必选项

1）头痛

2）腹部痛

3）背痛

4）情绪低落

5）情绪暴躁

6）不满

7）难以入睡

8）头晕

可选项

9）肩颈痛

10）恐惧

11）疲劳

三　研究指标

1. 青少年的心理健康

（1）青少年在报告中自称，最近 6 个月出现情绪低落、易发脾气。

（2）青少年在报告中自称的生活满意度。

2. 青少年的生理健康

（1）青少年在报告中自称，自己健康状况是好的。

（2）青少年在报告中自称，最近 6 个月出现头痛、胃痛、背痛、头晕目眩。

（3）青少年在报告中自称，最近 6 个月出现失眠的情况。

四 研究结果

(一) 青少年近期精神状态

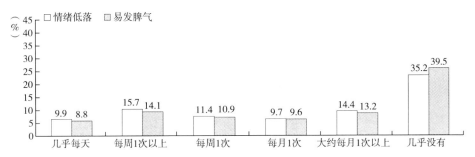

图 11-1 最近 6 个月青少年大部分时间的精神状态的比例分析

图 11-1 显示了最近 6 个月青少年大部分时间精神状态的比例情况。情绪低落和容易发脾气是青少年心理健康的突出表现。出现不同程度情绪低落占 61.1%，其中每天都出现情绪低落的青少年占 9.9%，每周多于一次的青少年比例为 15.7%，每周一次的青少年比例为 11.4%，每月一次的青少年比例为 9.7%，每月多于一次的青少年比例为 14.4%，几乎没有出现过情绪低落状况的青少年比例为 35.2%。青少年出现不同程度发脾气占 56.6%，其中每天都出现暴躁或脾气不好的青少年比例为 8.8%，每周多于一次的青少年比例为 14.1%，每周一次的青少年比例为 10.9%，每月一次的青少年比例为 9.6%，每月多于一次的青少年比例为 13.2%，几乎没有出现过暴躁或脾气不好状况的青少年比例为 39.5%。总体上，青少年的精神状态基本平稳，几乎每天都会情绪低落或易发脾气的比例占不到 10%，但学校教育管理部门和家庭应该引起足够注意，关心青少年的心理健康问题，家长和学校老师多沟通，了解孩子在学校的表现和学业情况，及时疏导青少年不良情绪，积极营造轻松的家庭生活氛围和良好的学习环境，积极引导孩子树立正确的世界观、人生观和价值观，为培养良好的社会公民做出积极努力，鼓励孩子发奋努力，使个人理想和奋斗目标与国家发展战略和规划目标相一致，鼓励孩子多做公益活动，在社会实践中，感受生活的美好，感受到国家社会经济文化现状以及未来发展趋势，激发青少年将个人利益与为他人、为社会做贡献的情感体验相统一，从小树立远大的理想和目标，发奋读书，培养心胸宽广、利他思

想，培养高尚的情操，养成积极向上的阳光心态，从根本上减少或消除情绪低落和容易发脾气的不良情绪。

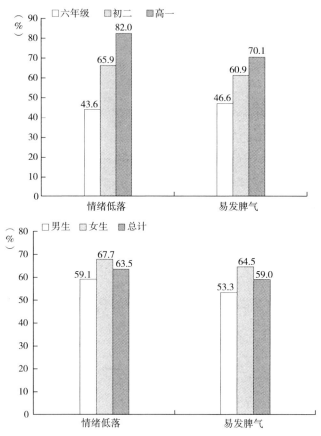

图 11 - 2　按照年级和性别，最近 6 个月青少年曾至少
每月一次出现下列状态的比例

　　图 11 - 2 显示了按照年级和性别，最近 6 个月青少年曾至少每月一次出现情绪低落与易发脾气的比例情况。从年级的角度上看，最近 6 个月青少年曾至少每月一次情绪低落与易发脾气的比例随年级的升高而呈现上升趋势。从性别的角度上看，男生最近 6 个月曾至少每月一次情绪低落与易发脾气的比例（59.1% 和 53.3%）比女生至少每月一次情绪低落与易发脾气的比例（67.7% 和 64.5%）低。这与青少年社会化程度的加深、随年级升高课业压力和负担逐渐加重有关，由于女生比同龄男生成熟更早，且性格方面没有男生坚强，所以在情绪低落和易发脾气方面的比例高于男生。

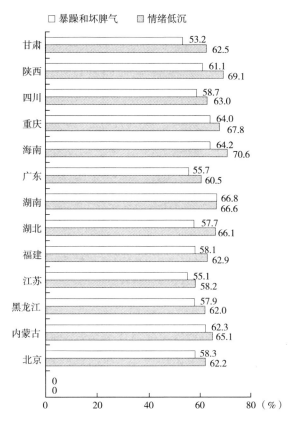

图 11 - 3　按照省份分类，最近 6 个月青少年曾至少
每月一次出现下列状态的比例

　　图 11 - 3 显示了按照省份最近 6 个月青少年曾至少每月一次出现情绪低落、暴躁和易发脾气的比例情况。在各省份的青少年中，最近 6 个月青少年曾至少每月一次出现情绪低落比例最高的是海南（70.6%），最低是江苏（58.2%）。最近 6 个月青少年曾至少每月一次出现易发脾气的状态比例最高的是湖南（66.8%），最低的是甘肃（53.2%）。总体上，各省份之间差距较大，从海南的 70.6% 到甘肃的 53.2%。

　　图 11 - 4 显示了按照不同城市类型来看，最近 6 个月青少年曾至少每月一次出现情绪低落和易发脾气的比例情况。在四类城市类型中，近 6 个月青少年曾至少每月一次出现情绪低落和易发脾气的比例最高的是直辖市（66.9% 和63.1%），最低的是乡镇的青少年（57.0% 和 54.7%）。城市经济发展水平越高，青少年曾至少每月一次出现情绪低落和易发脾气的比例就越高。

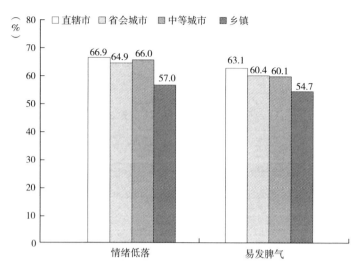

图 11 - 4 按照城市类型,最近 6 个月青少年曾至少
每月一次出现下列状态的比例

　　总体上看,不同城市类型的青少年精神状况相差 10 个百分点左右,经济水平越高,青少年情绪低落和易发脾气的比例越高,或许与城市生活和学习压力大、竞争激烈、父母对孩子期待较高、生活空间拥挤等因素有关,乡镇的青少年情绪低落和易发脾气比例低一些,精神状态稍微好一些或许与乡镇青少年父母监管松一些、生活和学习压力少一些、生活空间宽松一些有关。

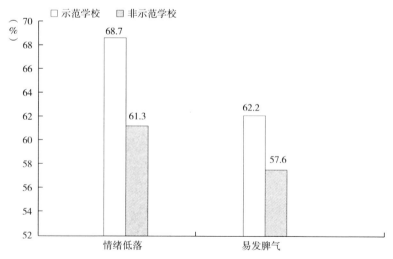

图 11 - 5 按照学校类型,最近 6 个月青少年曾至少
每月一次出现下列状态的比例

图 11 - 5 显示了按照学校类型最近 6 个月不同类型学校青少年曾至少每月一次出现情绪低落和易发脾气的比例情况。示范学校在近 6 个月里青少年曾至少每月一次出现情绪低落和易发脾气的比例（68.7% 和 62.2%）高于非示范学校的比例（61.3% 和 57.6%）。示范学校的学习压力较大、负担更重以及家庭、学校、社会对学生期待较高，学生对自身要求也更严格，故而示范学校中青少年曾至少每月一次出现情绪低落和易发脾气的比例高于非示范学校。总体上看，非示范学校青少年的情绪低落和易发脾气的比例要比示范学校比例低一些，青少年精神状态要好一些。

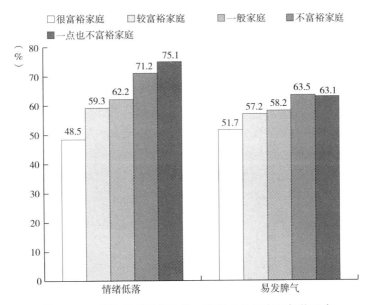

图 11 - 6　按照家庭富裕程度，最近 6 个月青少年曾至少每月一次出现下列状态的比例

图 11 - 6 显示了不同富裕程度家庭最近 6 个月青少年曾至少每月一次出现情绪低落和易发脾气的比例情况。在不同的家庭富裕程度中，最近 6 个月青少年曾至少每月一次出现情绪低落和易发脾气的比例随家庭富裕程度的下降呈现上升趋势。这说明家庭富裕程度较低的青少年可能因为家庭生活中遇到经济问题或由于经济贫困带来的生活压力和情绪波动等其他问题而给青少年带来更多的困扰和情绪上的波动和烦恼。总体来看，家庭富裕程度与青少年的精神状态成正比。

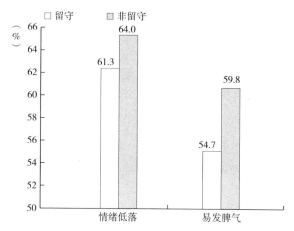

图 11 - 7　按照留守与非留守，最近 6 个月青少年曾至少每月一次出现下列状态的比例

图 11 - 7 显示了留守与非留守青少年最近 6 个月青少年曾至少每月一次出现情绪低落和易发脾气的比例情况。留守青少年近 6 个月曾至少每月一次出现情绪低落和易发脾气的比例（61.3% 和 54.7%）低于非留守青少年的比例（64.0% 和 59.8%）。

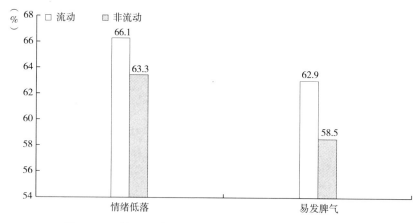

图 11 - 8　按照流动与非流动，最近 6 个月青少年曾至少
每月一次出现下列状态的比例

图 11 - 8 显示了流动与非流动青少年最近 6 个月青少年曾至少每月一次出现情绪低落和易发脾气的比例情况。流动青少年近 6 个月曾至少每月一次出现情绪低落和易发脾气的比例（66.1% 和 62.9%）高于非流动青少年的比例（63.3% 和 58.5%）。总体上，流动青少年比非流动青少年的精神状态要

差，这可能与流动青少年随父母外出务工、生活以及学习不安定、受到与城里孩子不同待遇等经历有关。

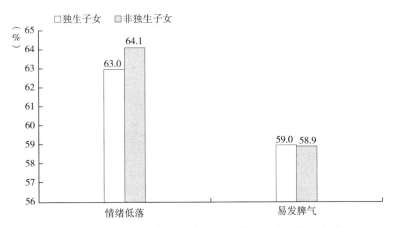

图 11 - 9 按照独生子女与非独生子女，最近 6 个月青少年曾至少每月一次出现下列状态的比例

图 11 - 9 显示了独生子女与非独生子女最近 6 个月青少年曾至少每月一次出现情绪低落和易发脾气的比例情况。独生子女近 6 个月曾至少每月一次出现情绪低落的比例（63.0%）低于非独生子女的比例（64.1%）。而近 6 个月青少年曾至少每月一次出现易发脾气的比例，两者基本持平（59% 和 58.9%）。总体上，独生子女和非独生子女之间精神状态差别不明显。

以上数据以情绪低落和易发脾气为主要维度，描述了青少年群体的精神状态，并从性别、年级、家庭富裕程度、学校类型、城市类型、所在省份，以及处于留守青少年与非留守青少年、流动青少年与非流动青少年、独生子女与非独生子女状态等方面具体分析了青少年的精神状态。总体上看，青少年的精神状态一般，女生比男生的精神状态要好；随着年级的升高，精神状态也更好；家庭富裕程度越好，精神状态也就越好；示范学校比非示范学校青少年的精神状态要好；不同城市类型之间的差别不大，但是乡镇的青少年整体精神状态要好很多；不同省份之间的差别不明显。以上两个维度大体上可以概括不同状态的青少年的精神面貌，对于我们了解青少年的心理健康有重要意义。

（二）青少年近期身体状态

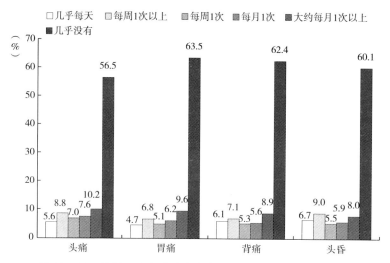

图 11 - 10　最近 6 个月青少年大部分时间的身体状态的比例

图 11 - 10 显示了最近 6 个月青少年大部分时间身体状态的比例情况。报告表明很少或从未出现过头痛、胃痛、背痛和头晕的青少年占比超过了全部青少年的一半，大部分青少年的健康状态比较好。总体上，大约 60% 青少年的身体状况良好，几乎很少出现问题，但仍有 40% 左右的青少年出现不同程度的头痛、胃痛、背痛和头晕症状。

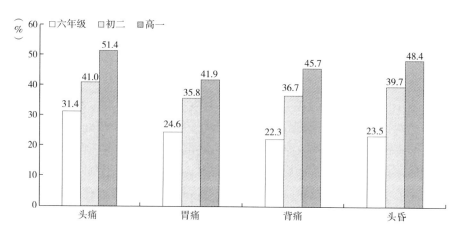

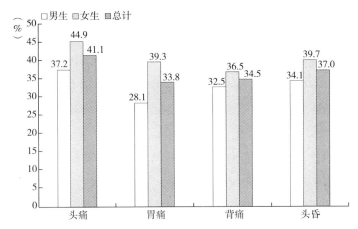

图 11-11 按照年级和性别，最近 6 个月青少年曾至少每月一次出现下列状态的比例

图 11-11 显示了按照年级和性别最近 6 个月青少年曾至少每月一次出现头痛、胃痛、背痛和头晕的比例情况。从年级的角度看，最近 6 个月青少年曾至少每月出现过一次头痛、胃痛、背痛和头晕的比例随年级的升高而呈现上升趋势，这可能与年级的升高、学生的课业压力增大、长时间学习缺乏锻炼和休息有关。从性别的角度看，男生最近 6 个月曾至少每月出现过一次头痛、胃痛、背痛和头晕的比例比女生低。这可能与男女生的生理特征和抗压能力特质有关，受调查男生的健康状况比同龄的女生稍好。总体上，年级与青少年的身体状态成反比，男生的身体状况比女生要好。

表 11-1 按照省份来看，最近 6 个月青少年曾至少每月一次出现下列状态的比例

单位：%

省份	头痛	胃痛	背痛	头晕
北　京	43.4	36.6	35.6	35.0
内蒙古	37.2	32.5	34.3	32.4
黑龙江	42.7	41.1	33.6	32.8
江　苏	35.4	31.4	29.6	29.9
福　建	38.2	36.0	31.9	33.8
湖　北	42.2	33.1	37.1	43.3
湖　南	46.8	35.2	41.9	43.6
广　东	35.8	29.8	30.7	34.4
海　南	44.3	31.0	34.9	40.9
重　庆	45.2	39.4	37.2	37.5
四　川	46.7	32.7	37.0	40.7
陕　西	39.5	36.4	36.8	34.8
甘　肃	40.2	33.8	29.0	36.5

　　表 11 - 1 显示了不同省份最近 6 个月青少年曾至少每月一次出现头痛、胃痛、背痛和头晕的比例情况。在各省份中，最近 6 个月青少年曾至少每月出现过一次头痛的比例最高的是湖南（46.8%），最低的是江苏（35.4%）；最近 6 个月青少年曾至少每月出现过一次胃痛的比例最高的是黑龙江（41.1%），最低的是广东（29.8%）；最近 6 个月青少年曾至少每月出现过一次背痛的比例最高的是湖南（41.9%），最低的是甘肃（29%）；最近 6 个月青少年曾至少每月出现过一次头晕的比例最高的是湖南（43.6%），最低的是江苏（29.9%）。总体上，经济发展水平较高的省市（江苏）青少年出现头痛、胃痛、背痛和头晕问题的比例低一些，经济发展水平较低的省市（甘肃和湖南）比例高一些。

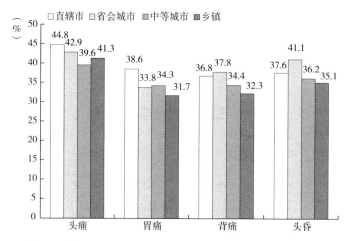

图 11 - 12　按照城市类型，最近 6 个月青少年曾至少每月一次出现下列状态的比例

　　图 11 - 12 显示了按照城市类型最近 6 个月青少年曾至少每月一次出现头痛、胃痛、背痛和头晕的比例情况。在四类城市类型中，最近 6 个月青少年曾至少每月出现过一次头痛、胃痛、背痛和头晕的比例较高的是直辖市和省会城市，较低的是中等城市和乡镇。总体上看，城市规模越大、发展水平越高，产生上述问题的可能性相对更大，乡镇青少年身体状态相比之下更好一些。

　　图 11 - 13 显示了按照学校类型最近 6 个月青少年曾至少每月一次出现头痛、胃痛、背痛和头晕的比例情况。示范学校最近 6 个月青少年曾至少每月出现过一次头痛、胃痛、背痛和头晕的比例高于非示范学校的比例。这可能与他们的学习压力大、课业负担较重以及较少的锻炼有关。总体上，示范学校比非示范学校的青少年更有可能产生以上问题。

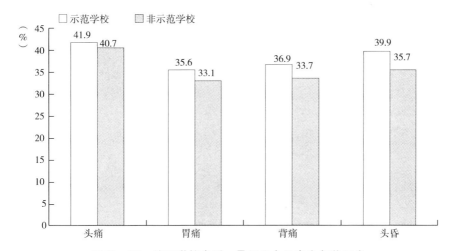

图 11－13　按照学校类型，最近 6 个月青少年曾至少
每月一次出现下列状态的比例

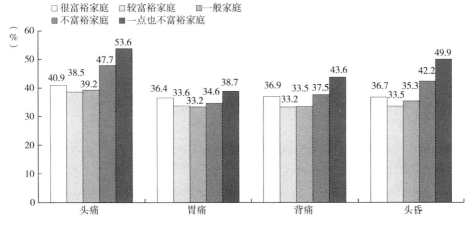

图 11－14　按照家庭富裕程度，最近 6 个月青少年曾至少
每月一次出现下列状态的比例

　　图 11－14 显示了按照家庭富裕程度类型最近 6 个月青少年曾至少每月一次出现头痛、胃痛、背痛和头晕的比例情况。在不同的家庭富裕程度中，最近 6 个月青少年曾至少每月出现过一次头痛、胃痛、背痛和头晕的比例最高的是一点也不富裕家庭，然后是不富裕家庭、很富裕家庭，较低的是较富裕家庭和一般家庭。这可能和家庭富裕程度不同对于儿童的身体健康的关注和照顾程度不同有关，总体上，家庭富裕程度越差，越容易产生以上问题。

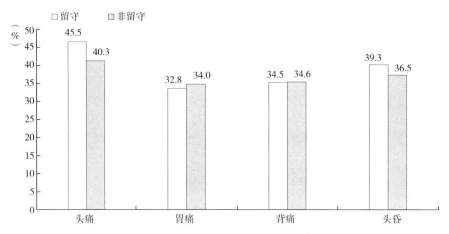

图 11 – 15   按照留守与非留守，最近 6 个月青少年曾至少
每月一次出现下列状态的比例

图 11 – 15 显示了按照留守与非留守最近 6 个月青少年曾至少每月一次出现头痛、胃痛、背痛、头晕的比例情况。留守青少年最近 6 个月曾至少每月出现过一次头痛、头晕的比例高于非留守青少年的比例。而留守青少年近 6 个月曾至少每月出现过一次胃痛、背痛的比例稍低于非留守青少年的比例。这可能和留守青少年受到的家庭照顾不足有关。总体上，留守青少年比非留守青少年更容易产生以上问题。

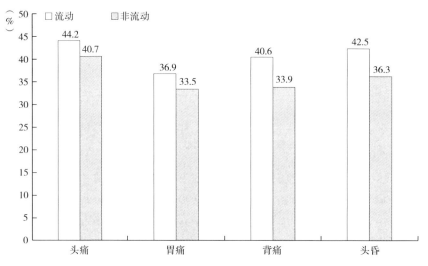

图 11 – 16   按照流动与非流动，最近 6 个月青少年曾至少
每月一次出现下列状态的比例

图 11 - 16 显示了按照流动与非流动最近 6 个月青少年曾至少每月一次出现头痛、胃痛、背痛、头晕的比例情况。流动青少年近 6 个月曾至少每月出现过一次头痛、胃痛、背痛和头晕的比例高于非流动青少年的比例，这可能与流动青少年父母对于青少年的照顾、看护不足有关，总体上看，流动青少年比非流动青少年产生以上问题的可能性更大。

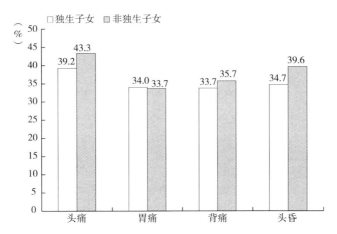

图 11 - 17 按照独生子女与非独生子女，最近 6 个月青少年曾至少每月一次出现下列状态的比例

图 11 - 17 显示了按照独生子女与非独生子女最近 6 个月青少年曾至少每月一次出现头痛、胃痛、背痛、头晕的比例情况。独生子女青少年近 6 个月曾至少每月出现过一次头痛、背痛和头晕的比例低于非独生子女的比例。而近 6 个月独生子女青少年曾至少每月出现过一次胃痛的比例略高于非独生子女的比例。这可能与非独生子女家庭孩子多，家长对于孩子的关心和照顾不足有关。总体上独生子女比非独生子女出现以上问题的可能性更小。

以上数据以头痛、胃痛、背痛、头晕为主要考察维度，描述青少年群体的身体状态，并从性别、年级、家庭富裕程度、学校类型、城市类型、所在省份，以及处于留守青少年与非留守青少年、流动青少年与非流动青少年、独生子女与非独生子女状态等方面具体分析了青少年的精神状态。总体上看，青少年的身体状况良好，几乎很少出现问题。年级与青少年的身体状态成反比，女生的身体状况比男生要好。各省份的青少年出现的问题差别不大。城市规模越大、发展水平越高，产生上述问题的可能性相对较大，乡镇青少年身体状态相比之下更好一些。示范学校比非示范学校的青少年更有可能产生以上问题，家庭富裕程度越差越容易产生以上问题，留守青少年比非留守青少年更容易产生以上问题，流动青少年比非流动青少年产生以上问题的可能性更大。以上四个问题大体上可以概括不同状态的青少年的身体状况，对于我们了解青少年的健康状况有重要意义，并对制定相关的政策有参考意义。

（三）青少年近期睡眠质量

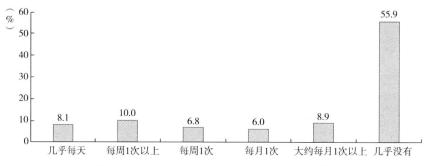

图 11 - 18　最近 6 个月青少年失眠的比例分析

图 11 - 18 显示了最近 6 个月青少年失眠的比例情况。报告很少或从未出现过失眠状况的青少年占全部青少年的一半以上。但仍有 39.8% 的青少年出现不同程度的难以入睡的问题，其中 8.1% 几乎每天、10% 每周一次以上和 6.8% 每周一次难以入睡。总体上来看，青少年的睡眠质量一般，对每周一次以上和每周一次难以入睡的青少年应该给予高度关注，并进行适度干预，帮助解决入睡困难的问题，改善他们的生活质量。

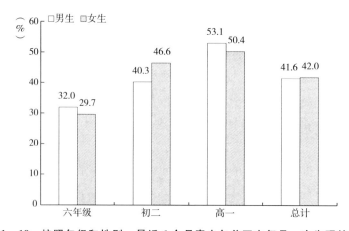

图 11 - 19　按照年级和性别，最近 6 个月青少年曾至少每月一次失眠的比例

图 11 - 19 显示了按照年级和性别最近 6 个月青少年曾至少每月一次失眠的比例情况。男生、女生最近 6 个月曾至少每月一次失眠的比例随年级的升高而呈现上升趋势，小学六年级和高一男生最近 6 个月曾至少每月一次失眠的比例比女生高，而初二男生（40.3%）最近 6 个月曾至少每月一次失眠的比例比女生（46.6%）低。总体上，年级与青少年的睡眠质量呈反比，这可能与青少年的课业压力和家庭、社会以及青少年自身对自己期待较高有关。

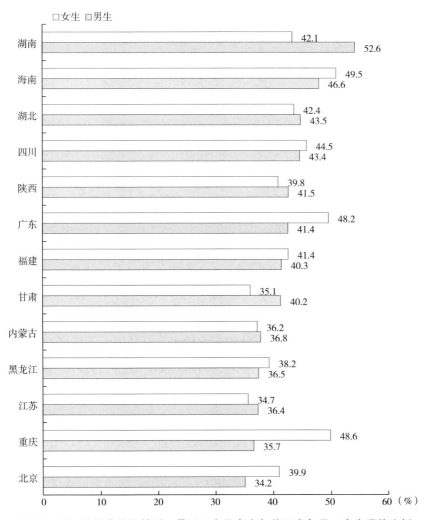

图 11 - 20　按照省份和性别，最近 6 个月青少年曾至少每月一次失眠的比例

图 11 - 20 显示了按照省份和性别最近 6 个月青少年曾至少每月一次失眠的比例情况。从省份的角度看，男生中，最近 6 个月曾至少每月一次失眠的

比例最高的是湖南（52.6%），最低的是北京（34.2%）；女生中，最近6个月曾至少每月一次失眠的比例最高的是海南（49.5%），最低的是江苏（34.7%）。男女生差别大，最严重的省份是重庆（48.6%和35.7%）。

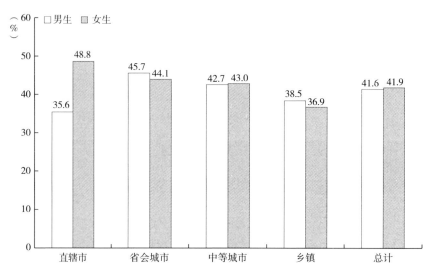

图 11-21　按照城市类型和性别，最近6个月青少年曾至少每月一次失眠的比例

　　图 11-21 显示了按照城市类型和性别最近6个月青少年曾至少每月一次失眠的比例情况。在四类城市类型中，女生中，最近6个月青少年曾至少每月一次失眠的比例最高的直辖市，然后是省会城市、中等城市，最低的是乡镇。男生中，最近6个月青少年曾至少每月一次失眠的比例最高的是省会城市，然后是中等城市、乡镇，最低的是直辖市。总体上，不同城市类型之间的差别并不明显，直辖市的男生和女生的睡眠质量差别较大。直辖市青少年女生失眠比例最高应引起高度关注，应采取有效措施改善这部分青少年失眠问题。

　　图 11-22 显示了按照学校类型和性别最近6个月青少年曾至少每月一次失眠的比例情况。示范学校最近6个月青少年曾至少每月一次失眠的比例高于非示范学校的比例。示范学校男生低于女生可能是因为女生学习较为努力。总体上，示范学校的青少年比非示范学校的青少年睡眠质量要差很多，这可能和两类学校学生的课业压力和竞争压力不同有关。

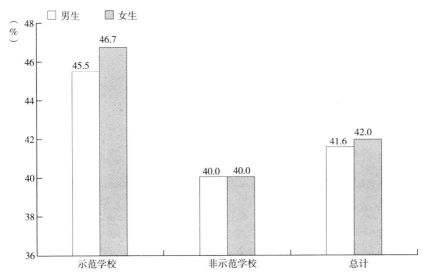

图 11 - 22　按照学校类型和性别，最近 6 个月青少年曾至少
每月一次失眠的比例

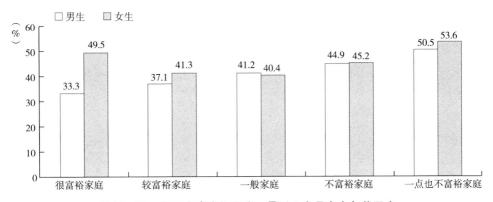

图 11 - 23　按照家庭富裕程度，最近 6 个月青少年曾至少
每月一次失眠的比例

　　图 11 - 23 显示了最近 6 个月青少年曾至少每月一次失眠的比例情况。在不同的家庭富裕程度中，男生中，最近 6 个月曾至少每月一次失眠的比例随着家庭富裕程度的下降呈现上升趋势。女生中，最近 6 个月曾至少每月一次失眠的比例随着家庭富裕程度的下降呈现先下降后上升的趋势。大体上，对于男生而言，家庭富裕程度和睡眠质量呈正相关，对于女生而言，家庭条件一般反而睡眠质量更好，家庭越富裕和越贫困睡眠质量都不好。

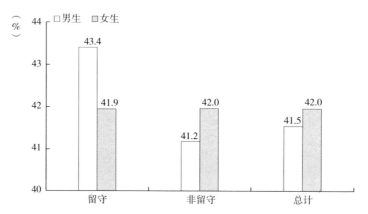

图 11-24 按照留守与非留守，最近 6 个月青少年曾至少每月一次失眠的比例

图 11-24 显示了按照留守与非留守最近 6 个月青少年曾至少每月一次失眠的比例情况。留守青少年男生最近 6 个月曾至少每月一次失眠的比例高于非留守青少年的比例。而留守青少年女生最近 6 个月曾至少每月一次失眠的比例略低于非留守青少年的比例。总体上，留守青少年比非留守青少年的睡眠质量要差，且留守青少年中男生的问题更为突出。非留守青少年中的女生睡眠状况更差一些。这可能与父母远离家乡，没法及时关心和照顾留守青少年生活和学习，处于青春期青少年面临的问题没有得到及时疏导有关。

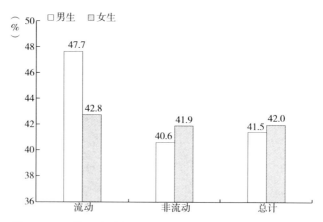

图 11-25 按照流动与非流动，最近 6 个月青少年曾至少
每月一次失眠的比例

图 11-25 显示了按照流动与非流动最近 6 个月青少年曾至少每月一次失眠的比例情况。流动青少年最近 6 个月曾至少每月一次失眠的比例高于非流

动青少年的比例。总体上，流动青少年比非流动青少年的睡眠质量更差一些，且流动青少年中男生的问题更突出，非流动青少年则是女生问题更为突出。这可能和流动家庭对于子女的照顾不足有关。

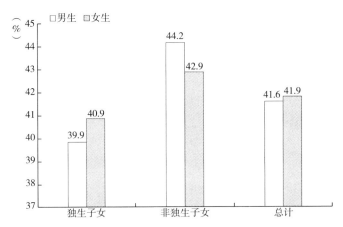

图 11 – 26　按照独生子女与非独生子女，最近 6 个月青少年曾至少
每月一次失眠的比例

图 11 – 26 显示了按照独生子女与非独生子女最近 6 个月青少年曾至少每月一次失眠的比例情况。独生子女最近 6 个月曾至少每月一次失眠的比例低于非独生子女的比例。总体上，非独生子女比独生子女的睡眠质量更差一些，男生的问题更为突出，独生子女中则是女生问题更为突出。这可能与多子女家庭的经济条件相对来说比独生子女要差一些，而且对孩子的照顾不足有关。

以上数据以最近 6 个月青少年曾至少每月一次失眠的比例为考察项，描述青少年群体的睡眠状态，并从性别、年级、家庭富裕程度、学校类型、城市类型、所在省份，以及处于留守青少年与非留守青少年、流动青少年与非流动青少年、独生子女与非独生子女状态等方面具体分析了青少年的睡眠状态。总体上看，青少年的睡眠质量一般。年级与青少年的睡眠质量呈反比，这可能与青少年的课业压力和人际交往压力有关。男生和女生之间的差别较大，省份之间的差别不明显。不同城市类型之间的差别并不明显，直辖市男生和女生的睡眠质量差别较大。示范学校的青少年睡眠质量比非示范学校的青少年要差一些，这可能与两类学校学生的课业压力和竞争压力不同有关。对于男生而言，家庭富裕程度与孩子的睡眠质量呈正相关，对于女生而言，家庭条件一般反而睡眠质量越好，家庭越富裕和越贫困睡眠质量都不好。且留守青少年中男生的睡眠问题更为突出，非留守青少年中女生的睡眠状况更差一些。流动青少年比非流动青少年的睡眠质量更差一些，且流动青少年中男生的问题更突出，非流动青少年中则是女生问题更为突出。以上问题描述了青少年在不同环境的睡眠状况，整体上睡眠质量一般，需要进行干预，改善青少年睡眠质量。

（四）青少年健康的自评

青少年健康的自我认知以"你觉得你有多健康"（回答选项为：非常好、好、一般、差）这一项来衡量。

必选

你觉得你的健康状况处于以下哪一水平？

1）非常好

2）好

3）一般

4）差

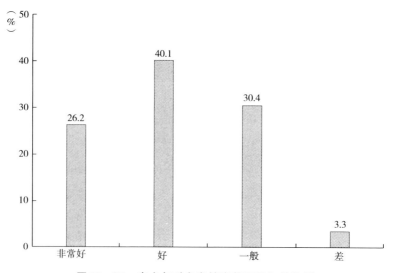

图 11 - 27　青少年对自身健康状况认知的比例

图 11 - 27 显示了青少年对自身健康状况认知的比例情况。该报告中认为自身健康状况非常好的青少年比例为 26.2% ，认为自身健康状况好的比例为

40.1%，认为自身健康状况一般的青少年为 30.4%，认为自身健康状况差的青少年为 3.3%。总体上，青少年自认为自我健康状况良好，但仍然有 30.4% 的青少年认为健康状况一般，这个情况应该引起关注，采取积极有效的措施去改善这种状况。

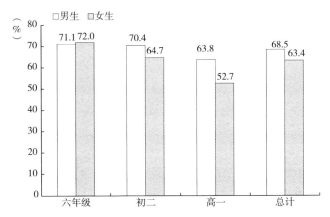

图 11 - 28　按照年级和性别，青少年认为自身健康状况是好的比例

图 11 - 28 显示了按照年级和性别青少年认为自身健康状况是好的比例情况。总体而言，男生认为自身健康状况好的比例比女生高，男生、女生认为自身健康状况好的比例随年级的升高而呈下降趋势。这与青少年学生的年级升高所带来的课业压力、负担的加重和体育锻炼时间的减少有关。总体上，青少年对于自我健康状况的评价和年级呈现反向相关。

图 11 - 29 显示了不同省份青少年认为自身健康状况是好的比例情况。在各省份的青少年中，认为自身健康状况好的比例最高的是北京（女生：68.2%；男生：77.8%），最低的是甘肃（女生：51.6%；男生：58%）。总体上，不同省份环境不同，但青少年自我健康状况的评估结果差别不大。

图 11 - 30 显示了按照城市类型和性别青少年认为自身健康状况是比较好的比例情况。在四类城市类型中，男生中认为自身健康状况好的比例最高的是省会城市，其次是中等城市、直辖市，最低的是乡镇的青少年。女生中认为自身健康状况好的比例最高的是直辖市，然后是中等城市、省会城市，最低的是乡镇的青少年。这可能和实际的青少年健康情况有关，也可能和不同青少年的心理状况有关。

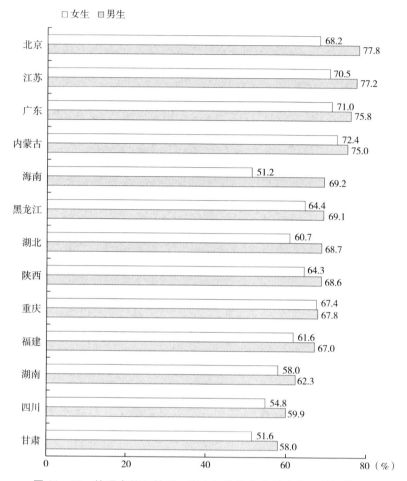

图 11 - 29　按照省份和性别，青少年认为自身健康状况是好的比例

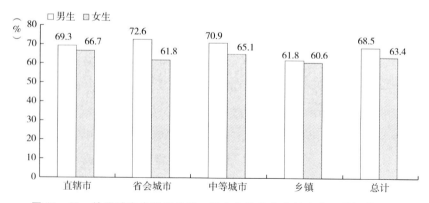

图 11 - 30　按照城市类型和性别，青少年认为自身健康状况是好的比例

总体上，城市规模越大、发展状况越好，青少年对于自我健康评价越高，乡镇青少年的自我健康评价最低。

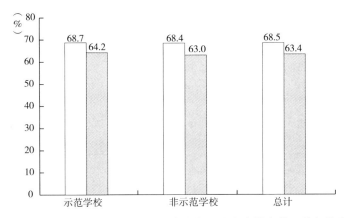

图 11 - 31　按照学校类型和性别，青少年认为自身健康状况是好的比例

图 11 - 31 显示了按照学校类型和性别青少年认为自身健康状况是好的比例情况。示范学校的男生和女生认为自身健康状况是好的比例均大于非示范学校，但差异不大。总体上，示范学校和非示范学校的青少年对于自我健康状况的评价差别不大。

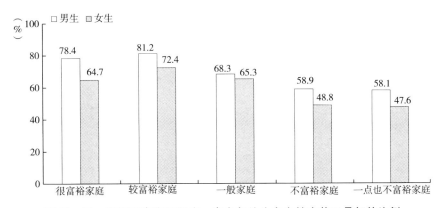

图 11 - 32　按照家庭富裕程度，青少年认为自身健康状况是好的比例

图 11 - 32 显示了按照家庭富裕程度青少年认为自身健康状况是好的比例情况。在不同的家庭富裕程度中，青少年认为自身健康状况好的比例最高的是较富裕家庭，最低的是一点也不富裕家庭。这可能和不同家庭条件给孩子的营养健康照顾的实际状况不同有关。总体上，家庭经济富裕程度越高，青少年对于自我健康的评价越高。

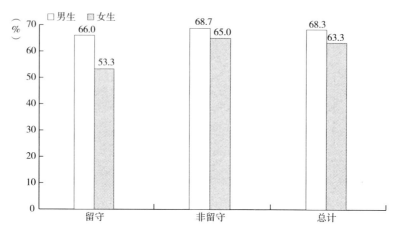

图 11-33 按照留守与非留守，青少年认为自身健康状况是好的比例

图 11-33 显示了按照留守与非留守青少年认为自身健康状况是好的比例情况。留守青少年的男生和女生认为自身健康状况是好的比例均低于非留守青少年的比例。这可能和留守青少年的实际照顾者对于留守青少年的照顾不足有关。总体上，留守青少年比非留守青少年的自我健康评价要低一些，但是差别不明显。

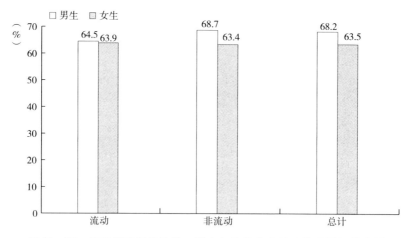

图 11-34 按照流动与非流动，青少年认为自身健康状况是好的比例

图 11-34 显示了按照流动与非流动青少年认为自身健康状况是好的比例情况。非流动青少年认为自身健康状况是好的比例男生高于流动青少年的比例，女生则低于流动青少年比例。总体上，流动青少年比非流动青少年的自我健康评价要低，这和流动青少年家庭对于青少年的日常照顾不到位有关。非流动青少年中的男生比女生的自我健康评价显著要高。

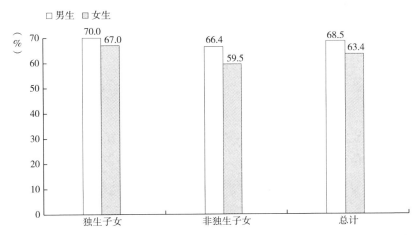

图 11 - 35　按照独生子女与非独生子女，青少年认为自身健康状况是好的比例

图 11 - 35 显示了按照独生子女与非独生子女青少年认为自身健康状况是好的比例情况。独生子女中男生和女生认为自身健康状况是好的比例均高于非独生子女的比例。总体来看，独生子女比非独生子女的自我健康评价要高，这和独生子女家长对于孩子的单独、专门的照顾有关。非独生子女中男生对自我健康的评价显著高于女生。

以上数据反映了青少年群体自我健康评价水平，并从性别、年级、家庭富裕程度、学校类型、城市类型、所在省份，以及处于留守青少年与非留守青少年、流动青少年与非流动青少年、独生子女与非独生子女状态等方面具体分析了青少年的健康状态。青少年自认为自我健康状况良好。青少年对自我健康状况的评价与年级呈现反比。不同省份环境不同，但是青少年自我健康状况的评估结果差别不大。城市规模越大、发展状况越好，青少年对于自我健康评价越高，乡镇的青少年的自我健康评价最低。示范学校和非示范学校的青少年对于自我健康状况的评价差别不大。家庭经济富裕程度越高，青少年对于自我健康的评价越高。留守青少年比非留守青少年的自我健康评价要低一些，但是差别不明显。总体上，流动青少年比非流动青少年的自我健康评价要低，非流动青少年的男生比女生的自我健康评价显著要高。独生子女比非独生子女的自我健康评价要高，非独生子女中男生对自我健康的评价显著高于女生。青少年的自我健康评价一方面可以作为青少年实际健康状况的参考，另一方面也是家庭、学校对于青少年健康照顾的缩影，这个评估结果也同时容易受到青少年主观心理状况的影响。

（五）生活满意度

关于心理和社会的研究侧重于主观健康的可评价性方面，从而使生活的满意度得以概念化。相关的理论把生活满意度看成由目标形成的整体。在侯百纳[1]看来，青少年是以 4 个主要发展期待为特征的：①为进一步深造而取得学业上的成就；②社会关系和与异性关系的发展；③建立消费者生活方式；④建立道德和伦理价值观。

这个提议的基本假定在于那些促进这些成长任务实现的资源对整个生活的满足感有重要的积极作用，而这些资源存在于个体和个体背景中。

关于成年人生活幸福感的研究证明了单项指标衡量方法是对这一概念的有效衡量。为了改进原始项目对 11 岁青少年的研究作用，研究者对原始项目作了稍微的措辞修改。由于 Cantril 阶梯对生活满意度来说是一种有效的衡量方法，因而也被作为问卷的必选部分。

	10　最好的生活
	9
必选	8
	7
右侧是一个梯图。	6
最顶端的梯格"10"意味着对你来说最好的生活，最	5
低端的"0"指的是对你来说最糟糕的生活。	4
一般情况下，你觉得你目前处于梯图的哪个位置。	3
在最能描述你所处位置的数字左侧的方框内打"√"	2
	1
	0　最糟糕的生活

到了 20 世纪 90 年代，对儿童和青少年生活满足感的衡量方法有了重大进展。其中一个突出的贡献在于用 Cantril 阶梯模型来测量青少年生活满意度。从 0~10 十个梯度来计分换算高中低三个等级监测青少年自称自己处于哪个程度。

图 11-36 显示了青少年生活满意度的比例情况。该报告生活满意度为 6

---

[1]　Huebner, E. S. Correlates of Life Satisfaction in Children. School Psychology Quarterly，（1991）6（2），103-111.

的比例最高（19.8%），大多数青少年都集中在 1～7。总体上，青少年的生活满意度处于中下游，满意程度整体较低。这可能与青少年处于急剧的生理和心理变化时期、理想中的生活与现实差距过大有关。

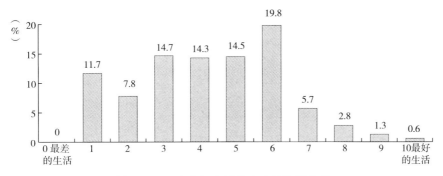

图 11－36　青少年生活满意度的比例分析

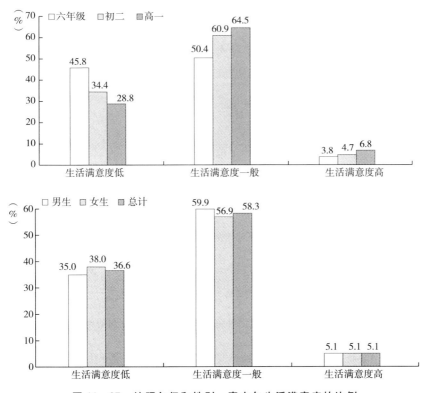

图 11－37　按照年级和性别，青少年生活满意度的比例

图 11－37 显示了按照年级和性别青少年生活满意度的比例情况。从年级的角度看，青少年生活满意度低的比例随年级的上升而呈现下降趋势，而青

少年生活满意度一般的比例随年级的上升而呈现上升趋势。从性别的角度看，男生生活满意度低的比例低于女生，生活满意度一般的比例高于女生，而生活满意度高的比例和女生一样。总体上，随着青少年所在年级的升高，对于生活的满意度有所提高，男生和女生整体上差别不大。

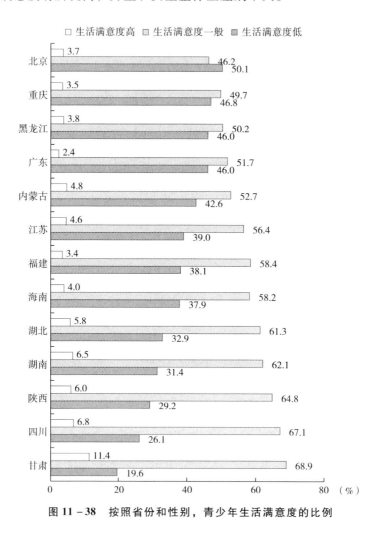

图 11－38　按照省份和性别，青少年生活满意度的比例

图 11－38 显示了按照省份和性别青少年生活满意度的比例情况。在各省份的青少年中，青少年生活满意度高的比例最高的是甘肃，最低的是广东。青少年生活满意度一般的比例最高的是甘肃，最低的是北京。青少年生活满意度低的比例最高的是北京，最低的是甘肃。总体上，不同省份的青少年生活满意度差别较为明显，经济文化发展水平越高的省份的青少年，比如北京，

生活满意度越低，相反，经济条件一般的内陆省份的青少年生活满意度越高，比如甘肃。这可能和青少年的攀比心理有关，也和不同发展水平的省份的经济、生活、学习压力有关。

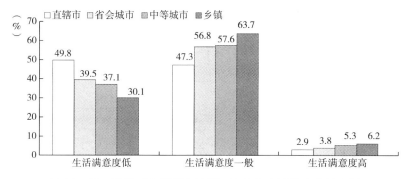

图 11 - 39 按照城市类型和性别，青少年生活满意度的比例

图 11 - 39 显示了按照城市类型和性别青少年生活满意度的比例情况。在四类城市类型中，青少年生活满意度高和一般的比例最高的是乡镇，然后中等城市、省会城市，最低的是直辖市。青少年生活满意度低的比例最高的是直辖市，然后是省会城市、中等城市，最低的是乡镇。总体上，生活在条件越优越的城市青少年的生活满意度越低。这可能和不同类型的城市生活压力和竞争压力不同有关。

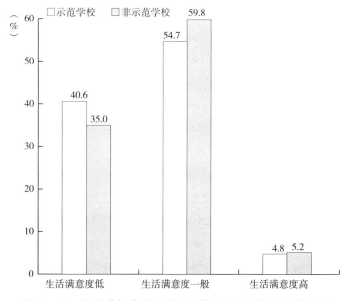

图 11 - 40 按照学校类型和性别，青少年生活满意度的比例

图 11 - 40 显示了按照学校类型和性别青少年生活满意度的比例情况。示范学校青少年生活满意度高和一般的比例低于非示范学校的比例，而青少年生活满意度低的比例高于非示范学校。总体上，示范学校比非示范学校的青少年生活满意度要低，这可能和学校内的学习竞争、生活攀比有关。

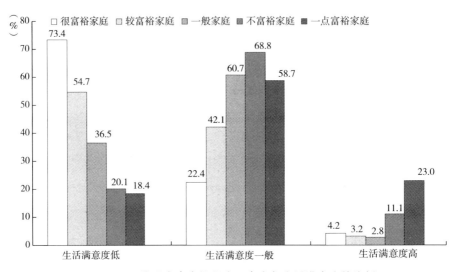

图 11 - 41　按照家庭富裕程度，青少年生活满意度的比例

图 11 - 41 显示了按照家庭富裕程度青少年生活满意度的比例情况。在不同的家庭富裕程度中，青少年生活满意度低的比例随着家庭富裕程度的下降而下降。青少年生活满意度高的比例最高为一点也不富裕家庭，然后是不富裕家庭、很富裕家庭、较富裕家庭，最低的是一般家庭。青少年生活满意度一般的比例最高的是不富裕家庭，然后是一般家庭、一点也不富裕家庭、较富裕家庭，最低的是很富裕家庭。很富裕和较富裕家庭一半以上的青少年的生活满意度低，一般家庭、不富裕家庭和一点也不富裕家庭一半以上的青少年生活满意度为一般。总体来看，家庭富裕程度越高，生活的满意度越低，这可能和物质需求满足之后的需求的进阶性有关。

图 11 - 42 显示了按照留守与非留守青少年生活满意度的比例情况。留守青少年生活满意度一般（65.2%）和高（7.6%）的比例都高于非留守青少年的比例（57.3% 和 4.7%）。而留守青少年生活满意度低（27.2%）的比例低于非留守青少年的比例（38.1%）。总体上，留守青少年的生活满意度要比非留守青少年的生活满意度高。

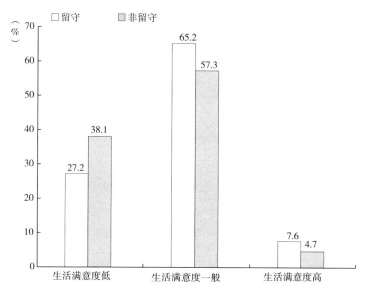

图 11 - 42　按照留守与非留守，青少年生活满意度的比例

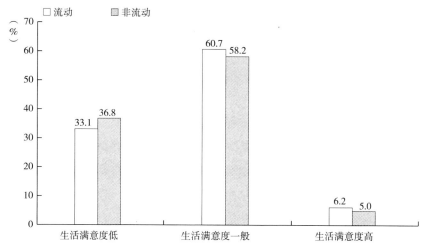

图 11 - 43　按照流动与非流动，青少年生活满意度的比例

　　图 11 - 43 显示了按照流动与非流动青少年生活满意度的比例情况。流动青少年生活满意度一般（60.7%）和高（6.2%）的比例都高于非流动青少年的比例（58.2% 和 5%）。而流动青少年生活满意度低的比例（33.1%）低于非流动青少年的比例（36.8%）。总体上，流动青少年的生活满意度要比非流动青少年的生活满意度高。

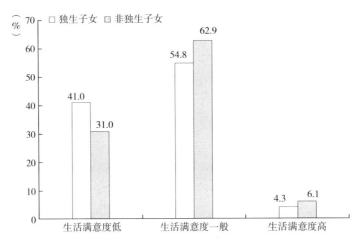

图 11 – 44　按照独生子女与非独生子女，青少年生活满意度的比例

　　图 11 – 44 显示了按照独生子女与非独生子女青少年生活满意度的比例情况。独生子女生活满意度一般（54.8%）和高（4.3%）的比例都低于非独生子女的比例（62.9% 和 6.1%）。而独生子女生活满意度低的比例（41%）高于非独生子女的比例（31%）。总体上，非独生子女要比独生子女的生活满意度高。

　　以上数据考察了青少年群体主观认知的生活满意度的问题，并从性别、年级、家庭富裕程度、学校类型、城市类型、所在省份，以及处于留守青少年与非留守青少年、流动青少年与非流动青少年、独生子女与非独生子女状态等方面具体分析了青少年的满意度。总体上看，青少年的生活满意度处于中下游，满意程度整体较低。随着青少年所在年级的升高，对于生活的满意度有所提高，男生和女生整体上差别不大。不同省份的青少年生活满意度差别较为明显，经济文化发展水平越高的省份的青少年，比如北京，生活满意度越低，相反经济条件一般的内陆省份的青少年生活满意度较高，比如甘肃。生活在条件越优越的城市青少年的生活满意度越低，示范学校比非示范学校的青少年生活满意度要低，家庭富裕程度越高，生活的满意度越低。留守青少年、非独生子女、流动青少年的生活满意度要比非留守青少年、独生子女、非流动青少年的生活满意度高。综上，青少年的主观认知的生活满意度，一方面是客观生活条件的反映，另一方面更重要的是青少年主观的心理状况的反映，或者说是和客观的生活、学习、居住状况以及周遭环境的对比的反映。

　　侯百纳做出的有关青少年生活满意度衡量标准（SLSS）有所发展。最早的衡量标准包括9项。有趣的是这一衡量标准与消极以及积极的影响皆有联系。从中可看出这一标准利用了健康的消极和积极两个方面。实验性调查同时也揭示了个体资源和社会资源的潜在联系，这表明对于生活满意度的资源观点可能是合理的。

与康萃尔相比，侯百纳关于青少年生活满足的衡量标准为我们提供了一种对青少年生活满意度概念的更开阔的理解。在此基础上，侯百纳的生活满意度标准被提议作为一个可选项加入对青少年的生活满意度的理解中去。实验表明这一标准可被概括为6项，依然可作为生活满意度的有效衡量方法。原始标准中的以下项目可以作为可选项：

对以下每个描述，过去几周你最常遇到这些情况，在最适合的描述后打"√"

　　　　　　　　　从来没有过　　有时　　常常　　几乎总是

1）我喜欢发生在我身上的一切

2）我的生活进展顺利

3）我想改变我生活中的很多东西

4）我希望我有不一样的人生

5）我拥有美好的生活

6）对于发生在我身上的一切，我都感觉良好

五　讨论

（一）生活满意度和社会不平等

考虑到社会资源和物质条件可能在很大程度上促进了更高的生活满意度，社会不平等问题成为焦点就不足为奇了。在对成人的研究中，两个关于物质资源所扮演角色问题的相反观点占主导地位，即相对观点和绝对观点。绝对观点认为资源的绝对标准对个体生活满意度影响甚大。比较而言，相对观点却认为只有与特定标准（例如：邻居、同事等）相关的资源才对生活满意度有意义。蒂内和同事[1]在一个有关国家主观健康的研究中提出绝对水平假设的

---

[1] Diener E，Emmons R A，Larsen R J，et al. The Satisfaction with Life Scale. Social Science Electronic Publishing，1985（49）：71-75.

证据，他们发现平均购买力是对平均生活满意度的有力前瞻。但是，其他人也找到了有力支持。他们指出群体内部的资源比较可能对生活满意度很重要。研究者运用多维系统模型的方法进行分析，同时也由于 35 个国家在个体、学校和国家水平上提供了有效的评估，国家内部和国与国之间的不同影响将在 HSBC 的研究中清楚呈现。

（二）与学校有关的适应目标和生活满意度

在青少年时期一个重要的发展目标就是进一步深造而取得学业上的竞争力[①]。那些有助于实现这一目标的资源也同样对整个生活满意度意义重大。先前以 HBSC 为基础的研究展现了学校内社会心理资源和学校满足之间的重大关联。按照侯百纳和同事所作的概念上的成果，学校可能是一个对整体生活满意度有最大影响力的单位。现在即将施行一个对学校相关资源对整体生活满意度的影响进行评估的重大课题。

（三）身体方面的文化差异

WHO 一项涵盖 14 个国家的多焦点研究在身体疾病和非临床症状流行中发现了突出的国家差异。这些差异表明：在成年人身体不良反应的表现中，文化和社会因素可能扮演着重要角色。记录青少年人群身上的相似效果很重要，因为这些证据可能凸显文化领域内的举措在主要的及辅助的预防工作中的必要性。在 HSBC 调查中，按等级划分的结构（即青少年在学校内，学校在国家内）使研究者能对影响个体不良反应的文化因素进行多层次系统模型化研究。

六　研究发现

本章向我们展示了青少年健康情况和满意度的影响和现状。

1. 从不同城市类型来看

最近 6 个月青少年曾至少每月出现过一次头痛、胃痛、背痛和头晕的比

---

① Francien Huurma et al. Socioeconomic Status as a Cause and Consequence of Psychosomatic Symptoms from Adolescence to Adulthood. Social Psychiatry Psychiatr Epidemiol, 2005, 40: 580 – 587.

例较高的是直辖市和省会城市，较低的是中等城市和乡镇的青少年。女生中最近6个月青少年曾至少每月一次失眠的比例最高的是直辖市，然后是省会城市、中等城市，最低的是乡镇。男生中最近6个月青少年曾至少每月一次失眠的比例最高的是省会城市，然后是中等城市、乡镇，最低的是直辖市。男生中认为自身健康状况好的比例最高的是省会城市，其次是中等城市、直辖市，最低的是乡镇的青少年。女生中认为自身健康状况好的比例最高的是直辖市，然后是中等城市、省会城市，最低的是乡镇的青少年。青少年生活满意度高和一般的比例最高的是乡镇，然后是中等城市、省会城市，最低的是直辖。青少年生活满意度低的比例最高的是直辖市，然后是省会城市、中等城市，最低的是乡镇。

2. 从不同省份来看

在各省市的青少年中，最近6个月青少年曾至少每月出现过一次头痛的比例最高的是湖南，最低的是江苏。最近6个月青少年曾至少每月出现过一次胃痛的比例最高的是黑龙江，最低的是广东。最近6个月青少年曾至少每月出现过一次背痛的比例最高的是湖南，最低的是甘肃。最近6个月青少年曾至少每月出现过一次头晕的比例最高的是湖南，最低的是江苏。男生中最近6个月青少年曾至少每月一次失眠的比例最高的是湖南，最低的是北京。女生中最近6个月青少年曾至少每月一次失眠的比例最高的是海南，最低的是江苏。认为自身健康状况好的比例最高的是北京，最低的是甘肃。青少年生活满意度高的比例最高的是甘肃，最低的是广东。青少年生活满意度一般的比例最高的是甘肃，最低的是北京。青少年生活满意度低的比例最高的是北京，最低的是甘肃。

3. 从示范学校和非示范学校来看

示范学校最近6个月青少年曾至少每月出现过一次头痛、胃痛、背痛和头晕的比例高于非示范学校的比例。示范学校最近6个月青少年曾至少每月一次失眠的比例高于非示范学校的比例。示范学校和非示范学校的青少年认为自身健康状况好的比例差别不大。示范学校青少年生活满意度高和一般的比例低于非示范学校的比例，而青少年生活满意度低的比例高于非示范学校。

4. 从不同家庭富裕程度来看

最近6个月青少年曾至少每月出现过一次头痛、胃痛、背痛和头晕的比例最高的是一点也不富裕家庭，然后是不富裕家庭、很富裕家庭，较低的是较富裕家庭和一般家庭。男生中，最近6个月青少年曾至少每月一次失眠的比例随着家庭富裕程度的下降呈现上升趋势。女生中，最近6个月青少年曾至少每月一次失眠的比例随着家庭富裕程度的下降呈现先下降后上升的趋势。青少年认为自身健康状况好的比例最高的是较富裕家庭，最低的是一点也不富裕家庭。青少年生活满意度低的比例随着家庭富裕程度的下降而下降。青少年生活满意度高的比例最高为一点也不富裕家庭，然后是不富裕家庭、很富裕家庭、较富裕家庭，最低的是一般家庭。青少年生活满意度一般的比例最高的是不富裕家庭，然后是一般家庭、一点也不富裕家庭、较富裕家庭，最低的是很富裕家庭。很富裕和较富裕家庭一半以上的青少年的生活满意度低，一般家庭、不富裕家庭和一点也不富裕家庭一半以上的青少年生活满意度为一般。

5. 从留守青少年和非留守青少年来看

留守青少年近6个月曾至少每月一次出现情绪低落和易发脾气的比例低于非留守青少年的比例。留守青少年最近6个月青少年曾至少每月出现过一次头痛、头晕的比例高于非留守青少年的比例；而留守青少年近6个月青少年曾至少每月出现过一次胃痛、背痛的比例低于非留守青少年的比例。留守青少年男生最近6个月青少年曾至少每月一次失眠的比例高于非留守青少年的比例；而留守青少年女生最近6个月青少年曾至少每月一次失眠的比例略低于非留守青少年的比例。留守青少年生活满意度一般和高的比例都高于非留守青少年的比例；而留守青少年生活满意度低的比例低于非留守青少年的比例。

6. 从流动青少年和非流动青少年来看

流动青少年近6个月曾至少每月一次出现情绪低落和易发脾气的比例高于非流动青少年的比例；流动青少年近6个月青少年曾至少每月出现过一次头痛、胃痛、背痛和头晕的比例高于非流动青少年的比例；流动青少年最近6个月曾至少每月一次失眠的比例高于非流动青少年的比例；流动青少年生活满意度一般和高的比例都高于非流动青少年的比例，而流动青少年生活满意度低的比例低于非流动青少年的比例。

7. 从独生子女和非独生子女来看

独生子女近6个月曾至少每月一次出现情绪低落的比例低于非独生子女的比例；近6个月青少年曾至少每月一次出现易发脾气的比例，两者持平。

独生子女近 6 个月青少年曾至少每月出现过一次头痛、背痛和头晕的比例低于非独生子女的比例；近 6 个月青少年曾至少每月出现过一次胃痛的比例略高于非独生子女的比例。独生子女最近 6 个月青少年曾至少每月一次失眠的比例低于非独生子女的比例。独生子女生活满意度一般和高的比例都低于非独生子女的比例。独生子女生活满意度低的比例高于非独生子女的比例。

　　通过以上研究，我们应该认识到青少年的健康问题是集生理健康、心理健康、社会健康于一体的，以前的研究只关注青少年的生理健康问题，通过上述研究发现，青少年的心理和社会健康问题已经超过生理健康问题成为更亟须解决的问题。特别是在中国改革开放的今天，物质生活的满足已经成为基础，更为迫切解决的问题是人们的精神健康问题和社会生活满意度的问题。青少年是国家的未来，全方位关注青少年的健康问题，关系国家的发展、民族的未来。

第四部分

讨论与启示

第十二章　讨论与启示

一　讨论

（一）健康的性别不平等

1. 概述

在全国五个区域的 13 个省份的成年人中，人们在健康和相关方面存在很大性别差异，其中一些性别差异从儿童时期和青春期就开始存在了。既有的青少年健康行为文献对男生和女生的调查结果进行了论述，提供了健康结果差异的清晰证据。我们在该研究中第一次进行了关于我国五个区域中 13 个省份青少年健康行为及其健康结果的性别差异概述。

2. 社会环境

健康行为和健康结果是社会政治、经济水平、文化综合发展水平的反映。研究青少年儿童健康行为必须考察他们所处的社会背景以及在这个背景下青少年的生活方式和状态。

在这些环境评估方式中，我们发现了明显的性别差异，尤其与学校环境相关的评估方法。把学业成就、同伴支持以及对学校满意度作为评估标准，女生比男生更多地自称其拥有很多积极的学校经历，低年级的部分男生和高年级的女生普遍地感受到压力。

在同侪关系中，男生大多会反映他们拥有各种各样的朋友，并经常与朋友面对面地交流。与男生和朋友面对面交流相比，女生更喜欢通过电子媒介来与朋友一起参与社会活动。在与家长沟通方面也存在性别差异。在年龄较大的男生中，当他们遇到一些困扰问题时，他们更容易与家长，尤其是与父亲沟通。

3. 健康结果

对儿童和青少年健康的关注，不能局限于那些可能导致未来不健康甚至疾病困扰的行为上。衡量青少年健康状态有四种方法：自我健康评估、生活满意度、经历身心疾病和意外的医学伤害。对于前三种标准，女生比男生更可能有消极的反应，也就是说，她们的自我健康评估和生活满意度会更低，并且频繁地经历各种疾病症状，男生多数会一致反映他们有需要就医的伤害。

在我国青少年健康行为研究中，肥胖问题比较突出。性别差异在这个问题上有很明显的体现。男生更容易出现体重过重和肥胖的情况。各个年龄组都存在这种差异，年龄越大，这种差异表现得越明显。尽管如此，女生大多数可能感觉对自己的身材不满意，需要或者更可能正在尝试减肥。

4. 健康行为

在我国 2010 年青少年健康行为研究调查中，女生多数可能反映她们经常购买健康食品，很少购买非健康食品，她们更可能不吃早饭或者正在通过节食来控制体重。该研究结果显示男生比较乐于参加体育运动，随着年龄增长，这种性别差异呈现上升的趋势。相反地，男生也更有可能看电视和上网的时间超过国际建议的标准。

5. 危险行为

我国 2010 年青少年健康行为包括一些与健康相关的危险行为。这些行为将会给青少年造成深远影响、不良后果。这些危险行为包括物质滥用、逃学、欺负和打架、网瘾、孤独、焦虑、抑郁。我们需要从这些危险行为中找到一些重要的、带有共性的性别差异。调查显示在几乎所有地区和所有年龄群体，男生比女生更可能在试探性或规则性地参与危险行为。大多数省份男生比女生更可能参与酗酒、抽食大麻、欺负和打架，大多数男生反映他们在 13 岁前开始进行物质滥用消费。

烟草使用的情况更为复杂。吸烟行为比其他的物质使用行为的性别差异小一些。虽然年龄最小群体的情况显示男生更可能有频繁吸烟的行为，但在年龄较大的青少年群体中情况却不同。在一些地区中，年龄较大的女生比男生吸烟行为的比例更高。中国青少年危险行为与国际相关危险行为数据相比，两者有类似性。

6. 讨论

综上所述，从上述与健康相关的行为、健康结果和健康环境看来，男生与女生之间的差异非常明显。这些调查结果并不能断定两种性别哪一种更健康或者更不健康；相反地，它说明对男性和女性健康的关注是两类完全不同的问题，不同群体也有不同的趋向。我们应该努力促使性别在健康领域中达到平衡，所以这些问题对于了解青少年健康，并为相关政策和实践提供指导非常重要。

男生在体力运动中大量参与的情况也许能够部分地解释他们需要就医治疗的伤害的比例较高的现象。特别反映在我国近年来伤害的比例直线上升，与国际上青少年伤害发生的比例相比，我们是全球青少年遭受伤害比例的1倍以上。然而大家都很清楚，青少年参与体育运动也带来了青春期健康和社交的好处。新的调查结果显示，除了在吸烟问题上性别差异可能会趋于平等之外，危险行为更容易发生在男生身上。危险行为多数表现为外部行为，更容易发生在男性身上，这进一步说明了性别差异的存在。

调查显示女生们的健康食品消费频率更高，体重过重和肥胖比例更低。然而她们更可能正在吃减肥餐或者减掉一餐，更可能不满意自己的身材，这些情况更多与一些社会和文化因素相关。

与之前的调查结果相一致，疾病和生活满意度方面有明显的性别差异。特别是对与这些健康观念、身材和体重问题相关差异的理解还需作进一步研究。

（二）健康的年龄不平等

1. 概述

在儿童的成长过程中，健康情况不是稳定不变的。随着青少年的成长、发育，他们涉及的健康和危险行为与他们周围的社会环境及他们经历的健康结果与所发生的重大变化密切相关。在童年时期表现出来的这些差异，将转变为成年以后不断产生的健康问题。将童年期和成年期相比，青春期是死亡率和发病率最低的时期，但是它也是健康差异发展经历的一个重要阶段。

2. 社会环境

青少年健康行为研究通过可利用的衡量标准来表现环境对青少年健康的影响，即描述对家庭、学校和同侪环境的认知和理解。总的来说，随着年龄的增长，儿童与父母沟通的情况越来越差。

这种与年龄相关的趋势同样可以在有关学校方面观察得到，年龄小的儿童比年龄大一些的儿童更多地对学校经历有着更积极的感受。从自我压力指数的报告显示来看，几乎所有地区都使用同学支持度，将对学业成就的看法以及学校满意度作为评价指标。

随着电子沟通新模型的广泛应用，孩子们根据他们彼此交流的方式重新定义了什么是"正常"。这一点很可能会影响到同侪关系。童年时期的孩子很少会反映他们拥有亲密的朋友关系，这也许归因为对亲密友情的理解总是在变化。同样有意思的是，我们可以观察到年龄大一些的孩子会花更多的时间与朋友相处，无论是面对面的接触还是电子的交流活动。

3. 健康结果

2010 年我国青少年健康行为包括了许多有助于概括儿童健康年龄差异的健康结果。我们可以明显地看出儿童的健康评估随着年龄的上升而下降。在几乎所有受调查的地区，反映良好的自我健康评估和生活满意度的 15 岁左右青少年比例是比较低的。

通过报告来看，年龄较大的青少年更频繁地出现身体和心理病症。肥胖状况也更高频率地出现在年龄大一些的学生中，这可能归因于这个群体的体育运动频率太低，而久坐行为和不健康食品消费不断上升。与这些情况一致的是年龄稍大的女生更加频繁地关注身材，随之而来的是相对更高强度的控制体重的行为。总的来说，随着青少年年龄的渐长，这种情况表明，较之于所获得的健康改善，健康的消损更加明显。对于这种情况有一个重要的例外，即需要就医的伤害的比例并没有随着年龄的变化显示出大的变化。

4. 健康行为

该报告描述了健康行为中各种各样与年龄有关的模型，然而，这些模型也有着显著的一致性。报告显示年龄较小的儿童可能有更积极的多种多样的健康行为，但是当这些孩子进入青春期，这些健康行为开始呈现下降的趋势。在参与国中几乎所有青少年健康行为研究有关这种年龄的趋势一再被确定，在许多不同类型的行为中也存在相同趋势。举例来说，15 岁青少年比年龄更小的孩子更可能在吃饭时饮碳酸饮料，并且很少吃水果和蔬菜。他们参加体育运动的可能性比较小，更有可能在看电视之类的久坐行为上花费较长的时间。作为一种控制体重的方法，15 岁的孩子为了控制体重而更愿意省去早餐。

尽管这些行为中有一部分是习惯性的，但这种行为的持续性可能与成年后的长期健康问题有关，包括慢性疾病。这种有关年龄的趋向也有一些例外，我们可以推测它可能是受到了社会压力的驱使。一个非常明显的例子是年龄较大的青少年通过有规律地刷牙来进行牙齿保健。然而这些行为都属于例外情况。总体上来说，积极的健康行为是随着年龄的增长而减少。

5. 危险行为

在各种公开类型的危险行为中，特别是与年龄相关的问题凸显出来。调查数据显示在年龄较大的青少年中更普遍地出现饮酒和醉酒、吸烟，尝试性和有规律地使用大麻。这并不令人惊讶，因为在大多数地区和文化中，对所谓"成年人"行为的尝试在青少年中十分常见。

在暴力事件方面的年龄趋向则不同。比起 11 岁至 13 岁的学生，15 岁的学生更少反映出参与身体打斗、欺负和被欺负。虽然这个研究结果可能归因于不同年龄群体对于构成身体打斗行为的理解不同，也可能是青少年从儿童到青春期的转变使他们的社会交往和控制冲突能力得到提升。

6. 讨论

我们可以明显地看出随着青少年的成长和发育，他们反映的健康行为、健康结果和健康环境的概况都有所变化。这些变化普遍地出现在许多地区的男生、女生身上，它可以反映出青少年开始向成年转变的典型行为。这些反映在报告中的情况具有显著的一致性，表明 13 个省份的青少年健康行为研究有能力去鉴别这样普遍的发展趋势。

我们观察到许多有关青少年健康行为和发展趋势的年龄结果都是消极的。显而易见，积极的健康行为在减少，例如吃健康的食物、参与足够的体育运动，同时，调查反映青少年的物质滥用和其他危险行为在增加。报告同样反映出青少年时期儿童不容易沟通，并且越来越多的孩子患上了心理疾病，青少年的健康经历在青春期恶化已成为一种常见现象。教育工作者、健康专家和其他人都有责任去对这些生活方式进行更好的理解，帮助青少年在青春期过渡期中防止这些行为变得根深蒂固。

关于年龄的调查报告仅仅显示了青少年参与尝试行为的普遍性。然而，这些危险行为倾向并不能被认为是消极的。它们更应该被视为一条可能通往各种健康结果的社会道路的台阶。如果不检查这些台阶，就可能对正在成长的青少年的健康造成伤害。这也许是冒险行为造成疾病的社会梯度开始上升的结果，但是如果青少年得到有效的教育和环境策略的帮助，并做出积极正面的选择，许多危险行为造成的严重健康影响就可能减至最小。

该报告的研究结果包括一些有助于开发这样的策略方案的基本信息，其中可能包括推动和增强健康行为选择的项目和政策，还有那些在家庭、学校和邻居中创造出积极的社会物质环境的策略。

（三）健康的地域不平等

1. 概述

正如第一章所描述的，参与青少年健康行为研究的 13 个省份囊括了比较广阔的地理区域。这些省份范围涉及了多种文化、气候和地形，在经济、历史和政治环境上都大有不同。因此，我们将会发现这些参与省份的青少年的健康及健康行为上的差异。

2. 社会环境

青少年与家长之间的关系是健康环境因素中的社会关系的关键组成部分。这些特殊变量之间存在相对清晰的地理影响因素。报告显示内蒙古的女生比其他地区的女生更有可能与母亲沟通。在与父亲的交流方面，男生和女生的状况则是相同的。相反地，甘肃的男生和女生，则不易与母亲沟通。在 13 个青少年健康行为省份，同侪之间的相互作用同样非常值得注意，同样也存在明显的地理因素的影响。调查显示内蒙古的男生女生更可能有更多亲密的朋友且经常通过电子媒介与朋友们交流。谈及同性朋友，甘肃和四川女生则很少拥有三个或三个以上的亲密朋友。虽然有一些明显的差异出现，但地理差异在学校因素上的表现并不明显。

3. 健康结果

报告中呈现关键健康结果最值得注意的是甘肃和四川的男生、女生们都更可能表现出患有多种健康疾病。自我健康评价低和生活满意度低更普遍地出现在甘肃/四川的男生中。相对于其他地区的青少年，甘肃女生的生活满意度更低一些。东部和北部学生健康疾病的出现比例较低，北京男生表现出较高的健康满意度。

对于其他的健康结果受地理因素的影响各有所不同。例如北京的男女生反映出就医治疗的伤害更多，女生的这种情况较少，尤其是甘肃的这种性别差异则更低。北京男女生体重过重和肥胖情况的比例最高，而甘肃的女生最不易体重过重或肥胖。

4. 健康行为

北京男女生每天较少饮碳酸饮料，甘肃部分地区的男生摄入水果的频率更低。甘肃女生更多地反映她们经常饮碳酸饮料，同时那里的男生和女生普遍最喜欢看电视，北京男生和女生则最不喜欢看电视。

5. 高危行为

调查显示，北京的男生和女生每周吸烟的比例相对较低。但北京男生和女生在报告中显示出，他们曾经至少醉酒两次的比例最高，其中女生多数表示她们在 13 岁或更早时第一次醉酒，四川的男女生低龄初次醉酒的现象较少。类似地，报告中我们可以发现，北京地区青少年醉酒两次或两次以上情况不像四川等其他地区的青少年频繁。

调查显示，全国各地的青少年被试们吸食大麻的比例非常低。报告中地理因素对男生的性健康行为没有明显的影响，报告中反映曾经频繁参与身体打斗的情况中，甘肃男生比例最大，北京的男生则比其他地区的青少年反映出更少地参与过打斗，北京的男女生也较少反映他们曾经欺负过其他学生。

6. 讨论

这次报告第一次把全国 5 个区域中 13 个省份关于青少年健康行为研究的资料汇成了一幅全面的图景。其中显现的地理模型为分析结果的一致性提供了有效的支持，本报告同样显示了在有关健康生活方式的发展上性别因素和地理因素的相互作用。

在积极的健康结果、同辈和家庭关系上，地理因素的影响表现得最为明显。概括地说，我国青少年更多地反映出积极的健康状况、淡漠的家庭关系和丰富的同侪交往。有关学校方面的因素，地理影响的表现最不明显。从我们搜集到的许多学校体制和学生成绩以及以前证实的学校因素对于青少年的重要性来看，这一点是比较异常的。

一些鉴别出的影响因素可能与摄取的食物相关，如关于甘肃青少年水果的摄入量最少、北京青少年水果的摄入量最多。有些因素可能与服务方式相关：比如湖北青少年很少有需就医治疗的伤害，而北京青少年这种情况则较多；北京、重庆青少年肥胖比例高，而甘肃、四川则很低。大多数情况这些决定因素之间会相互作用并产生多种影响。

关于地理因素的分析表明，必须在该领域进行进一步研究工作，同时也强调了健康与社会地理领域进一步合作研究的潜力。下一步工作将是探索我们青少年健康行为地理因素的调查结果与全球性数据库的联系，探究勾画健康与健康决定因素之间关联的图景。

（四） 健康的社会经济不平等

1. 概述

以往的研究者对成年人和青少年健康的社会经济因素进行了广泛的研究。那些更富裕、拥有更高社会地位或者受过更好教育的人与教育程度低、工作地位低和收入低的个体相比较，他们的健康状况更好，死亡率也更低。最近，对于社会经济地位（SES）对青少年健康的影响的兴趣悄然兴起，并且现在它成为青少年健康行为研究中一个十分重要的部分。

社会经济因素与青少年健康之间的关系非常复杂。研究呈现不同的结果，有些案例中健康行为受到 SES 的影响呈现明显的坡度，而有些缺乏这样的差异。SES、健康结果、健康行为、年龄、性别以及地区人口的差异等不同评估方式的使用带来了多种多样的调查结果。它同时还表明，同侪、学校和媒介对青少年健康结果的影响相同。

青少年健康的研究结果强调，这个生命阶段的潜力可以为青少年成年时期的社会经济差异的起源提供更好的理解，并为鉴别成年人健康差异的产生和增长方式提供更好的理解。由于青少年健康的发展进步需要理解社会经济决定因素的潜在重要性，所以这个问题就其本身来说也是相当重要的。

2. 社会环境

社会环境促使社会经济对健康产生影响这一点尚有争议。所以，分析不同社会环境中的社会经济因素就非常重要。

尽管家庭的富裕程度和与学校相关的压力间并没有很大的联系，但是拥有好的学习成绩的男生比女生更普遍地来自比较富裕的家庭。此外，同学支持率高也多数与较高的家庭富裕程度相关。在很多地区，家庭比较富裕的学生更可能反映他们很喜欢学校，但是在少数地区情况则会恰恰相反。

来自富裕家庭的孩子更多地反映他们与母亲有良好的沟通。在所有受调查的省份，来自富裕家庭的男生和女生都发现他们与父亲很容易交谈。这个调查结果非常明显地一致，并可能会构成其他因素的基础，而这些因素与家境较差的学生的低健康水平相关。

同侪关系也与家庭富裕程度有关。拥有三个或三个以上的同性朋友、每天与朋友进行网络交流都更普遍地出现在那些家庭富裕的青少年中。在一些省份地区，富裕家庭的青少年普遍每周花四个或更多个晚上与朋友一起出去，但也有少数地区情况相反。

3. 健康结果

青少年健康行为研究包含的健康结果的社会影响经常出现在成年人阶段，不过这些差异在青春期就已经被发现。

值得注意的是，来自不富裕家庭的学生一致反映出一般或较差的健康状况，特别是女生，也会有多种的健康疾病出现。其中最显著的是家庭富裕状况与生活满意度之间的联系的一致性。在大多数地区，富裕家庭的学生更多地反映出较高的生活满意度。

体重过重和肥胖与家庭富裕程度有着明显的联系。来自不富裕家庭的学生更可能体重过重和肥胖，他们也会更多反映感觉自己太胖。相反地，家庭富裕程度更高的孩子更普遍反映曾受到过需要就医治疗的伤害。

4. 健康行为

几乎所有地区健康行为都与家庭富裕状况紧密联系，然而，随着地区不同，一些行为的因素也会变化。

在大多数省份，来自不富裕家庭的男生和女生每天饮碳酸饮料的比例更高。碳酸饮料的消费量与富裕的家境相关，吃早饭和水果以及每天至少刷一次牙的状况，都更普遍地出现在那些家庭富裕的孩子身上。

体育锻炼频度低的状况常常出现在家庭不富裕的男生和女生中。同样地，他们也更爱看电视，这种情况在西部和北部地区最为突出。

控制体重行为更普遍地出现在来自富裕家庭的女生中，但是对男生而言，这种控制体重行为与家庭富裕状况的联系并不明显。

5. 危险行为

我们发现在极少数地区，家庭富裕程度与吸烟或低龄饮酒之间有显著的联系。在大多数案例中，过早的危险行为与不富裕的家庭状况相关。

来自不富裕家庭的学生更可能每周吸烟。富裕家庭的青少年酗酒和醉酒的经历往往更普遍。不过在大多数案例中，不到半数地区中家庭富裕程度与吸烟饮酒行为有联系。

总的来说，大麻的使用和社会经济因素没有明显的联系，与大麻使用的关系，富裕家庭和不富裕家庭的状况相同。

来自不富裕家庭的学生更容易受到欺负。欺负他人与家庭富裕程度的关系不大，不过也有比较明显的联系，内蒙古和四川的青少年比较多地会受到欺负，北京和重庆受欺负的比例则较低；在少数与家庭富裕程度相关的打斗案例中，频繁出现的男生打斗与富裕的家境密切相关。

6. 讨论

在大多数地区的男生和女生中，通过家庭富裕程度来评估，较高的社会经济地位都与积极的健康成果相关。大多数情况下需就医治疗的伤害出现在家庭富裕程度高的学生身上。相反地，危险行为与家庭富裕程度的关系非常小。总的来说，吸烟行为出现在家庭不富裕的青少年中，酗酒则出现在家庭富裕的青少年中。这与全球青少年健康行为调查结果非常相似。

一般来说，富裕家庭的学生大多获得更高的学术成就，但是其他学校相关因素与家庭富裕程度没有这么密切的关系。几乎在所有地区中拥有很多的朋友、晚上与朋友长时间相处和经常与朋友通过电子媒介交流的现象，大多出现在富裕家庭的青少年身上。大多数地区富裕家庭的女生更普遍地反映与家长有良好沟通，但是这一点在男生身上并不明显。

青少年健康与社会经济地位的关系非常复杂。我们的调查结果证明了来自现存研究的观察结果，各个地区青少年健康的社会差异与健康结果、性别不同其评估结果也各不相同。总的来说，调查结果表明，与其他的因素相比，一些健康和健康行为的评估方法对家庭富裕程度更为敏感。家庭富裕程度、积极健康以及健康促进行为之间的联系，佐证了青少年健康行为研究以前关于自我健康评估、日常水果食用、碳酸饮料饮用、刷牙以及体育活动的研究。以前的青少年健康行为研究发现，青少年社会经济地位和吸烟酗酒之间存在微弱的关系。2005~2006年调查结果显示出一个关于健康行为有意思的状况，几乎所有地区的各种健康结果都与家庭富裕程度的联系十分明显，但是在危险行为方面却不存在这种一致性的联系。在一些省份，确实有一些冒险行为与家庭富裕程度相关，但是联系的趋向是不同的，在一些省份这种联系根本不存在。[①]

健康行为和危险行为之间的一个重要区别就在于，不像大多数的危险行为，健康行为主要形成于幼年，家长在这个时期的影响远比在青春期时期的影响强得多。当家庭富裕程度对青少年危险行为的影响并不显著时，由家庭、

[①] 世界卫生组织欧洲办事处编《青少年健康不平等：学龄儿童健康行为研究 – 2005/2006 年国际研究调查报告》，周华珍译，中国青年出版社，2010。

同侪和社会带来的影响就会在青春期对青少年产生更大的冲击。

综上，可以看出我国青少年健康具有以下几个方面的特点。

一是第一次用系统的方法量化青少年健康不平等问题。青少年健康行为研究第四次发布的国际报告，与以前的研究一样，提供了大量有关青少年健康、教育、社会和家庭方面的资料。但是，原先的研究报告是从性别、年龄、地域和社会经济学的维度来描述健康行为模式的，这次研究报告则采用了一套系统的方法去量化不平等。它揭示了家庭富裕程度与研究中所关注的不同健康变量之间的联系，并通过不同区域将这些联系表现出来。

二是它为设计消除以青少年健康不平等为目标的国际、国内政策和策略框架的长远发展提供了支持。WHO（世界卫生组织）欧洲地区办事处对健康不平等的主题报告非常感兴趣，他们对与学龄儿童健康行为研究的继续合作感到十分自豪。社会经济因素在青少年身心及社会发展中起着至关重要的作用，而青春期作为健康差异出现的一个关键阶段，将一直延续到成年期。这份报告的出版是及时的，因为它为以处理健康不平等为目标的国际、国内政策和策略框架的长远发展提供了支持。2005 年 9 月，WHO 地区委员会所采用的欧洲青少年健康发展战略就是一个鲜明的例子，这个战略目标是帮助促进成员国制定自己的政策和计划。它指出了青少年健康发展研究面临的最艰巨的挑战，最重要的是它为青少年健康发展研究提供了以近年来收集到的证据和经验为依据的指导。①

HBSC 报告是 51 个国家和地区的调查者和团队通过大量工作努力得来的结果。但更为重要的是，它还归功于几千名青少年的热忱和自发参与，他们与研究团队分享了关于他们思想、感知和行为的出色见解。没有这些青少年的支持和帮助，HBSC 研究是不可能成功地进行下来的，正是为了他们，我们努力对参与研究的国家和地区的政策方向形成了一定的影响，确保所有青少年能有一个更加美好的未来。

三是它是青少年自己表达未来的一条重要渠道。现在学龄儿童健康行为已经在 43 个国家和地区展开，它是一条可以让青少年表达自己去定义未来心声的非常重要的途径。世界卫生组织欧洲地区的大多数成员国都缺乏 11 岁至 15 岁青少年的系统的数据集合，HBSC 已经弥补这一空白。

---

① Mental Health Action Plan for Europe. Copenhagen，WHO Regional Offi ce for Europe，2005.

四是该调查为政府制定政策提供科学依据。学龄儿童健康行为研究的一个重要影响是，它促进了越来越多的国家加强这一领域数据的收集、分析和利用能力。我们也看到各个国家越来越多地利用学龄儿童健康行为数据来审视现有政策并制定新的政策。

学龄儿童健康行为所收集的数据基本都是有关青少年健康的数据，他们的想法、经历、志向以及担忧组成了这份报告，它会对暴露出的行为加以引导。

五是调查对象是青少年健康行为数据库建立者之一。学龄儿童健康行为的特质在于它并不是把参与的青少年当成"实验品"去研究，而是把他们当成伙伴去创建一个数据库，这个数据库将会影响他们所在国家的政策制定者、公共健康专家、老师、家长以及其他主要利害相关者的行为活动。青少年的参与为我们提供了对 21 世纪初青少年成长方式的深刻而富有意义的解读。

六是该报告的数据揭示出一些青少年健康存在的问题。这些青少年成长的经历无不充满挑战。国际报告非常清楚地向我们表明，在许多青少年健康幸福的状态令人欢欣鼓舞的同时，仍有为数不少的青少年正在面临着诸如超重和肥胖、体形困扰、生活满足感低、物质滥用和遭受欺负等真实而令人担忧的问题。

参与国家和地区的政策制定者、专家们应该仔细地倾听青少年的心声，确保这些声音能促使他们努力去发现和解决给青少年健康和未来带来影响的这些健康不平等。

需要再一次强调的是，学龄儿童健康行为研究促使我们去反观我们对社会、经济、健康和教育在不同环境中的看法，加深我们对此问题的理解，促使我们更加努力，使青少年能够茁壮成长。

二 结论与启示

通过对我国青少年健康调查问卷数据的分析和研究，我们获得了一些新的重要发现，这些新发现包括：①报告显示我国青少年在健康行为、健康结果和健康环境方面，男生与女生之间的差异非常明显。②报告显示我国不同年龄的青少年在健康行为、健康结果和健康环境方面存在比较明显的差异。③报告显示不同地域的青少年在健康行为、健康结果和健康环境方面，男生与女生之间的差异比较明显。④青少年健康与家庭社会经济地位的关系非常复杂。在几乎所有省份，它的各种健康结果都与家庭富裕程度的联系十分明显，但是在危险行为方面却不存在这种一致性的联系。⑤不同城市类型、不同学校类型的青少年在健康行为、健康结果和健康环境方面，男生与女生之间的差异比较明显。⑥留守青少年与非留守青少年、流动青少年与非流动青少年、独生子女与非独生子女在健康行为、健康结果和健康环境方面，男生与女生之间的差异比较明显。⑦不同家庭结构的青少年在健康行为、健康结果和健康环境方面，男生与女生之间的差异比较明显。

报告对于我国目前进行的青少年健康行为研究具有重要价值和意义，具体体现在如下几个方面。

（1）青少年在健康方面的性别差异，提示我们应该将男性和女性健康行为视为两类完全不同的问题。针对不同群体的发展趋向，我们应该促使在健康领域中达到性别平衡。因此，了解青少年健康方面存在的性别差异问题，对我国政府制定促进青少年健康的相关政策和实践，提供了科学的依据。

（2）青少年健康年龄方面存在的差异，使我们能够清晰地认识到青少年健康危险行为与年龄之间的关系。促使及时发现各个不同年龄青少年可能发生的危险行为。使我们能够及时地预测一些可能对正在成长中的青少年健康造成伤害的因素，努力改善青少年生活的社会环境，帮助青少年做出积极正面的选择，将许多危险行为造成的严重影响健康的危险因素尽可能减至最小。

（3）不同地域的青少年在健康方面客观存在的差异。了解地理因素对青少年健康的影响，能帮助我们了解健康与决定健康的地域因素之间的联系，以便人们有针对性地采取有效措施。

（4）不同城市类型的青少年在健康方面所存在的差异。不同城市的经济、文化、教育等方面发展不平衡，导致了不同城市类型青少年健康行为和健康结果的差异十分明显，这些数据提醒政府应该平衡不同城市类型的综合发展水平，完善社会保障制度，保护青少年健康发展权益。

（5）不同学校类型的青少年在健康方面客观存在的差异，特别是一些积极行为和危险行为在两类不同学校的比例差异比较明显。示范学校和非示范学校在校舍、办公条件等硬件资源和师资、生源、信息、学校管理等软件资源上都存在巨大差异，这些都直接影响青少年的健康成长。

（6）留守青少年、流动青少年与非留守青少年、流动青少年在健康方面存在较大差异。不同的生活环境和人生经历，造成了这些不同类型青少年的健康行为及健康结果存在巨大差异。该调查结果提示社会各界应该多关心留守青少年、流动青少年，尽快制定保护留守青少年、流动青少年健康成长的规划和政策，使这些留守青少年和流动青少年健康成长的权利得到保护。

（7）独生子女与非独生子女在健康方面存在较大差异。我国实行计划生育政策，独生子女在物质条件、精神照顾等各方面优于非独生子女，积极健康的行为方面独生子女情况较好。但独生子女在一些消极行为，特别是心理方面的问题比非独生子女的比例要高一些。

研究报告综合运用了社会学、行为科学、心理学领域的基本理论和研究模型，分析我国青少年健康行为问题具有一定的创新性。

这里呈现的结果表明了健康差异的分布十分广泛，困扰着青少年健康行为研究中的每个参与调查的省份、城市和地区。虽然一些关于健康不平等的研究对于这种状况已逐渐从描述转向阐释，但是在一些地区为了解决健康不平等问题，仍需要更多有关青春期的描述性与分析性的相关研究，而青少年健康行为研究正好为这些分析提供了一个独一无二的机会。

虽然人们在学术和政治领域对于健康不平等的兴趣日益增加，但要彻底解释清楚社会经济或者人口因素与健康之间的联系，特别是在青少年这个领域，我们还有很长的路要走。健康不平等的持续存在，表明这种不平等在现代社会中根深蒂固，这种情形警示我们，仅仅依靠传统的干预政策，希望能在短时间内缩减健康差异是不现实的。需要政府有关部门的大力支持和帮助，同时也需要全社会营造良好的社会风气，特别是学校和家庭的健康意识和健康行为对青少年的成长至关重要。

青少年正处于人生中成长和发育的关键时期，青少年时期应该是一个发挥防御作用的重要阶段。本研究结果表明，我们应当对整个社会和各个年龄群体的健康差异的影响因素采取一些切实有效的方案和措施。这些预防方案的设计、执行和评估都需要青少年健康领域的研究者进一步研究和分析，需要政府有关部门的大力支持和帮助，依据我们所调查研究的数据，制定一些促进青少年健康的政策和规划，为保护青少年健康发展权益提供制度性保障。

参考文献

1. 中文参考文献

世界卫生组织—学龄儿童健康行为（WHO – HBSC）：HBSC 通过在国内和国际的调查结果可以理解新提出的儿童的健康和幸福；理解健康的社会决定因素；为政策和实践提供信息以改善儿童的生活。第一次 HBSC 调查在 1983/1984 年对 5 个国家展开，现在研究已覆盖了欧洲和北美的 43 个国家和地区。该项目主要通过比较各国儿童健康行为现状及流行趋势，了解全球儿童的健康状况和流行趋势，理解健康问题的社会决定因素对儿童健康的影响，为政府制定健康政策提供科学实证依据，为各国开展健康教育和健康促进活动提供干预经验，为改善儿童生活质量提供科学健康信息。

世界卫生组织编《学龄儿童健康行为研究——2005/2006 年国际研究调查报告》，周华珍译，中国青年出版社，2010。

2. 英文参考文献

AarøL E. , Wold B. , Kannas L. , Rimpelä M. （1986）. Health Behaviour in School – children. A WHO Cross – national Survey. *Health Promotion International*, 1986, 1（1）：17 – 33.

Acheson, D. *Independent Inquiry in to Inequalities in Health Report.* London：The Stationery Office, 1998.

Berndt, TJ. Obtaining Support from Friends during Childhood and Adolescence. In：Bell, D. , ed. Children's Social Networks and Social Supports. New York, John Wiley & Sons, 1989, pp. 308 – – 331.

Black J. M. , Smith C. , Townsend P. *Inequalities in Health：the Black Report.* Harmo-ndsworth：Penguin, 1982.

BravemanP. , Tarimo E. , CreeseA. , et al. *Equity in Health and Health Care：A WHO/SIDA Initiative.* Geneva, WorldHealthOrganization, 1996.

Brown, B. B. et al. Transformations in Peer Relationships at Adolescence: Implications for Health Behavior. In: Schulenberg, J. et al., ed. Health Risks and Developmental Transitions During Adolescence. Cambridge, Cambridge University Press, 1997. 43.

Candace Currie, Klaus Hurrelmann, Wolfgang Settertobulte, Rebecca Smith, Joanna Todd Health Behaviour in School – aged Children: A WHO Cross – National Study (HBSC) International Report, the WHO Regional Committee for Europe at Its Forty – eighth Session, Copenhagen, September 1998.

Currie. Candace, Hurrelmann, K, Settertobulte, W, Smith, Becky, Todd, Joanna. et al. (1999). Health and Health Behaviour among Young People: International Report. Copenhagen: WHO Regional Office for Europe.

Currie C. et al., eds. Social Determinants of Health and Well – being among Young People. Health Behaviour in School – aged Children (HBSC) Study: International Report from the 2009/2010 Survey. Copenhagen, WHO Regional Office for Europe, 2012 (Health Policy for Children and Adolescents, No. 6).

Currie, C. Roberts, A. Mirgan, R. Smith, W. Settertobulte, O. Samdal. & V. B. Rasmussen, V. B. Rasmussen, V. B, (eds). Young People's Health in Context. Health Behavior in Schoolaged Children (HBSC) Study: International Report from the 2001/2002 Survey.

Dahlgren G., WhiteheadM. *Policiesand Strategiesto Promote Equityin Health.* Copenhagen: WHO Regional Office for Europe, 1992.

Diderichsen F., EvansT., Whitehead M. The Social Basis of Disparities in Health. In: EvansT. ed. *Challenges in Inequalitiesin Health: from Ethicsto Action.* Oxford: Oxford University Press; 2001.

Francois, Y. et al. Sampling. In: Currie, C. Health Behaviour in School – Aged Children. Research protocol for the 1997/1998 Survey. A World Health Organization Cross – National Study. Edinburgh, University of Edinburgh, 1998.

Griesbach D., Amos A., Currie C. Adolescents-moking and Family Structure in Europe. *Social Scienceand Medicine*, 2003, 56: 42 – 52.

Irwin L, Siddiqi A, Hertzman C. Early Child Development A Powerful Equalizer. Final Report for the WHO Commission on Social Determinants of

Health. Vancouver, BC, Human Early Learning Partnership, 2007.

Kuendig H. & Kuntsche E. Family bonding and Adolescent alcoholuse: Moderating Effect of living with Excessive Drinking Parents. *Alcohol & Alcoholism*, 2006, 41 (4), 464 – 471.

Kuntsche, E. N. & Silbereisen, R. K. Parental Clo-seness and Adolescent Substanceusein Single and Two – parent Families in Switzerland. *Swiss Journal of Psychology*, 2004, 63 (2), 85 – 92. DOI: 11024/1421 – 0185. 63. 2. 85

Mackenbach J. , Bakker M. (EDT) . *Reducing Inequalities in Health: a EuropeanPerspective*. London: Routledge, 2002.

Mental Health Action Plan for Europe. Copenhagen, WHO Regional Office for Europe, 2005.

Mental Health: Facing the Challenges, Building Solutions. Report from the WHO European Ministerial Conference. Copenhagen, WHO Regional Office for Erope, 2005.

Morgan A. et al. Mental Well – being in School – aged Children in Europe: Associations with Social Cohesion and Socio Economic Circumstances. In: Social Cohesion for Mental Well – being among Adolescents. Copenhagen, WHO Regional Offi ce for Europe, 2008.

Ottawa Charter for Health Promotion. Health promotion, 1 (4): iii – v 1986. WHO European Strategy for Child and Adolescent Health and Development. Copenhagen, WHO Regional Office for Europe, 2005.

SackerA. , Schoon Bartley. Social Inequality and Psychosocial adjustment through out Childhood: Magnitude and Mechanisms. *SocialScienceand Medicine*, 2002, 55: 863 – 880.

SantosM. P. , MatosM. G. , Mota J. Seasonal Variations in Portuguese Adolescents' Organized and non – organized Physical Activities. *Pediatric ExerciseScience*, 2005, 17, 390 – 398.

Thompson D. R. , Iachan R. , Overpeck M. , Ross J. G. & Gross L. A. School Connectedness-in the Health Behavior in School – Aged Children Study: The Roleof Student, School, and School Neighborhood Characteristics. *Journal of School Health*, 2006, Vol76, No7, pp. 379 – 386.

Torsheim T. , Wold B. , Samdal O. The Teacher and Classmate Support Scale: Factor Structure, Test – retestreliability and Validity in Samples of 13 and 15 year Old Ado Lescents. *School Psychology International*, 2000, 21: 195 – 212.

VolkA. , CraigW. , BoyceW. , King M. Adolescen-trisk Correlates of Bullying and Different types of Victimization. *International Journal of Adolescent Medicine and Health*, 2006, 8 (4): 575 – 86.

West P. Health Inequalities in the Early Years: Isthere Equalisation in Youth? *Social Science and Medicine*, 1997, 44: 833 – 858.

World Health Organization. Regional Office for Europe. *WHO European Strategy for Child and Adolescent Health and Development*. Copenhagen: WHO Regional Office for Europe, 2005.

Zollner H. National Policies for Reducing Social Inequalities in Health in Europe. *Scan Dinavian Journal of Public Health*, 2002, 30: Suppl. 59: 6 – 11.

后　记

　　《中国青少年健康行为研究——基于 13 个省份的调查数据分析》基本完稿，此时我的心情非常激动，但更多的是心怀感恩。该书稿的完成是青少年健康行为课题组成员集体智慧的结晶，是我校与以色列巴伊兰大学多年合作成果的总结，是我校教育部课题"学龄儿童健康公平的指标体系及社会决定因素研究"成果之一，该项目同时也是长江设计研究中心、原中国青年政治学院委托研究课题的成果之一。

　　多年来，青少年健康行为跨文化研究团队齐心协力，花费了大量心血进行青少年健康行为本土化研究工作，进行了问卷翻译、问卷测试、修改、全国调查等大量工作，也获得了地方调研员的协助。青少年健康研究团队与巴伊兰大学研究团队共同开展数据清理和数据整理、撰写研究报告、反复修改至定稿，真正体现了课题组成员齐心协力共同合作的研究成果。

　　本书具体分工如下：

　　张树辉负责策划、框架结构调整以及序言、第五章"体育活动与营养"、第六章"烟草使用对青少年健康行为的影响"、第七章"酒精使用对青少年健康行为的影响"的撰写工作，周华珍负责第一章至第四章、第六章、第八章至第十一章的撰写工作，YossiHarel‐Fisch 提供数据表格和全球青少年健康数据。本课题研究小组的学生们帮助收集资料、参与问卷翻译、调查问卷、数据分析、校对等工作。宋鑫、周春怀、冉燕等同学参与了问卷本土化研究工作，周若曦、吴梦婷、刘丽、刘丽娜、林文珍、王英、耿浩东、陈熙等参与了补充数据分析工作，侯春娟等参与了项目相关资料翻译工作，孟静静、李家灿、郭武辉、易明等同学参与了该书稿的校对工作，还有一些同学不同程度地参与了该项目的研究辅助工作，在此一并致以诚挚谢意，感谢课题组成员的艰辛劳动，感恩有你们一道同行！

周华珍

2022 年 7 月

图书在版编目（CIP）数据

中国青少年健康行为研究：基于 13 个省份的调查数据分析 / 周华珍，张树辉著 . -- 北京：社会科学文献出版社，2022.12

（中国社会科学院大学文库）

ISBN 978 - 7 - 5228 - 1229 - 8

Ⅰ.①中… Ⅱ.①周… ②张… Ⅲ.①青少年 - 健康教育 - 研究 - 中国 Ⅳ.①G479

中国版本图书馆 CIP 数据核字（2022）第 239960 号

·中国社会科学院大学文库·

中国青少年健康行为研究
——基于 13 个省份的调查数据分析

著　者 / 周华珍　张树辉

出 版 人 / 王利民
责任编辑 / 陈　颖
责任印制 / 王京美

出　　版 / 社会科学文献出版社 · 皮书出版分社（010）59367127
　　　　　地址：北京市北三环中路甲 29 号院华龙大厦　邮编：100029
　　　　　网址：www. ssap. com. cn
发　　行 / 社会科学文献出版社（010）59367028
印　　装 / 三河市龙林印务有限公司

规　　格 / 开　本：787mm × 1092mm　1/16
　　　　　印　张：33　字　数：535 千字
版　　次 / 2022 年 12 月第 1 版　2022 年 12 月第 1 次印刷
书　　号 / ISBN 978 - 7 - 5228 - 1229 - 8
定　　价 / 138.00 元

读者服务电话：4008918866